本书系国家社科基金一般项目“儿童虐待及其公权干预研究”的最终研究成果

吴鹏飞 著

儿童虐待的公权干预

INTERVENTION IN CASES OF

CHILD ABUSE - PUBLIC AUTHORITY

社会科学文献出版社
SOCIAL SCIENCES ACADEMIC PRESS (CHINA)

目　录

第一章　导论

在人类历史的长河里，儿童虐待是一种司空见惯的社会现象。无论是古代社会的溺婴、弃婴，还是近代社会的童工以及现代社会的校园欺凌、教育体罚等，无不属于儿童虐待之范畴。人类社会面对儿童虐待问题，曾经采取了诸多措施来干预。然而，虐待现象屡禁不止。国家和社会如何干预儿童虐待，一直是世界各国所面临的共同难题。“所有的儿童都是我们的未来，而且也是我们最重要的资产。”[①] 因此，保护处于弱势地位的儿童，不仅是法律本身的目标，也是中国特色社会主义法治的本质追求。作为弱势群体的儿童，他们虽肩负着国家与社会的未来，但因自身的脆弱性，加之心智发育尚未成熟，其权利易遭受他人侵害，甚至受到虐待摧残，导致儿童身心遭受严重损害。所以，国家和社会有责任去干预，以保障所有儿童都能拥有更美好的未来，而这也是我国儿童福利体系所面临的重大挑战。

一　问题的提出

不可否认，儿童虐待是当今世界各国都存在的现象。在美国，“每天都有 2058 起儿童虐待和儿童忽视的确定案例。虽然各州已经明令禁止体罚，却仍有 1240 名学生被教师体罚”。[②] 而在我国，近年来经媒体披露的儿童虐待事件也接连不断，如南京养母虐童案、上海携程亲子园虐童案、北京红黄蓝幼儿园虐童案等，儿童虐待问题的高发性与严重性，引发了全社会对其广

① 〔美〕Cynthia Crosson-Tower：《儿童福利》，苏秀枝、黄玮莹、苏文贤译，学富文化事业有限公司，2014，第 2 页。

② 〔美〕Cynthia Crosson-Tower：《儿童福利》，苏秀枝、黄玮莹、苏文贤译，学富文化事业有限公司，2014，第 1 页。

泛而热切的关注。世界卫生组织2015年初对中国儿童虐待状况作了系统分析，据估算："中国有26.6%的18岁以下青少年儿童遭受过身体虐待，19.6%遭受过精神虐待，8.7%遭受过性虐待……仅2010年一年，对儿童身体虐待所导致的恶果，就令中国国内生产总值（GDP）损失了500亿美元。因童年情感和性虐待造成的损失则分别为280亿美元和228亿美元。这份报告还使用'伤残调整寿命年'指标估算了受虐群体所损失的全部健康寿命。结论是，对儿童身体施加的虐待，令全社会总计损失了一千一百多万年的寿命。"① 这些调查数据无不表明，儿童虐待问题在我国愈演愈烈。不断增加的儿童虐待问题不仅对儿童身心产生直接性的严重损害，对我国经济社会的发展与稳定也产生巨大的负面影响，儿童虐待已经成为我国政府所应关注的重大社会问题。

针对此类问题，我国则先后发布有《中国儿童发展纲要（2011—2020年）》《国家人权行动计划（2016—2020年）》《中国儿童发展纲要（2021—2030年）》等规范性文件，分别通过要求贯彻儿童最大利益原则以及呼吁加强儿童人权保障等内容，强调了国家与社会在保护儿童权益中所应肩负的责任。在此背景下，国家又进一步完善相关立法，提高我国公权干预的力度与精准度，强化政府对儿童有效保护的同时也防止权力滥用，真正做到"对症下药"与"有的放矢"。2021年6月1日，新修订的《未成年人保护法》正式生效，该法的修订正是顺应"保护儿童"这一社会呼声与现实需求，此次修订不仅新增了大量法条，还增加了"政府保护"和"网络保护"两个专章，极大地丰富了儿童虐待防治的立法条文。此外，随着国家法治环境的改善，国内各类法律也在不断探索和优化有关儿童虐待防治的内容。例如：2021年1月1日生效的《民法典》除了提出禁止儿童虐待的原则性规定外，还规定了特殊情形下家庭关系的解除条件及损害赔偿等，这为保护受虐儿童提供了具体法律依据；2021年3月1日生效的《刑法修正案（十一）》则进一步降低了刑事责任年龄，这主要是针对频发的低龄未成年人之间的严重暴力问题，防止强势儿童对弱小儿童的侵害行

① 《虐待儿童，让中国损失了多少?》，网易新闻，2015年4月20日，https://www.163.com/data/article/ANKBSLJT00014MTN.html，最后访问日期：2021年6月5日。

为。① 通过修订与完善这些法律，我国正在逐渐形成较为完整的儿童虐待防治法律体系，并且以立法为导向，不断完善执法、司法等法治运行环节，形成对儿童权利的全方位、立体化保护，从而为儿童的健康成长提供法治保障，也为法治中国建设筑牢根基。

而众所周知，儿童虐待的防治问题不能仅局限于国内，放眼全球，其也是一个历史性难题，国际社会为此付出了长期而艰辛的努力。如联合国等国际组织先后制定有《儿童权利宣言》《公民权利及政治权利国际公约》《经济、社会及文化权利国际公约》《儿童权利公约》等一系列国际性法律文件，其中众多条款都规定了关于儿童虐待防治的内容。另外，包括欧洲、非洲等大洲的区域性组织，制定了《欧洲儿童权利运用公约》《非洲儿童权利和福利宪章》等洲际法律文件，与国际性法律文件形成搭配，丰富了国际法上儿童权利保护的内涵，进一步增强了儿童虐待防治内容的多样性与可行性。此外，儿童虐待防治还一直受到世界各国的高度重视，世界上众多国家制定了保障受虐儿童的法律法规，特别是发达国家如英国、美国、德国、日本等，不仅出台了儿童虐待防治政策，制定了儿童虐待防治法律，还设置了专门行政机构，构建了各类配套制度等，形成了完备而立体的儿童虐待防治法律体系，并且在法治实践中不断完善。因此，通过研究世界各国儿童虐待公权干预的实践，不断汲取其防治儿童虐待的经验，可以强化我国儿童权利保护的态度，完善儿童虐待公权干预体系，为全体儿童的福祉提供坚实的法治保障。

二　研究的意义

（一）理论意义

一方面，本书立足于中国法治建设目标，着眼于儿童最大利益原则，以儿童虐待公权干预的基础理论为起点，基于从历史到现实的视角进行探讨，分别从立法干预、行政干预、司法干预、社会干预等方面对此问题予

① 参见吴鹏飞、汪梦茹《论降低刑事责任年龄对预防未成年人犯罪的影响》，《犯罪研究》2021 年第 6 期，第 84 页。

以理论阐释与学理分析，以此探究儿童虐待公权干预的不同路径。同时，通过研究各类儿童虐待公权干预的方式，结合历史发展脉络下不同干预方式的发展与演变，可辨析各类公权干预方式的利弊，分析其背后蕴含学理的正当性与可适用性，探索不同公权干预方式的正确定位，从而弥补当前学术研究领域对儿童虐待公权干预问题研究之不足，拓展儿童虐待问题的理论研究深度，以此找寻儿童虐待公权干预的正确路径。

另一方面，本书学科背景虽以法学为主，但与多门学科如心理学、医学、社会学等都有交叉与联系，并不仅仅局限于法学单一学科的探讨。因此，通过本书可推进各门学科间的交流，促进跨学科及学科交叉研究的发展，不局限于儿童虐待的公权干预问题研究，还可以实现类似学术问题的整合性研究，形成学术问题探索的新思路。除了法学与其他种类学科的交流，针对儿童虐待的公权干预问题，法学学科内部也需通过多个部门法共同协作才能进行有效研究，包括宪法、行政法、民法、刑法、诉讼法、国际法等在内的多个法律部门都对其具有重要影响。这不仅说明儿童虐待问题的复杂性，也体现出法学学科内部的融合发展趋势。因此，针对某一社会性问题的研究思路，不能仅局限于单一部门法，而应结合多个部门法综合考量，以此可拓宽法学研究的视野，为同类法学问题的思考提供新视角。

此外，本书通过对儿童虐待公权干预问题的探讨，还可进一步推动儿童福利理论、儿童权利理论的丰富与完善，助力解决各类有关儿童保护的社会性问题，间接促进我国社会福利、人权保护及权利保障等理论的发展，以此带动社会制度的整体进步。

（二）现实意义

儿童是国家的未来与民族的希望，但同时又是国家与社会中的弱势群体，更易受到他人的虐待伤害。国家通过公权干预保护受虐儿童的合法权益，对施虐者进行有效约束，为受虐儿童提供及时保护，从而为儿童提供强有力的救济渠道。这既符合《儿童权利公约》中规定的儿童最大利益原则，也顺应我国法治建设对儿童群体权益保护的要求，具有广泛而深刻的现实意义。而本书旨在甄别儿童虐待公权干预之不同路径，针对各类干预方式寻找其正确定位，并通过构建完备的儿童虐待公权干预法律机制，使各类方式均能够充分发挥其应有之作用，从而体现出以下应用价值：一是为儿童虐待治理制度的构建提供方向，利用国家公权参与的方式积极介入儿童虐待的防治问题，推动政府出台各类配套政策措施，配合国家立法，结合行政、司法等多种渠道共同作用，实现儿童虐待治理的现代化，形成多方位的联动解决机制，从而共同推动这一问题得到有效解决。二是通过公权干预的制度设计，为儿童虐待防治的中国方案构建提供参考，迎合法治中国建设规划的贯彻与落实，加快儿童虐待治理的法治化，在法治的框架下完善儿童虐待的治理方案，使得这一问题的解决方式得到长久规范，从根本上解决好儿童虐待的防治问题，实现法治意义上的社会稳定。三是促进儿童生存与发展，保障儿童健康成长。儿童正处于年幼期，不仅身体较为弱小，而且对事物的认知较为肤浅，价值观也尚未树立，虐待造成的创伤不但会对其身体造成严重伤害，而且对其心理造成的阴影更加难以消除，甚至会造成重度抑郁等难以恢复的损伤，对儿童身心打击尤为严重。因此，通过公权干预可以切实有效地保障儿童在成长过程中不受侵犯，确保儿童的健康成长。

三　研究思路与方法

（一）研究思路

本书围绕“儿童虐待公权干预”这一主题，遵循“儿童虐待为什么需要公权干预→儿童虐待公权干预的限度是什么→儿童虐待公权干预法治化如何实现”的逻辑予以展开。研究的技术路径如图 1-1 所示。

（二）研究方法

1. 规范分析的方法

规范分析就是对法律问题依据有关的法律法规进行分析。在本书中，通过规范分析的方法，对儿童虐待的立法干预展开探讨，其目的是通过规范分析来判断现有的立法能否解决儿童虐待的防治问题，并在此基础上探究是否存在立法缺失，如果存在，则对该问题进行探讨并予以完善。

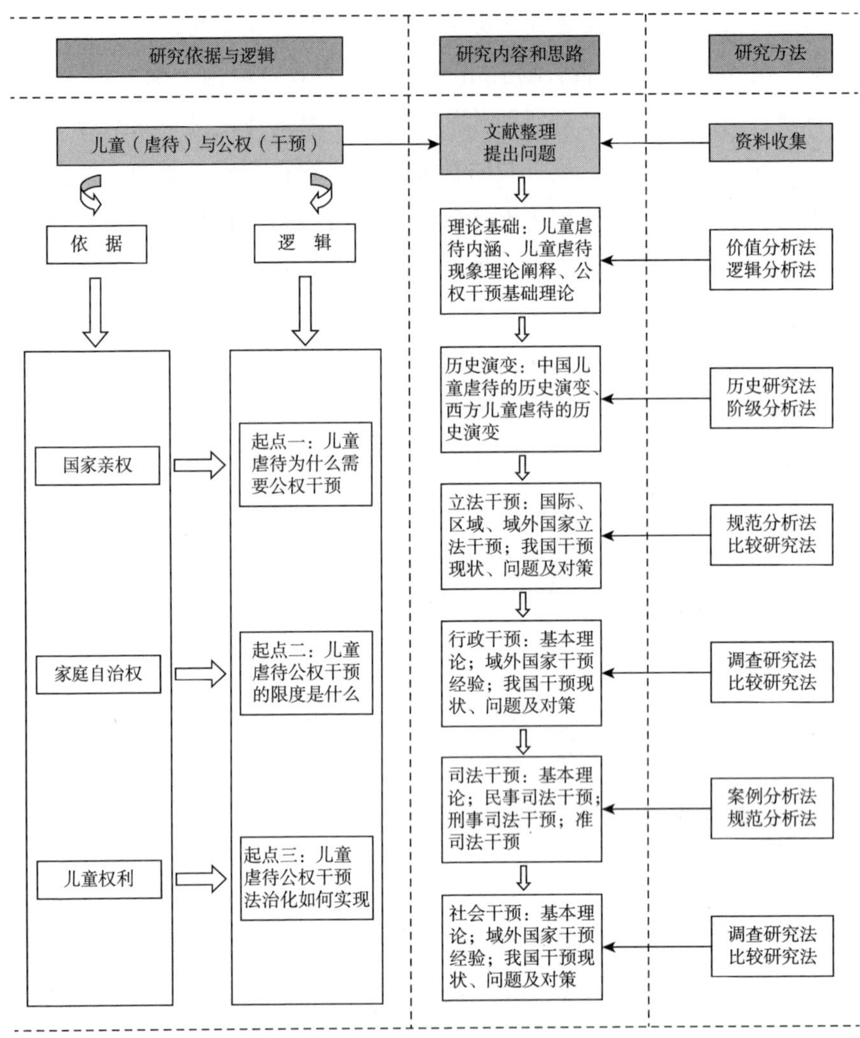

图 1-1　研究的技术路径

2. 文献研究的方法

在本书中，通过文献搜索和整理方法，充分掌握和吸收前人已有的研究成果，保证研究的前沿性。国内外学者已开展大量富有深度的前期工作，为笔者的进一步研究创造了良好的条件。通过文献搜索和整理，汲取前人研究之精华，开拓研究思路，为创造性研究奠定基础。

3. *历史研究的方法*

历史研究的方法是运用历史资料，按照历史发展的顺序对过去事件进行研究的方法。儿童虐待防治是人类社会所共同面临的一大难题，古今中外概莫能外。因此，探寻古代中西方在儿童虐待公权干预上所积累起来的历史经验，有助于古为今用、洋为中用。同时，在寻绎儿童虐待公权干预历史轨迹的基础上，找出人类社会在防治儿童虐待方面所犯下的“历史”错误，可以为当今全球共同治理儿童虐待提供历史观照，避免重蹈覆辙。

4. *比较研究的方法*

比较研究的方法是按照一定的标准，对两个或两个以上有联系的事物进行考察，寻找其异同，探求普遍规律与特殊规律的研究方法。儿童虐待是一个全球性问题，因此，儿童虐待公权干预既要有本土意识，立足中国实际，也要有国际视野，分析不同国家儿童虐待的干预基础、评估程序、干预机构、干预方式等，比较中西方国家儿童虐待公权干预的异同，能够为儿童虐待公权干预的中国方案之选择注入理性。

四　本书结构与内容

本书主要围绕儿童虐待公权干预的国内外研究综述、儿童虐待的基础理论、历史演变、立法干预、行政干预、司法干预、社会干预等问题予以全面而深入的研讨。具体而言，本书包括八章，其主要观点与内容如下。

第一章导论。主要介绍了研究背景、研究问题、研究意义、研究方法和研究创新与不足。国家通过一系列修订法律的行动，向民众传达政府加强保护受虐儿童的坚定决心。我国围绕受虐儿童权益保护所采取的一系列公权干预措施，表明国家正在积极履行人权保障义务。儿童虐待公权干预问题的研究，不仅极大地拓展了儿童权利理论、儿童福利理论的深度与广度，而且为实践中儿童人权的实现提供了法治保障，因而具有丰富的理论意义，同时还具有深远的现实意义。运用规范分析法、文献研究法、历史研究法、比较研究法等方法，对我国儿童虐待公权干预展开深入研讨，因而在研究方法上体现了一定的创新。另外，在研究具体内容方面也有诸多新见解，如从人权保障视角系统梳理儿童虐待的历史演变，从法治运行环节对儿童虐待的立法、行政、司法干预展开深入分析等。同时，也指出了其中存在的某些不足。

第二章国内外研究综述。国内学者针对儿童虐待公权干预问题的研究，主要围绕儿童虐待的概念及类型、防治法律待完善、立法规制、公权干预、儿童虐待与青少年违法犯罪的关系、域外儿童虐待防治措施、我国儿童虐待防治对策与经验借鉴等内容展开。而国外学者对此问题的探讨，则主要聚焦于儿童虐待的概念界定、理论阐释、相关立法及其历史、影响因素以及干预与处理等方面。国内学者对此问题虽作了较全面的探究，但仍存在理论研究稍显薄弱、研究内容不够深入以及有价值的研究成果尚不多见等不足。相较于国内学者，国外学者比较注重对基础理论的探讨，研究思路与方法也更具针对性。同时，通过梳理国外研究现状，发现已有研究存在研究内容较为分散、研究方法相对单一以及不太注重对相关经验借鉴的研究等不足。

第三章基础理论研究。从《儿童权利公约》来看，儿童与婴儿、幼儿、少年、未成年人等均属于18岁以下之人，其所指称的对象具有同一性，而“儿童”与“童年”却是两个既相互联系又有区别的概念。与我国大陆及台湾地区学者的研究相比，西方学者在儿童虐待概念界定方面的研究颇为深入，不仅对儿童虐待的法律定义作用、具体行为界定以及定义面临的困境等作了深入探究，而且对儿童虐待与体罚之间的异同作了比较分析。为了揭示隐藏在儿童虐待现象背后的心理产生机制，西方学者还基于社会文化理论、心理动力学理论和依恋理论展开深入探讨。从广义“公权”概念出发，儿童虐待的公权干预包括了立法干预、行政干预、司法干预和社会干预四种类型。在儿童虐待公权干预过程中，我们既要防范公权的过度干预，也要坚持必要情形下的适度干预，以法律法规的强制性规定为准绳，严格遵循比例原则的精神与要求，避免因过度干预而影响到儿童正常家庭生活与身心健康。

第四章儿童虐待的历史演变。儿童虐待行为贯穿于整个人类史，遍布于世界各个国家和地区，单纯地依照国别或依照时间先后顺序进行研讨，会使得相关历史的叙述变得零乱分散。为此，在本部分总体结构上，将儿童虐待的历史区分为古代中国和古代西方两部分。在内容上，由于古代儿童虐待方式多种多样而文章篇幅有限难以穷尽，因而将叙述重点聚焦于比较传统的、记载史料较多的物理性儿童虐待方式。在古代中国部分，主要择取了剥夺儿童生命的杀婴、侵害儿童健康的身体虐待、针对儿童实施的性虐待、不作为或放任死亡的遗弃儿童、教育中的体罚儿童、儿童早婚以及买卖儿童这七种儿童虐待类型。在古代西方部分，除上述七种儿童虐待类型外，还有童工虐待这一西方资本主义历史时期大规模存在的虐待类型。在前述不同虐待行为类型下，笔者依照时间顺序对儿童虐待的历史演变予以研讨，管窥古代中西方众多受虐儿童的悲惨命运。

第五章儿童虐待的立法干预。立法干预是解决儿童虐待问题的逻辑前提。目前，国际上已出台包括《儿童权利公约》《联合国少年司法最低限度标准规则（北京规则）》《欧洲儿童权利运用公约》等多个颇具影响力的全球性及区域性法律文件，为各国开展立法干预儿童虐待提供了规范基础。此外，不少域外国家业已形成相对成熟的儿童虐待立法干预体系，这些立法不仅内容上与时俱进，且契合各国具体国情，为我国未来立法提供了丰富的经验借鉴。当下，我国对儿童虐待防治问题愈加重视，有针对性地立法干预内容包含在《未成年人保护法》《预防未成年人犯罪法》《刑法》等各类法律、行政法规、部门规章及司法解释中，但相较于其他国家，我国仍存在概念界定不清、立法形式缺乏系统性、儿童虐待举报制度不完善、受虐儿童保护制度设计不合理等诸多问题，对此需要明确厘清儿童虐待概念与父母责任、完善儿童虐待强制报告制度、设立受虐儿童独立代理人制度及健全调查处理与事后保护制度，从而完善我国儿童虐待的立法干预体系，以期更好地保护儿童权益。

第六章儿童虐待的行政干预。儿童虐待行政干预呈现出干预主体的特定性、行为的主动性、活动的单方性、权力的有限性、手段的变动性以及体系的层次性等诸多特点。行政机关在干预过程中，须恪守儿童最大利益原则、及时性原则、儿童参与原则、正当程序原则和比例原则。我国有关儿童虐待行政干预立法正处于初创阶段，行政干预尚缺乏成体系且具可操作性的法律依据。干预主体以多政府部门为主，社区、共青团等群团组织为辅。公安部门、教育部门、民政部门等主体各司其职，共同保护受虐儿童的各项权益。此外，一些国际公认的关键性措施，如强制报告制度、临时保护制度等，也在我国初步构建。但与欧美发达国家相比，我国儿童虐待行政干预体系仍有诸多不足，如干预依据尚不充分、干预主体模糊不清、干预模式有待完善。而要健全这一体系，首要的是完善其法律依据，制定专门法律，在政策层面完善相关儿童福利配套政策。确定儿童虐待行政干预的专门机构至关重要，由该机构统筹管理儿童虐待行政干预工作，避免职权过于分散。同时，尚需对行政干预模式予以完善：事前加强普法宣传力度、健全社区预防制度与监护监督制度；事中构建强制报告制度和对虐童事件的调查和评估程序；事后通过国家监护、家庭寄养等制度做好虐童事件的收尾工作，从行政干预角度保障儿童的生命与健康。

第七章儿童虐待的司法干预。儿童虐待司法干预在调整对象、保护客体和受保护主体上具有鲜明的特殊性。为契合儿童虐待司法的特殊定位，各国对司法介入具体方式、运作模式开展了一系列各具特色的探索和实践。我国在儿童虐待民事司法、刑事司法及准司法领域正处于改革关键期。我国民事司法干预以撤销监护权、追索抚养费、追究侵权责任等方式为受虐儿童提供司法救济，但该类诉讼中的审判机构、诉讼主体资格、证明责任分配仍有改进空间，未来可尝试建立专门家事审判机构、设立儿童诉讼权益代表人及法院依职权介入制度，并实行特殊证明责任分配及责任承担制度。我国刑事司法领域存在数个儿童虐待相关罪名，但近年频发的儿童虐待案件反映出我国在儿童虐待刑事司法行为界定、特殊保护和配套措施方面还有待完善。为此，可细化刑事审判裁量标准、增设儿童虐待案件程序及实体的特殊规定，以及规范适用强制措施和令状制度。我国准司法干预尚在起步阶段。一方面，替代性纠纷解决方式及社区矫正所蕴含的恢复性司法理念内核为儿童虐待干预提供了新思路；另一方面，由于我国恢复性司法相关制度建设尚待完善化、规范化，此过程中缺乏充分协商及受害儿童参与、奖惩措施单一，将其引入儿童虐待干预引发了必要性、可行性的广泛讨论。未来可借鉴域内外风险评估与管控经验、推动多方力量参与，并明确主体责任、建立专业化团队。

第八章儿童虐待的社会干预。社会干预属于公权干预中的重要一环。多中心治理理论、社会责任理论、福利多元主义理论为儿童虐待的社会干预提供了理论依据。社会干预需要公民、家庭、社区、企业、特定非营利性组织等多方主体共同参与，且呈现出干预主体的广泛性、干预方式的多样性、干预程序的灵活性、干预依据的弱法定性等特点。我国社会干预在干预主体、干预专业化程度、干预资金与政策支持以及干预程序等方面，已形成了一定特色。但与英美法系的英国、美国和大陆法系的日本、德国相比较，我国社会干预体系仍存在诸多有待完善之处，如相关主体对儿童虐待关注度较低；缺乏资金保障、制度支持和政策扶持；专业化干预团队与人才缺位；缺乏相关组织、企业部门之间的合作协调联动；缺乏科学、有效的评估与追踪机制等。而要完善这一体系，首先，要加强宣传教育，提高大众社会责任感；其次，要提供社会干预财政、制度支持和政策保障；再次，要培育专业化人才，推进专业化团队建设；从次，要推动相关组织、企业和政府部门之间的合作联动；最后，要建立科学、有效的评估与追踪机制。

五　研究创新与不足

（一）研究创新

一是研究视角的创新。学界对儿童虐待公权干预问题的研究，大多是从心理学、社会学等角度出发的，法学界对此问题的探讨尚不够深入。本书从人权保护视角，对儿童虐待公权干预问题展开研讨，运用宪法学、行政法学、民法学、刑法学、诉讼法学、国际法学等多部门法学领域的知识，从理论与实践层面予以全面深入的探讨，拓展了研究的深度与广度。此外，由于儿童虐待本身不是一个纯法学问题，因而本书还首次从社会文化理论、精神动力学理论、依恋理论，对儿童虐待现象予以了理论上的探讨，体现了多学科融合的研究视角。

二是研究内容的创新。在儿童虐待历史演变的研究中，首次对儿童虐待的历史作了全面的整理和分析，以儿童虐待的具体行为类型为主线，对古代中西方各国如何防治儿童虐待作了深入考察。儿童虐待方面的史料分散，收集较为困难，导致笔者在开展研究的过程中，一度感到束手无策。本书在克服诸多困难的基础上，首次向学界呈现出中外儿童虐待防治的历史图景，为现今儿童虐待公权干预提供历史镜鉴。在儿童虐待的司法干预探讨中，本书对引入恢复性司法的必要性与可行性、可能面临的困境以及如何引进，提出了一定的创见。另外，在对公权干预的理解上，突破了传统公权概念，将社会权纳入公权体系，并对儿童虐待的社会干预作了较充分深入的探讨。

三是研究方法的创新。本书运用规范分析的方法，对儿童虐待的立法干预，从国际、区域、国外、国内四个层面予以全面的梳理，不仅为构建有中国特色的儿童虐待防治法律体系提供了诸多有益的思路，也使我们对其他国家在防治儿童虐待方面的经验与教训有了更客观全面的认识。此外，在儿童虐待的行政干预、司法干预和社会干预研究中，注重比较研究法的运用，有助于全面了解和掌握西方国家在儿童虐待公权干预方面所累积起来的法治经验，为进一步完善我国相关制度奠定基础。

（二）研究不足

一是研究方法上，实证研究的方法有待加强。儿童虐待公权干预问题的研究，是解决公权如何介入干预的问题，因此，离不开对实证研究方法的运用。如果本书能够再对我国儿童虐待现象进行必要的问卷、访谈、观察等，强化实证研究色彩，将会较为显著地增强研究成果的实践关怀，提升论证说服力。

二是法学与其他学科、法学内各学科之间的协作有待加强。从研究内容来看，儿童虐待涉及法学、医学、心理学、社会学等多种学科，因此，需要借助其他学科的力量，这就导致研究受到了一定的影响。从法学学科本身看，也需要多部门法共同参与，通力合作才能完成。研究不仅涉及国内法中的宪法、行政法、民法、刑法、诉讼法，还涉及国际法等多个法律部门。本书对于国内法部分的探讨尚且全面，而对于国际法部分的探讨则有待深化。

第二章　文献综述

第一节　国内研究现状

近三十年来，越来越多的中国学者对儿童虐待公权干预问题进行了富有深度的探讨，取得了较丰硕的研究成果。国内学者研究所覆盖的范围较广，主要围绕儿童虐待的概念及类型、防治法律待完善、立法规制、公权干预、与青少年违法犯罪的关系、域外防治措施、我国防治对策与经验借鉴等问题。无疑，这些研究成果极大地拓展了人们对该领域研究的深度和广度。

一　儿童虐待的概念及类型

（一）“儿童虐待”的概念

对“儿童虐待”概念的探讨主要集中在社会学、医学等领域，法学领域的研究比较薄弱。马韵认为，儿童虐待有广义和狭义之分。广义儿童虐待是指所有对儿童的有意伤害，“包括对儿童的苛刻、过分严厉、拒绝、忽视、剥夺、暴力和虐待”，狭义儿童虐待则是人们日常所指的虐待，包括身体虐待、性虐待，以及心理、情感上的虐待和忽视。对于儿童虐待行为，应采广义说，因为广义虐待行为比狭义虐待行为更具危害性和严重性，且虐待行为通常会“发生在那些发展困难的儿童身上”，如残疾儿童、弱智儿童等。①

① 参见马韵《儿童虐待：一个不容忽视的全球问题》，《青年研究》2003 年第 4 期，第 21 页。

刘娟娟提出，世界卫生组织将“儿童虐待”界定为对儿童负有抚养、监管义务及有操纵权的人作出的足以对儿童健康、生存、生长发育及尊严造成实际或潜在伤害的行为，包括各种形式的躯体虐待、情感虐待、性虐待、忽视及经济剥削。① 周佳娴则认为，世界卫生组织对“儿童虐待”作出的定义过于宽泛，缺乏操作化标准。对“儿童虐待”的定义，应考虑不同国家不同地区的文化传统，我国也应有本土化标准。周佳娴从施虐者行为和受虐者受害程度出发，对“儿童虐待”作出如下界定：施虐者从肉体或精神上迫害、折磨和摧残儿童，其行为包括辱骂、殴打儿童，拒绝满足儿童基本生存需要等，从而致使儿童在身体上出现严重创伤、残疾，机能失常甚至死亡，或在精神上出现严重认知、心理障碍。儿童虐待也应包括导致儿童身心发展严重受损的不作为行为。轻微、适度体罚暂不纳入儿童虐待范畴。②

（二）儿童虐待的类型

关于儿童虐待的类型，学者从不同视角予以了全面探讨。徐光兴认为，根据世界卫生组织有关儿童虐待的定义，目前国际上可将儿童虐待区分为身体虐待、忽视、性虐待和精神虐待四种类型。③ 黄辛隐则认为，日本儿童虐待还可细分为十种类型，即母亲虐待型、单亲家庭型、父亲暴力型、母亲育儿疲劳型、育儿知识缺乏型、母亲抑郁封闭儿童型、父母期望过高型、受性虐待母亲不保护型、父母情绪不稳定型、失望父母与任性孩子型。④

林明杰提出：“儿童虐待之总分类上，笔者认为应可分家内儿童虐待与家外儿童虐待。前者可分亲属或同住者，而后者可分机构施暴、外人施暴、童工、押卖儿童、强迫或诱骗卖淫等。”⑤ 王登辉、罗倩则认为，儿童虐待可分为积极虐童和消极虐童。前者指以积极作为方式实施儿童虐待行为，

① 参见刘娟娟《儿童虐待问题研究概述》，《青年研究》2008 年第 2 期，第 36 页。

② 参见周佳娴《香港儿童虐待防治的经验与启示——生态系统的视角》，《青年探索》2009 年第 4 期，第 92~93 页。

③ 参见徐光兴《虐童的危害及其干预的心理学研究》，《青少年犯罪问题》2013 年第 1 期，第 20 页。

④ 参见黄辛隐《日本儿童虐待常见的十种类型及咨询援助要点》，《南通大学学报》（教育科学版）2006 年第 4 期，第 35 页。

⑤ 林明杰：《家内儿童虐待者分类与处遇建构之研究——一个有效防治方案的重要基本工作》，《山东警察学院学报》2013 年第 2 期，第 54 页。

后者指具有注意义务和期待可能性的主体，因无能力或疏忽大意而导致儿童被忽视，遭受非人待遇的现象。①

余汉仪认为，我们可以以虐待发生的场所为标准，将儿童虐待区分为机构式虐待和社会式虐待两种类型。机构式虐待是指孩童受害于被公立或者私立机构雇用、负有照护孩童责任的工作人员，但有时整个机构通过其政策或程序也可能对孩童系统地施虐，如学校、日托中心、残障儿童的安养场所等。施虐行为有体罚、不当使用精神病理药物、延长隔离青少年犯时间等。社会式虐待是指一个社会的整体行动、信念及价值观妨碍了儿童的健全发展。比如不适宜的教育方案，或者不公平的男女就业机会，将家庭及儿童置于险境，或者社会允许其成员采取暴力方式来抚养孩童。②

此外，王晓玫还探讨了特殊儿童的虐待类型，认为其主要包括：身体虐待、性虐待、精神虐待、酗酒及药物滥用、清洁不周、教育忽视、衣着忽视、居室不良、监督管理不周、营养不良和剥削。③

二　防治儿童虐待的法律待完善

分析防治儿童虐待的法律缺陷，可为儿童虐待问题的治理提供思路。学者主要从立法层面分析了防治儿童虐待的法律缺陷。姚建龙认为，儿童虐待行为频发的重要原因是立法不足，而立法不足的关键因素是现行法律缺乏对儿童虐待行为的科学认识和正确立场。他认为，我国相关立法的规制过分强调定量，即以“情节恶劣”等严重后果为刑法规制前提，已无法满足儿童虐待防治的现实需求，也并未充分考虑到儿童身心发育不成熟、自我保护能力不足的特点。④ 马晶照也认为，我国儿童虐待事件频发的法律原因在于立法不完善，对儿童虐待行为的法律规制模糊不清。我国目前尚未出台防治儿童虐待行为的专门法律，仅《宪法》《未成年人保护法》《预

① 参见王登辉、罗倩《试论虐待儿童的法律规制》，《青年探索》2014 年第 5 期，第 87 页。

② 参见余汉仪《儿童虐待：现象检视与问题反思》（增订版），巨流图书股份有限公司，2005，第 24~25 页。

③ 参见王晓玫《特殊儿童受虐待发生的原因及对策》，《社会福利》2002 年第 12 期，第 15~16 页。

④ 参见姚建龙《防治儿童虐待的立法不足与完善》，《中国青年政治学院学报》2014 年第 1 期，第 11 页。

防未成年人犯罪法》等法律的个别条款涉及受虐儿童权益，且这些立法缺乏现实可操作性，多停留于概念和理论层面，为后续执法带来困难。①

丛文君则从宏观层面分析了我国儿童虐待的法律成因，认为以下四个因素是儿童虐待频发的主要根源：其一，父母及养育者法律意识淡薄，家庭教养方式存在一定问题；其二，法定监护人自身未能正当履行职责；其三，我国法律体系尚不健全，对虐童现象的规制有待完善；其四，社会救助体系不完善，儿童保障体系不够健全。②

三 儿童虐待的立法规制

（一）儿童虐待的立法模式

王慧认为，世界各国对儿童虐待的立法主要存在两种模式：一种是儿童保护立法的单行模式，另一种是民法和儿童保护法的混合模式。前者主要以英国、美国、加拿大等国为代表。这些国家并不存在专门的民法制定法，针对儿童虐待行为，除判例法中确定的规则外，通常采取制定专门的儿童保护单行法，对国家干预儿童虐待的标准和方式作出规范。后者主要以德国、法国、日本等国为代表，该类型又可细分为以德国、法国为代表的民法主导型和以日本为代表的儿童保护立法主导型。前者主要通过民法中限制和剥夺亲权的条款实现国家干预，后者主要以出台专门法律的方式实现国家干预。③

周羚敏则认为，世界各国对儿童虐待的立法存在三种模式，即独立模式、分化模式和互补模式。独立模式即在立法中设有儿童虐待罪名，以英国、德国等国为代表。英国《儿童及青少年法》规定了虐待未满 16 岁者罪，德国《刑法》规定了虐待和忽视未成年人罪。法国、荷兰、菲律宾等国采取分化模式，将儿童虐待行为分化到其他罪名中。菲律宾《刑法典》规定遗弃未成年人罪，且于 1992 年通过相关立法，规定了使儿童卖淫及其

① 参见马晶照《“虐童”事件的防控及“反虐童”救助体系的构建》，硕士学位论文，西北大学，2015，第 19 页。

② 参见丛文君《儿童虐待的心理危害、致成因素及法律对策研究——以增设虐待儿童罪为视角》，《法学杂志》2014 年第 4 期，第 74~76 页。

③ 参见王慧《儿童虐待国家干预制度比较研究》，博士学位论文，武汉大学，2015，第 57~58 页。

他性虐待罪。互补模式即在设立儿童虐待罪的同时，在其他罪名中规制儿童虐待行为。克罗地亚《刑法典》将侵害儿童和青少年犯罪独立成章，设立疏于照顾和虐待儿童及少年罪，并将儿童和少年出现严重身体伤害和精神伤害作为加重处罚情节。捷克《刑法典》规定虐待被托付人和共同居住人罪，还设立了危害对未成年人的教育罪、遗弃未成年人罪等。[①]

（二）西方国家儿童虐待的立法

有学者对美国儿童虐待立法予以了探讨。李环认为，1963 年美国联邦政府制定《通报法范例》，在此后四年中，各州政府先后制定受虐儿童通报法，相关法律对责任主体作出规定，同时规定对知情不报者的罚则。[②] 杨志超认为，在州层面，各州通过民事和刑事法律规定对儿童虐待行为进行制约。刑事法律为逮捕和控告虐待罪犯提供依据，民事法律为州儿童保护机构进行家庭干预提供法律支持。各州均在法律中明确“儿童虐待”的定义，虽不尽相同，但都包含身体侵害、忽视、性侵害和心理侵害。此外，各州还立法规定儿童虐待报告和救济程序，包括筛选、调查、评估、服务、安置等内容。在联邦层面，美国于 1974 年颁布《儿童虐待预防与处遇法》，对“儿童虐待”作出明确界定，并规定强制报告制度。后来该法又经 6 次修订，扩充并细化其内容。[③]

有学者对日本儿童虐待立法作了探讨。师艳荣认为，日本建立了以《防止儿童虐待法》为核心、以其他儿童福利法律为补充的儿童虐待防治法律体系。《防止儿童虐待法》对“儿童虐待”作出了明确界定，同时规定了通报义务、国家和地方公共团体在防止儿童虐待方面所应承担的责任及对受虐儿童的保护措施等。该法在 2004 年修订，重新界定了儿童虐待，扩大了通报义务的主体范围。2007 年再次修改，强化了入户调查制度，对保护人会见和通信方面进行了限制，明确了保护人不遵

---

① 参见周羚敏《矫枉如何周正：儿童虐待入刑热议后的冷思考——兼论儿童虐待预防和应对体系的构建》，《青少年研究》2014 年第 1 期，第 13~14 页。

② 参见李环《建立儿童虐待的预防和干预机制——从法律和社会福利的角度》，《青年研究》2007 年第 4 期，第 2 页。

③ 参见杨志超《美国儿童保护强制报告制度及其对我国的启示》，《重庆社会科学》2014 年第 7 期，第 55~58 页。

守指导时所应采取的措施。此外，《母子保健法》《刑法》《民法》等法律都为日本解决儿童虐待问题作出了一定贡献。[①] 马慧也对日本的儿童虐待相关立法进行了研究。她认为，日本民法中规定惩戒权，即亲权行使者在必要范围内可对自己的孩子进行惩戒，或经家庭裁判所裁决可将孩子送进惩戒所。《学校教育法》规定，校长和老师在必要时，出于教育之目的，可根据规定对学生进行惩戒，但补充条款同时规定惩戒时不得进行体罚。日本在社会现实和制度条件兼备的情况下，制定了《防止儿童虐待法》，主要包括三部分的内容：一是明确规定了"儿童虐待"的定义；二是对受虐儿童基本的关心和考量；三是防患于未然的机制。《防止儿童虐待法》与《儿童福利法》互为补充，前者确定对儿童虐待行为的及早发现和应对，后者对应对措施进行规定。[②]

此外，还有学者对英国、韩国儿童虐待立法予以了研讨。梅文娟认为，为了预防儿童虐待，英国《1868 年济贫法修正》规定："父母故意忽略向其未满 14 岁并在其监护下的子女提供充足的食物、衣服、医疗或住宿，因此子女的健康必将或可能将受到严重伤害的行为构成犯罪。"该规定在《1889 年预防虐待儿童和保护儿童法》中得到了进一步细化，该法不仅规定了儿童虐待是犯罪，还增加了剥夺父母或监护人监护权的规定。此后，英国不断整合法律，于 1989 年出台《儿童法》，并于 2000 年和 2004 年分别进行修订和补充。[③] 李忠东认为，韩国在 2014 年颁布实施了《儿童虐待犯罪处罚特例法》，其主要内容是加强对儿童虐待犯罪行为的惩罚。在儿童虐待犯罪行为发生后，受虐儿童将立即被送往专门机构接受保护。2016 年，韩国国会通过《儿童福祉法》修正案，围绕防止二次虐待和加强对受虐儿童监护人的管理这两方面展开。[④]

① 参见师艳荣《日本儿童虐待问题及其防治体系的构建》，《南方论丛》2013 年第 3 期，第 14~16 页。

② 参见马慧《防止虐待儿童的法律对策——以日本为例》，《南京广播电视大学学报》2014 年第 1 期，第 42~44 页。

③ 参见梅文娟《英国儿童虐待干预机制考察及其启示》，《山东警察学院学报》2014 年第 1 期，第 108 页。

④ 参见李忠东《韩国：加强保护受虐儿童》，《检察风云》2016 年第 11 期，第 53 页。

（三）我国儿童虐待的立法

许多学者对我国儿童虐待立法予以深入探讨。俞宁、陈沃聪认为，《宪法》《民法通则》《未成年人保护法》也有禁止儿童虐待的规定。如《宪法》第 49 条规定禁止虐待儿童，《未成年人保护法》第 8 条规定不得虐待、遗弃未成年人。①

马岩等就澳门儿童虐待的法律干预进行研究。他们认为，澳门颁布的《教育制度及社会保护制度》是处理未成年人案件的主要法律依据，该法致力于规范未成年人司法管辖范围，具体规定虐待未成年人行为类型和法院处理案件的一般措施。此外，《澳门刑法典》对严重虐待未成年人、性侵 14 岁以下未成年人的行为作出专门具体的规制。②

此外，许后生对我国台湾地区儿童虐待防治规定作了研究。他认为，在台湾地区，涉及儿童保护的法规主要有“家庭暴力防治法”“儿童福利法”“刑法”等。“家庭暴力防治法”是台湾有关家庭暴力防治最重要的法规，旨在保护未成年子女安全，让受害者安居。“儿童福利法”规定了儿童虐待的定义、通报、介入调查、安置等内容。“刑法”对妨害幼童发育罪进行修正，重视保护儿童心灵。③

（四）我国儿童虐待防治立法存在的缺陷

姚建龙认为，我国儿童虐待防治立法存在两点不足：一是事前预防的缺乏，二是事后惩治的乏力。在大多数国家，一旦发现父母不胜任子女监护之情形，国家将立即通过临时或永久措施剥夺父母监护权，并由国家承担儿童监护之职责。从形式上看，我国并不缺乏禁止儿童虐待的相关法律，以《未成年人保护法》和《预防未成年人犯罪法》为代表，但这两部法律都缺乏有关具体罚则的规定，一旦发生儿童虐待行为，仍需援引《治安管

① 参见俞宁、陈沃聪《关于儿童虐待的文化思考》，《中国青年政治学院学报》2011 年第 2 期，第 127 页。

② 参见马岩等《澳门地区儿童虐待之司法干预浅析——兼论对我国内地的借鉴》，《广西大学学报》（哲学社会科学版）2013 年第 4 期，第 58~59 页。

③ 参见许后生《海峡两岸家暴受虐儿童法律救济比较》，硕士学位论文，海南大学，2015，第 2~9 页。

理处罚法》和《刑法》相关规定进行处罚。①

胡巧绒则认为，我国儿童虐待防治立法存在三点不足：一是许多法律规定偏于宣言式，可操作性不强。二是具有制裁性质的刑法保护存在一定局限性。如《刑法》第260条虽规定了虐待罪，但针对虐待罪，法律要求“告诉才处理”。而就现实情况而言，儿童作为无民事行为能力人或限制民事行为能力人，几乎没有“告诉”能力。三是相关法律法规对受虐儿童保护也存在缺位，如《收养法》和《家庭寄养管理暂行办法》对受虐儿童寄养的保护存在诸多不足之处。②

裴斐也认为，我国儿童虐待防治法律体系存在不少问题：第一，我国尚未制定专门的儿童虐待防治法律法规，使得有关儿童虐待的定义、救助途径、国家和社会组织的义务等问题未能得到明确规定；第二，法律法规内容原则性较强，相对笼统，使得现有法律法规的操作性和约束性相对较弱；第三，我国现行《刑法》中有关虐待罪的规定对儿童虐待行为防治作用相对较小。③ 此外，刘向宁认为，我国目前尚无专门规制儿童虐待行为的立法，相关立法散见于《宪法》《刑法》《未成年人保护法》《义务教育法》等法中，但只有《未成年人保护法》规定了虐待报告制度。令人遗憾的是，该报告制度的规定过于笼统，缺乏可操作性，且属于授权性规范，并非强制性规范。④

四　儿童虐待的公权干预

（一）公权干预的具体类型

有学者围绕儿童虐待的司法干预展开探讨。马岩等学者从儿童虐待案件专审法院、启动条件、紧急临时保护措施、一般适用措施等方面对澳门

① 参见姚建龙《防治儿童虐待的立法不足与完善》，《中国青年政治学院学报》2014年第1期，第10~11页。

② 参见胡巧绒《美国儿童虐待法律保护体系介绍及对我国的启示》，《青少年犯罪问题》2011年第5期，第65~66页。

③ 参见裴斐《完善儿童虐待防治法律问题研究》，《当代青年研究》2013年第6期，第81~82页。

④ 参见刘向宁《当务之急和制度构建：从南京虐童案看儿童虐待强制报告》，《中国青年研究》2015年第9期，第43页。

地区儿童虐待的司法干预作了研究。[①] 张鸿巍则对美国儿童虐待的司法干预予以探讨，认为美国在防治儿童照管不良方面形成了一系列行之有效的司法干预机制，主要包括刑事法院干预和少年（家事）法院干预两类。[②] 此外，闫晓玥认为，台湾地区儿童虐待案件的司法干预以民事保护令、刑事程序为主，再辅以以台湾当局行政主管部门为首的行政机关联合实施防护措施以及相关社会救治，共同构成防治体系。[③]

有学者针对儿童虐待的社会干预作了研究。陈云凡认为，我国应建立以社区为主的儿童虐待干预方式。通过社区提供支持，一方面可避免司法干预所产生的标签效应，另一方面社区比较了解干预对象之需求，可提供比较合适的方案。[④] 张智辉、蒋国河认为："社会工作在介入儿童虐待问题时，要明确自身的责任和原则，一是确保儿童在家庭中不受到伤害，二是确保父母在家庭中的责任和权利不受损害。"[⑤] 张艳敏、赵艳则认为，儿童虐待是家庭和社会等多因素相互作用之结果，对儿童而言，家庭是儿童虐待干预之中心，并提出三种常用的家庭干预方式，即建立安全型依恋模式、对父母进行认知和行为的干预以及对家庭进行社会性支持。[⑥]

还有学者围绕儿童虐待的国家干预机制展开研讨。钱晓峰认为，构建我国防治儿童虐待的社会、司法一体化国家干预机制，具体思路为：一是整合法律，制定颁布"儿童虐待防治法"；二是整合机构，建立统一有力的儿童综合保护专门机构；三是整合资源，建立系统的发现、报告、干预、

---

① 参见马岩等《澳门地区儿童虐待之司法干预浅析——兼论对我国内地的借鉴》，《广西大学学报》（哲学社会科学版）2013 年第 4 期，第 59~60 页。

② 参见张鸿巍《美国儿童照管不良之司法干预机制探析》，《中国青年政治学院学报》2014 年第 6 期，第 27 页。

③ 参见闫晓玥《台湾地区儿童虐待案件司法干预探析》，《韶关学院学报》2014 年第 7 期，第 98 页。

④ 参见陈云凡《儿童防虐体系比较：社会政策视角》，《中国青年研究》2011 年第 9 期，第 45 页。

⑤ 参见张智辉、蒋国河《儿童家暴社会工作介入的伦理困境——基于深圳鹏星家庭暴力防护中心的实践》，《当代青年研究》2016 年第 1 期，第 107 页。

⑥ 参见张艳敏、赵艳《3—6 岁儿童虐待及家庭干预研究》，《广西师范学院学报》（哲学社会科学版）2019 年第 1 期，第 150~152 页。

救助、服务、预防与司法保护工作机制。[①] 马韵则认为，政府对儿童虐待问题的干预是解决儿童虐待问题的重要但并非唯一途径，因此，防治儿童虐待应充分调动学校、社区、家长乃至全社会和全球力量，要求学校及教师、社区和家长个人进行适当干预。[②]

（二）公权干预比较

陈云凡认为，西方国家儿童虐待干预存在两种不同模式，即儿童保护模式和家庭服务模式，并对其展开比较。前者以英国、美国和加拿大为代表，后者以瑞典、法国和德国为代表。两者区别主要体现在干预途径、价值假设、具体制度安排、调查评估程序、介入方式、介入机构、介入效果等方面。干预途径方面，前者强调政府通过司法途径对高危家庭进行干预；后者强调通过对家庭提供支持性服务以预防儿童虐待。价值假设方面，前者认为，父母既是儿童照顾的唯一负责人，又是儿童受虐的主因；后者认为，儿童虐待主要是社会因素导致的。具体制度安排方面，前者强调父母责任，以惩罚为主；后者强调对家庭提供支持和维系亲子关系。调查评估程序方面，前者以个人权利和家庭隐私为核心价值观，政府仅可通过法律程序进行干预；后者认为儿童保护是集体责任。介入方式方面，前者倾向对儿童和家庭行为的控制；后者倾向与家庭合作。介入机构方面，前者允许由专门机构对儿童虐待进行预防和干预；后者采取社会福利机构、司法机构等多机构合作形式。介入效果方面，前者更易使家庭产生抵触情绪；后者效果更佳。[③]

马岩等人围绕澳门与内地在儿童虐待司法干预方面的不同展开探讨。第一，虐待主体不尽相同。前者范围较广，包括家长、教师、雇主等一切对儿童负有照管教育义务之人；后者仅限于受虐儿童之家庭成员。第二，程序启动主体不同。前者为任何公民、社会机构和法院；后者通常是受虐儿童本人，只有在本人受强制、威吓而无法告诉的情况下，检察机关和受虐儿童近亲属

---

① 参见钱晓峰《儿童虐待国家干预机制的构建》，《预防青少年犯罪研究》2014 年第 6 期，第 94~95 页。

② 参见马韵《儿童虐待：一个不容忽视的全球问题》，《青年研究》2003 年第 4 期，第 22~24 页。

③ 参见陈云凡《儿童防虐体系比较：社会政策视角》，《中国青年研究》2011 年第 9 期，第 43~45 页。

才可协助告诉。第三，案件处理方式的侧重点不同。前者法律在对虐童者作出处罚的同时，给予受虐儿童在保护与更生方面的重视；后者侧重对施虐者的处罚，对受虐儿童生活环境和心理状态的重建关注较少。[①]

周佳娴对我国内地与香港儿童虐待预防和干预进行比较。她认为，首先，内地儿童虐待防治的服务数量和质量都远不及香港。其次，内地政府、社会的干预角色尚未确立，健全的防治机制尚未建立。一方面，人们对儿童虐待的重视度不够，社会干预力量薄弱；另一方面，针对儿童虐待防治的系统观尚未形成，政府部门、社会组织各自为政，无法形成有效合力。此外，在内地，有关儿童虐待报告制度的法律法规处于缺位状态，系统的儿童保护体系尚未建立。[②]

五　儿童虐待与青少年违法犯罪的关系

（一）儿童受虐经历与青少年违法犯罪的关系

邓瑞隆认为，在家庭暴力中长大的孩子，受虐经验使他们容易学到以暴力方式来解决问题，同时也可能将暴力或攻击行为视为理所当然，从而将暴力使用合理化。从暴力循环观点来看，一个目睹暴力或成为暴力受害者的儿童，长大后较容易成为施虐者。因此，从生态系统角度来看，暴力的家庭环境与施虐的父母，容易教养出实施偏差行为或暴力行为的孩子，使其成为违法犯罪的青少年之概率大增。[③]

（二）儿童虐待的时间与青少年违法犯罪的关系

袁彬、阴艾华认为，儿童虐待发生时间对青少年违法犯罪的影响主要体现在三个方面：一是儿童虐待发生时间越早，与青少年犯罪间的联系就越紧密。二是早期儿童虐待与青少年后期违法犯罪间的直接关系并不显著。虽有许多研究表明，儿童虐待时间发生越早，与违法犯罪间的关系就越紧密，但

① 参见马岩等《澳门地区儿童虐待之司法干预浅析——兼论对我国内地的借鉴》，《广西大学学报》（哲学社会科学版）2013 年第 4 期，第 60 页。

② 参见周佳娴《香港儿童虐待防治的经验与启示——生态系统的视角》，《青年探索》2009 年第 4 期，第 94 页。

③ 参见邓瑞隆《儿童虐待与少年偏差问题与防治》，心理出版社股份有限公司，2008，第 48 页。

也有研究表明，如果儿童虐待仅仅发生在儿童期，在随后青少年期并未发生，那么儿童期虐待与之后的违法犯罪行为间并不存在显著相关的关系。三是相较于儿童时期，青少年时期的虐待行为与违法犯罪行为呈显著相关。此外，虐待持续时间越长，青少年实施违法犯罪行为的可能性更大。①

（三）儿童虐待与青少年违法犯罪严重程度的关系

袁彬、阴艾华认为，目前的研究数据并不能证明儿童虐待与严重暴力犯罪间存在直接关系，但基于儿童虐待对青少年生理、心理产生的影响，受过虐待的儿童更容易在生理和心理上表现出一定的问题，因此，无法排除儿童虐待与严重犯罪间存在某种关联的情况。同时，他们通过研究发现，儿童虐待会增加受虐人实施中等犯罪的风险，但不会增加受虐人实施轻微程度犯罪的风险。②

六　域外儿童虐待防治措施

崔海英对美国儿童虐待防治措施作了初步探讨。美国通过立法方式对儿童虐待行为进行严厉惩治，并规定强制报告制度，要求相关主体对儿童虐待事件进行及时报告。除立法保障外，儿童虐待防治还有组织保障、资金保障和综合防控保障。组织保障方面，主要由政府和民间组织发挥作用。联邦政府成立了儿童局，专门负责儿童虐待与福利事务。美国疾病预防控制中心下设有犯罪预防处，同时配备负责儿童虐待案件的工作人员。美国组织机构不仅存在于国家层面，州和县级层面均设立了相关机构负责管理儿童虐待案件。民间组织在寄养、收养、传授生存技能等方面贡献不小。资金保障方面，美国投入大量资金保障各州儿童虐待防治事业。此外，各州还通过增加儿童信托资金收入和税收优惠政策等方式，为儿童虐待防治事业奠定基础。综合防控保障方面，美国有多种形式的儿童虐待预防项目，如儿童早期家访、家庭教育、多元干预等。此外，美国还设有电话专线，

① 参见袁彬、阴艾华《儿童虐待与青少年违法犯罪关系研究》，载赵秉志主编《刑法论丛》（2010 年第 4 卷），法律出版社，2010，第 500~502 页。

② 参见袁彬、阴艾华《儿童虐待与青少年违法犯罪关系研究》，载赵秉志主编《刑法论丛》（2010 年第 4 卷），法律出版社，2010，第 502~504 页。

用于受理儿童虐待咨询。①

李环认为，美国在应对儿童虐待问题方面已形成较完善的处理制度，包括强制报告制度、集中通报体系。同时规定了儿童虐待调查和处理程序，要求调查员在接到儿童虐待报告的 24 小时内对儿童和家庭进行调查。政府也致力于提供相关服务和措施，提供家长教育、咨询和戒毒服务等。除对家长提供服务，政府部门还为受虐儿童安排寄养家庭、寻找收养家庭。美国设立了针对儿童虐待预防和干预的专职部门，即儿童福利局，对儿童解救、儿童安置和儿童虐待预防等方面的问题进行专门化处置。②

胡巧绒认为，美国形成了一套完整的儿童虐待法律保护体系，涵盖强制报告制度、受理登记、调查程序、寄养和监护临时措施或长久安置、家庭维护以及将儿童从家庭迁出的司法审查程序。其中，强制报告制度规定，对儿童负有责任的组织或人，如托儿所、学校、保姆、父母或其他家庭成员都可能成为报告主体。为鼓励通报儿童虐待情况，法律明确规定可接受匿名举报，并对善意误报者作豁免法律责任处理。司法审查程序则包括可能性原因审理、诉因审理、永久性计划审理和终止父母权利的审理。③

师艳荣认为，日本从立法和行政角度构建儿童虐待防治体系。从立法角度看，日本形成以《防止儿童虐待法》为核心、以其他儿童福利相关立法为补充的儿童虐待防治法律体系。《防止儿童虐待法》专门针对儿童虐待的相关问题作出明确规制。此外，《儿童福利法》《母子保健法》《刑法》《民法》等相关法律也对儿童虐待防治起到一定作用。从行政角度看，日本构建了以行政机关为核心的政策保护体系。日本厚生劳动省专门设立防止儿童虐待对策室，通过报纸、广告等形式让公众知悉预防儿童虐待的方式和通报义务，同时还致力于咨询机制的完善，改善儿童生活环境，对受虐儿童发起援助，以防虐待事件再次发生。警察厅则通过在街头进行辅导、咨询、通报和事件的调查等活动，以期实现儿童虐待早期预防。此外，警

① 参见崔海英《美国虐童防控对策研究》，《政法学刊》2013 年第 3 期，第 101~104 页。

② 参见李环《建立儿童虐待的预防和干预机制——从法律和社会福利的角度》，《青年研究》2007 年第 4 期，第 2~4 页。

③ 参见胡巧绒《美国儿童虐待法律保护体系介绍及对我国的启示》，《青少年犯罪问题》2011 年第 5 期，第 64~65 页。

方重视和儿童咨询所合作。法务省在实施《防止儿童虐待法》的基础上，致力于向公众宣传儿童虐待是严重侵犯人权的思想，文部科学省也不断普及有关儿童虐待的发现、通报等方面的知识。与此同时，各政府部门不断加强合作，共同应对儿童虐待问题，建立区域性应对网络，实现信息共享。①

姜波、焦富勇认为，日本政府在各地建立了专门机构，由专职工作人员了解、处理儿童虐待事件，制定帮助施虐家庭的方案。同时，民间组织积极投身防止儿童虐待的事业，及时倾听儿童虐待的举报，及时解决育儿困难。此外，相关讲座、研讨会、报告会、学会、经验交流会和论文发表会的频繁举行，带动全社会重视儿童虐待问题，形成全社会关注和参与的风气。②

周真真认为，英国志愿组织，即全英防止虐待儿童协会（简称 NSPCC）为促进儿童福利工作的开展作出了极大贡献。NSPCC 的前身是 1884 年成立的伦敦防止虐待儿童协会。该协会致力于提升社会公众对儿童虐待现象的关注度，推进儿童立法进程。NSPCC 在成立之初就重视与警方合作，双方工作人员联系十分紧密。该协会不仅致力于满足受虐儿童个体需求，且积极争取更多政治资源和社会资源。随着现实状况不断变化，NSPCC 开始与女警合作。女警在防止儿童虐待方面发挥了重要作用，尤其在 NSPCC 力量不足时，女警发挥了重要的补充作用。③

七　我国儿童虐待防治对策与经验借鉴

（一）我国儿童虐待防治对策

李环就如何防治我国儿童虐待提出了以下七点对策：一是完善我国立法，在法律中明确通报制度；二是设立专门政府机构；三是宣传教育，提

① 参见师艳荣《日本儿童虐待问题及其防治体系的构建》，《南方论丛》2013 年第 3 期，第 14~17 页。

② 参见姜波、焦富勇《〈虐待儿童防止法〉及统计儿童虐待事件的意义》，《中国妇幼健康研究》2007 年第 2 期，第 147 页。

③ 参见周真真《英国福利国家进程中的志愿组织与政府——以 NSPCC 与警察的合作为例》，《学海》2012 年第 2 期，第 159~161 页。

高公众认识；四是培训和培养专业工作者队伍；五是建立从接受报告、调查评估、儿童临时和长久安置到家庭维系服务的一套完整的儿童虐待干预机制；六是发挥非政府组织的作用；七是注重借鉴其他国家的经验。[①]

胡巧绒认为，中国可汲取美国治理儿童虐待的经验，不断完善儿童虐待法律体系。首先，制定儿童虐待防治的专门法律，对儿童虐待的定义、具体处置、专门机构、社会保护和司法参与等作出具体规定。其次，要主动干预儿童虐待问题。立法赋予相关部门对儿童虐待主动干预的权利，同时规定对知情不报主体的法律责任。再次，建立处理儿童虐待专门机构和司法审理程序。最后，完善儿童虐待配套社会保障机制。[②]

乔东平、谢倩雯认为，当今阶段，应对儿童虐待问题的思路有四：一是明确我国防治儿童虐待的政府主管机构，职责明确的政府主管机构才是可将“禁止虐待儿童”的法律规定具体落实的行政基础。二是明确界定中国本土的“儿童虐待”概念，避免“儿童虐待”概念的扩大化。三是需要一手抓干预，一手抓预防。四是需要有操作性强的法律指引，同时建立多部门、多专业的合作机制，建立横向和纵向分工明确、职责清晰的儿童保护组织体系。[③]

从文君认为，应从四个方面完善我国儿童虐待的防治对策：第一，增强父母法律意识，同时倡导民主、理想的教育态度和教养方式。第二，扩大“家庭成员”这一虐待主体的范围，在刑法中增设虐待儿童罪。第三，完善法律体系和儿童保障体系。应建立独立于成人的儿童权利保护法律体系以及相应的专门的儿童保护法制机构和配套的儿童服务机构，对受虐儿童进行保护。第四，借鉴西方经验，建立全方位、多层次的报告和监督机制。针对最有可能接触儿童和发现儿童虐待行为的人群，设定强制报告义

① 参见李环《建立儿童虐待的预防和干预机制——从法律和社会福利的角度》，《青年研究》2007 年第 4 期，第 4~7 页。

② 参见胡巧绒《美国儿童虐待法律保护体系介绍及对我国的启示》，《青少年犯罪问题》2011 年第 5 期，第 66~67 页。

③ 参见乔东平、谢倩雯《中西方“儿童虐待”认识差异的逻辑根源》，《江苏社会科学》2015 年第 1 期，第 31~32 页。

务，对知情不报者给予一定处罚，从而降低儿童虐待发生率。①

王登辉、罗倩认为，应从行政干预、司法干预和立法方面完善我国儿童虐待的防治对策。行政干预方面，应在各公安派出所设立维护儿童合法权益办公室，专门负责儿童虐待案件的举报、调查、调解和处罚问题。除设立专门办公室处理儿童虐待问题外，尚需加强儿童安全和主体意识教育，提升儿童自我保护意识和权利意识。由民政部门和教育部门在地区建立“儿童之家”，代行受虐儿童的养育职责。公权力机关要进一步完善公共处罚体系，完善行政执法和刑事司法的衔接机制。司法干预方面，主要涉及抚养权变更、监护权问题和虐童犯罪的制裁。立法方面，建议在《刑法》第 234 条中增加一款，即“以殴打等方式虐待儿童造成轻微伤以上后果的，以故意伤害罪论处”。②

马岩等人围绕澳门儿童虐待司法干预作了探讨。他们认为，澳门法院在儿童虐待干预中发挥重要作用。儿童虐待案件发起主体范围较广，任何公民、社会机构或法院怀疑或发现儿童虐待案件，均可口头或书面告知相关司法部门。澳门设有家庭及未成年人法庭，专门负责审理和跟进未成年人受害案件。在案件审理中，法官若发现儿童仍处于紧急状况，可依法定程序单独或合并采取相应保护措施。澳门处理儿童虐待案件采取的一般适用措施主要有三种：第一，以个人为主体对受虐儿童给予关怀和照料，法院要求受托主体履行相应法定义务。个人主体包括儿童的父母、继父母、养父母等监护人或其他负有照料义务之人。第二，以非家庭成员或社会组织为主体，为儿童提供照料和帮助，有助于儿童重新融入家庭生活环境。第三，可直接向年满 15 岁的儿童给予经济支援，帮助儿童独立，加强心理教育。③

周佳娴指出，香港在防治儿童虐待方面已有 30 年历史。香港成立了专业化防止儿童虐待的机构和组织。1980 年，香港正式成立防止虐待儿童会，

---

① 参见丛文君《儿童虐待的心理危害、致成因素及法律对策研究》，《法学杂志》2014 年第 4 期，第 76~78 页。

② 参见王登辉、罗倩《试论虐待儿童的法律规制》，《青年探索》2014 年第 5 期，第 88~90 页。

③ 参见马岩等《澳门地区儿童虐待之司法干预浅析——兼论对我国内地的借鉴》，《广西大学学报》（哲学社会科学版）2013 年第 4 期，第 59~60 页。

致力于预防和阻止儿童虐待。1983 年，成立专门的儿童保护服务组。1995 年，正式成立儿童虐待政策组和调查组。1996 年，卫生署任命了专门的儿童虐待医务协调员。时至今日，香港防止儿童虐待的服务已走向多元化，从以治疗为主转变为预防先行，建立政府和社会组织共同承担的二位一体模式，采取以社区为本的策略，形成多方力量共同参与的系统工程，收到了良好的社会效果。①

（二）我国儿童虐待防治经验借鉴

陈云凡认为，目前我国针对父母虐待儿童的现象存在两条解决途径：一是由居委会、村委会或公安机关介入；二是由受害儿童亲属或保护组织、学校、妇联等组织向法院控告。我国儿童虐待防治程序仅包括报告和处理，应完善评估和反馈步骤。为此，陈云凡借鉴西方国家经验，提出四点对策：一是确立家庭合作的制度介入价值，将提供家庭支持与促进家庭合作结合起来；二是建立完整的儿童防虐程序，在程序中加入评估和介入环节；三是建立以社区为主的介入方式；四是发挥大众传媒和先进文化的指引作用。②

梅文娟认为，可以借鉴英美等国儿童虐待干预机制的经验，完善我国儿童虐待的干预制度。我国应制定专门儿童虐待防治法，主要内容包括三方面：一是明确儿童虐待定义，参考英国的儿童虐待定义，融入本土适应性的思考。二是合理规定儿童虐待举报制度。借鉴美国经验，将我国强制报告责任主体区分为专业人员和所有人员两种类型。三是详细规定儿童虐待干预措施，可在紧急保护、照管令、剥夺监护权、犯罪控告等方面作出细致规定，提高立法可操作性。③

沈娟、蔡迎旗认为，美国佐治亚州儿童虐待相关立法为我国提供了两点启示：第一，我国应制定防止儿童虐待的专门法律，对生活中最有可能

① 参见周佳娴《香港儿童虐待防治的经验与启示——生态系统的视角》，《青年探索》2009 年第 4 期，第 93~94 页。

② 参见陈云凡《儿童防虐体系比较：社会政策视角》，《中国青年研究》2011 年第 9 期，第 45~52 页。

③ 参见梅文娟《英国儿童虐待干预机制考察及其启示》，《山东警察学院学报》2014 年第 1 期，第 113~116 页。

接触到儿童虐待案件的主体，如教育工作者、医务工作者、社会工作者等，实施强制举报制度，并对涉及儿童虐待的具体方面作出规定，如定义、类型、判断标准、制裁方法、机构设置、司法保护等。第二，建立专职处理儿童虐待案件的机构，同时健全儿童虐待案件的司法程序。处理儿童虐待案件所需人力资源较多，要求机构内相关工作人员具备相应的知识和技能。在司法程序方面，可借鉴佐治亚州的经验，就儿童虐待案件的举报、调查评估和审理程序作出相应规定。①

李静、宋佳认为，可借鉴美国相关立法经验，完善我国家庭儿童虐待相关问题：第一，明确虐待标准。要控制权利冲突，应限制教育权范围，明确在教养儿童中正当教育和虐待的界限。在此可参考美国的儿童虐待定义，包括身体虐待、营养不良、衣衫褴褛、忽视儿童医疗、剥削儿童劳力、性虐待、精神虐待等。第二，国家和社会成员进行适时有序的干预。为更好地控制权利冲突，应明确赋予国家干预家事的权利，同时规定相关时间条件及其他条件。第三，完善社会保障机构。社会保障机构可在实践中对社会资源进行合理分配，实现有效权利配置。②

第二节　国外研究现状

针对儿童虐待这一社会问题，国外诸多学者对此展开了富有深度的研究。总体来看，国外学者针对儿童虐待公权干预问题的研究起步较早，研究相对深入，成果较为丰硕。已有研究主要涉及“儿童虐待”的概念界定、儿童虐待的理论阐释、儿童虐待相关立法及其历史、儿童虐待影响因素及儿童虐待的干预与处理等方面。其中，关于“儿童虐待”的概念界定与儿童虐待相关立法的研究呈现出数量较多、内容相对丰富的特点。

---

① 参见沈娟、蔡迎旗《美国儿童虐待的法律保障——以佐治亚州“儿童虐待示范立法协议”为例》，《学前教育研究》2013 年第 5 期，第 5~6 页。

② 参见李静、宋佳《家庭儿童虐待中的权利冲突及其法律控制》，《广西社会科学》2015 年第 12 期，第 125~126 页。

一 “儿童虐待”的概念界定

早在20世纪80年代，比阿特丽斯·施奈勒·芬尼莫尔（Beatrice Schneller Fennimore）就对“儿童虐待”这一概念展开了探讨。他提出，“儿童虐待”是一个古老话题，在1940~1960年，儿童虐待问题引发了社会普遍关注。这二十年中，建立了推动儿童福利未来立法的坚实基础，该基础建立在医学界的发现上，即在医院存在大量儿童，其严重症状的原因只能以暴力来解释。该基础在美国人道协会和儿童局不断努力下得到进一步巩固。20世纪60年代初，许多知情人员和专业人士确定了儿童虐待的严重性，掀起一股强大的影响浪潮，且此浪潮引发公众广泛关注，并最终影响政府。[①] 桑德拉·古德·布里克（Sandra Goode Bricker）对“受虐儿童”和“被忽视儿童”的定义展开探讨。他指出，俄亥俄州修订后的法典对“受虐儿童”的定义作出规定，且这些定义必须用于确定儿童虐待或忽视报告的有效性。法典规定，法典第2907条中所规定的性活动的受害者属于受虐儿童。此外，若儿童处于经修订的法典第2919条第22款所规定的危险中，法院无须认定某人已被定罪，就可认定该儿童为受虐儿童。被忽视儿童包括：一是被父母、监护人遗弃的儿童；二是因父母、监护人过错而缺乏适当照顾的儿童；三是父母、监护人忽视或拒绝向其提供必要生活、教育、医疗或其他照料的儿童；四是父母、监护人忽视或拒绝提供精神状况所需的特殊照顾的儿童；五是父母、法定监护人违反法典相关规定的儿童。[②]

马德琳·斯坦伯格（Madeline Steinberg）对“儿童虐待”的法律定义进行了研究。他认为，“儿童虐待”的法律定义指的是联邦层面或州层面法律法规对儿童虐待作出的规定。美国《儿童虐待预防与处遇法》将“儿童虐待”界定为：对18岁以下儿童负有义务之人针对儿童实施身体伤害、精神伤害、性虐待和忽视，导致儿童健康或福利受到威胁的行为。[③] 黛比·J. 博

① 参见 Beatrice Schneller Fennimore, A Study of the Passage of PL 93-247: The Child Abuse Prevention and Treatment Act of 1974, Columbia University Teachers College, 1986, p. 45。

② 参见 Sandra Goode Bricker, A Community Approach to the Prevention of Child Abuse and Neglect, The Ohio State University, 1986, pp. 10-11。

③ 参见 Madeline Steinberg, In the Best Interests of the Child? Therapists' Experiences of Mandated Reporting of Child Abuse, Massachusetts School of Professional Psychology, 1991, pp. 23-24。

纳尔迪（Debbie J. Bonardi）也对“儿童虐待”的定义作了探讨。她提到，美国《儿童虐待预防与处遇法》将“儿童虐待和忽视”定义为对18岁以下儿童进行身体或精神伤害、性虐待或剥削、疏忽对待，使得儿童健康或福利受到损害或威胁。然而，在社会上，“儿童虐待”的定义是不相同的。有些定义可在法律中找到，有些定义可在程序中找到，还有些定义可在被指派执行有关虐待和忽视儿童的法律机构的非正式实践中找到。[①]

此外，艾米·玛丽安·约翰逊（Amy Marianne Johansson）还就美国部分州对“儿童虐待”的定义展开细致研究。亚利桑那州对“儿童虐待具体行为”进行定义，即造成儿童身体受到伤害、身体机能损害或毁容，允许儿童进入或停留在有挥发性、有毒或易燃化学品的建筑物或车辆内导致儿童身体受到伤害，拥有制造危险药品的设备导致儿童身体受到伤害，不合理的监禁等。犹他州对“儿童身体虐待”进行定义，即对儿童造成身体伤害和损害的行为。佛蒙特州对“儿童身体虐待”的定义是：除意外事故以外的其他方式造成的死亡、永久性或临时性毁容或身体器官、功能损伤的行为。此外，艾米还对“儿童虐待”与“儿童体罚”之间的区别进行研究，提出“体罚与虐待的界限在目前还难以界定”这一观点。[②]

二　儿童虐待的理论阐释

马克·F. 马登（Marc F. Maden）从文献回顾视角对儿童虐待理论进行了研讨。他提出，目前对儿童虐待的解释主要有两种理论：一种是社会文化理论，另一种是精神动力学理论。社会文化理论是由社会福利教授大卫·吉尔（David Gil）提出的，该理论确定了文化条件和环境是儿童虐待最重要的影响因素。精神动力学理论是由精神病学家布兰德·斯蒂尔（Brandt Steele）和卡尔·波洛克（Carl Pollock）一致提出来的。该理论将儿童虐待与施虐者的性格和个人经历联系起来。他们的理论基于几种假设，从而阐述了此种行为是由心理动态所决定的。上述两种理

① 参见 Debbie J. Bonardi, Teachers' Decisions to Report Child Abuse: The Effect of Ethnicity, Attitude, and Experiences, Pacific Graduate School of Psychology, 1999, p. 8。

② 参见 Amy Marianne Johansson, Distinguishing Between Child Abuse and Corporal Punishment: The Perspective of Mandated Reporters, California Lutheran University, 2019, pp. 4-9。

论的基本区别在于，两者在多大程度上认为儿童虐待是一种情景或人格所生成的现象。实际上，儿童虐待的社会文化理论和心理动力学理论并非相互排斥。两者以不同术语来表示不同关注点，都预测到了整个社会中抚养子女行为的暴力迹象，尤其是儿童虐待家庭中不适当和异常严重地使用暴力。①

克里滕登（Crittenden）、安斯沃斯（Ainsworth）对儿童虐待的依恋理论展开研讨。他们指出，依恋理论是一种发展理论，此理论首先由英国精神病学家约翰·鲍比（John Bowlby）提出，它反映了生命周期不同阶段焦虑依恋的性质和效果差异。他们把依恋区分为四种类型，即作为发展概念的依恋、作为行为系统的依恋、作为定性概念的依恋、作为表征概念的依恋，并将依恋理论原理应用于儿童虐待研究。他们的研究结果表明：第一，虐待具有普遍心理效应；第二，虐待结果是发展性的，即它们在不同时间点影响个人功能的不同方面，也会影响未来发展方向；第三，虽然不同年龄段的结果不同，但在不同时期存在发展一致性；第四，选择何种发展过程是个体差异和经验差异之结果；第五，遭受虐待或忽视的经历在父母行为与儿童应对策略方面存在很大差异。②

三　儿童虐待相关立法及其历史

（一）儿童虐待相关立法

马德琳·斯坦伯格对儿童虐待相关立法进行了探讨。斯坦伯格认为，美国《儿童虐待预防与处遇法》的关键点在于，该法以家庭神圣性为基础。美国许多州法律法规强调保护家庭的重要性。此外，《儿童虐待预防与处遇法》对“儿童虐待”的定义较含糊，因此从法律角度界定儿童虐待行为的负担就落到了各州身上。各州需要制定强制报告法，

① 参见 Marc F. Maden，Toward a Theory of Child Abuse：A Review of the Literature，Portland State University，1975，pp. 6-20。

② 参见 P. Crittenden，M. Ainsworth，*Child Maltreatment*：*Theory and Research on the Causes and Consequences of Child Abuse and Neglect*，Cambridge：Cambridge University Press，1989，pp. 435-457。

同时需要制定法律对儿童虐待行为进行法律层面的界定。[①] 贝沙罗夫（Besharov）认为，报告法揭示了缺乏专门儿童保护机构的状况，并提及区分儿童福利方面的优先责任和公共责任的必要性。[②] 纳尔逊（Nelson）进一步提出，美国人道协会于 1967 年发现，在 17 个州，报告法并未在公共儿童福利制度方面规定这些州对自己参与儿童虐待报告事件的后续行动负有法律责任。[③]

卡罗尔·D. 布洛克（Carol D. Brocker）提到，在 1970～1977 年这七年过渡中，儿童虐待领域发生了戏剧性变化。《儿童虐待预防与处遇法》的通过，以及全国防止虐待与遗弃儿童中心的建立，将公众注意力聚焦于报告层面的问题以及法律监管不完善等方面。50 个州都被发现在某种程度上并未遵守联邦制定的指导方针。1976 年，威斯康星州因其当时与儿童虐待相关的法律法规不符合联邦要求而失去了联邦的财政拨款。[④] 杰拉尔德·P. 马龙（Gerald P. Mallon）认为，美国于 1980 年通过的《收养救助与儿童福利法》使得遭受虐待或有遭受虐待风险的儿童和青少年更具安全、稳定和获得保障的可能。《收养与家庭安全法》和《促进成功与增进收养法》的通过，进一步强化和明确了美国《收养救助与儿童福利法》的意图，标志着美国在儿童福利领域改革的高潮。且美国许多与儿童福利有关的政策和实践建立在早期法律基础上，回应了儿童、青少年和家庭的需求。[⑤]

尼尔·乔丹（Neil Jordan）等人在研究中提出，佛罗里达州的法规（第 39 章第 810 节）中阐明了父母为儿童提供安全家园的能力。除了各州具体法规，虐待案件也由联邦法律所载的指导方针指引。目前，儿童福利实践受《收养与家庭安全法》的约束。该法案规定，对所有受虐儿童来

---

① 参见 Madeline Steinberg, In the Best Interests of the Child? Therapists' Experiences of Mandated Reporting of Child Abuse, Massachusetts School of Professional Psychology, 1991, p. 24。

② 参见 D. Besharov, Child Protection: Past Progress, Present Problems, and Future Directions, *Family Law Quarterly*, Vol. 17: 2, 1983, pp. 171-172。

③ 参见 B. Nelson, *Making a Case of Child Abuse: Political Agenda Setting for Social Problems*, Chicago: The University of Chicago Press, 1984, p. 124。

④ 参见 Carol D. Brocker, Resolution of Child Abuse: A Process Analysis, University of Wisconsin-Madison, 1977, p. 231。

⑤ 参见 Gerald P. Mallon, Managing the Changing Landscape of Child Welfare in the 21st Century, *Child Welfare*, Vol. 91: 1, 2012, p. 5。

说，主要目标是保障安全、持久和福祉，而安全是最为重要的。① 凯瑟琳·麦卡尔平（Catherine Mcalpine）等人认为，大多数强制性儿童虐待报告法并未明确提到父母滥用药物，只是提到身体虐待、性虐待和忽视。此外，针对父母滥用药物的法律，往往侧重于非法药物的消费（不包括酒精），尽管酒精是家庭暴力事件中的一个重要因素。这些法律的部分内容可能会阻碍滥用药物和酒精的孕妇或产后妇女寻求卫生保健或药物滥用治疗，因为担心承认滥用问题会导致失去对孩子的监护权。一般来说，这些法律关注的是父母对孩子的行为，而不是可能导致这些行为的环境或条件。②

罗伯特·G. 马登（Robert G. Madden）认为，美国加利福尼亚州立法机构将酗酒、药物上瘾的女性造成婴儿死亡的行为认定为胎儿虐待从而构成刑事犯罪的做法是错误的。因为，实际上怀孕期间滥用毒品或酗酒的女性可能本身也是儿童，她们较难获得各种资讯来防止怀孕或治疗毒瘾和酒瘾。那些认为法律如此规定会进一步孤立那些不信任社会健康服务的人，反而应该对那些限制儿童实现最佳利益的因素实施积极的做法。③ 凯瑟琳·库菲尔德（Kathleen Kufeldt）等人提到，根据儿童最佳利益原则，立法在保护儿童方面的重点在于对虐待和忽视的界定。经过审理后确定存在虐待和忽视行为，即为儿童提供保护服务。立法不仅为法院处置提供了各种选择，还规定了在逮捕后必须举行保护性听讯和处置性听讯的具体时限。英国 1989 年《儿童法》规定，地方当局负有向所有需要帮助的儿童及其家庭提供服务的一般义务。此外，地方当局还要确定有需求的儿童，公布有关服务信息，并提请可能从服务中受益的人注意这些服务信息。④

---

① 参见 Neli Jordan, S. Yampolskaya & M. Gustafson, Comparing Child Protective Investigation Performance Between Law Enforcement Agencies and Child Welfare Agencies, *Child Welfare*, Vol. 90: 2, 2011, p. 89。

② 参见 Catherine Mcalpine, C. C. Marshall & N. H. Doran , Combining Child Welfare and Substance Abuse Services A Blended Model of Intervention, *Child Welfare*, Vol. 80: 2, 2011, p. 131。

③ 参见 Robert G. Madden, State Actions to Control Fetal Abuse Ramifications for Child Welfare Practice, *Child Welfare*, Vol. 72: 2, 1993, p. 138。

④ 参见 Kathleen Kufeldt, M . Simard & P. Thomas, A Grass Roots Approach to Influencing Child Welfare Policy, *Child & Family Social Work*, Vol. 10: 4, 2005, p. 308。

塔拉·乌斯（Tara Urs）从受虐儿童角度出发，认为儿童福利制度是一个很大的“网”。如果受虐儿童能被识别出来，那么这个大范围保护的制度就是有效的，但问题在于，前提是要根据儿童陈述对虐待行为作出准确判断。而调查显示，儿童可能会为了逃避惩罚或获得自主权利而说谎，法院在儿童福利制度下缺少指引，难以判断儿童陈述的可靠程度。因此，应通过立法规定具体程序促进受虐儿童对法院作出更准确的陈述，进而更好地保护儿童权利。[①]马蒂亚斯（C. R. Matthias）和扎尔（F. N. Zaal）对美国2005年第38号儿童法案和2007年第41号儿童修正法案中防止家庭暴力的部分条款作了分析，认为虽可通过儿童法院的确认使儿童脱离施暴者的监护，但这种措施只是儿童保护程序的最后一道环节，并不能在儿童虐待发生之时提供紧急措施。因此，在紧急情况下，法条没有规定有效的措施来保护儿童。[②]

玛莎·威利福德·詹金斯（Martha Williford Jenkins）认为，儿童虐待报告法的首要目标是对需要保护、免受虐待和忽视的儿童进行早期识别。时至1967年，美国各州立法机关都通过了授权确认和报告涉嫌虐待和忽视儿童案件的法规。最初规定的报告主体范围在此后得到扩展，涵盖了记者和新闻从业者。20世纪70年代的立法进一步扩大了报告主体范围，同时增加了儿童虐待类型。最近立法支持非惩罚性报告制度，更倾向于为父母提供帮助，鼓励以非司法形式解决儿童虐待问题。1974年出台的《儿童虐待预防与处遇法》进一步深化各州为防止和处理儿童虐待事件所作的努力。1985年，大部分州修正了与儿童虐待、忽视有关的法律。[③]

安吉莉亚·海伦·凯莎·里奇韦（Angelia Helen Keisha Ridgway）也对儿童虐待相关立法进行了研究。海伦提到，儿童虐待历史可以追溯到远古时代。1912年白宫会议结束后，美国成立了儿童局，开始关注儿童福利和劳工问题。1935年《社会保障法》规定政府拨款给各州以支

① 参见 Tara Urs, Can the Child Welfare System Protect Children Without Believing What They Say, *New York University Review of Law & Social Change*, Vol. 38: 2, 2014, p. 357。

② 参见 C. R. Matthias & F. N. Zaal, Domestic Violence Perpetrator Removals Unpacking the New Children's Legislation, *Stellenbosch Law Review*, Vol. 21: 3, 2010, pp. 528-541。

③ 参见 Martha Williford Jenkins, Legal Aspect of Child Abuse and Neglect as Related to the Public Schools, The University of North Carolina at Greensboro, 1986, pp. 59-60。

持各州儿童福利服务。1967 年《社会保障法》扩展了服务范围。海伦还提到，根据相关学者研究，加利福尼亚州于 1963 年通过了儿童虐待报告法，成为美国首个通过儿童虐待报告法的州。1967 年各州纷纷效仿加利福尼亚州，出台儿童虐待报告法。国会于 1974 年通过了《儿童虐待预防与处遇法》。该法为报告儿童虐待的专业人员制定了标准，并建立了国家儿童虐待和忽视中心。《儿童虐待预防与处遇法》使得相关机构能够进行有关儿童虐待研究。该法将“儿童虐待”定义为身体或精神伤害、性剥削、忽视或虐待 18 岁以下的儿童。根据刑法相关规定，未对儿童虐待行为进行及时报告的人将被判轻罪，未报告儿童虐待事件的教师将被取缔资格证书。[①]

（二）儿童虐待立法的历史

布鲁斯·B. 伯内特（Bruce B. Burnett）对儿童虐待立法的相关历史进行了探讨。布鲁斯提到，美国人并未及时意识到虐待是一个严重的社会问题。美国首例儿童虐待案例记录发生于 1854 年，一个叫玛丽的孩子受到虐待，被铁链拴在床柱上，差点被饿死。令人讽刺的是，玛丽受到了美国防止虐待动物协会的保护。国家对动物采取的保护先于儿童。1912 年白宫儿童会议召开，表明对儿童虐待问题的关注，会议完善了保护服务，集中政府和私人资源对儿童身体虐待行为予以打击。1962 年后制定的有关儿童虐待的州法规定，报告和保护遭受身体虐待、忽视、性虐待和心理虐待（精神伤害、情感忽视、情感虐待或情感攻击）的儿童。[②]

比阿特丽斯·施奈勒·芬尼莫尔认为，美国在 20 世纪 60 年代形成了一种社会和政治气候，为那些致力于儿童虐待问题研究的学者提供了理想环境，一场代表受虐儿童的运动迅速发展起来。肯普（Kempe）发现的“受虐儿童综合征”很快引起了媒体和公众的注意。在专业协会和志愿者组织协助下，在媒体充分关注和全国社区支持下，各州在 20 世纪 60 年代结束前

① 参见 Angelia Helen Keisha Ridgway，Teachers' Knowledge of Child Abuse Reporting Laws，California State University，2005，pp. 14-17。

② 参见 Bruce B. Burnett，The Psychological Abuse of Children：Toward a Definition，Boston College，1990，pp. 13-14。

都通过了某种形式的儿童立法。虽然各州通过了儿童虐待相关立法，但到20世纪70年代，联邦在儿童虐待领域的领导作用仍是继续为儿童提供服务的重要因素。①

四 儿童虐待的影响因素

劳伦斯·M. 伯格（Lawrence M. Berger）对儿童虐待的影响因素予以分析，主要聚焦于经济因素。劳伦斯认为，收入、贫困、家庭结构和环境政策等，会对不同类型的儿童虐待产生不同影响。一些低收入家庭缺乏为儿童发展创造健康环境的资源。出于低收入带来的压力，儿童在家庭中受到身体虐待和情感忽视的风险很高，增加收入似乎能在儿童家庭环境中起到一定保护作用。劳伦斯还发现，在单亲家庭中，特别是母亲工作家庭中，儿童更有可能受虐。此外，有研究表明，更高福利和更低失业率可能对儿童起到较好的保护作用。②

布鲁斯·B. 伯内特对儿童虐待的影响因素进行了研讨。布鲁斯指出，有关儿童心理虐待的研究和文章相对较少。此外，布鲁斯还提到了一些影响儿童虐待的因素，即父母情绪因素、环境因素、社会经济、种族和文化因素、受害者因素等。布鲁斯认为，上述一些因素或所有因素的结合，导致了儿童虐待的发生。至于哪种因素占据最重要地位，还有待深入研究。③

弗兰奇斯卡·曼克（Franziska Meinck）也对儿童虐待的影响因素作了探讨。他认为，儿童虐待与生态框架的各个层面都具有相关性，并由此将其分为四个层面：照料者层面、家庭层面、儿童层面和社区层面。其中，照料者层面的因素对儿童虐待的影响最大，因为家庭暴力是儿童虐待最常出现的情形。因此，照料者的身体及其精神状况与虐待的可能性密切相关。在家庭层面，经济因素起着重要作用，贫穷的家庭更容易出现虐待情形。在儿童层面，儿童的年龄也有着一定影响，年幼孩子遭受虐待的风险系数

① 参见 Beatrice Schneller Fennimore, A Study of the Passage of PL 93-247: The Child Abuse Preventuon and Treatment act of 1974, Columbia University Teachers College, 1986, p. 106。

② 参见 Lawrence M. Berger, Economic Analyses of Child Abuse and Neglect, Columbia University, 2002, pp. 97-100。

③ 参见 Bruce B. Burnett, The Psychological Abuse of Children: Toward a Definition, Boston College, 1990, pp. 16-28。

更高。在社区层面，儿童虐待在欠发达地区和乡村地区发生的概率大大高于其他区域。[①]

巴特（Barth）、布莱斯（Blythe）从压力模式视角对儿童虐待的影响因素展开研讨。他们将儿童虐待行为视为外在环境之产物的模型，曾针对三种普遍的说法加以探讨：第一种是现象学模式，认为个体特质及其压力调适方式，会影响个人对突发事件的回应，因而有可能形成儿童虐待行为，因此临床服务可涵括对父母的心理治疗和压力处理技巧；第二种是生活转换模式，假设随着家庭生命周期的变换，会有不同的阶段任务形成压力源，因此干预的策略通常是对离婚、丧偶、新生儿家庭等的预防服务；第三种是社会模式，凸显贫穷所造成的长期压力，干预策略通常是提供联结家庭和社区邻里的社会网络服务，或者是实施减贫的社会改革，以减轻社会中弱势成员的社经压力。[②]

五　儿童虐待的干预与处理

玛莎·威利福德·詹金斯认为，儿童虐待这一问题具有高度复杂性，仅仅通过立法方式无法从根本上解决问题。儿童虐待问题的解决应当充分利用社会中多样化的资源，发挥立法者、司法者、社会服务和社区组织的作用。针对儿童虐待问题，应采取多学科结合的方式予以解决，推动资源整合以援助受虐儿童及其家庭。教育者同样也应熟悉相关法律和程序，以识别和报告受虐儿童的情况。[③] 欧内斯特·马斯特里亚（Ernest Mastria）通过对有虐待倾向的父母进行研究，探索儿童虐待干预路径。欧内斯特认为，应通过限制施虐父母攻击性行为以达到对儿童虐待问题的干预，运用的基本原则包括关注亲社会行为和忽略反社会行为，应该将此原则作为对待孩

---

① 参见 Franziska Meinck, Risk and Protective Factors for Physical and Sexual Abuse of Children and Adolescents in Africa: A Review and Implications for Practice, *Trauma Violence & Abuse*, Vol. 16, 2014, pp. 1-27。

② 参见余汉仪《儿童虐待：现象检视与问题反思》（增订版），巨流图书股份有限公司，2005，第 60~61 页。

③ 参见 Martha Williford Jenkins, Legal Aspect of Child Abuse and Neglect as Related to the Public Schools, The University of North Carolina at Greensboro, 1986, p. 137。

子的基本策略。[①]

盖尔·安德鲁（Gail Andrew）对儿童虐待的干预途径进行了研讨。盖尔认为，儿童虐待干预途径涉及私人领域和公共领域，不应孤立看待私人领域和公共领域对儿童虐待干预的作用。对儿童虐待行为进行干预，无论是私人领域的努力还是公共领域的努力，都是不可或缺的，应采取两者并重的方式。[②] 琳达·伯恩赛德（Linda Burnside）以发生在家庭内的儿童性侵为对象展开研讨，探索家庭中母亲的支持所造成的影响。研究发现，母亲在儿童受虐过程中会产生不确定、困惑或矛盾的心理。因此，琳达认为，儿童福利工作者、儿童福利机构、治理机构和人员应当意识到母亲的矛盾心理，认识到矛盾心理的产生是一种普遍现象。儿童福利工作者及相关机构对此应予以理解，并提供帮助，建立更有效的策略以对家庭内儿童性虐待事件的调查进行评估和干预。[③]

凯瑟琳·M. 杰克（Kathryn M. Jack）以社区干预为着眼点予以了深入分析。他的研究结果表明：某些社区特征，包括贫困率，稳定性以及儿童保育负担都与儿童虐待有所联系。不良邻里关系可能会使家庭出现儿童虐待的风险，而与邻里之间的牢固联系则可能会成为防止此类行为的重要因素。邻里之间的社会凝聚力，或者说邻里之间的相互信任和支持，能够有效改善父母对孩子的养育方式，从而为健康和积极的育儿提供一个良好的环境。在美国大多数社区都存在许多面向家庭的社区服务项目，目前有三大项目为子女的抚育提供帮助：第一个项目是联邦的妇女、婴儿和儿童项目（WIC）；第二个项目是家访；第三个项目是提高儿童的认知和社会性发展相关的活动。[④]

美国学者尼尔·吉尔伯特（Neil Gilbert）讨论了针对受虐儿童保护采用

---

① 参见 Ernest Mastria，A Method of Intervention in Child Abuse，The State University of New Jersey，1977，pp. 31-33。

② 参见 Gail Andrew，A Grounded Theory of Child Abuse，University of Saskatchewan，2004，p. 142。

③ 参见 Linda Burnside，In Intrafamilial Child Sexual Abuse：The Effect of Maternal Support，The University of Manitoba，2007，p. 231。

④ 参见 Kathryn M. Jack，The Protective Effect of Neighborhood Social Cohesion in Child Abuse and Neglect，*Child Abuse & Neglect*，Vol. 52，2016，pp. 29-37。

的家庭服务制度和强制报告制度。他分析了欧美国家防止儿童虐待的三种制度类型：第一类是优先保护儿童，如美国、加拿大等国家；第二类是家庭服务和强制报告并举制度，大多为北欧国家；第三类是单纯的家庭服务制度。1963年美国联邦政府儿童局制定了举报法范例。1963年到1967年，各州先后制定儿童虐待举报法。在早期，仅有医务人员承担报告的责任，但在之后的法律中，一些与儿童密切接触的人员也被纳入责任报告的主体范围，逐步加强了对儿童虐待的行政干预。①

第三节　国内外研究现状简评

从前述对国内外研究现状的梳理中，我们不难发现，无论是国内学者还是国外学者，都在一定程度上关注到了儿童虐待公权干预问题，并围绕这一问题展开不同方向、不同层面和不同领域的探讨。同时，我们也应看到，国内研究与国外研究存在不少差异，两者互有侧重，各有所长，同时也都存在某些不足，需要在今后的研究中予以改进和完善。

一　国内研究现状简评

（一）已有国内研究取得的成就

通过对我国儿童虐待公权干预问题研究现状的梳理和总结，我们可以看出，国内学者对此问题的研究具有相对全面、较为完善和深入的特点，总体呈现出逐渐成熟的趋势。国内研究内容较为丰富，并围绕问题多角度展开。已有研究主要涵盖儿童虐待的概念及类型、防治法律待完善、立法规制、公权干预、与青少年违法犯罪的关系、域内外防治措施、我国防治对策与经验借鉴等方面，旨在通过多方位的广角研究，深入探讨儿童虐待这一全球性历史难题。

国内已有研究主要围绕宏观层面和微观层面的内容展开。前者研究主

① 参见 Rachael Hetherington，Book Review：Combatting Child Abuse：International Perspectives and Trends，Children and Social Welfare in Europe，*International Social Work*，Vol. 42，1999，pp. 242-245。

要包括儿童虐待的概念及类型、防治法律待完善等内容，后者研究则细化到儿童虐待的立法规制、公权干预、与青少年违法犯罪的关系、域内外防治措施、我国防治对策和经验借鉴等内容。宏观层面与微观层面的研究相结合，形成一个相对健全的研究体系，既有利于后续研究的推进，也有助于加深对儿童虐待问题的认识和理解。

具体而言，国内已有研究取得的主要成就体现在：一是研究角度多元化。从研究内容所涉及的角度看，国内研究在整体上呈现出抽丝剥茧、层层深入的特点。例如，通过对基本概念、类型、法律成因等内容的探讨，形成对儿童虐待问题的基本认识；通过对域内外儿童虐待相关立法进行研讨，着重从法律层面解决儿童虐待问题，完善对儿童的法律保护。二是研究内容具有针对性和可行性。比如，在对相关立法进行细致梳理的基础上，有学者进一步研究我国现有法律在防治儿童虐待问题上存在的不足，以期推进我国相关立法的完善，进一步强化对儿童的法律保护；通过对不同国家或地区儿童虐待公权干预等方面进行比较研究，更加鲜明地突出各自在干预路径方面的相异之处，参考和借鉴其他国家或地区的相关经验，为改进我国儿童虐待干预措施、完善干预途径提供新思路。三是研究思路与方法多样化。比如，有部分学者以联系的眼光和发散的思维探索儿童虐待与青少年违法犯罪的关系，以期深度探求儿童虐待可能造成的影响，从而深化对儿童虐待这一问题的研究。对儿童虐待与青少年违法犯罪的关系进行研究，意味着国内学者已意识到儿童虐待这一问题的严重性，该问题有可能引起连锁效应，对受虐儿童成长造成一定阻碍，并对其人格养成和行为模式带来一定的负面影响。

（二）已有国内研究存在的不足

如前所述，已有国内研究取得了一定成就，为我国防治儿童虐待问题作出了不少贡献。国内有关儿童虐待公权干预问题的研究，所涉及范围相对较广，目前已涵盖儿童虐待的概念及类型、防治法律待完善、立法规制、公权干预等诸多方面。虽然国内研究所涵盖的角度较多，内容较丰富，但仍不能忽视国内研究存在的不足之处。为了深化对儿童虐待公权干预问题的研究，本书指出并分析了国内研究存在的有待改进之处，进而有助于学者在今后研究中予以调整和完善。

通过对国内研究现状的梳理，可知已有研究主要呈现以下不足。第一，理论研究稍显薄弱。总体来看，学者对儿童虐待的理论阐释、历史演变等基本理论着墨较少。儿童虐待的理论阐释，主要分析隐藏在儿童虐待现象背后的发生机理，能为国家破解儿童虐待防治之难题提供理论基础。而探寻儿童虐待的演变历史，可以帮助我们从历史中找到儿童虐待防治的相关经验。第二，研究内容不够深入。主要表现为已有研究在儿童虐待的防治法律待完善、干预主体方面有待进一步深化。对儿童虐待的防治法律待完善予以分析，有助于从立法层面解决儿童虐待问题。但我国在此方面的研究成果相对较少，在今后研究中可予以深入和完善。而干预主体是针对儿童虐待行为依法享有干预权利和承担干预义务的主体，是干预行为的直接实施者，将直接影响有关儿童虐待预防和治理规范的实施效果。因此，对干预主体进行全面而深入的探讨，明确干预主体的范围，防止相关主体相互推诿，对儿童虐待防治具有重要意义。第三，有价值的研究成果尚不多见。主要表现在干预对策与经验借鉴方面，缺乏细致深入的分析与论证。如有部分学者在干预模式与干预路径的比较研究中，更注重某些国家具体经验之介绍，而无意间忽略了这些制度所依托的政治、经济、文化基础，导致在制度移植上犯了机械主义的毛病。

二　国外研究现状简评

（一）已有国外研究取得的成就

通过对国外研究现状的梳理，我们可以看到，有关儿童虐待公权干预问题的研究起步较早，已经达到了一定的广度和深度。在国外研究中，针对儿童虐待公权干预问题的研究，主要涉及儿童虐待的概念界定、理论阐释、相关立法及其历史、影响因素以及儿童虐待的干预和处理等方面，由这些内容共同结合所形成的研究成果，为解决儿童虐待问题作出了极具建设性的贡献，对深化儿童虐待问题的认识、推动解决儿童虐待问题具有极为重要的现实意义。

具体而言，国外已有研究取得的主要成就体现在以下几个方面。一是注重基础理论研究。国外学者十分重视对儿童虐待定义的探讨。厘清“儿童虐待”这一概念，是深入探索儿童虐待问题、防治儿童虐待行为的前提。对“儿童虐待”的概念界定进行探讨，明确“儿童虐待”的具体内涵，为推进儿童虐待研究奠定了良好基础。另外，国外学者还对儿童虐待的理论阐释作了研讨，为探索儿童虐待的发生机理寻求理论依据。二是研究内容相对丰富。比如，在研究儿童虐待相关立法的同时，部分学者还非常关注相关立法的历史演变，研究立法在不同时期的修改与调整，让我们能更直观地看到立法在内容方面的变化。通过这种比较，不难看出，立法在儿童虐待防治、为儿童提供法律保护方面呈现出越来越完善的趋势。又如，部分学者关注到儿童虐待的影响因素，并对其展开研讨。对儿童虐待影响因素进行研究，有助于从多角度探索儿童虐待的成因，深化对儿童虐待的认识，进而保障相关主体采取更彻底的方式解决儿童虐待问题。三是研究思路与方法富有针对性。例如，部分学者对儿童虐待的干预与处理进行了深入探讨，取得了丰硕的研究成果。众所周知，要解决儿童虐待问题，最终还需落实到干预与处理这一现实层面。对此，有部分学者主张充分利用社会多样化资源，从多角度出发探索儿童虐待干预的不同形式，而不能仅局限于立法形式；有部分学者强调通过公共领域和私人领域并重的形式处理儿童虐待问题；还有部分学者重视从施虐父母角度出发，寻求解决儿童虐待问题的途径。这些研究为后续儿童虐待干预与处理途径的完善提供了指导，有助于维护儿童人权，促进儿童身心健康发展。

（二）已有国外研究存在的不足

在对国外研究现状进行初步梳理的基础上，我们可以看出，国外有关儿童虐待公权干预问题的研究，已经形成了相对丰富、较为全面的研究成果。这些研究成果为解决儿童虐待问题提供了重要指导，明确了具体方向。同时，国外研究虽然已经取得了一定的成果，但也存在某些不足，有待日后进一步拓展和深化。

通过对国外研究现状的梳理，可知已有研究主要存在以下不足：第一，研究内容不够聚焦，较为分散。国外学者就儿童虐待相关立法及其历史作了较多探讨，不难看出，针对相关立法所进行的研究，更多的是围绕某一部具体法律展开，缺乏对相关法律的整体性、概括性研究，这使得立法方面的研究呈现相对分散、系统性相对较差的特点。此外，学者更多地关注立法条文本身的内容及其变化，对相关立法存在的不足探讨较少。研究立法中存在的不足，有利于在法律层面推进对儿童的全面保护，完善干预、调查和处理儿童虐待案件的程序，以国家强制力作为儿童虐待防治的坚实后盾，为儿童提供强大而有力的保障。第二，研究方法比较单一，忽视比较法的运用。与儿童虐待相关的国外研究，鲜少采用比较法对有关内容进行探讨，这是国外研究存在的缺憾之一。比较法的优点较为突出，呈现的结果也相对直观。反观国内研究现状，就有学者采取比较法对不同国家或地区间的干预方式进行研究，这一方法将直观地展现出不同国家或地区在干预方式上存在的异同。通过比较法，突出两者间的不同之处，从而为儿童虐待的干预路径提供新的指引，对完善干预途径具有重要的借鉴意义。第三，不太重视对相关经验借鉴的研究。总体而言，国外学者针对儿童虐待经验借鉴这部分的研究相对匮乏。常言道：他山之石，可以攻玉。研究和总结其他国家或地区在儿童虐待防治方面的有益经验，并结合本国或本地区实际情况，对完善儿童虐待干预途径、构建儿童虐待防治体系，进而解决儿童虐待问题具有深刻意义。因此，今后研究中对其他国家或地区相关防治经验予以适当关注是非常必要的。

第三章　基础理论研究

国内学者对儿童虐待公权干预的理论研究，始于20世纪90年代初，而国外学者对此问题的理论研究，则始于20世纪60年代。因此，儿童虐待公权干预的理论研究大多数是在西方社会文化语境下开展的，研究文献以英文为主，研究主要聚焦于儿童虐待的概念、类型、成因、发生率以及国家干预的限度等方面。总体而论，儿童虐待公权干预的基础理论研究稍显薄弱。尤其是在我国，缺少对儿童虐待的内涵与外延、儿童虐待现象的解释、公权干预的正当性等问题的理论探讨。本部分将基于西方对儿童虐待公权干预的理论研究和我国的相关文献，试图对儿童虐待公权干预的基础理论作一个比较全面而深入的探讨。

第一节　儿童虐待的内涵与外延

“儿童”与“童年”是两个既有区别又有联系的概念。对儿童和童年的认识，会影响人们对待儿童的态度和行为。在对“儿童虐待”概念的界定上，西方学者的研究相对比较深入，不仅对“儿童虐待”的内涵与外延予以了富有意义的探讨，而且对“儿童虐待”与“体罚”等相关概念之间的联系与区别也作了具体分析，为我们开展进一步的研究奠定了良好的理论基础。

一　“儿童”与“童年”概念

（一）儿童的年龄界定

我国官方文件和学术界对“儿童”尚未有统一的界定，概念的使用较为混乱。在我国日常用语中，儿童通常是指未满 14 周岁之人。而已满 14 周岁未满 18 周岁之人，则属于少年之范畴。然而在我国法律中，并未对儿童年龄作出明确界定。我国台湾地区的“儿童与少年福利法”第 2 条规定：本法所称儿童，指未满 12 岁之人，所称少年，指 12 岁以上未满 18 岁之人。可见，我国台湾地区将儿童界定为 12 岁以下之个体。在日本，法律对于儿童年龄的界定非常细致。现行的日本《儿童福利法》第 4 条规定：“本法所称儿童者，系指未满 18 岁之人。细分如下：（1）婴儿：未满 1 岁者；（2）幼儿：满 1 岁至学龄者；（3）少年：满学龄，至满 18 岁者。”[①] 可见，日本将儿童界定为 18 岁以下之个体。

在探讨儿童年龄之界定时，有必要明确未成年人的年龄界定。在我国，有专门的法律对未成年人年龄作出明确界定。如我国《未成年人保护法》第 2 条规定：“本法所称未成年人是指未满十八周岁的公民。”在我国台湾地区，未成年人是指年龄未满 20 岁之人。在国外，未成年人的年龄界定并不一致。在日本，《禁止未成年人饮酒法》和《禁止未成年人抽烟法》均规定“年龄未满 21 岁之人为未成年人”。在韩国，法律规定未成年人是指年龄未满 19 岁之人。在美国，各州对未成年人的年龄界定也不一致，从 18 岁到 21 岁不等，如科罗拉多州的未成年人为不满 21 岁之人。在德国，依据《德国民法典》之规定，自 1975 年 1 月 1 日起未成年和成年的年龄界限为 18 周岁，而之前德国一直将 21 岁作为二者的界限。在朝鲜，其宪法规定，未成年人是指未满 17 岁之人。可见，各个国家或地区法律对于未成年人的年龄界定，既有高于 18 岁的，也有低于 18 岁的。

而联合国《儿童权利公约》第 1 条明确规定：“为本公约之目的，儿童系指十八岁以下的任何人，除非对其适用之法律规定成年年龄低于十八岁。”因此，基于儿童年龄在我国法律中并未有明文规定之现实，吸收借鉴域外的立法经验，本书将“儿童”界定为 18 岁以下之任何人，具体包括婴儿、幼儿、儿童、少年、少年儿童、未成年人以及未成年子女等不同称谓的人。[②]

---

① 吴鹏飞：《中国儿童福利立法研究》，知识产权出版社，2020，第 4 页。

② 参见吴鹏飞《中国儿童福利立法研究》，知识产权出版社，2020，第 5 页。

（二）历史脉络中的童年

学界有关“童年”的历史研究，存在两种有代表性的观点：一种是延续法国社会历史学家菲利普·阿里埃斯（Philippe Aries）的论点，认为“童年”是经由当代的社会、文化所建构的概念，也即在不同时空下，是由成人世界对儿童的看法来界定童年的；另一种则视成人的社会心理知觉，是由其童年经验建构而成，这与弗洛伊德认为人格发展受其童年经验之影响有关。

1. 儿童的价值与未来相关联

萨默维尔（Sommerville）认为，成人世界对童年的重视，与社会对模塑未来的把握以及信心直接成正比。因为视儿童为“未来”的象征，所以当西方文明愈现代化、愈未来取向时，儿童则愈受到重视；而当西方文明面对价值混乱以及缺乏献身热诚的“认同危机”时，“童年”将逐渐被漠视。[①]

阿里埃斯认为，在中世纪前，儿童被视为“小大人”，参与成人事务，并独立承担责任，当时的人们并不认为儿童需要任何特别的照料，直到中世纪后，才有了“童年”的概念，人们才认识到童年的独特性与重要性。[②]萨默维尔则认为，直到16、17世纪，宗教改革浪潮席卷欧洲时，“童年”才在文化、社会上占据关键地位。他认为，改革宗派新教徒是首批“现代父母”，并非他们与同时代的其他父母在对待孩子方面有所不同，而是他们对所谓“该如何合宜抚养孩子长大成人”的方式，表现出了前所未有的关切。萨默维尔认为，加尔文派（Calvinist）信徒养育孩子的方式，有助于其“自主”和“顺服”两种性格的塑造。他认为，在18世纪，人们原有机会发展出对“童年”较真实的期许，结果却与之失之交臂，虽然对儿童的实际能力和需求有较为深刻的了解，但对“童年”也并存虚浮的称颂。当社会出于满足成人自身需求而非人道动机，形塑了当前对儿童的态度时，受成人重视对儿童而言究竟是祸还是福？因为当19世纪“尊重童年”高唱云霄时，儿童的生活却最为悲惨。因此，我们必须从整体脉络透视“童年”

① 参见余汉仪《儿童虐待：现象检视与问题反思》（增订版），巨流图书股份有限公司，2005，第4~5页。

② 参见乔东平《虐待儿童：全球性问题的中国式诠释》，社会科学文献出版社，2012，第10页。

的历史定义，而非仅与现代标准比较。[①]

2. 社经情境模塑的童年

尽管自古以来婴儿的生理构造皆同，但成人对婴儿的信念及其需求却随时空而变。在古代社会，将婴孩交付陌生人手中度过生命最初的一年，甚至两年的时间，以如今育婴标准来看简直不可思议，但事实上，婴儿照护一直是通过家庭、亲属、专业人员、社会机构及生产市场等各类组合的运作来完成的。

以法国为例，在法国，奶妈是最主要的育婴安排，且高度地组织化及规范化。萨斯曼（Sussman）研究了18世纪初到20世纪初法国巴黎及里昂托婴事业的兴衰，从而描绘出父母、乡下奶妈、中介者及规范管理者复杂、渐进、阶级分化的系列关系。而一个婴孩的奶妈与婴孩的家庭会有多少接触，大部分要取决于婴孩家庭的社经地位。在18世纪时，城市里富裕的家庭会通过亲友或仆人介绍雇佣郊区的奶妈，并通过频繁的信函往来及访视与奶妈保持个人接触。到了19世纪时，则干脆雇佣奶妈到家中，以便能更多地就近监督孩子的喂养。而到了20世纪初，法国的奶妈制度渐趋式微，这并非由于法国妇女突然成为"好母亲"，而是因为法国经济的发展，非农业职场的工作人数减少，妇女在操劳家务之余能有时间照顾孩子。[②] 可见，萨斯曼的研究提醒我们，不可忽视在历史上婴儿照护有其社经及制度层面的意涵。

二　"儿童虐待"的概念

目前，在法学、社会学、心理学等学科领域，虽然人们对"儿童虐待"这一话题表现出越来越浓厚的兴趣，但在如何界定儿童虐待问题上聚讼纷纭。换言之，人们对于"儿童虐待"这一概念的确切含义缺乏清晰的理解。虽然学界发表的诸多论著有助于我们对"儿童虐待"形成一般认识，但许多研究结果都是零散的，因此，未能就"儿童虐待"的概念提供任何全面

---

① 参见余汉仪《儿童虐待：现象检视与问题反思》（增订版），巨流图书股份有限公司，2005，第5页。

② 参见余汉仪《儿童虐待：现象检视与问题反思》（增订版），巨流图书股份有限公司，2005，第6~7页。

而清晰的框架。

显然，由于当前未能提供一个清晰、准确的有效定义，人们无论是过去、现在还是将来在描述、调查儿童虐待方面的努力均会受到阻碍。为此，我们有必要对各种形式的儿童虐待行为确立一个协商一致的定义，因为，这一基本概念的界定会影响到诸多重要领域，比如虐待数据的可靠性和有效性、研究结果和结论、儿童虐待报告、虐待干预策略以及关键政策的拟定等。

（一）西方学者对“儿童虐待”概念的界定

1. 儿童虐待法律定义的作用

有学者指出，虽然研究人员在制定儿童虐待的定义时，拥有很大的自由裁量权，但其他专业人员在很大程度上受到儿童虐待和忽视的法律定义之制约。儿童虐待的法律定义只是在刑事犯罪、儿童保护法律法规以及家事法院管辖法中有所描述。有学者在调查北美立法后发现，很少有国家对儿童虐待的形式作出精准的法律界定，相反，他们得出了以下结论，大多数国家的定义都包含在“常识性证据表达中，立法者中的任何理性之人都不会误解这一点”。[①]

同样，阿特贝里·贝内特（Atteberry Bennet）指出，虽然立法定义经常被设计用来反映大众和专业意见的精神，但它们通常需要相当程度的解释，其中最需要解释的术语是“情绪虐待”、“精神伤害”或“情绪健康损害”，然而，很少有法律试图界定这些术语。在美国，有些州为心理学上的虐待行为提供规范定义的条款包括以下内容：①拒绝、恐吓或羞辱儿童；②造成儿童恐惧或内疚的混乱、怪异或暴力行为；③缺乏教养、亲昵、喜爱和接纳；④损害儿童的智力或心理能力；⑤损害儿童在正常表现和行为范围内的功能。[②]

在儿童虐待法律定义中，有一个共同主题是“作为或不作为造成的伤

① S. G. Portwood, Child Maltreatment: Coming to Terms with Issues of Definition, Department of Psychology, University of Virginia, 1996, p. 9.

② 参见 G. B. Melton, & H. A. Davidson, Child Protection and Society: When Should the State Intervene? *American Psychologist*, Vol. 42, 1987, p. 173。

害”或“威胁性伤害”。就虐待而言，其关键因素似乎是非意外伤害，而就忽视而言，则是因疏忽治疗而损害儿童健康或福祉。法律定义依赖的其他标准通常还有儿童和行为人的年龄以及所涉行为的类型。以美国为例，典型的法律定义规定在《弗吉尼亚州法典》相关条款中，其中将“受虐待或受忽视的儿童”界定为以下任何儿童：①其父母或其他负有照顾责任之人，允许他人以非意外方式对该儿童造成身体或精神伤害，或者造成死亡、毁容或者身体或精神功能损害的重大风险的；②其父母或其他负有照顾责任之人，忽视或拒绝为其健康提供必要照顾的；③其父母或其他负有照顾责任之人，遗弃该子女的；④其父母或其他负有照顾责任之人，违反法律规定对孩童实施性行为的；⑤因子女的父母、监护人或其他替代父母之人的不合理缺席或者精神或身体上无行为能力而导致没有父母照顾或监护的。[①]

从儿童虐待相关界定看，尽管有人批评此种界定过于宽泛，但也有迹象表明，儿童保护领域的工作者偏爱此种宽泛的定义，因为此种定义必然包括了各种各样的行为。然而，也有人认为，法律系统内的工作者所希望明确的与其说是定义，不如说是儿童是否受到虐待的标准。

2. 儿童虐待具体行为的界定

为了理解和界定儿童虐待，我们不仅要描述它的广义概念，而且还必须确定构成虐待的那些具体行为类型。然而事实证明，这是一项极为艰巨的任务。如前所述，立法者在很大程度上避免了此项授权，转而采用一些极其宽泛的术语来界定儿童虐待和忽视，因此，更具体的行为类型往往包含在这些宽泛的定义中。然而，学术界一直在努力找出一些影响个人判断某些行为是不是虐待行为的因素。

（1）身体虐待的界定

虽然有诸多共识认为，成年人以故意作为或不作为方式造成儿童身体伤害的行为构成虐待，但仍有许多其他因素会影响个人对特定事件的评估。由于这些因素的存在，对虐待的适当界定似乎要考虑到行为发生的背景，即文化接受程度、文化规范的背离、成年犯罪者的意图、儿童对行为的看

① Va. Code § 16. 1-228, Va. Code § 63. 1-248. 2 (West, 1995 Supplement) .

法、儿童的年龄及儿童成长的文化标准等。[①]

可见，儿童虐待的普遍定义，至少需要部分满足上述标准，即“父母或监护人违反有关儿童对待的社区标准，以作为或不作为方式造成的非意外人身伤害”。不过，这一定义也存在一些缺陷：一是它并未将非负有监护责任的成年人所犯的罪行涵盖在内，二是这一定义也将生活中被普遍接受的诸多行为（如打孩子屁股）置于一种模棱两可的境地。因此，虐待行为的有效定义应能提供这样一种指导，即说明哪些因素能够区分社会认可的惩罚和被认为是虐待的行为。

（2）心理虐待的界定

心理虐待亦可称为情绪虐待，在现实中很少有纯粹的案例，但心理虐待往往是与其他主要形式的虐待相结合的。有些学者甚至提出，我们必须从心理学视角来看待所有类型的虐待行为。另外，人们还必须注意虐待配偶等行为，因为这些行为虽不会对孩童造成身体上的伤害，但却会对孩童心理健康造成严重威胁。

在美国，早在1986年前，人们在试图界定心理虐待的文献中列举了以下十种行为：①对儿童的严格限制；②鼓励儿童犯罪；③妨碍孩子的社交和情感成长；④父母的不道德行为；⑤公开羞辱儿童；⑥未能提供一个充满爱的家；⑦挑选家中一个孩子给予一些特殊的、不愉快的任务或待遇（灰姑娘综合征）；⑧在合格心理健康专业人员开具处方时拒绝提供心理治疗；⑨以身体伤害或遗弃威胁孩子；⑩严重的语言虐待。[②] 根据上述列举的行为，哈特（Hart）、加曼（Germain）、布拉萨尔（Brassard）确定了构成心理虐待的七种照顾者行为亚型：排斥、羞辱、恐吓、孤立、离群索居、剥削和情绪否认反应。[③] 然而，此种分类体系也存在一些问题，其中包括许

---

① J. Korbin, Anthropological Contributions to the Study of Child Abuse, *Child Abuse and Neglect*, Vol. 1, 1977, pp. 7-24.

② 参见 D. Barnett, J. T. Manly & D. Cicchetti, Defining Child Maltreatment: The Interface Between Policy and Research, in D. Cicchetti & S. L. Toth (eds.), *Child Abuse*, *Child Development*, *and Social Policy*, Norwood, NJ: Ablex Publishing Corporation, 1993, pp. 7-73。

③ 参见 S. N. Hart, R. Germain, & M. R. Brassard, The Challenge: To Better Understand and Combat Psychological Maltreatment of Children and Youth, in M. R. Brassard, R. Germain & S. N. Hart (eds.), *Sychological Maltreatment of Children and Youth*, New York: Pergamon, 1987, pp. 3-24。

多亚型行为是互不关联的，且难以解释相似的父母行为为何会对不同发展水平的孩子产生不同影响的事实。

另外，麦基（McGee）和沃尔夫（Wolfe）提出，心理虐待“代表了有害的父母行为和特定孩子特殊弱点与优势之间的相互作用”。[①] 他们将心理虐待视为一种持续的严重行为，为此，建议将心理虐待界定为“任何可能削弱儿童解决重要发展任务的沟通模式”。[②] 然而，心理虐待的精准定义，尚未得到专业团体和一般公众的普遍接受。

（3）性虐待的界定

毫无疑问，对儿童实施的性虐待构成了对儿童的虐待。事实上，盖利斯（Gelles）发现，医生、警察、学校校长、社会工作者以及律师一致认为，性虐待应被视为“儿童虐待”。然而，一旦考虑到性交、肛交和口交之外的行为，研究人员和其他专业人员就很难作出给某些行为贴上“虐待”标签的决定。

根据布尔特（Burth）和埃斯特普（Estep）的理论，个人必须满足以下标准才能被赋予“受害者”的社会角色：①只有严重事件才被视为虐待；②受害者必须能够声称对该行为不承担任何责任；③事件必须造成一定程度的人身伤害；④只有涉及极端胁迫的事件才被视为虐待。[③] 然而，现实研究表明，人们普遍意识到，儿童遭受性侵害无须遵守这一套标准。

相反，研究人员提出了自己用来界定儿童性虐待的标准。芬克霍（Finkelhor）提出了可用于确定定义的三个标准：同意标准（即儿童是否同意该行为）、受害者的报告（即受害者是否意识到自己已成为受害者）以及社区标准（即社会是否会将该行为视为虐待行为）。[④] 尽管明显的偏见和价值判断对确定社区标准构成了威胁，但芬克霍认为前两个标准存在更为严重的弊端，为此，他更偏爱社区标准。

---

① R. A. McGee & D. A. Wolfe, Psychological Maltreatment: Toward an Operational Definition, *Development and Psychopathology*, Vol. 3, 1991, p. 10.

② R. A. McGee, & D. A. Wolfe, Psychological Maltreatment: Toward an Operational Definition, *Development and Psychopathology*, Vol. 3, 1991, p. 15.

③ 参见 M. R. Burt & R. E. Estep, Who is a Victim? Definitional Problems in Sexual Victimization, *Victimology*, Vol. 6, 1983, pp. 15-28。

④ 参见 D. Finkelhor, *Sexually Victimized Children*, New York: Free Press, 1979, pp. 25-42。

同样，克里斯托弗森（Christopherson）阐述了专业人员处理虐待问题时可使用的五个标准：法律标准（即法定定义）、专业知识（即通过研究或工作经验获取的知识）、当事人的主观报告、社会规范以及无标准。最后一个标准的含义是，在确定性虐待发生率时，完全由国家自行决定。

“性虐待”的实际含义可能在不同情况下存在很大差异。这些问题主要有：非接触（如暴露生殖器、拉客）以及接触（如抚摸、性交、口交、肛交）行为是否应被视为性虐待，以及受害者或行为人的年龄是否阻碍了其他虐待行为被贴上“虐待”的标签。[①] 就后者而言，有人认为自愿与同龄人发生性关系是青少年正常成长行为的一部分。考虑到这一因素，有些国家的调查人员将受害人和犯罪人的年龄差异作为界定性虐待的一个因素。然而，过分强调受害者的年龄也会导致双重标准，这对青少年来说是非常不利的。据推测，青少年比年幼儿童更可能（也有能力）同意性行为。

（4）忽视的界定

虽然“虐待”本身是一个模糊的术语，但将“忽视”纳入儿童虐待的一般范畴则进一步拓宽了传统的定义，并在区分有害的育儿方式与那些被普遍接受的父母教养方式方面带来新的困难。人们似乎较少关注对“忽视”的定义，这可能是因为社会对儿童忽视的容忍度要高于对身体虐待或性虐待的容忍度。

一般来说，忽视被认为是照顾者义务上的某些缺陷，它损害了儿童的心理或者身体健康。忽视包括一系列行为，如教育忽视、监督忽视、医疗忽视、身体忽视、情感忽视以及遗弃等。此外，海格尔（Hegar）、容曼（Yungman）提出了一个通俗的框架来描述三种类型的忽视：①身体忽视；②发展性忽视，即剥夺儿童正常成长和发展所需经验的行为或者疏忽；③情感忽视，包括一般情感忽视（即未能满足孩子对安全感、自尊、注意力和情感培养的需求）以及非器质性的成长障碍。[②]

① 参见 G. E. Wyatt & S. D. Peters, Issues in the Definition of Child Sexual Abuse in Prevalence Research, *Child Abuse and Neglect*, Vol. 10, 1986, pp. 231-240。

② 参见 R. L. Hegar & J. J. Yungman, Toward a Causal Typology of Child Neglect, *Children and Youth Services Review*, Vol. 11, 1989, pp. 203-220。

3. 儿童虐待定义面临的难题

即使是对目前所使用的定义进行最粗略的审查，我们也能明显看到，在制定儿童虐待客观定义的任何尝试中均面临各种难题。虐待在最基础层面通常被视为有害的或者不恰当的行为。显然，认定一种行为是“有害的”或“不恰当的”涉及价值判断。此外，如果要以“伤害”作为标准，那么每个儿童的特点（如气质、发育水平、复原力）就会立刻起到突出的作用，因此很难制定出能评估所有儿童的一般标准。虽然有些行为（如不准备正常的饭菜）在针对非常年幼的儿童时很容易被认为是有害的，但这些行为可能不会对年长的儿童造成任何的危险。

考察行为“不恰当性”的过程，必然会援引一些社区标准。因此可以说，那些试图为儿童虐待制定客观定义的人，不能忽视此种行为发生时的更广泛的文化背景。尽管如此，在研究文献的过程中，文化影响以及它在个人评估一种行为是否属于虐待行为时所起的作用，仍常常为人们所忽视。无论是在文化群体内部还是在不同文化群体之间，育儿方式、童年在多大程度上被视为值得特别照顾的发展阶段、儿童适当成长所必需的条件以及赋予儿童的权利等方面，均存在很大差异。①

显然，与最佳育儿方式或儿童虐待的普遍标准不同的是，育儿信仰和育儿行为存在广泛的跨文化差异。② 文化对儿童待遇的影响可通过两个极端例子来展现：在西方历史的某些时期，人们对杀婴和对成人与儿童性接触的支持态度都是适当的。即使是在 20 世纪 90 年代的有些国家看来，这些观点不仅被视为可接受的，而且是对儿童正确养育和发展至关重要的。③ 即使考虑到不太极端的情形，种族和族裔背景在儿童虐待中的影响，仍然是许多辩论的主题。

此外，除了难以确定一种文化标准来辨别虐待行为外，社会中经济地位的巨大差异也带来了一些问题。较多人认为，在当前定义的标准下，社会经

① 参见 L. Eisenberg, Cross-cultural and Historical Perspectives on Child Abuse and Neglect, *Child Abuse and Neglect*, Vol. 5, 1981, pp. 299-308。

② 参见 J. E. Korbin, Cross-cultural Perspectives and Research Directions for the 21st Century, *Child Abuse and Neglect*, Vol. 15 (Suppl. 1), 1991, pp. 67-77。

③ 参见 C. Konker, Rethinking Child Sexual Abuse: An Anthropological Perspective, *American Journal of Orthopsychiatry*, Vol. 62, 1992, pp. 147-153。

济因素导致人们过多地将黑人等低社会经济地位的儿童视为虐待受害者，而低估了白人等高社会经济地位儿童的受虐情况。斯皮尔利（Spearly）、劳德代尔（Lauderdale）的研究结果支持了这样一种观点：非白人（特别是黑人）虐待家庭由于其贫困率较高，无父家庭和职业母亲的情况更为普遍，这就导致了虐待家庭的比例过高。尤其是在儿童遭受忽视的领域，较低社会经济地位可能会导致这样一种情形：如果我们不能在适当的处境下看待父母养育孩子这一行为的话，那么就会得出很多孩子的父母或者监护人未能提供适当照顾（如提供破旧的衣服、不均衡的饮食）的判定。[①]

（二）我国学者对“儿童虐待”概念的界定

1. 大陆学者的观点

在英文中，与儿童虐待相对应的术语主要有“Child Abuse”“Child Maltreatment”等。我国学者对儿童虐待问题的关注起步较晚，最初主要是医学界人士的关注，后来才有心理学、社会学、法学等领域的学者的加入。由于历史文化背景及法律制度等多方面因素的影响，各国对儿童虐待的定义存在一定的差异。

我国学术界对“儿童虐待”概念的研究，一直是在西方宽泛的概念界定下进行的。有学者认为：“儿童期遭受的父母、监护人或其他年长者的伤害行为，该行为对儿童的健康、生存、生长、发育以及自尊心等方面造成了实际或潜在的危害，这样的行为被定义为儿童虐待。”[②] 另有学者认为：“儿童虐待是指儿童的父母或其他抚养人以暴力或者其他方式对待儿童，造成儿童身心伤害的行为。”[③]

还有学者赞同1999年世界卫生组织防止儿童虐待会议上的定义，认为儿童虐待是指在相关责任、义务和能力的条件下，各种形式的躯体和精神的折磨、性虐待、忽视、放任、商业的或其他的剥削，并导致儿童的健康、

① 参见 J. L. Spearly & M. Lauderdale, Community Characteristics and Ethnicity in the Prediction of Child Maltreatment Rates, *Child Abuse and Neglect*, Vol. 7, 1983, pp. 91-105。

② 王大华等：《儿童虐待的界定和风险因素》，《中国特殊教育》2009年第10期，第79页。

③ 焦富勇、李鸿光主编《儿童虐待预防与处理》，人民卫生出版社，2011，第5页。

生存、发展以及尊严受到实际或潜在的伤害。[①] 本书对世界卫生组织的这一概念界定表示赞同。

虽然目前学术界的争议还很大，对儿童虐待与忽视缺乏统一的界定标准，但有一个普遍认可的、框架式的基本内容，综合起来包括以下四个方面：①儿童身心当前或永久性地受到伤害；②基于社会标准结合专业知识，认定这些伤害是由某些有意或疏忽行为导致的；③这些行为可能是父母以及任何受委托照顾及管教儿童的人士，如儿童托管人、亲戚、教师等所实施的；④这些行为是由个人利用本身的特殊条件（如年龄、身份、知识、组织形式）而有能力单独或集体地对儿童造成伤害。[②]

2. 台湾地区学者的观点

儿童虐待的界定其实正反映出一个社会尝试设定其儿童照护的最低标准，一个社会越加多元化，对此问题越是难以达成共识。一般人通常认为，儿童虐待是仅和家庭范畴相关联的事件，将其局限于父母或者负有照护责任的成人对孩童所造成的身心伤害。而从广义来看，基于我们所累积的有关儿童发展的现有知识，凡属"不利于儿童成长的情境"，即可视为儿童虐待或疏忽，它既可能发生于家庭内，也可能发生于家庭外。[③]

在社会学、心理学学者的研究文献中，对于儿童虐待的概念呈现出研究较深入、全面的特点。如有学者认为，儿童虐待通常是指父母或负有照顾性责任之人，因故意或疏忽，造成儿童的身体、生理、心理，及基本权益之损失与受害，甚至造成死亡或难以恢复的损伤结果。[④] 还有学者认为，儿童虐待是指父母或监护人，或有责任照顾儿童者，有意无意暴力殴打儿童身体的"身体虐待"，或阻碍儿童情绪发展之侮辱、冷淡、歧视等态度与言行的"心理虐待"，或作为性欲发泄对象的"性虐待"，以及疏忽或拒绝养育、保护医疗的"生存虐待"，或其他如疏于管教、督导等使儿童一再遭

---

① 参见 World Health Organization, Report of the Consultation on Child Abuse Prevention, Geneva, 1999, pp. 29-31。

② 参见尚晓媛等《建立有效的中国儿童保护制度》，社会科学文献出版社，2011，第 10 页。

③ 参见余汉仪《儿童虐待：现象检视与问题反思》（增订版），巨流图书股份有限公司，2005，第 24~26 页。

④ 参见邓瑞隆《儿童虐待与少年偏差：问题与防治》，心理出版社股份有限公司，2006，第 1 页。

受生理或心理上的威胁或伤害行为，或受到威胁之虞。[①]

三 儿童虐待的类型

关于儿童虐待的类型，学界予以了较广泛而深入的探讨。有学者认为，按照目前世界卫生组织的定义，可将儿童虐待区分为身体虐待、忽视、性虐待和精神虐待四种类型。[②] 也有学者主张，应将儿童虐待区分为家内儿童虐待与家外儿童虐待两种类型。[③] 还有学者认为，可将儿童虐待区分为机构式虐待和社会式虐待两种类型。[④] 综合前人的研究成果，笔者尝试从虐待场所和行为模式两个角度，对儿童虐待的基本类型予以探讨。

（一）依虐待场所区分

社会学者依据儿童虐待发生的场所，从家庭、机构、社会三个不同情境的层面切入理解，将儿童虐待区分为家庭内虐待、机构式虐待和社会式虐待。

1. 家庭内虐待

家庭内虐待是指对孩童负有照管责任之人在家庭内实施的有害于儿童身心健康的虐待行为。施虐家庭既包括原生家庭，也包括同居家庭、收养家庭、寄养家庭等。施虐来源可能是父母、兄弟姐妹、家属、主要照顾者等。施虐行为主要表现为殴打、砸、撞、烫伤、口语暴力、冷嘲热讽、性侵害、强迫性交易、漠视、不满足儿童的基本需求等。[⑤]

2. 机构式虐待

机构式虐待是指孩童受害于被公立或私立机构雇用、负有照护孩童责

① 参见江亮演《儿童虐待与处遇》，《中华文化双周报》（试刊1号）2004年11月12日，第82页。

② 参见徐光兴《虐童的危害及其干预的心理学研究》，《青少年犯罪问题》2013年第1期，第20页。

③ 参见林明杰《家内儿童虐待者分类与处遇建构之研究——一个有效防治方案的重要基本工作》，《山东警察学院学报》2013年第2期，第54页。

④ 参见余汉仪《儿童虐待：现象检视与问题反思》（增订版），巨流图书股份有限公司，2005，第24~25页。

⑤ 参见孙奇芳《建构保护受虐儿童权益之法制研究——以儿童保护请求权为中心》，硕士学位论文，高雄大学，2009，第16页。

任的工作人员，但有时整个机构透过其政策或程序也可能对孩童系统地施虐。施虐机构可能是学校、幼儿园、日托中心、儿童福利院等。施虐来源包括机构工作人员、主要照顾者、其他受安置者或其亲友等。主要施虐行为有：体罚、不当使用精神病理药物、延长隔离青少年犯时间、非法制止家人、律师或记者探视等。[①]

3. 社会式虐待

社会式虐待是指受虐情境发生在儿童所处的周遭社会中，社会的行动、普遍的信念、社会的价值、对儿童虐待的不当观念，都可能对儿童健全成长产生不利的影响。主要的不当行为有：不适当的教育方案、性别刻板印象、默许以暴力方式管教儿童等。具体的观念有：不打不成器的观念、成人任何决定都是出于爱与善、天下无不是的父母、爱之深责之切等，将虐待合理化为管教的一环。[②]

（二）依行为模式区分

社会学者依据施虐者实施的行为模式不同，将儿童虐待区分为身体虐待、精神虐待、性虐待、疏忽和欺凌五种类型。

1. 身体虐待

身体虐待是指行为人故意对儿童身体施加暴力，导致儿童身体遭受伤害。施虐者通常包括儿童的生父母、养父母、继父母、同居人、照顾者，以及机构人员等。施虐行为主要有：踢、掌掴、拳打、使其撞墙或以皮鞭鞭笞、用棍棒或树枝木条加以殴打，也可能是父母亲在管教孩子的过程中施加过度的体罚。体罚式的管教者虽没有想要伤害孩子的故意，但事实上却造成孩子身体伤害与心理伤害的结果。比如，不小心把孩子的耳膜打伤了，或当众体罚严重伤害孩子的自尊与人格。此外，身体虐待也常与其他类型的虐待并存发生，如性虐待或精神虐待。[③]

① 参见余汉仪《儿童虐待：现象检视与问题反思》（增订版），巨流图书股份有限公司，2005，第25页。

② 参见孙奇芳《建构保护受虐儿童权益之法制研究——以儿童保护请求权为中心》，硕士学位论文，高雄大学，2009，第17页。

③ 参见邓瑞隆《儿童虐待与少年偏差：问题与防治》，心理出版社股份有限公司，2006，第3~4页。

2. 精神虐待

精神虐待又称为心理虐待，是指密集、重复的不当行为，以致伤害儿童的心理过程之创造及发展潜力，如智力、记忆、认知、概念、注意力、语言及道德发展等，包括对儿童持续的口语攻击及嘲讽、父母对儿童的冷漠及拒绝。精神虐待可细分为六种类型：①轻视行为，包括鄙视、敌对拒绝等；②胁迫行为，包括威胁施加暴力、置于危险情境中；③孤立行为，包括禁闭、不合理地限制儿童的行动自由、限制儿童的对外社会活动；④剥削或使腐败行为，包括塑造犯罪的反社会行为、促使卖淫、允许使用毒品；⑤拒绝情感上的反应，包括不理会儿童的互动、不愿提供亲密互动的好感；⑥心智健康、医学、教育上的疏忽，包括拒绝允许或未能提供关于重大心智健康或医学问题的治疗，以及重要的教育上的服务需求。①

3. 性虐待

性虐待是指不适当地暴露或使儿童遭受性接触的活动或行为。性虐待包括口腔、肛门、生殖器、臀部和乳房接触。它还包括对阴道或肛门进行抚摸，或性刺激。以色情为目的剥削儿童，将儿童作为卖淫者提供给另一人，以及利用不适当的引诱、展览和色情工具刺激儿童。非接触行为如性传播、猥亵儿童以及对儿童发表性言论，也构成性虐待。前述行为造成儿童在性生理、性心理方面的创伤，被害的儿童可能因为年龄或被害情境的因素，或者是认知能力不足，并不知道自己被害；被害儿童也可能有认知扭曲，以为那些性接触或性交行为是父母亲或照顾者对自己的情爱表示与照顾的恩情，因此不知抗拒或不想反抗。② 古代的乱伦属于性虐待的一种，指在血亲间发生性关系。其他的性侵害施虐者则可能是陌生人。

4. 疏忽

疏忽是指儿童的父母亲或照顾者因为故意不作为或者疏失，对于应该给予孩子安全、健康、医疗、卫生、教育、心灵等各方面的照顾有所疏漏，

① 参见孙奇芳《建构保护受虐儿童权益之法制研究——以儿童保护请求权为中心》，硕士学位论文，高雄大学，2009，第 13 页。

② 参见邓瑞隆《儿童虐待与少年偏差：问题与防治》，心理出版社股份有限公司，2006，第 5 页。

导致孩子遭受身心伤害的结果，甚至导致无法恢复的结局。[①] 在亚型形态上，疏忽又可分为：①生理需求疏忽，包括拒绝或延迟提供，或提供不足的食物、医疗等生理上的需求品，或遗弃儿童；②教育需求疏忽，包括未协助儿童注册入学，放任儿童逃学或辍学；③情感需求疏忽，包括拒绝或延迟给予感情需求的照顾、允许儿童从事违法行为，或对配偶家暴的行为。常见的警示状况有：持续的饥饿、窃取或储藏食物、突然急剧的体重降低、反复发生未治疗的医疗问题、长期欠缺监督、过度的旷课情形等。

5. 欺凌

欺凌是指学龄儿童中不受欢迎的攻击性行为，涉及真实或感知到的权力失衡。欺凌行为必须具有攻击性，且包括以下特征：①力量的不平衡性。欺负他人的孩子使用自己的力量，比如体力、获得令人尴尬的信息或人气，来控制或伤害他人。即使是相同的对象，力量失衡也会随着时间和情况的不同而变化。②行为的重复性。欺凌行为不止一次发生，或有可能发生不止一次。欺凌可细分为三种类型：①口头欺凌，口头欺凌是说出卑鄙的话语，包括会造成伤害的辱骂、不恰当的性言论、嘲讽；②社会欺凌，有时被称为关系欺凌，其涉及损害某人的声誉或关系，包括故意把某人排挤在外、告诉其他孩子不要和某人做朋友、散布关于某人的谣言；③身体欺凌，是指在公共场合对某人进行欺凌时，伤害他人身体或给其造成财产损失，包括打、踢、吐痰、绊倒、推、打破别人的东西、使用卑鄙或粗鲁的手势等。由此可见，欺凌行为主要包括威胁、散布谣言、以身体或口头方式攻击某人以及故意将某人排除在群体之外等。欺凌会影响到每一个受欺凌者、欺凌者以及目睹欺凌的人。欺凌有许多负面结果，包括对心理健康的影响，引起药物滥用和自杀等。[②]

① 参见邓瑞隆《儿童虐待与少年偏差：问题与防治》，心理出版社股份有限公司，2006，第5~6页。

② 参见 Juntunen，R. Valarie，*Child Abuse Sourcebook*：*Basic Consumer Health Information about Child Neglect and the Physical*，*Sexual*，*and Emotional Abuse of Children*（3rd Edition），USA：Omnigraphics，2013，pp. 104-105。

四 体罚与儿童虐待

（一）体罚的含义

对我们每个人而言，“体罚”这个字眼并不陌生，通常会让人马上联想到学校里老师管教学生的问题。其实，不仅学校存在体罚孩子的问题，家庭内父母对子女管教同样存在体罚的问题。但人们对“体罚”的确切含义议论纷纷，莫衷一是。美国学者梅森（Mason）、甘布里尔（Gambrill）认为，“体罚”是指使用强制力使孩子体验疼痛但不会受伤、目的在于矫正或控制其行为的行为。体罚的常见方式有：拍打、掴击、猛抓、推挤，或以梳子、皮带、尺子、桨形物等器物击打。①

对于“体罚”这种管教措施，目前存在两种截然相反的观点。反对者认为，与其他管教方式相比，体罚对孩童造成身心伤害的风险会高些，也即曾受体罚者日后在身心、行为等方面发生问题的概率要高于未曾受体罚者。为此，反对者强调应以其他替代方式解决问题，如讲理、暂停活动、剥夺特权等，体罚绝对不是必需的管教方式，更非唯一的选择。而赞同者则认为，就现今的文化规范，与其不切实际地禁绝，倒不如心平气和地检视使用体罚的情境和方式，没必要一竿子打翻，将体罚等同于暴力。福汉德（Forehand）、麦克马洪（McMahon）曾专门讨论体罚，认为应依循一定程序，在幼儿期会较有效，最初应是使用较和缓的管教方式，无效后才逐步严厉。另有学者研究，对付孩子打架、不听话时，体罚与讲理合并使用的效果不错。更有学者指出，这种组合使用后，能增强其后单独使用“讲理”方式的效果。②

（二）体罚与身体虐待

体罚与身体虐待之间的界限一直模糊不清，争论的焦点是体罚是否属

① 参见余汉仪《儿童虐待：现象检视与问题反思》（增订版），巨流图书股份有限公司，2005，第91页。

② 参见余汉仪《儿童虐待：现象检视与问题反思》（增订版），巨流图书股份有限公司，2005，第94~95页。

于虐待。按照前述的定义，体罚会给孩子造成疼痛，但不会让孩子受伤。然而，人们很难将“疼痛”与“伤害”截然分开。因此，一些研究者认为，如果父母使用可能造成伤害或有伤害风险的体罚，则可将其看成是儿童身体虐待的一种形式，是针对儿童的“亚虐待暴力”。另一些研究者则认为，不是所有的父母或监管者施行的体罚都是虐待，并且一些体罚，比如打屁股，是管教或规训的一种糟糕形式。由此看来，我们很难在许可的体罚形式和实际的虐待之间划出一道清晰的界线。①

尽管体罚和身体虐待在行为上的定义方式有所不同，但也有人认为，体罚和身体虐待的核心往往是相同的，且很难沿着育儿行为的持续性来划清界限予以区分。调查父母对体罚态度的研究发现，认为体罚是管教孩子的必要条件的父母虐待孩子的风险更高。这些调查结果表明，身体虐待与体罚之间存在正相关的联系。目前有人认为，在确定体罚和身体虐待之间的界限时，我们需要对某些因素加以考虑，例如频率（在一段时间内挨打的次数）和强度（惩戒期间使用的武力大小）。这两个概念之间的结合以及对体罚（合法）和身体虐待（非法）之间的界限缺乏明确性，可能会使报告人感到困惑。然而尚不清楚的是，这种缺乏明确性的情况会对法定报告人决定进行报告的决策和行为产生何种影响。②

第二节　儿童虐待现象的理论阐释

尽管社会大众和许多专业学科如法学、医学、心理学和社会学对“儿童虐待”这一话题表现出越来越浓厚的兴趣，但在解释儿童虐待现象的理论上存在诸多分歧。早在 20 世纪 70 年代，西方学者就开始关注儿童虐待现象的理论阐释，并取得了丰硕的研究成果。代表性观点主要有大卫·吉尔的社会文化理论、布兰德·斯蒂尔和卡尔·波洛克的精神动力学理论以及约翰·鲍比的依恋理论等。本部分通过译介上述三种代表性的理论学说，以揭示隐藏在儿童虐待现象背后的心理产生机制。

---

① 参见乔东平《虐待儿童：全球性问题的中国式诠释》，社会科学文献出版社，2012，第 43 页。

② 参见 Amy Marianne Johansson, *Distinguishing between Child Abuse and Corporal Punishment: The Perspective of Mandated Reporters*, California Lutheran University, 2019, p. 17。

一 社会文化理论

社会文化理论是由大卫·吉尔首先提出来的。他提出了一个复杂的概念框架，即运用一组力量、维度和环境来阐释儿童虐待问题。在回答“为什么以及在什么情况下，有些人会对儿童实施超出文化认可水平的身体暴力”这个问题时，他列举了五种力量：①偶然环境因素；②环境压力因素；③看护者或受虐儿童本身在身体、社会、智力和情感功能方面的异常或病理情况；④家庭内部关系混乱，包括配偶间的冲突或对个别子女的排斥；⑤以上因素的集合。[①]

吉尔在得出儿童虐待现象是多维度结论后，将其重新划分为五个维度。第一维度即所有其他人所依赖的基本层面是“对于在照顾者和儿童互动中使用体罚措施的普遍的、文化上决定的宽容态度，以及对这种特殊形式的人际暴力缺乏明确的法律禁止和制裁”。[②] 对吉尔来说，“理解美国儿童身体虐待的一个关键因素似乎是，养育子女的背景并不排除父母和其他对子女社会化负责的人对孩子使用身体暴力”。[③] 第二维度是不同社会阶层和种族群体间特定的育儿传统、做法和态度。吉尔认为，非白人或社会经济地位低下的家庭使用体罚的情形更普遍，而其全国性调查中收集的证据也支持这一观点。第三维度即偶然环境因素。比如，一个孩子匆匆穿越房间时不小心撞到暖气片，从而造成烧伤和瘀伤，这就是一个如何“把本来可接受的纪律约束变成不可接受的伤害结果”的偶然性例子。[④] 第四维度是环境压力因素，主要包括贫困、住房不足、失业等。吉尔解释道：“这些因素也许会削弱人们自我控制的心理机制，并可能引起向手无缚鸡之力的儿童不受抑制地发泄具有攻击性和破坏性的冲动，而这些冲动被认为是出于真实或想象的

---

① 参见 David G. Gil, *Violence Against Children*, Cambridge, Mass.: Harvard Univ. Press, 1970, p. 135。

② David G. Gil, *Violence Against Children*, Cambridge, Mass.: Harvard Univ. Press, 1970, p. 135.

③ David G. Gil, *Violence Against Children*, Cambridge, Mass.: Harvard Univ. Press, 1970, p. 134.

④ 参见 David G. Gil, *Violence Against Children*, Cambridge, Mass.: Harvard Univ. Press, 1970, p. 136。

原因造成的压力。”[①] 第五维度包含了施虐者和受害者在身体、社会、智力和情感功能方面的异常行为以及他们所属家庭的各种形式。

最后，吉尔通过对 1380 起儿童虐待事件的因素分析，进而得出一个简单的结构，该结构确定了最频繁发生的儿童虐待情境。他对突发环境的分类包括：①心理排斥导致反复虐待和殴打；②失控愤怒情况下采取的惩罚措施；③男保姆有时会在酒精影响下，于母亲暂时外出时表现出虐待和性冲动；④保姆在日益加大的环境压力下，精神或情绪受到干扰；⑤孩子持续不当的行为异常导致自己遭受虐待；⑥女保姆在母亲暂时外出时虐待孩子；⑦照料者有时在酒精作用下相互争吵。[②]

此时，我们应该把吉尔的概念框架转化成一套连贯的理论，并确定它的基础。吉尔模型的基本定理是：“在美国社会，对使用暴力抚养孩子的宽容态度似乎构成美国社会所有儿童虐待行为的核心。”[③] 吉尔同意暴力是美国社会的通病，杀人、暗杀、强奸和武装抢劫的数量证明了这一点。美国社会接受普遍存在的高度暴力，尤其宽容在其育儿理念和实践中使用体罚。这种认可通过大众和专业媒体传达给文化，并因此在文化中得以延续。

吉尔预言，在美国，暴力是因“对自身利益不受约束的追求”以及由此导致的财富和资源不平等分配而产生的。此外，种族歧视还会在社会中造成额外不平等，其结果是非白人往往被限制在社会经济最底层。作为种族基础的暴力已内化在少数民族内部，从而加剧了这些特定群体暴力文化的普遍程度。此外，有人提出警务部门常常忽视对这些被区别对待的群体进行执法，因为他们发现避免涉及其中会更容易和更安全。这种做法放任了群体内暴力文化的行为，而这些群体通常是受到社会多数人歧视的非白人。因种族歧视而加剧的贫穷给受害者造成严重环境压力，也加大了他们

---

① David G. Gil, *Violence Against Children*, Cambridge, Mass.: Harvard Univ. Press, 1970, p. 136.

② 参见 David G. Gil, *Violence Against Children*, Cambridge, Mass.: Harvard Univ. Press, 1970, pp. 140-141。

③ David G. Gil, *Violence Against Children*, Cambridge, Mass.: Harvard Univ. Press, 1970, p. 141.

每个人的心理压力。①

有了这些基本假设，吉尔关于儿童虐待的范式可简化为以下理论，从这些理论中可推导出一套消除或减少儿童虐待的行为：儿童虐待是一种多维度现象，由多种力量在三个环境层次上运作而成，而其他力量作用的基础是人们对在孩子社会化过程中使用物理力量所持有的容忍度。吉尔推测，体罚与美国社会价值观是一致的，其作用是将这些价值观灌输给孩子，作为他们在社会中生存的一种手段。非白人特别易受社会暴力影响，他们会用强化的暴力来应对这些文化和惩罚，并使用暴力来让他们的孩子做好应对社会现实的准备。②

对暴力倾向起作用的是一系列社会经济因素，它们本身即暴力的衍生物，给可能虐待儿童的家庭带来经济和情感上的负担。这些相关条件包括：①失业或就业不足进而危及家庭生计，改变家庭成员的传统角色；②不符合标准的住房给儿童创造了一个固有的不安全外部环境，且因近距离接触而不可避免地加剧紧张关系；③教育不足使父母未能做好计划家庭规模和照顾孩子的准备；④昂贵而不充足的医疗保健既无法预防疾病，也无法治愈疾病，而这往往导致家庭本已稀少的资源枯竭。③

这些条件与一系列偶然因素结合在一起，促成了儿童虐待事件的发生。例如，一个没有父亲的家庭因婚姻不稳定而破裂，从而由一位男性保姆替代母亲，且在酒精影响下，这一系列情形足以导致他对行为不端的孩子实施虐待。而同一个孩子在其母亲或能胜任的保姆照顾下不会遭受身体伤害的事实说明，特殊环境的相互作用会引发儿童虐待事件。

吉尔的社会行动议程旨在从三个层面探讨儿童虐待的原因。他提出了一个全面的“社区计划”，其中包括计划生育、咨询、教育服务、日托设施和儿童保护机构，以此减少或改善儿童受虐情况。在处理贫困对造成儿童

① 参见 Marc F. Maden, *Toward a Theory of Child Abuse*: *A Review of the Literature*, Portland State University, M.S., 1975, p.6。

② 参见 Marc F. Maden, *Toward a Theory of Child Abuse*: *A Review of the Literature*, Portland State University, M.S., 1975, p.6。

③ 参见 Marc F. Maden, *Toward a Theory of Child Abuse*: *A Review of the Literature*, Portland State University, M.S., 1975, pp.6-7。

虐待的作用时，他建议通过维持有保障的收入来简洁而又彻底地消除贫困，并辅以国家保健服务、体面的公共住房以及文化和娱乐设施。虐待的核心是美国的暴力与种族歧视文化。他提出重新评估美国社会价值观，强调非暴力与合作。[①] 更具体而言，他呼吁通过制定法律禁止任何个人对儿童使用暴力，以象征性地反对暴力侵害儿童。

总之，吉尔的社会文化理论为我们理解儿童虐待现象提供了一个理论视角，该理论确定了文化条件和环境因素是儿童虐待最为重要的因素。

二　心理动力学理论

心理动力学理论是另一种颇具影响力的儿童虐待解释理论，是由精神病学家布兰德·斯蒂尔和卡尔·波洛克一致提出来的。该理论将儿童虐待与施虐者的性格和个人经历联系起来。他们的儿童虐待理论基于几种假设，阐述了此种行为是由心理动态所决定的。与吉尔一样，他们观察到，父母对年幼孩子的咆哮、责骂、扇耳光、殴打和拉搡行为表明了“这些行为在我们的文化中是相当普遍的一种育儿模式或风格”。[②] 施虐者与非施虐者区别在于，施虐者在抚养孩子的过程中以一种夸大的力度，在孩子不恰当的年龄使用了文化上认可的体罚。换言之，精神动力范式假定了施虐者行为脱离了他所处的环境。然而矛盾的是，虐待行为的解释是观察到施虐者未受环境的充分影响，因此其并未根据环境采取行动。那么为何一个人会失去现实感，这仍需额外的解释。

行为心理动力学理论一般认为，每个人在很大程度上都是他童年经历的产物。而与吉尔相似的是，斯蒂尔和波洛克也承认，尽管他们关注的焦点是家庭环境，但个人是由滋养他的文化所塑造的。由于在家庭中占主导地位的成员通常是父母，因此，幼儿和父母间的关系在很大程度上确立了其与随后微观和宏观社会中其他重要人物间的关系模式。

---

① 参见 Marc F. Maden, *Toward a Theory of Child Abuse*: *A Review of the Literature*, Portland State University, M. S. , 1975, p. 8。

② 参见 Brandt F. Steele , Carl B. Pollock, “A Psychiatric Study of Parents Who Abuse Infants and Small Children,” in Ray E. Helfer, C. Henry Kempe ed. , *The Battered Child*, 2nd ed. , Chicago Univ. of Chicago Press, 1974, p. 90。

精神分析理论机制表明，行为是由生存的本能模式（本我）和获得的功能理想（超我）的产物而产生的，这是由一种将这些内在精神力量与环境（自我）联系起来的中介所促成的。这些中介的相对力量决定了对某一情况作出反应的特定模式，而这些相对力量在很大程度上是由其幼儿时期的发展程度决定的。[①] 例如，如果超我在个体中过度发展，那么它的反应模式就会在行为和反应中占据主导地位。

超我是心理内部的中介，它的起源和运作与儿童虐待现象最为相关。超我基本上被定义为社会价值观和社会传统的人格体系，这些价值观和传统主要是通过孩子父母的形象来解释的。在这个转折点上，行为的社会文化或环境理论与精神动力或精神分析的解释不谋而合。特别需注意的是，在孩子身上内化的并不是纯粹的社会文化因素，而父母对这些解释是由孩子对父母的理解所促成的。换言之，孩子与父母的情感关系会影响文化规范的代际传递。

有许多重要行为模式构成了父母和孩子间的关系，这些关系并不局限于父母最初对婴儿的照顾。斯蒂尔和波洛克认为，这种照顾过程有两个基本功能，即“母性和慈母心”。[②] 一方面，母性教育描述的是那些最典型的由母亲形象所进行的活动，这些活动维持着一个婴儿完全依赖性的生命。这些实践或技术活动包括喂食、穿衣、清洁等。如果没有这些供应品，一个人类婴儿将无法生存下来。另一方面，母性描述了一种态度、方法和责任感，这体现在对婴儿情感和生理需求的体贴意识上。如果没有这些给养，一个婴儿能存活下来，但他无法成长和发展其潜能。

心理动力学理论背后的主要假设现在已经被解释清楚了，该理论仍然是描述内部心理力量和心理过程，这两者构成了斯蒂尔和波洛克的儿童虐待理论。

这一理论建立在中心定理基础上，即儿童虐待实施者的行为与该个人童年经历间存在直接关系。尤为特别的是，这个定理陈述了成人生活中所实践的养育模式，即母爱，尤其是慈母心与个人年幼时所接受的养

---

① 参见 Marc F. Maden, *Toward a Theory of Child Abuse*: *A Review of the Literature*, Portland State University, M.S., 1975, p. 11。

② 参见 Marc F. Maden, *Toward a Theory of Child Abuse*: *A Review of the Literature*, Portland State University, M.S., 1975, p. 12。

育模式间的一致性。需要注意的是，“母性”一词并不能将它所描述的态度和感受完全归到生母身上。然而，由于母亲几乎总是提供最初照料，并与孩子建立起基本关系，因此对于照料孩子最初和最持久的印象是与母亲联系在一起的。值得注意的是，受虐儿童回忆说，即使在父亲是真正攻击者的情况下，他们也经历过母亲无法保护他们的情形，而这种情况更具破坏性。从本质上说，是母亲早期养育模式融入了超我。同样要注意的是，斯蒂尔和波洛克尤为强调这种早期经验在可识别的超我萌芽发展中的重要性。

成熟的超我包含两个成分，其根源是早期照料经验的内化表现，即代表需求满足和快乐给予的母亲之自我理想以及包含母亲的需求沮丧和痛苦产生之道德心。这种基本模式在后来童年经历中得到了补强。斯蒂尔和波洛克怀疑，“在虐待的父母中，两种母亲形象间存在着明显的不平衡，沮丧的母亲比有同情心、有爱心的母亲影响力更大”。①

对沮丧母亲的强调，直接源于早期母亲对孩子提出不寻常或过度要求，并放任他的需求得不到满足的情况。挫败感会刺激婴儿产生攻击性，并引导他形成关于惩罚性母亲的形象。对母亲形象的愤怒会在孩子超我中占据更大比重，因此，“当存在显著的环境与内心压力时，惩罚性超我会在自我理想与超我间的竞争中胜出”。②

惩罚性超我的影响表现在数个心理过程中，这些心理过程激发了对孩子的破坏性行为。认同感是一个人在追求需求满足的过程中融入另一个人特征的基本过程。因惩罚性母亲形象是施虐者最早也是最持久的认同模式，所以她对待自己孩子的所有行为都倾向于破坏性。另外，“道德败坏”的自我观念源于对惩罚性母亲的认同而产生了一种个人不胜任之感觉。惩罚性超我将对母亲的愤怒通过投射重新导向对自我的愤怒，这是自我的延伸。因此，他将对母亲和自我的愤怒转移到幼儿身上。孩子任何激起个人不胜

① Brandt F. Steele, Carl B. Pollock, “A Psychiatric Study of Parents Who Abuse Infants and Small Children,” in Ray E. Helfer, C. Henry Kempe ed., *The Battered Child*, 2nd ed., Chicago Univ. of Chicago Press, 1974, p. 101.

② Brandt F. Steele, Carl B. Pollock, “A Psychiatric Study of Parents Who Abuse Infants and Small Children,” in Ray E. Helfer, C. Henry Kempe ed., *The Battered Child*, 2nd ed., Chicago Univ. of Chicago Press, 1974, p. 109.

任的行为都会遭到破坏性回应，从而导致虐待。

识别身份的子过程，即所谓的角色转换，特别适用于儿童虐待的心理动力学解释。超我的过度发展创造了双重的、相互矛盾的自我认知，即一个人是谁，一个人应该是谁。斯蒂尔和波洛克发现，儿童虐待者缺乏“人格的连续性”，这反映在“一堆松散的、不完整的、完全不同的自我认知”中，特别是“缺乏作为孩子和为人父母这两种经验的有益结合”。[①]换言之，超我内在化的要求和惩罚夺走了施虐者自己的童年，这种经验的缺失在施虐者与其子女关系中更为突出。一方面，童年时期缺乏经验阻碍了对幼儿能力的现实认知。更微妙的是，幼儿刺激了施虐者成为幼儿的受挫欲望。在某些情况下，“应该是什么”和“想要什么”的自我认知在父母和孩子间会发生逆转。从本质上说，当孩子被认为有责任照顾父母之时，父母会退回到一种幼稚状态，其中包括了表达挫折的原始模式。幼童天生缺乏照管能力以及需要令人满意的各项功能必然会引起父母的失望，这种失望表现在对孩子的暴力攻击这一原始行为上。

从本质上讲，对父母角色和幼儿能力的误解源于对惩罚性母亲的最初认同，这是儿童虐待基本心理动力学解释。但是，这一理论并不能完全解释某些问题，比如为何一个家庭中某一个特定孩子会受到虐待。因此，斯蒂尔和波洛克允许其他次要因素参与到针对特定孩子的攻击行为中。

他们申明，“该幼儿可能无辜和无意地促成了对他发动的攻击”。[②]因为，意外怀孕、体质困难、性别缺陷以及早产都可能被认为是选定一个特定孩子进行虐待的特殊因素。此外，涉及未解决的手足纠纷或类似恋母情结冲突的心理动力学因素可能会在一个特定孩子身上上演，也许，这个孩子和冲突中的原始人物很相似。最后，斯蒂尔和波洛克承认从他们自己案例研究中收集的环境因素的影响，包括遗弃、失业，甚至肯尼迪遇刺事件。但他们明确地断言，这些环境和次要因素在导致儿童虐待方面，既非必要，

① Brandt F. Steele, Carl B. Pollock, “A Psychiatric Study of Parents Who Abuse Infants and Small Children,” in Ray E. Helfer, C. Henry Kempe ed., *The Battered Child*, 2nd ed., Chicago Univ. of Chicago Press, 1974, p. 109.

② Brandt F. Steele, Carl B. Pollock, “A Psychiatric Study of Parents Who Abuse Infants and Small Children,” in Ray E. Helfer, C. Henry Kempe ed., *The Battered Child*, 2nd ed., Chicago Univ. of Chicago Press, 1974, p. 114.

也非充分。

总括而言，由斯蒂尔和波洛克提出的儿童虐待心理动力学理论包括：①虐童者总是受到自己父母身体或情感的虐待；②缺乏母性的母亲形象被视为缺乏照管能力和实施大量惩罚；③惩罚性母亲的形象被认为是超我的主要组成部分，且在随后关系中得以强化；④超我的主导地位对虐童者提出了不切实际的要求，表现为具有长期不胜任感和缺乏整体认同感；⑤在多数情况下，遇到环境压力时，超我以惩罚形象为主导，以破坏性攻击行为来应对；⑥儿童被视为环境中主要压力源，而超我通过基本识别过程激发了一种反应模式，并最终导致对儿童的暴力攻击。[①]

根据心理动力学理论，儿童虐待的改善主要涉及关系模式的改变。斯蒂尔和波洛克将治疗师和来访者间的关系作为建立安全、无威胁、充满关怀环境的一种手段。从本质上说，来访者有机会与另一个人成功建立起联系，此人暂停了对来访者以往历史的判断并保持中立。与另一个人慷慨而恰当相处的能力，被转移到父母和孩子间的关系上。同时更密集的治疗采用传统的精神分析模型。这些分析被用来揭示与惩罚性母亲的主要关系，并重建一种认同，要么分享个人更积极的品质，要么将认同过程重新导向更具建设性的个人。

总之，斯蒂尔和波洛克对儿童虐待现象的解决主要依赖于个人关系的改变，而不再强调社会文化层面上的行动。

三　依恋理论

依恋理论最初是由英国精神病学家约翰·鲍比提出的，反映了生命周期不同阶段焦虑依恋的性质和效果的差异。虽然该理论开始于试图了解那些经历过创伤性丧失或早期分离的个体功能紊乱，但它是一种关于常态发展的理论，为某些类型的非典型发展提供了解释，如提出在父母的异常依恋与虐待孩子之间存在因果关系。具体而言，鲍比的依恋理论从以下四个方面展开。

---

① 参见 Marc F. Maden, *Toward a Theory of Child Abuse*: *A Review of the Literature*, Portland State University, M. S., 1975, pp. 17-18。

（一）作为发展概念的依恋

鲍比提出，当与依恋对象保持接近时，人类尤其是婴儿的生存得到了最好的保证。这种接近最初是通过母婴互补的行为模式来实现的。例如哭泣等行为信号通常会吸引母亲更接近。此类婴儿行为通常是由令其恐惧的情境引发的，如巨大的噪声、若隐若现的物体、陌生的人或物以及身体内部不适或疼痛等。婴儿一旦获得依恋对象的身体接触，通常会终止哭泣等行为，而作出微笑、依附、发声等其他行为，以帮助维持与母亲的接触。①

因此，婴儿依恋行为的“可预测”结果是获得与可信任对象的接近。从主观上看，这种结果通常会带来安全感。依恋行为也可能被不适当的时间或距离所激活，即使没有外部威胁的感知，也没有其他内部不适的体验。然而，这种行为并非婴儿特有。虽然可容忍的时间和距离随着年龄和经验的增长而增加，但在与他们所爱的人莫名其妙地分开或长期分离时，大多数年龄较大的儿童与成人仍会感到孤独和焦虑，且他们也会在承受压力时寻求依恋对象的支持。

婴儿的初级依恋在第一年经历了三个阶段，通常在第一年中间阶段会形成清晰的依恋关系。随着运动等行为的出现，婴儿能主动与依恋对象保持接近和寻求接触。大多数依恋研究都致力于第三个活跃阶段，但它逐渐被第四个更复杂的阶段所取代，这个阶段始于孩子3岁生日后的某个时间点。在此期间，鲍比认为孩子和母亲间的“目标修正的伙伴关系”得以发展。这种进步之所以可能，是因为孩子不断发展的语言技能提高了伙伴间的沟通效率，也是因为他或她通过他人视角看待世界的能力增强。当孩子更能理解母亲有自己的动机、情感和计划及能更好地向母亲传达自己的动机、情感和计划时，他们就能像合作伙伴那样对计划中的差异进行协商并达成共识。② 与此同时，孩子能力提高了，他或她能在越来越长的依恋对象缺席的时间里保持对他们的信心。所有这一切的结果是，孩子不再那么依赖于依恋对象的实际存在，

---

① 参见 P. Crittenden, M. Ainsworth, *Child Maltreatment: Theory and Research on the Causes and Consequences of Child Abuse and Neglect*, Cambridge: Cambridge University Press, 1989, p. 435。

② 参见 P. Crittenden, M. Ainsworth , *Child Maltreatment: Theory and Research on the Causes and Consequences of Child Abuse and Neglect*, Cambridge: Cambridge University Press, 1989, p. 436。

而是依赖于在伙伴关系中建立起来的相互理解与信任。然而，如果父母自身在观点采择或向孩子传达动机、感觉和计划方面有障碍，那么孩子的观点采择或进行更清晰交流的潜在能力很可能停滞不前，或者即便有发展，很可能也无法产生相互理解与信任。“然而，通常情况下，伙伴关系是建立在相互理解与信任的基础上的，即每一方都会对另一方是否感知危险保持警惕，并在时间、距离或其他相关条件导致安全感下降时寻求接近。”①

到青少年阶段，依恋可在越来越长的时间内不依赖实际的肢体接近而得以保持。在无法实际接近和接触时，远程模式的沟通（如信件和电话）可作为暂时的替代。此外，青少年会积极寻找家庭外新的依恋关系，更自觉地接受一些责任，成为新伙伴的依恋对象。

即使到成年期，稳定的、充满爱意的关系仍是大多数人所需的。当然，父母不仅被期待能与其伴侣建立相互依恋关系，还在与其孩子的非对称关系中成为充满关爱和给予滋养的依恋对象。按照鲍比的观点，依恋是所有安全感的基础。

（二）作为行为系统的依恋

依恋系统只是促进生存的具有重要物种特征的行为系统之一。在任何情形下，个人外显行为都取决于其行为系统激活的相对强度，激活最强烈的系统影响最大。然而，有些系统可同步运作，而其他系统则往往是对立的。因此，当一个系统被强烈激活时，另一个系统至少被暂时掩盖。

在婴儿期，与依恋系统形成主要竞争关系的两种行为系统是探索系统与亲和系统。尽管婴儿依恋系统更活跃，且其行为主要功能是确保与依恋对象的亲近，但他并不能自由探索环境。然而，如果婴儿在其与母亲的关系中感到安全，他就可把母亲作为安全基础，并从中熟悉周围世界及其他人。② 这种对立的安排本身就具有生存意义，因为婴儿对自己身体和社会环境的体验对于其认知、语言和社会发展至关重要。因此，他在获得经验的同时，又能与一个照顾他的人保持合理距离，而这种经验并非在危险条件下获得的。

---

① P. Crittenden, M. Ainsworth, *Child Maltreatment: Theory and Research on the Causes and Consequences of Child Abuse and Neglect*, Cambridge: Cambridge University Press, 1989, p. 436.

② 参见 P. Crittenden, M. Ainsworth, *Child Maltreatment: Theory and Research on the Causes and Consequences of Child Abuse and Neglect*, Cambridge: Cambridge University Press, 1989, p. 437。

与婴儿相比，尽管年龄更大的儿童和成人通常无须太多接近，但他们的依恋对象遵循同样原则。尽管他们也喜欢和自己所依恋的对象在一起，但很多时候，他们可自由回应其他对他们时间和注意力的要求，并从事其他活动。然而，正如布雷瑟顿（Bretherton）所建议的："依恋系统主要是作为安全维护系统而起作用。在整个生命中，依恋行为在引起恐惧或焦虑的压力条件下最为强烈。然而，当有需要时，可通过对依恋对象的可用性感到安全来培养世界知识、能力和自主的发展。"① 因此，引发依恋行为条件的性质是由每个人自己的经验，特别是他或她过去和现在与依恋对象关系的性质或质量来改变的。

（三）作为定性概念的依恋

依恋的主要量化尺度是安全感或不安全感的程度。然而，定性上的差异同样重要。这些差异表明个体对于依恋对象的行为、思想和感觉的不同组织方式。在"陌生情境"的实验环境中，鲍比区分并特别强调了婴儿期依恋的三种主要类型和八种亚型：安全型依恋（包括四种亚型）、焦虑/回避型依恋（包括两种亚型）、焦虑/矛盾型依恋（焦虑/抗拒型依恋，包括两种亚型）。以下的讨论聚焦于母亲行为与婴儿依恋类型间的关系、母亲不敏感或反应迟钝的前因，以及对分类系统的调整，以解释心理失调儿童（包括受虐儿童）的行为。

1. 母亲行为与婴儿依恋类型间的关系

婴儿依恋类型被认为与所讨论的依恋对象行为密切相关，尽管到目前为止，这方面的主要证据与依恋对象的母亲有关。如果母亲在回应婴儿发出的信号时是敏感的，那么婴儿会在与其互动过程中展现出积极情感，且每天短暂分离时会相对较少哭泣。当婴儿依恋行为被强烈激活时，他通常很容易被母亲近距离的出现所安抚和安慰，很快又准备好继续自己的活动。这样的婴儿被认为对母亲存在安全型依恋。

然而，如果婴儿的母亲对他的行为信号无响应、反应迟钝或反应不当，

① I. Bretherton, "Young Children in Stressful Situations: The Supporting Role of Attachment Figures and Unfamiliar Caregivers," in G. V. Coelo, P. Ahmed (Eds.), *Uprooting and development*, New York: Plenum, 1980, pp. 179-211.

那么他对母亲的依恋很可能会表现出不安或焦虑。因为他对接近和接触的渴望常常会受挫，依恋行为持续存在，且趋于强化，并与愤怒交织在一起。因此，当母亲无响应时，他的行为是矛盾的，且很难被安抚。既然他无法信赖母亲是可接近的，他会对任何减少亲近的迹象保持警惕，对每天短暂分离或分离威胁表现出更多沮丧。此类行为是焦虑/矛盾型依恋的特征。

焦虑/回避型依恋的婴儿经历过与母亲的互动，而母亲对他们的行为信号无响应、反应迟钝或反应不当。这些婴儿在家里的行为很大程度上与焦虑/矛盾型婴儿相同。然而，当压力相对较大时，就像在陌生情境中一样，他们的行为却截然不同。他们在分离和重聚时很少表现出压力，他们表现出对母亲的回避而不是寻求接近。另一些婴儿则对于重聚表现出回避与接近的混合行为。这种回避被认为是一种防御性策略，与幼儿在长期与母亲分离后表现出来的冷漠相似。

在安斯沃思（Ainsworth）样本中，这些焦虑/回避型婴儿的母亲与焦虑/矛盾型婴儿的母亲有所不同，后者只是在反应性和易接近性方面表现不一致，而前者无论是公开还是暗中则更加拒绝和愤怒。因为这些母亲对于身体的亲密接触有所反感，当婴儿最需要身体的亲密接触时，她们会粗暴拒绝或制止。这意味着，每当婴儿想接近母亲时，他都会经历一场严重的接近/回避冲突。他不仅因为预料到母亲无响应而感到愤怒，而且还担心自己可能会遭到痛苦的拒绝。这种回避型防御似乎可以让他将依恋行为与激活依恋行为的情境信号相分离。因此，他既不把母亲的离去也不把母亲的归来理解为希望与她密切接触的暗示。

2. 母亲不敏感或反应迟钝的前因

有很多情形会导致母亲不敏感。如果母亲本身未与他人形成安全依恋，那么她就很难对她的孩子作出反应，使他能安全依附于自己。事实上，如果母亲自己也有焦虑依恋史，那么她自己的依恋行为与婴儿的依恋行为发生冲突的可能性就会增加。因为即使是正常的婴儿信号对母亲来说也可能是过分的，而一个对母亲依恋已变得焦虑的孩子作出的愤怒的、升级的依恋行为可能是非常有害的。母亲可能会延迟或回避作出回应，或者对婴儿的需求感到愤怒。因此，焦虑的依恋类型可以从父母那里传递给孩子。

有证据表明，母亲与其亲生父母的童年经历导致的未解决的痛苦会影响她与婴儿关系的质量，此点已在研究中得到证实。研究者将对母亲的“成人依恋访谈”结果与婴儿期的“陌生情境”分类以及6岁时所评估的依恋加以对照，从而证明母亲因童年经历所造成的未解决的心理困扰，可能会影响其与孩子的关系。[①] 在该项研究中，对于接纳与自身父母关系的母亲来说，其孩子更可能形成安全型依恋。但这并不意味有安全感的孩子一定有其童年关系同样安全的母亲。相反，这表明那些承认和接受自己童年困境现实的母亲，能最好地减轻他们先前不安全关系可能带来的消极影响，并为孩子提供一个敏感的、积极回应的依恋对象。

其他可能导致成人与孩子互动时出现极端反应迟钝或反应不当的情形包括与依恋对象的创伤性分离或永久性丧失。在两个样本中，童年丧失重要依恋对象的父母，其婴儿特别有可能是焦虑型依恋，且婴儿行为并不符合安斯沃思的分类系统。父母处于抑郁期或存在其他情绪或心理问题、重要人物的近期死亡、童年受虐经历（包括性虐待），都有可能干扰对亲密接触的正常反应。

3. 对分类系统作出的调整

尽管在用于建立分类系统的原始样本中，全部56名婴儿都可被归为三种主要类型中的一种，但本书从一开始就认为，有些婴儿行为并不符合这一分类系统。事实上，许多研究者已发现婴儿的行为不符合安斯沃思所描述的三种类型中的任何一种。人们采取了两种方法来拓展分类系统。一种方法是为了更好地描述一些明显正常的儿童行为，这些在“陌生情境”中的儿童行为不能用安斯沃思标准进行令人满意的分类。[②] 另一种方法是对受虐或出生时低体重的婴儿以及母亲患严重抑郁的婴儿样本进行研究。

梅因（Main）和韦斯顿（Weston）认定的未分类儿童，后来被归类为“无组织/混乱型”婴儿，但并不意味着这构成了第四种类型。实际上，这些婴儿表现出对之前确认的三种类型之一的无组织性。这种无组织性似乎

① 参见 P. Crittenden, M. Ainsworth, *Child Maltreatment: Theory and Research on the Causes and Consequences of Child Abuse and Neglect*, Cambridge: Cambridge University Press, 1989, p. 440。

② 参见 M. Main, D. R. Weston, The Quality of the Toddler's Relationship to Mother and Father: Related to Conflict Behavior and the Readiness to Establish New Relationships, *Child Development*, Vol. 52, 1981, pp. 932-940.

暗示了与三种基本类型相比其具有的更强烈的不安全感。[①]

在那些其他方面均正常的家庭中，婴儿依恋的无组织性似乎是母亲行为的不一致而非持续的扭曲造成的。这种不一致并不是敏感性和无响应性的日常混合，该混合与焦虑/矛盾型婴儿的母亲相关联。相反，当母亲首先在较长时间内保持行为一致，从而婴儿对其行为形成预期时，无组织型依恋更可能出现。这种不一致被完全不同行为的突然插入所打断。如果母亲意料之外的行为本身具有威胁性，或者母亲自身看起来很害怕，那么这种违背期望的行为对孩子来说尤其可怕。

相反，当母亲的行为被认为是一贯严重扭曲时，儿童既有发展期望的基础，也有适应怪异和不满意条件的需要。这种情况导致了拓展分类系统的第二种途径。很多此类母亲的孩子在"陌生情境"中的行为，并不符合安斯沃思所描述的分类系统的情况。尽管存在她所描述的行为标记物，但他们的组织方式与用于建立分类系统的正常样本不同。这些一贯麻木不仁的母亲的孩子在一个观察周期内可能表现出安斯沃思描述的所有主要行为类型：高度寻求亲近（即安全型依恋或焦虑/矛盾型依恋）、高度回避（即回避型依恋）以及高度抗拒（即矛盾型依恋）。[②] 另外，很多儿童表现出安斯沃思安全型依恋亚型之一的刻板行为。克里滕登和拉德克雅罗（Radke-Yarrow）的研究小组均将表现出这种模式的儿童归类为回避/矛盾型。克里滕登的观察结果与受虐儿童有关。此外，这些模式不仅在婴儿身上体现得很明显，而且在受虐待的学龄前儿童身上也体现得很明显，对他们来说，这种陌生情境通常不会给他们带来任何压力。

尽管人们认为，梅因所描述的婴儿陌生情境行为的无组织类别是标准模式之一的无组织形式，但克里滕登认为回避/矛盾型代表了不同类型。在克里滕登样本中，受虐儿童的行为似乎更好地被描述为围绕如何解决下述冲突展开，即儿童需要亲近母亲与儿童期待母亲如何对其行为作出反应之间的冲突。换言之，受虐儿童和其他孩子一样，在分居后需要亲近和接触母亲。实际上，

① 参见 P. Crittenden，M. Ainsworth，*Child Maltreatment：Theory and Research on the Causes and Consequences of Child Abuse and Neglect*，Cambridge：Cambridge University Press，1989，p. 441。

② 参见 P. M. Crittenden，Maltreated Infants：Vulnerability and Resilience，*Journal of Child Psychology and Psychiatry*，Vol. 26，1985，pp. 85-96。

他之前的受虐经历加剧了他在“陌生情境”中短暂分离的痛苦，使接触的必要性更为迫切。然而，受虐儿童也学会了期待自己要求接触的请求被忽视、拒绝，或者可能受到惩罚。这类儿童在分离压力下保持回避的能力，连同他们有能力限制他们对远离母亲的情境攻击的抵抗力，以及他们使用远端和谨慎的方法来实现接近，这表现为一种高度受控或有组织的行为模式。①

焦虑型依恋可能发生在任何年龄段。年长儿童以及成人焦虑型依恋的某些迹象与婴儿期焦虑型依恋的迹象相似：过分关注依恋对象的行踪、与其分离时过于困难、缺乏对依恋对象的信任、对依恋对象的长期愤怒和不满、在需要时无法从依恋对象那里寻求支持，或对依恋对象缺乏情感。其他不太可能在婴儿期观察到的迹象有：强迫性遵从依恋对象的愿望、强迫性的照顾、过度自立及强调独立而不需要依恋对象。导致此类焦虑的情形包括：创伤或与依恋对象的剥夺性分离或永久性丧失、依恋对象的无响应或不恰当响应。这些条件在整个生命周期内的任何时候都可能产生影响。然而，如果只是因为以前的经历影响了后来的经历被感知和解释的方式，那么当他们在生命早期出现时，他们的影响更大。②

（四）作为表征概念的依恋

随着时间推移，成长中的婴儿获得与其母亲重复性的经验，这种经验引导他对未来互动关系的性质形成期望。这些期望是婴儿发展其母亲和他自己的内在表征模型的基础。如果母亲一直对他的信号反应灵敏，那么婴儿对她形成的表征模型就是有响应和可接近的。这样的婴儿被认为与母亲形成安全的依恋关系。而有些婴儿的经验则不同，母亲可能对需求信号无响应或响应不恰当，她有可能是拒绝或者行为前后矛盾。无论如何，他无法相信母亲会给他想要或需要的那种回应。此外，他还形成了一种自我判

① 参见 P. Crittenden，M. Ainsworth，*Child Maltreatment：Theory and Research on the Causes and Consequences of Child Abuse and Neglect*，Cambridge：Cambridge University Press，1989，pp. 442–443。

② 参见 P. Crittenden，M. Ainsworth，*Child Maltreatment：Theory and Research on the Causes and Consequences of Child Abuse and Neglect*，Cambridge：Cambridge University Press，1989，p. 443。

定，认为自己得不到也不配得到母亲的合作。[①]

通过类似方式，婴儿形成对其父亲或其他构成社交世界重要部分的照顾者的表征模型。人们认为，最初这些人物模型与自我的互补模型是相互独立的。虽然不清楚在发展过程中如何或者何时发生，但这些独立的依恋对象模型松散地集成到了一个依恋对象的泛化模型中。当孩子继续与父母保持关系并与他人建立新关系时，他将新经验吸收到依恋对象和自我模型中，并在一定程度上修正自己的模型。因此，在任何特定时间，该模型都是一个“开放模型”，或多或少接受新的输入和基于额外经验的调整，或者重新思考以前的经验。然而，个体是通过当前模型来感知他的社交世界，寻求某些人和情境且同时回避其他人。[②]

对于与依恋对象总体有着安全体验的婴幼儿来说，将体验整合到一套广义的工作模型中的任务相对简单。偶尔的失望、沮丧或焦虑的经历，并不足以影响模型的积极性。然而，对于焦虑型依恋的婴幼儿来说，整合任务会更艰难。鲍比指出，即使是针对同一个依恋对象，也有可能形成多种模型。因此，一个前后矛盾的母亲，可能导致孩子对她形成两种模型：一种是反应灵敏的母亲，另一种则截然相反。同时也形成两种自我模型：一种是有能力的和值得爱的人，另一种是无能力的和不值得爱的人。[③]

然而，随着发展的推进，语言交流的改善，孩子的认知能力也会提高，这幅图景可能会因另一个因素而变得复杂。这些模型不再仅仅基于经验片段的序列，而是通过概念过程来辅助整合和概括，从而使概念表述取代了产生它的实际经验片段。此外，这种概念表述可能在很大程度上会受到父母提供的现成概括的影响。因此，如果一位只把孩子的最大利益放在心上的母亲总是说孩子很坏，且完全是出于对孩子好的目的而

① 参见 P. Crittenden, M. Ainsworth, *Child Maltreatment: Theory and Research on the Causes and Consequences of Child Abuse and Neglect*, Cambridge: Cambridge University Press, 1989, p. 443。

② 参见 P. Crittenden, M. Ainsworth, *Child Maltreatment: Theory and Research on the Causes and Consequences of Child Abuse and Neglect*, Cambridge: Cambridge University Press, 1989, pp. 443-444。

③ 参见 P. Crittenden, M. Ainsworth, *Child Maltreatment: Theory and Research on the Causes and Consequences of Child Abuse and Neglect*, Cambridge: Cambridge University Press, 1989, p. 444。

剥夺或惩罚他，那么孩子就可能认为母亲是完美者，而认为自己是坏的、不值得的人。①

如前所述，防御过程特别有可能干扰构建模型的任务。精确地说，模型建立在经验基础上，或许更为重要的是，它可接受新的输入和相应的调整。因此，如果孩子在婴儿期与母亲形成焦虑/回避型依恋，且在最需要亲近时以防御方式阻止自己要求亲近，那么他可能会封闭自己，阻断与母亲或他人相处的新经验的获得途径，而这种新经验可能会否定他对于粗暴拒绝的期待，并削弱他对亲近的不信任感。②

第三节　儿童虐待公权干预的理论基础

公权干预不同于国家干预，前者的范围不仅包括国家干预中的立法干预、行政干预和司法干预，还包括了国家干预之外的社会干预。人们对于儿童虐待公权干预，存在两种基本态度：一种是反对的观点，认为公权不适宜介入家庭内部事务，家庭自治权需要得到尊重和保护；另一种是赞同的观点，认为当存在儿童虐待的情形时，公权力有权介入干预，但应该坚持有限干预的原则。同时，儿童虐待公权干预需要遵循法治原则，不可逾越法律界限。

一　公权干预的内涵与外延

（一）公权干预的含义

公权干预的历史源远流长，但人们对于“公权”概念的理解，长期以来未能达成共识。一般认为，所有具有公共性质的权力皆可以被称为公权。从现代国家权力的分类来看，立法权、行政权、司法权是三种主要的公权。立法权是指有关表达国家意志的权力，行政权可以被界定为执行国家意志

① 参见 P. Crittenden，M. Ainsworth，*Child Maltreatment*：*Theory and Research on the Causes and Consequences of Child Abuse and Neglect*，Cambridge：Cambridge University Press，1989，p. 444。

② 参见 P. Crittenden，M. Ainsworth，*Child Maltreatment*：*Theory and Research on the Causes and Consequences of Child Abuse and Neglect*，Cambridge：Cambridge University Press，1989，pp. 444-445。

的权力，而司法权则可以被认为是裁判纠纷的权力。因此，传统观点认为，公权就是指上述三种国家权力。

然而在德国公法学上，公权又有广义与狭义之分。狭义的公权与前述观点基本一致，而广义的公权包括“国家公权”、“个人公权”及“公共团体公权”。[①] 受此理论的影响，我们从广义的公权概念出发，认为公权不仅包括传统的立法权、行政权和司法权，还包括社会权。这里的社会权，既包括个人公权，如父母亲权，也包括公共团体公权，如企业、社会团体、特定非营利性组织的权力。

同样，人们对于“干预”概念的理解，也存在不同看法。不过在汉语中，干预一般可被理解为“一种意志对外在对象的渗透状态和对外在对象权益结构的强行改变”。[②] 换言之，干预是指某种组织、机制无法自行解决运行过程中产生的矛盾和障碍时，由外力介入予以解决的情形。制度层面的干预呈现以下四个特征：第一，存在一种基础关系。由于干预是一种外部力量的介入，所以干预的前提是存在两个异质的主体或者关系，如公权与私权之间的关系。第二，基础关系出现危机而无法自行解决。只有当基础关系的运行存在障碍且自身无法有效克服时，外在的一种异质的力量对其予以干预才是妥当的。第三，干预主要是以公权的形式展开的。这种外在的异质主体主要是国家，也包括社会，其干预的手段是与自然关系或者私权运行机制完全不同的公权。第四，干预的目的是缓解或者克服危机。公权对私权干预的目的，就在于保障权利的安全，如果背离了这个宗旨，干预行为就可能受到谴责。[③]

总之，从法学角度看，公权干预是一种主要借助在法律关系中权利义务的再分配、法律责任的设置以及对违法行为的制裁来实现的调节社会关系的活动。[④]

---

① 参见鲁鹏宇《德国公权理论评介》，《法制与社会发展》2010年第5期，第38页。

② 汪莉：《行业自治与国家干预》，经济科学出版社，2015，第29页。

③ 参见种明钊主编《国家干预法治化研究》，法律出版社，2009，第14~15页。

④ 参见汪莉《行业自治与国家干预》，经济科学出版社，2015，第29页。

（二）公权干预的类型

从广义的“公权”概念出发，笔者将公权干预区分为立法干预、行政干预、司法干预和社会干预四种类型。

1. 立法干预

立法干预是儿童虐待公权干预的前提和基础。所谓立法干预，是指享有立法权的特定主体，依照一定的职权和程序，通过制定规范性法律文件来规制和防范儿童虐待的活动。就当前我国的实际情况来看，立法干预还包括了国家出台的一系列保护受虐儿童的纲领、政策、计划等。因此，本书的立法干预不仅包括法律层面的干预，也包括非法律层面的干预，如《中国儿童发展纲要》《国家人权行动计划》等。

2. 行政干预

行政干预也称“行政干涉”，这一概念经常在经济管理领域中使用，通常分为事前干预、事中干预和事后干预三种类型。从一般意义来看，行政干预是指政府机关及其职能部门，依照法定的职权与程序，通过自上而下的行政组织制定、颁布、运用法律、计划、指令、政策的方法，来实现国家对行政工作的领导、组织和管理社会生活的目的，以保证政治、经济、文化等方面的持续协调发展。具体到儿童虐待领域，行政干预是指行政机关及其职能部门代表国家公权力，在儿童身心遭受侵害或者缺乏监护的情况下介入，为受虐儿童提供必要的救助和保护、对儿童虐待的事实进行调查处理，以及对施虐者从行政角度采取相应的制裁措施。在儿童虐待的公权干预中，行政干预是一种至关重要的干预方式。

3. 司法干预

“司法”有广义和狭义两种不同的理解。广义的司法是指国家司法机关及司法组织在办理诉讼案件和非讼案件过程中的执法活动。本书主要是在广义上使用这个概念。因此，笔者将儿童虐待的司法干预区分为司法干预和准司法干预两种类型。司法干预主要是指民事司法干预、行政司法干预、刑事司法干预。在西方有些国家，司法干预还包括宪法诉讼这种类型。准司法干预是指司法机关或者司法组织采取类似于司法的程序来处理纷争的活动，如刑事和解、调解以及社区矫正等，是一种有别于法院裁判活动的干预方式。在儿童虐待的公权干预过程中，无论是司法干预，还是准司法干预，对于受虐儿童权益的保护都具有非常重要的意义，是守护儿童权利的最后一道防线。

4. 社会干预

“社会干预”是一个十分宽泛的概念。在法律社会学中，社会干预是指负有保护责任的机关、组织或者公民，为了维护被保护人的合法权益，以自己的名义提起民事诉讼的活动。[①] 社会干预是社会自身重要的调节和代偿机制，在儿童虐待的公权干预中扮演着举足轻重的角色。本书所探讨的社会干预，是指家庭、企业、社区、特定非营利性组织等社会主体，在发现儿童遭受虐待或者存在遭受虐待风险之时，对受虐儿童及其家庭提供各种服务的活动。比如由社区为受虐儿童家庭提供居家照护等各种支持性服务、企业为受虐儿童提供慈善捐助、特定的非营利性组织为社会干预提供专业人员培训等技术方面的支持。可见，社会干预与国家干预能一同成为公权干预的重要组成部分。

二 儿童虐待公权干预的正当性

（一）公权干预的危险

俗语说，“子不教，父之过”。在我国传统文化中，父母亲权对于家内事务往往占有绝对的支配地位。尤其在传统的父系社会下，父权有支配家庭中的妇女和儿童的绝对权力，未成年子女被视作父母的私人财产，不拥有独立的人格权利。随着社会生活的发展，人权观念和儿童保护观念逐步深入人心。但长期以来，我国以及西方部分学者对于公权介入儿童虐待等家事问题，仍一直持谨慎和质疑态度，这种观点可以被称为“不干预或最少干预主义”。

不干预或最少干预主义者认为，国家公权力对家庭的干预，可能会适得其反，国家应当尊重父母与未成年子女的隐私权，因此国家要尽量少介入，在尊重自然家庭的基础上，进行最低程度的干预，只有在儿童权益受

① 参见周光礼《学术自由与社会干预——大学学术自由的制度分析》，华中科技大学出版社，2003，第70页。

到严重侵害时，公权力才可以介入。该理论认为，家庭的自治权和隐私权应当得到保障。国家公权力必须尊重并让步于父母对于未成年子女的教养权，父母有权决定其教育养育子女的方式、有权对子女价值观的形成和未来的生活方式进行规划，国家公权力对其不得过度干预。只有在父母滥用亲权、造成儿童权利严重受损时，公权力才可进行干预。国家公权力只要能保证儿童接受基本的教育、医疗、健康照顾即可，其他情况下则必须保证最大限度的克制。①

英国学者费莱曼（Freeman）认为，国家侵入家庭生活会使得局面更加糟糕。在科斯廷（Costin）、斯托斯茨（Stoesz）和卡尔格（Karger）撰写的《美国儿童虐待的政治》一书中，很好地记录下了这样一个例子。他们认为，美国儿童福利制度高度政治化，这并未让遭受虐待和忽视的儿童或他们的父母受益。美国儿童福利政策，特别是儿童虐待政策包含了危险的矛盾。儿童虐待政策使得一批有野心的心理治疗师和律师从快速发展的儿童虐待产业中极大地受益。但是，遭受虐待的儿童和真正应该受到儿童福利制度保护的儿童，却无法从中受益。②

除此之外，有部分学者认为，儿童虐待的模糊界定，可能会使公权干预对受虐儿童造成危害。姆努金（Mnookin）认为，儿童的最佳利益是很难界定的。威斯曼推断儿童的最佳利益主要被更改为满足相竞争的成人原告的需求或者为了保护机构的一般政策。在这些情形下，儿童的需求通常是次要的。③

费莱曼进一步指出，儿童虐待与忽视法的模糊性，增加了政府干预给儿童造成危害的可能性。在此情形下，将儿童从父母身边带离通常更多的是基于官方的个人价值观，而不是基于儿童的利益考量。费莱曼认为，对待儿童的行为通常是基于文化的偏见而不是理性的法律作出的。④ 例如，在

① 参见李欣蓉《儿童虐待防治之法制研究》，硕士学位论文，中正大学，2019，第 46~48 页。

② 参见 John T. Pardeck，*Children's Rights*：*Policy and Practice*，The Haworth Social Work Practice Press，2002，p. 20。

③ 参见 John T. Pardeck，*Children's Rights*：*Policy and Practice*，The Haworth Social Work Practice Press，2002，p. 20。

④ 参见 John T. Pardeck，*Children's Rights*：*Policy and Practice*，The Haworth Social Work Practice Press，2002，p. 20。

父母管教领域，中产阶级的父母高度重视行为的内在化标准，而工人阶级的父母则更倾向于采用体罚手段。在儿童学科领域存在地域与种族差异，包括文化上的差异。考虑到这些文化上的差异以及儿童虐待与忽视法律的模糊性，那些拥有更多权力和影响力的团体很可能会推动这些法律的解释。很显然，中产阶级在此领域拥有最大的影响力。因此，穷人和少数族裔的子女更可能被迁出他们的家庭，并被安置在替代照顾中心。[①]

综上，基于儿童虐待及相关概念的模糊界定而采取的公权干预措施，可能未必真正有利于受虐儿童利益的保护。

（二）公权干预的正当性

公权干预主要以行政干预和司法干预为核心，手段多样灵活。区别于儿童虐待公权干预反对论的不干预和最少干预主义，本书所指的儿童虐待公权干预，应当秉持的是有限干预原则，在保护儿童权利和尊重家庭隐私、父母亲权之间保持平衡。儿童最大利益原则对儿童权利保护具有里程碑式的意义，是国际公认的儿童权利保护和儿童福利最基本也是最主要的原则。儿童是社会中的弱势群体，当其受到其他社会主体的侵害时，国家应当为其提供强有力的救济渠道，而国家公权力无疑是最为可靠且最具权威性的。

即便英国学者费莱曼认为国家不应当干预家庭生活，但他也认同如不加以适度干预，儿童权利和父母权利之间的平衡便会被打破这一观点。因此，他提出了四种公权干预具备正当性的情形：第一种情形是，当父母一方要求法庭决定由谁来监护儿童时，公权干预是正当的。例如，当父母离婚而又没有对子女的监护达成协议时，法庭必须为他们作出裁决。[②] 第二种情形是，家庭纽带或者心理上的亲子关系与替代照顾者共存。这些照顾者包括养父母或者期望获得法律上的儿童监护权的亲属。此种情形的另一个重要方面是，此时生物学上的父母拒绝放弃监护。在这些情形下，法庭必

① 参见 John T. Pardeck, *Children's Rights: Policy and Practice*, The Haworth Social Work Practice Press, 2002, p. 21。

② 参见 John T. Pardeck, *Children's Rights: Policy and Practice*, The Haworth Social Work Practice Press, 2002, p. 23。

须为儿童的最佳利益作出决定。[①] 第三种情形是，双亲死亡或者失踪，或者父母亲没有为子女提供基本需求。当父母死亡或者遗弃子女时，作出监护决定要容易得多，但是当国家试图去决定父母能否满足儿童的基本需求时，作出监护决定就很迷茫。[②] 第四种情形是，当父母对子女实施性虐待或者身体虐待时，作出监护决定比其他情形要更困难。当国家必须干预家庭生活时，保护儿童权利是至关重要的。然而，儿童保护者必须意识到，儿童权利永远无法完全实现，必须理解儿童权利有别于父母的权利。[③]

由上可知，弗莱曼提出的这四种情形体现了公权“有限、适度干预”儿童虐待的思想。笔者对费莱曼所提出的这四种情形基本认同，但也认为其存在一定的局限性，儿童虐待公权干预事件不应当仅局限于上述情形，否则便无法对受虐儿童权益给予充分的保护。同时，笔者认为，公权力在进行儿童保护工作时，既要尊重家庭隐私和父母教养儿童的权利，又要周全妥善地对受虐儿童的合法权益和身心健康进行保护。当作为社会弱势群体的儿童受到来自家庭或外界的侵害时，公权力作为最强有力的主体介入干预，为其提供权利的保障，这和儿童最大利益原则是相契合的。

而与之相对的不干预或最少干预主义，明显已经不再适应当前国内的社会现实。公权干预以儿童福利为本位，可以有针对性地采用多元化的干预手段，公权力可以在统一调配社会资源上发挥最大的作用。政府权力强制性的特点，决定了它和社会相比，更能够对社会资源进行强制性的、交易成本较低的配置。[④] 公权力可以在国家层面建立专门的法律法规体系和专门的机构，在社会层面完善相应的支持系统，由政府和民间社会机构相互配合、相互协调，[⑤] 共同构建一个立体化的儿童权益保护网络，这是符合我

① 参见 John T. Pardeck, *Children's Rights: Policy and Practice*, The Haworth Social Work Practice Press, 2002, p. 23。

② 参见 John T. Pardeck, *Children's Rights: Policy and Practice*, The Haworth Social Work Practice Press, 2002, p. 23。

③ 参见 John T. Pardeck, *Children's Rights: Policy and Practice*, The Haworth Social Work Practice Press, 2002, p. 24。

④ 参见唐士其《国家与社会的关系——社会主义国家的理论与实践比较研究》，北京大学出版社，1998，第 266 页。

⑤ 参见冯源《儿童监护模式的现代转型与国家监护的司法承担》，法律出版社，2020，第 157 页。

国当下国情与社会发展现状、完善保护受虐儿童的最优解。

除此之外，随着全面依法治国格局的不断推进，社会生活的方方面面都逐步迈上了法治化、规范化的轨道，各类社会问题的治理也逐步开始在法律的指导、公权力的参与下稳步推进。儿童虐待问题是一个十分严重的社会问题，近年来也受到了社会公众的广泛关注，为周全地维护儿童权益，由公权力介入干预儿童虐待事件，是社会治理法治化、规范化的必然要求。

综上，儿童作为心智体格尚未成熟的个体，需要得到外界的特殊关照。而公权力为保护受虐儿童的合法权益，及时介入干预以对施虐者进行约束，为受虐儿童提供保护，这既符合儿童最大利益原则、顺应保护儿童权益的方向，也符合我国社会治理法治化、规范化的趋势，具有相当的正当性。

三　儿童虐待公权干预的法律界限

如上文所述，我国儿童虐待公权干预的模式应当是有限的适度干预，如何把握这一法律界限至关重要。《儿童权利公约》主张，从儿童最大利益的角度来看，家庭是儿童心智成熟、人格健全和身体发育最适宜的环境，因此，即便公权力干预具有其必要性，也不能任意将儿童从家庭中带离。

《宪法》是我国的根本大法，是调整社会生活的最高准则。比例原则是一项重要的宪法原则，“是介于国家权力与人民自由之间的一种目的与手段的考量”。[①] 因此，应当将比例原则贯彻到儿童虐待公权干预的全过程，具体表现为国家公权在对儿童虐待事件进行干预时，应采取对儿童及其家庭侵害最小的方式，优先选择保证儿童能够安全幸福地与其父母一起生活、帮助原生家庭修复其应有的功能。即使父母本身是施虐者，也应尽可能保证儿童能继续与父母共同生活除非这种侵害行为是不可以在公权引导、协助甚至强制下改变的。采取将儿童带离家庭的措施后，也应尽量帮助儿童回归原生家庭。如果此举行不通，再考虑家庭寄养等替代措施，尽力为儿童塑造健康的生活和成长环境。

除基本原则外，我国《宪法》对公民的基本权利也进行了列举式规定，并在《民法典》等普通法律中对公民的基本权利作出进一步的细化规定。

① 胡建淼主编《论公法原则》，浙江大学出版社，2005，第533页。

《民法典》第1058条规定："夫妻双方平等享有对未成年子女抚养、教育和保护的权利，共同承担对未成年子女抚养、教育和保护的义务。"这可以被认为是立法确立父母亲权的开端。立法的假定是父母会出于子女的最佳利益对子女进行教导养育，国家公权在正常情况下所负的是监督责任。笔者认为，就儿童虐待公权干预而言，可能还需要制定专门的法律及一系列的配套规则，对国家公权力行使的范围进行限制和规制。

当虐童事件发生并侵犯到儿童的基本权利时，公权力的干预必须以法律法规的强制性规定为准绳，严格遵守比例原则的精神与要求，避免因过度干预而影响到儿童的正常家庭生活与身心健康。与此同时，还应当尊重具备一定认知和表达能力的受虐儿童自身的意见，尊重其表达权。[①] 儿童的未来，就是祖国的未来。儿童的身心健康发展直接影响国家的发展，因此，即便采取必要的公权干预措施，也要以确保受虐儿童的健康成长为前提，尽量将其受到损害的程度降至最低，以儿童最佳利益为优先考量。

① 参见李欣蓉《儿童虐待防治之法制研究》，硕士学位论文，中正大学，2019，第60~61页。

第四章　儿童虐待的历史演变

纵观世界历史，儿童作为权利主体的“人”的时间并不长，在历史上大多数时候，儿童并不是作为独立的“人”而存在，其仅仅是作为父母的附属品生活在社会中。因此在儿童虐待具体行为上，由于古代社会缺少甚至没有儿童权利意识，儿童往往比当今更易受到家庭和社会的侵害。其中，如今被视为违反社会道德、为法律所禁止的儿童虐待行为，在历史上并不鲜见。在时间跨度上，对儿童的虐待更是贯穿整个人类发展史，哪怕是在如今文明的法治社会里，儿童虐待行为依然屡见不鲜，更何况古代？我们应当以史为鉴，去了解和认识历史上虐待儿童的行为。这有助于防止现今儿童虐待行为的发生以及改善受虐儿童的境遇。囿于资料收集，本章将聚焦世界历史不同时期的儿童虐待行为，依照时间顺序，分别对中外历史上儿童虐待行为的演变进行初步研讨，以求教于同人。

第一节　中国儿童虐待的历史演变

中国数千年历史中，因政府和社会缺乏权利意识，古代中国儿童遭遇的虐待大部分被有意或无意地忽视了。虽然中国古代已有少量儿童虐待行为被意识到，政府和社会也制定了相应的法律并采取了相应的措施予以制止，但这远不足以使儿童摆脱受虐待的悲惨遭遇。因此，古代中国的儿童在社会、家庭中受虐待的现象是司空见惯的。由于儿童虐待的类型通常是以行为模式的方法来划分的，所以依照虐待的行为类型作出分类是比较合理的。因此，本部分主要参考中国古代西周到近代清朝时期有关儿童虐待的史料，特别是各朝各代的法律规范性文件，将中国古代儿童虐待的行为区分为剥夺儿童生命的杀婴、侵害儿童健康的身体虐待、针对儿童实施的性虐待、不作为或放任死亡的遗弃儿童、教育中的体罚儿童、儿童早婚以及买卖儿童七种类型，并对上述这些儿童虐待行为的历史演变进行粗浅的探讨，以期为当今儿童虐待治理提供有益的历史镜鉴。

一　杀婴

在古代中国，剥夺生命的权利，即死刑的判决权和执行权，是牢牢掌握在国家君主手中的，反映统治阶级意志的律令，禁止其他任何人以任何理由私自剥夺他人生命，以保证封建统治的秩序。然而按照中国古代封建礼法，一个家族家长拥有对家族子女的支配权，子女像财产一样能被家长当作私有物进行处置，轻则婚配，重则买卖或杀死。封建统治者对于家长杀害子女的做法，一方面，采取颁布律令的方式，否认民间擅杀子女的合法性，将死刑判决执行权掌控在君主手中，另一方面，为了维护以君权父权为基础的封建礼法，在默许家长对子女有一定的处死权的同时，往往又会对家长杀害子女的行为作出一定的限制。[①] 虽然各朝各代的律令具体内容互不相同，但上述封建统治者对于家长杀害子女的两面态度，则是贯穿于中国古代整个封建社会历史之中的。

（一）秦汉时期

秦朝时期，为保证国家生产力就必须保障人口数量，因此在实体法上，秦律规定家长擅自杀害子女须承担一定的刑事责任。但与此同时，秦律又规定了但书条款，家长杀害新生的残疾或身体不健全的子女，则无须承担刑事责任。[②] 在程序法上，秦律将父母杀害子女的案件归为“非公室告”。[③] 显然，秦律在父母杀害子女问题上存在矛盾之处，一方面明确规定除杀害身体不健全的新生子女无须承担责任外，其余的杀害子女的行为都应承担

① 参见宇培峰《“家长权”研究——中、西法文化视野中的“家长权”》，博士学位论文，中国政法大学，2011，第66~67页。

② 参见司丹《亲子制度研究》，博士学位论文，黑龙江大学，2013，第50页。

③ 非公室告是指控告主体对其家庭内部的犯罪行为向官府提出的控告，如果官府不予受理，坚持告发的要受到处罚。秦律规定：“主擅杀、刑、髡其子、臣妾，是谓‘非公室告’。”

相应的刑罚，另一方面又规定政府不受理父母杀害子女的案件，使得杀害子女的父母免受刑事处罚。此种法律规定上的矛盾做法，必将放任父母杀害子女行为的发生。

汉朝时期，法律也明文规定父母杀害子女应处以死刑，但可出钱赎罪。[①] 可见，官方对于民间杀害子女的行为持否定态度，即使是父母也不能擅杀子女。虽然刑罚达到死刑的程度，但由于汉朝时期杀婴现象并不少见，加之汉律规定的赎罪制度，大多数杀害子女的父母并未受到法律上的制裁。[②] 这从一个侧面反映出，汉朝时期的民间已经存在不少父母杀害未成年子女的行为。

（二）魏晋南北朝时期

晋朝时期，法律对家长杀害子女的行为规定了明确且严厉的刑罚，家长生子不养而杀害会被处以弃市刑。不同于汉朝的赎罪制度，晋朝法律对于杀害子女的行为并没有减轻刑罚的规定，只要杀害子女就必须处以弃市刑。但在法律之外，依然存在特殊情况下杀子而免于死难的法外开恩，这在一定程度上放纵了杀子行为。南朝刘宋时期，天灾与战争并行。虽有法律明文规定禁止杀害子女，但考虑特殊时期，以轻徭薄赋来保证杀子之法得以执行。萧梁武帝时期更是将杀害子女的行为视同为杀人，与杀人同罪。北魏时期，将父母杀害子女的方式细化为用兵刃杀和殴杀，并分别处以五年和四年的刑期。[③] 由魏晋南北朝时期政府颁布的禁止杀害子女的法律可以看出，当时生子不养而杀子的现象并不少见，民间社会中存在不少父母杀害子女的行为。

（三）唐宋时期

唐朝时期，有关禁止杀害未成年子女的法律已发展得十分详细。在继承北魏时期杀害儿童方式法律分类的基础上，如兵刃杀和殴杀，唐律继续对杀

① 《二年律令》之《贼律》载“父母殴笞子及奴婢，子及奴婢以殴笞辜死，令赎死”。

② 参见宇培峰《“家长权”研究——中、西法文化视野中的“家长权”》，博士学位论文，中国政法大学，2011，第 68 页。

③ 参见周海燕《魏晋南北朝儿童研究》，博士学位论文，郑州大学，2018，第 95~96 页。

害儿童的具体方式作了进一步分类。唐律在杀人罪中规定了“七杀”，即七种杀人行为的分类，其中的“故杀”“谋杀”“斗杀”“过失杀”中均有涉及杀害未成年子女行为的规定，且在犯罪形态上规定得细致详尽。总体而言，唐律在尊长杀害卑幼的犯罪问题上，规定了以被害儿童的身份地位和礼教纲常为标准的刑罚体系：对越亲近的卑幼犯罪，“主观恶性”越小，被判处的刑罚就越轻。如在“故杀”“谋杀”中，虽然规定了杀害卑幼犯罪行为既遂的应当处以绞、斩刑，但在祖父母、父母因子孙违反教令而杀害子孙的情况下，其仅被处以两年到三年的徒刑。在“斗杀”中，杀害子孙的行为人仅需接受一年半的徒刑即可。甚至在“过失杀”中，家长“过失”杀害子孙并不被认为是犯罪行为，无须接受刑罚处罚。[①] 综上，一方面，唐朝时期的法律严厉惩罚故意或蓄意杀害未成年子女的行为，这确实制止了社会上大部分家长杀害未成年子女的现象，有关唐朝杀婴杀子的记载资料明显少于前朝和后世可以证明这一点。另一方面，唐朝时期的法律又放任家长以礼教、教令之名故意杀害未成年子女的行为，甚至过失杀害不为罪，这可能又会促使更多的家长以违反教令或过失的借口而杀害未成年子女。

到了宋朝，溺婴杀子现象出现在全国各个地区，在福建路、两浙路、江南东路、广南西路、荆湖北路等地均有溺婴杀子的记载。[②] 同时，相对于男婴而言，女婴更是成为溺婴杀子的首选对象。社会风气如此，以至于宋朝政府不得不颁布法律，来制止民间溺婴杀子的行为，规定杀害子孙的刑罚为两年徒刑，并连坐邻居、佣人、养父母或生父母等长辈，随后还将刑期提高到三年徒刑。[③] 显然，相比于前朝，宋朝时期对于溺婴杀子行为的惩罚力度是远远不够的。除去战争、天灾和赋税等影响，过轻、宽松的刑罚也是造成溺婴杀子现象的一个重要原因。

（四）明清时期

明清时期延续了宋代以来溺婴杀子的社会现象，这种严重侵害儿童生命权利的问题非但没有缓解，反而进一步发展。明清时期溺婴杀子的相关

---

① 参见刘晓林《唐律“七杀”研究》，博士学位论文，吉林大学，2011，第29~173页。

② 参见黄英《论两宋时期的生子不举习俗》，《内江师范学院学报》2011年第9期，第90页。

③ 参见刘馨珺《鬼怪文化与性别：从宋代堕胎杀婴谈起》，《学术研究》2013年第3期，第115页。

记载资料较多，溺婴杀子的原因多种多样。首先，由于身负沉重的赋税，广大穷苦百姓难以养育多个子女，而选择溺婴杀子。其次，明清时期由于粮食作物的引进，人口数量激增，加上摊丁入亩政策的实行，人均资源减少，对资源的竞争更加激烈，大多数家庭都会控制人口数量以保证生存。在此种社会环境下，家长为了预防未来分家致贫而杀害男婴的现象并不少见，日后需要高昂嫁妆费用的女婴也易被家长所溺杀。当然，官方和宗族对于溺婴杀子的行为自然是禁止的，但在高昂的生存成本下，即使是重罚，依然阻止不了社会上溺婴杀子的行为。令人欣慰的是，相比于先秦、汉朝时期，明清时期因出生时间不吉利或为避讳而杀婴的现象几乎不存在。[①] 社会发展、思想进步在某种程度上缓解了杀害婴儿的问题，这亦符合社会文明的发展规律。

二　身体虐待

不同于杀害行为，伤害儿童身体的虐待行为方式千奇百怪，形式多种多样，贯穿于整个中国古代历史。囿于历史发展的局限性，许多伤害儿童身体的行为在当时并不被认为是被禁止或是违法的，然而按照当今世界的标准，大多数伤害儿童身体的行为皆符合身体虐待的标准。并且，由于中国古时并无儿童身体虐待的意识，所以历史资料的编撰者并不会“特意”去记载有关儿童身体伤害虐待的内容，以至于当今社会对中国古代的儿童身体伤害虐待问题知之甚少。下文将通过对与儿童有关的其他方面资料的梳理，挖掘出中国儿童身体伤害的虐待历史，对中国历史上较具代表性的儿童身体伤害虐待行为进行探讨。

（一）原始社会残酷的成人礼

早在中国原始社会时期，儿童成人礼是部落仪式如“交替之日月”一般必不可少的。成人礼是儿童成年的证明，标志着儿童被正式接纳为社会成员，能够行使权利、组成家庭等。但由于认知能力的不足，儿童的成人

① 参见崔琳《明清时期江南地区的儿童生活》，硕士学位论文，华东师范大学，2020，第84~89页。

礼仪式中有时会伴随着残酷的身体伤害。当然，中国原始社会时期，大多数成人礼都较为温和且不带有伤害儿童身体的行为，仅有少数部落社会的成人礼通过身体伤害来考验儿童，虽是原始社会合法正式的仪式，但在如今看来，无疑是儿童身体虐待的一种类型。

（二）阉割男童

中国古代阉割男童有着非常长久的历史，西周《周礼》开始便有阉人的记载。随着专制王权的发展，阉人逐渐增多，至汉朝被统称为“宦者”，至明朝又被统称为当今社会所熟知的“太监”。由于人体发育的规律性，中国古代大多数被阉割的男性应当是在孩童时期就被净身。虽然因古代中国封建王朝皇室的需求而使得官方阉割男童具有合法性，但在现代文明社会视角下，阉割男童无疑是一种残忍的身体虐待，是恶劣的犯罪行为，男童遭受的是生理与心理的双重虐待。针对民间私自阉割男童，宋太祖曾下诏禁止士大夫和平民私自将养育的男童阉割。[①] 明朝法律并未明令禁止私自阉割男童，仅禁止僭越役使。《大明律·刑律·杂犯·阉割火者》直接作出规定，官员平民家庭不得将收养的男孩私自阉割役使，否则罚杖一百、流三千里并将男孩归还父母。[②] 该罪主要是惩罚僭越行为，而不是惩罚私自阉割男童的行为。后世《大清律集解附例》中“阉割火者”基本沿用大明律至清末。由于法律没有惩治私自净身及替人净身者的条文，民间私自净身有违孝道，因此从清朝弘治时期起，历届皇帝都颁布禁止私自阉割的诏令，私自阉割按十恶中不孝治罪，并以条例形式附在“阉割火者”律下。另外针对诱骗、强迫男童阉割的行为，康熙时期按私自阉割治罪，雍正时编成定例。[③] 由此可看出，除去自愿净身的成年男子外，多数被阉割的男童都是封建制度的受害者。古代中国政府一方面颁布严刑峻法禁止民间私自阉割男童，另一方面皇室却又

① 宋太祖乾德四年（公元 966 年）：“诏内官及三十以上，乃许养一子，士庶不得以童男养为宦者。”参见游彪、刘春悦《宋代宦官养子及荫补制度》，《中国史研究》2001 年第 2 期，第 108 页。

② 《大明律·刑律·杂犯》“阉割火者”条规定：“凡官民之家，不得乞养他人之子阉割火者，违者，杖一百，流三千里，其子给亲。”

③ 参见柏桦《论明清私阉律例》，《西部史学》2019 年第 1 期，第 81～83 页。

有阉人的需求。因此，作为社会弱者的儿童，其权利是首先遭到剥夺损害的，被阉割的男童不仅遭受残酷的身体虐待，更是成为古代中国封建制度的牺牲品。

（三）女童缠足

相比起男童阉割，虽女童缠足的身体伤害程度相对较小，但在人数上，遭受缠足裹脚之罪的女童远远多于被阉割的男童。缠足亦是中国古代典型的"合法"儿童虐待行为之一。在时间跨度上，古籍中关于女童缠足的起源并无明确记载，学界对于缠足的起源说法亦五花八门，如六朝起源说、唐代起源说、五代起源说等，支持者与反对者之论据理由皆有一定的合理性。[①] 无论缠足起源于何时，可以肯定的是，北宋时期，缠足就已作为一种时髦装饰在少数人群中流行，社会主流还尚未接受。但到了理学盛行的南宋时期，大量女童缠足确已成为事实，成为社会风尚，不仅富贵人家的女童开始普遍缠足，平民人家也开始"上行下效"，[②] 与南宋并存占据中原后的金朝亦刮起缠足之风。明朝时期，虽然缠足陋习在中原地区的民间蔚然成风，但宫廷内部不以为常例。清朝时期，一方面统治者为维护满族旧制而禁止满人缠足，违者重则治罪，[③] 另一方面存在汉人缠足现象，虽然发布了多次严禁缠足的诏令，但由于禁缠足令与汉人早已成风的缠足风俗大相径庭而难以执行。因此，自康熙时起便放宽汉人缠足禁令，此后缠足风气愈演愈烈，[④] 至清末及中华民国时期才逐渐去除缠足陋习。在缠足的严重程度上，随着时间的推移，对女童脚部大小的审美愈发极致，对女童的身体虐待也愈发严重，清朝的小脚居然比南宋时期缠足至残疾而无法走路的脚还要小。[⑤] 可见，封建缠足陋习对女童身体的伤害之大、程度之深。

---

① 参见李凤飞、暴鸿昌《中国妇女缠足与反缠足的历史考察》，《学习与探索》1997 年第 3 期，119~120 页。

② 参见高世瑜《缠足再议》，《史学月刊》1999 年第 2 期，第 25 页。

③ 参见刘建波《女性主义视角下先秦两汉文学中的女性形象研究》，博士学位论文，山东大学，2008，第 191 页。

④ 参见梁景时《中国近代不缠足运动始末》，《山西师大学报》（社会科学版）1995 年第 1 期，第 65 页。

⑤ 参见高世瑜《缠足再议》，《史学月刊》1999 年第 2 期，第 24 页。

三 性虐待

（一）强奸女童

《唐律疏议》中规定强奸自己缌麻关系以上亲属、继女以及同母异父的姐妹这三类主体的，处以流刑二千里，如果强奸致伤亡则处以绞刑。[①] 可以看出，唐朝时期的法律虽然没有明确的规定强奸女童的条文，但惩罚强奸女童行为的意思却已表现出来。虽然保护对象仅限于具有一定亲属关系的女性，出发点也是维护家庭内部的伦理纲常，但亦在一定程度上保护了女童免受亲属的性虐待。从侧面也可以看出，至少在唐朝以前，性虐待女童亲属的现象是存在的。到宋朝时期，政府进一步保护女童免受性虐待，首开强奸女童罪刑之先河。《庆元条法事类》规定，虽然没有违反 10 岁以下女童的意愿，但与其发生性关系亦视同为强奸，处以流刑三千里；未遂的，处以发配五百里；强奸致死伤的处以绞刑；先前强奸后续同意的，男以强奸定罪处罚。[②] 从宋朝开始，法律条文明确规定强奸的罪名以及女童的年龄，并加重处罚，按犯罪形态处以不同的刑罚。可见，宋朝统治者严惩强奸女童的性虐待行为。后世基本沿用宋朝严惩强奸女童的法律，《元典章·刑部·诸奸》规定强奸女童者处死。[③]《大明律·奸非》和《大清律例·刑律·犯奸》都规定即使 12 岁以下的女童同意发生性行为，该行为仍按强奸罪论处。[④] 此外，《大清律例·刑律·犯奸》还规定强奸 12 岁女童致死以及诱奸 10 岁以下儿童的按照光棍例处以斩决；强奸 10 岁以上 12 岁以下儿童的处以斩监候。[⑤] 从唐朝至清朝规定强奸女童的法律条文看，呈现出刑罚越来越重、年龄划分越来越细、强奸情形区分越来越多的特点，除了立法技

---

① 《唐律疏议·杂律》“奸缌麻以上亲及妻”条规定：“诸奸缌麻以上亲及缌麻以上亲之妻，若前妻夫之女及同母异父姊妹者，徒三年；强者，流二千里；折伤者，绞。妾，减一等。余条奸妾，准此。”

② 《庆元条法事类》卷八〇《杂门诸色犯奸》规定：“诸强奸者，女十岁以下虽和亦同，流三千里，配远恶州。未成，配五百里。折伤者，绞。先强后和，男从强法，妇女减和一等。”

③ 《元典章·刑部·诸奸》：“诸强奸人幼女者，处死；虽和同强，女不坐。”

④ 《大明律·奸非》：“奸幼女十二岁以下者，虽和同强论。”

⑤ 参见刘芳《中国性犯罪立法之现实困境及其出路研究》，博士学位论文，吉林大学，2007，第 47 页。

术的进步以及统治者的重视外，现实中真实发生的强奸女童现象可能也是导致严刑峻法的重要原因之一。

（二）鸡奸男童

中国古代除了男性强奸女童有法律规制外，对于男性鸡奸男童也有相关的法律规定，只不过比起强奸女童，禁止鸡奸男童的法律则滞后了许多。北宋末年仅有男子不得为娼，否则杖责一百下的规定，不具有普遍性。到了明朝，法律进一步规定不得将阴茎放入他人肛门内进行淫戏，否则也是杖责一百下，[①] 这算是禁止鸡奸男童的法律雏形。但由于立法技术有限，法律并未明确该罪双方的主观意愿以及双方的年龄。而到了清朝，开始制定严厉的同性性犯罪法律。《大清律例》规定，结伙将良家子弟抢走鸡奸的，无论其之前是否杀过人，都按照光棍例论罪，主犯处以斩立决，从犯或鸡奸之人处以绞监候，其余处以发遣。如果并未结伙，奸杀良人子弟或鸡奸10岁以下男童的，也按照光棍罪的主犯处以斩立决。如果单人鸡奸男童并未故意伤害的，处以绞监候，如果故意伤害但未致人死亡的，处以斩监候。[②] 在中国古代，男性同性恋并不是不道德的，反而在史料中能发现不少关于男性同性恋的描述。从商朝“三风十愆”中“十愆”之一的“比顽童”，到汉朝的“断袖之交”，再到明末时期同性间性关系的“外交”等，[③] 都可以看出同性恋早已存在于中国古代。然而令人疑惑的是，明朝之前，鲜有法律规制鸡奸男童的行为。直至清朝，才有法律明令禁止鸡奸男童。这在某种程度上可以证明，中国古代鸡奸男童的性虐待行为是一直存在的。

（三）儿童卖淫

随着人类社会的发展，“娼妓”产生。“娼妓”具有悠久的历史，其作为一种职业，几乎贯穿于中国从战国到清朝的历史之中。唐朝之前的娼不

---

① 参见张杰《清代有关同性性犯罪的法律规定及对当前相关立法的启示》，《中国性科学》2004年第3期，第32页。

② 参见刘芳《中国性犯罪立法之现实困境及其出路研究》，博士学位论文，吉林大学，2007，第47页。

③ 参见刘芳《中国性犯罪立法之现实困境及其出路研究》，博士学位论文，吉林大学，2007，第39~40页。

分男女，而以后的娼妓多指女性，当然也有部分是男性。就“娼妓”一词的内涵而言，现代汉语中“娼妓”多指以卖淫为业的女人。然而在古代中国，“娼妓”还指凭借才艺娱人以获得报酬的人（同倡妓）。[①] 因此，本书提及的娼妓，是指前者之内涵。关于中国古代儿童卖淫的法律条文难以考究，即使在“官妓”鼎盛时期的唐宋元明，亦未有关于卖淫年龄限制的记录，这能否说明古代并不存在儿童卖淫之现象？答案应当是否定的。首先，当今文明社会尚存在儿童卖淫，古代封建社会自然不可能不存在儿童卖淫。其次，中国古代卖儿鬻女现象较多，其中相当一部分儿童就被强迫卖淫。元朝时期政府严禁买良为娼，但得不到地方政府的普遍执行，鸨母直接买进良民儿童并逼迫其为客人提供卖淫服务。至宋朝时刮起“养女蓄利”之风，唯利是图者通过人口买卖收养童男童女，教授被收养儿童乐艺以在宴会上招待客人。[②] 奇怪的是，中国古代政府对于性交易又采取了相应的法律管制措施，如注册登记并接受专门机构的管理、对娼妓进行分类管理、对营业场所区间进行管理以及对卖淫经营活动进行规范等，[③] 但唯独鲜有记载娼妓之年龄限制。直至晚清时期，才有对儿童卖淫年龄限制的规定：年龄未满 16 岁或身体未发育完成的，不得为娼。[④] 可见，中国古代封建社会时期存在儿童卖淫现象，虽然当时法律并未明令禁止，但按照当今标准，儿童卖淫无疑是儿童遭受虐待的一种类型。

四　遗弃儿童

中国古代的“生子不举”包括了杀害和遗弃子女两种行为，相比起前者以作为的方式直接杀子的行为，后者则是以一种不作为的方式遗弃儿童。在主观上，前者是希望儿童死亡的直接故意，而后者则是放任儿童死亡结果的间接故意。因此，按照当今的犯罪理论，遗弃未成年子女的主观恶性是显然低于杀害未成年子女的，所以本书将古代的“生子不举”拆分成两

① 参见张超《民国娼妓问题研究》，博士学位论文，武汉大学，2005，第 5 页。

② 参见谭晓玲《元代买卖女口现象初探》，《中央民族大学学报》（哲学社会科学版）2003 年第 4 期，第 97 页。

③ 参见王晓东《论我国历史上对性交易的法律管制》，《政法论丛》2013 年第 6 期，第 109～110 页。

④ 参见王晓东《论我国历史上对性交易的法律管制》，《政法论丛》2013 年第 6 期，第 110 页。

部分，并对遗弃儿童行为的部分进行讨论。古代中国的生存环境恶劣，被遗弃的儿童通常难以存活于世。但不可否认的是，相较于被父母直接剥夺生命，部分被遗弃的儿童还能够被民间或官方收养而得以存活。

（一）魏晋南北朝时期

东汉末年战火纷飞，董卓之乱后百姓流离失所，故有饥饿的妇人哭嚎着将子女遗弃在荒原山间的惨象。[①] 曹魏时期，亦有因战乱粮食缺乏而将子女遗弃在山间之记载。[②] 至东晋时期，桓温北伐与姚襄作战于伊水北边，姚襄战败后率兵逃跑，其中有五千多名百姓不得不抛妻弃子。[③] 东晋末年时期，又有孙恩邪教之乱，邪教军攻陷会稽后烧杀掳掠。史书记载，百姓为躲避战乱，不得不将包裹在袋中的婴儿放入竹篮，遗弃于河流上，[④] 与其让婴儿死在战场上，还不如希冀于命运眷顾让婴儿被他人收养。[⑤] 可见，古代中国的每次战乱背后都伴随着百姓妻离子散的悲剧，婴儿作为依赖父母照顾的弱势群体，在战争时期往往会作为累赘而被遗弃，而且在唐朝之前，法律禁止收养异姓男童，被遗弃儿童的下场多是自生自灭、难逃一死。因此，为了救助被遗弃儿童，南朝梁武帝萧衍下诏建立孤独园以收养民间孤幼。[⑥]

（二）唐宋时期

唐朝时期，为救济被遗弃儿童，唐律在禁止收养与送养异姓男性的同时，还规定了收养 3 岁以下异姓遗弃儿童不为罪的但书条款，而女童则无异

---

① 曹魏王粲《七哀诗》："西京乱无象，豺虎方遘患。复弃中国去，远身适荆蛮。亲戚对我悲，朋友相追攀。出门无所见，白骨蔽平原。路有饥妇人，抱子弃草间。顾闻号泣声，挥涕独不还。未知身死处，何能两相完？驱马弃之去，不忍听此言。南登霸陵岸，回首望长安。悟彼下泉人，喟然伤心肝。"

② 《四孤论》："遇兵饥馑有卖子者；有弃沟壑者；有生而父母亡，无缌亲，其死必也；有俗人以五月生子，妨忌之不举者。"

③ 《晋书·姚襄载记》："（襄）率麾下数千骑奔于北山。其夜，百姓弃妻子随襄者五千余人，屯据阳乡，赴者又四千余户。"

④ 《晋书》卷一〇〇《孙恩传》："其妇女有婴累不能去者，囊簏盛婴儿投于水。"

⑤ 参见周海燕《魏晋南北朝儿童研究》，博士学位论文，郑州大学，2018，第 79~80 页。

⑥ 参见王卫平、黄鸿山《中国古代传统社会保障事业述论》，《学习与探索》2007 年第 1 期，第 234 页。

姓之限制，都可收养，以鼓励民间收养被遗弃儿童。① 同时，政府还设立官办的救济机构“悲田养病坊”，其职能之一就是收容和治疗被遗弃儿童和流浪孤儿。②

到了宋朝，社会中更是有不少被遗弃儿童，宋朝政府采取多种措施以救济被遗弃儿童。在民间，政府鼓励收养被遗弃儿童。《宋刑统·户婚律·养子立嫡》沿用唐律，规定收养被遗弃的 3 岁以下异姓的男童不为罪，并可改姓，除此之外收养异姓男童均要处以徒刑一年的刑罚。③ 在战争和灾害频发时期，为保护养父母利益以救济更多被遗弃儿童，宋朝皇帝下的诏令不再区分异姓儿童是被遗弃还是遗失，只要经养父母收养便不许生父母再领回，以鼓励民间更多地收养被遗弃儿童。④ 在官办儿童收养救济机构上，南宋时期在全国范围内建立了以遗弃儿童为救济对象之一的福田院，以及中国历史上首次专门设立收养遗弃儿童的婴儿局、慈幼局和慈幼庄。⑤ 后世明清时期，收养遗弃儿童和救济流浪儿童的官方和民间机构或措施已成常态。可见，遗弃儿童的行为在明清时期也一直延续。

五　体罚儿童

惩戒教育在古代中国家庭中并不鲜见，甚至在当今中国社会中仍广泛流传着“不打不成器”“棍棒底下出孝子”等惩戒教育的俗语。可见，惩戒教育在中国儿童教育史上发挥着重要影响。然而，惩戒教育与虐待行为的体罚又有区别。体罚作为严重侵害儿童权利的行为，是被当今法律所禁止的，而适当的惩戒教育，是合法的也是教育儿童过程中所必需的。回望中国古代历史，儿童接受教育的场所通常是家庭内或是官学和私塾。因此，

① 参见金眉《唐宋养子制度变动研究——以异姓男的收养为考察对象》，《法制与社会发展》2011 年第 4 期，第 123 页。

② 参见王颜《论唐宋时期慈善事业的类型与特点》，《唐史论丛》2006 年第 1 期，第 260~265 页。

③ 《宋刑统·户婚律·养子立嫡》：“即养异姓男者，徒一年，与者笞五十。其遗弃小儿年三岁以下，虽异姓，听收养，即从其姓。”

④ 参见金眉《唐宋养子制度变动研究——以异姓男的收养为考察对象》，《法制与社会发展》2011 年第 4 期，第 125 页。

⑤ 参见郭文佳《宋代幼儿生养与救助述论》，《烟台大学学报》（哲学社会科学版）2003 年第 3 期，第 322~323 页。

本书接下来将选取家庭体罚和学校体罚这两个角度，对中国古代各时期所记载的具体惩戒教育方式是否构成儿童体罚虐待予以研讨。

（一）家庭体罚

先秦时期，父母对于未成年子女的惩戒并不局限于子女教育，无论子女是否有过错，父母皆拥有惩戒子女的权利。根据《礼记·内则》记载，子女指出父母过错，父母愤怒用鞭子、棍子打子女至流血，子女也不得埋怨，反而应当更孝顺父母。[①] 汉朝时期，父母惩戒子女，只有在将子女打死的情况下父母才会承担刑事责任。《二年律令》之《贼律》记载，父母打死子女应当处以赎死的刑罚。[②] 北朝颜之推在《颜氏家训》中写道：如果一个家庭没有了怒斥、笞打，那么子女的过错很快就会出现。[③] 可见，就连古代教育家，也认为父母捶挞体罚子女对教育具有重要意义。唐朝开始，法律对父母伤害子女行为的规制趋于完善和细化。《唐律疏议·斗讼》规定，家长殴打子女造成折齿以上伤害的应当处以刑罚，造成子女死亡的应处以绞刑，[④] 甚至还规定了丈夫不得殴打继子女致伤或致死，否则应承担相应的刑罚。[⑤] 可见，中国古代家庭中教育与体罚相互依存，国家在承认家长有权体罚子女的同时，对体罚程度的干预力度逐渐变大。在父母体罚子女的手段上，主要有以下几种：掌嘴，中国古代家长打子女耳光是家常便饭；打手，多施加于逃学、说谎的子女；罚跪，通常跪于祠堂前，持续一炷香、多炷香甚至更长时间；杖责，用板、棒责打犯错子女数下至上百下。[⑥] 以当今社会的标准来衡量，上述家长惩罚子女的手段，多数符合体罚的标准，其无疑属于儿童虐待行为。

---

① 《礼记·内则》：“父母有过，下气怡色，柔声以谏。谏若不入，起敬起孝，说则复谏；不说，与其得罪于乡党州间，宁孰谏。父母怒，不说而挞之流血，不敢疾怨，起敬起孝。”

② 《二年律令》之《贼律》：“父母殴笞子及奴婢，子及奴婢以殴笞辜死，令赎死。”

③ 参见周海燕《魏晋南北朝儿童研究》，博士学位论文，郑州大学，2018，第 102 页。

④ 参见宇培峰《“家长权”研究——中、西法文化视野中的“家长权”》，博士学位论文，中国政法大学，2011，第 74~75 页。

⑤ 参见张叶航《唐代未成年人保护制度探析》，硕士学位论文，复旦大学，2012，第 30 页。

⑥ 参见宇培峰《“家长权”研究——中、西法文化视野中的“家长权”》，博士学位论文，中国政法大学，2011，第 75 页。

（二）学校体罚

宋朝时期的《京兆府小学规》是现存最早的小学学规，规定学生犯错按照过错程度进行处罚，对于 15 岁以下犯错的学生施以“扑挞之法”。此外，宋朝还在学校推行“五等罚”制度，将学生犯错惩罚分为五等，最重第五等即扑打后开除出学。[①] 总体而言，宋朝学规中鲜有惩罚学生的记录，而到了明清时期，官学和私塾学规中关于惩罚学生的规则日渐增多。明朝时期，各府、州、县级官学的学生须参加岁考及科考，考试成绩分成六等，第四等成绩的学生将遭受鞭打处罚。[②] 至于私塾中关于惩戒的规定就更多。如清代王荣泰等纂修的浙江吴兴菱湖王氏《家塾章程》中学生无正事旷课的罚跪；苏州陆氏《庄塾规条》中如果学生违背父母意愿、兄弟相争、出口斥骂及与人斗殴的，必须从重责打与罚跪；[③] 华亭顾氏的《家塾课程》中规定学生违反学规，按犯错程度由轻到重施以告诫、打手到罚跪等惩罚措施。如果遇到严厉的老师，还有可能会被鞭打绳缚。[④] 虽然随着时代发展与官学、私塾制度的成熟，惩罚儿童的教育措施日渐文明，但不可否认的是，以现代学校体罚的标准来看，中国古代学校中大多数合法的惩罚措施仍是对儿童的体罚虐待。

六　儿童早婚

中国古代由于社会环境的不稳定、生产力低下以及医疗卫生环境等因素的影响，人均寿命并不高。最高的是西汉时期，人均寿命超过 70 岁，除此之外哪怕是繁荣的唐朝和经济发达、粮食种类丰富的明朝与清朝，人均寿命都不及 70 岁。而在战乱时期如魏晋、五胡十六国和五代十国时期，人

---

① 参见刘丽君《教育惩罚研究》，博士学位论文，东北师范大学，2015，第 46 页。

② 参见张德安《身体教育的历史（1368～1919）——关于近世中国教育的身体社会史研究》，博士学位论文，南开大学，2014，第 144 页。

③ 参见张德安《身体教育的历史（1368～1919）——关于近世中国教育的身体社会史研究》，博士学位论文，南开大学，2014，第 144 页。

④ 参见吴小玮《蒙以养正：论明清私塾学规对儿童的规训》，《河北师范大学学报》（教育科学版）2011 年第 5 期，第 33 页。

均寿命只有50多岁。[①] 在人均低寿命的社会环境下，结婚的年龄就会相应地降低。按照当今结婚年龄的观点来看，古代中国儿童早婚现象是非常普遍的。封建统治者为保持人口数量和保障劳动力，都会对结婚年龄进行一定的规制。对结婚年龄的法律规定大致经历了法定早婚—未婚处罚—放任“晚婚”—禁止过分早婚四个阶段。

（一）先秦时期——法定早婚

东周时期的结婚年龄早在《周礼·地官·媒氏》中已有记载，“令男三十而娶，女二十而嫁”。[②] 这里记载的内容，应是男女应当结婚的最晚年龄，而不是法定婚龄，其中理由已有许多学者进行了论述。理由简单且有力，即当时人均寿命不过50多岁，如此晚婚的规定不可能符合社会现实，并且后世记载结婚年龄也远低于上述记载的年龄。如战国时期墨家墨子和法家韩非子就认为男子应在20岁之前结婚，女子应在15岁之前结婚，否则就违反了法律。[③] 再如春秋时期，《春秋外传》就记载越王勾践下令男子20岁之前结婚，女子17岁之前结婚。[④] 到了秦朝时期，户籍管理制度严格规定，结婚年龄以身高六尺二寸为标准计算，即男女15岁左右。可见，先秦时期的儿童早婚，是被法律所允许的，也是社会常态。

（二）汉朝到魏晋南北朝时期——未婚处罚

先秦时期，法律对于结婚年龄的规定仅仅是限制年龄，而没有强制措施。而到了汉朝以后，“晚婚”者还需接受一定的惩罚。汉代男性结婚年龄一般为15岁以上18岁以下，女性则是13岁以上19岁以下。[⑤] 到了汉惠帝

---

① 参见郑正、王兴平《古代中国人寿命与人均粮食占有量》，《江苏社会科学》2000年第1期，第131~132页。

② 参见蒋功成《优生学的传播与中国近代的婚育观念》，博士学位论文，上海交通大学，2009，第24~26页。

③ 参见秦朋《我国古代婚姻年龄问题研究及当代意义》，硕士学位论文，郑州大学，2017，第9~10页。

④ 参见张国刚、蒋爱花《唐代男女婚嫁年龄考略》，《中国史研究》2004年第2期，第66页。

⑤ 参见蒋功成《优生学的传播与中国近代的婚育观念》，博士学位论文，上海交通大学，2009，第26页。

时期，已经出现对女子到适婚年龄不嫁的惩罚措施：女子 15 岁以上 30 岁以下未结婚的，需要对其征收五倍的赋税。[①] 到战乱频繁的魏晋南北朝时期，统治者为了增加人口，开始强制结婚或使用刑罚惩罚适婚年龄而未婚的男女及其家长。如晋武帝时期，女子 17 岁还未嫁的，由地方长官安排结婚并不得反对。刘宋周朗就建议女子 15 岁还未结婚的，家人与其一起坐牢。北齐后主高纬更是下令，14 岁以上 20 岁以下的女子未结婚的，地方长官可以对其教育，如果家长藏匿女子的，家长将被处以死刑。至北周宇文邕时期，结婚年龄被下调至男子 15 岁、女子 13 岁以上，是中国历史上最低的结婚年龄。[②] 可见，这一时期的结婚年龄呈现出不断降低的趋势，并伴随着强迫结婚的刑罚措施。

（三）唐宋元时期——放任“晚婚”

到了唐宋时期，由于经济发展，社会相对稳定，结婚的年龄稍微有所提高。唐初唐太宗规定，男子 20 岁以上、女子 15 岁以上才能结婚，后唐玄宗为增加人口，又将结婚年龄降至男子 15 岁、女子 13 岁。[③] 除法律规定结婚年龄的记载外，有学者根据《唐代墓志》的记载，统计唐朝女子出嫁的年龄集中在 13 岁至 22 岁，其中 18 岁以下的占了大多数，此外亦有幼女在十一二岁就已经出嫁。[④] 可见，唐朝时期虽规定了法定结婚年龄，但实际上并不是达到年龄就必须结婚，也不是未达到年龄就不能结婚。与唐朝相似的是，宋朝虽然沿袭唐朝法定结婚年龄的规定，即男子 15 岁、女子 13 岁以上就可结婚，《名公书判清明集》亦记载如此，[⑤] 但学者对宋朝墓志的调查显示，宋代男女结婚的平均年龄远高于法定结婚年龄：女子在 15 岁到 23 岁左右，男子平均是在 24 岁。[⑥] 虽然宋朝墓志中依旧有年龄小于 14 岁的幼女

---

① 参见秦朋《我国古代婚姻年龄问题研究及当代意义》，硕士学位论文，郑州大学，2017，第 11 页。

② 参见张大鹏《中国古代婚姻年龄的产生及其演变》，《人口学刊》1991 年第 2 期，第 35 页。

③ 参见张国刚、蒋爱花《唐代男女婚嫁年龄考略》，《中国史研究》2004 年第 2 期，第 66~67 页。

④ 参见张国刚、蒋爱花《唐代男女婚嫁年龄考略》，《中国史研究》2004 年第 2 期，第 67~70 页。

⑤ 参见郑丽萍《宋代妇女婚姻生活研究——以〈全宋文〉所涉 4802 篇墓志为例》，博士学位论文，华东师范大学，2010，第 44 页。

⑥ 参见郑丽萍《宋代妇女婚姻生活研究——以〈全宋文〉所涉 4802 篇墓志为例》，博士学位论文，华东师范大学，2010，第 45~54 页。

结婚的记录，但比起唐朝，低年龄儿童结婚的比例已大大降低。同样地，到了元朝，《大元通制条格·卷四·嫁娶》规定，女子15岁以上才能结婚，男子则无明确的年龄要求。而元朝社会中记载的官宦家庭子女初婚平均年龄并没有超过20岁。[①] 综上，随着社会发展与时代进步，虽然法定结婚年龄无太大变化，但实际上儿童早婚的现象比起前朝已有所缓解，官方亦放任"晚婚"现象，鲜有对"晚婚"、不婚行为的处罚措施的记载。

（四）明清时期——禁止过分早婚

明朝时期，虽然《明会典》明确规定结婚年龄男子最低16岁，女子最低14岁（《大清通礼》亦如此规定），然而在民间却普遍存在儿童早婚的现象。因此，明朝统治者为保障儿童身心健康以及稳定社会经济的发展，曾明文规定禁止早婚。[②] 万历年间，四川巡抚张士佩为整治民间早婚现象，广雕石碑告知百姓：男子结婚必须年满16岁，否则家长和兄长应接受枷号的处罚，地方隐匿早婚且不告官的，一同受罚。[③] 可见，明朝时期仅规定了男子早婚的处罚措施，而无女子早婚的处罚措施。女童作为早婚行为的受害者之一，该种情形无疑是对女童保护的忽视。但从中国历史上看，不得不承认明朝时期规定的早婚行为处罚措施是儿童保护的一大进步。到了清朝时期，为保护女童，皇太极规定女子须在12岁以上才能结婚，否则将惩罚做亲之人。[④] 此外，针对指腹为婚和"割衫襟"的陋习，《大明会典》和《大清律例》中都明确规定禁止指腹为婚，男女双方必须达到法定婚龄才能结婚，[⑤] 虽无明确的处罚措施，儿童早婚也屡禁不止，但这一规定在某种程度上也算是缓解了明清时期的儿童早婚现象。

---

① 参见张志明《蒙元社会婚姻制度流变浅析》，硕士学位论文，西南政法大学，2007，第23~24页。

② 参见秦朋《我国古代婚姻年龄问题研究及当代意义》，硕士学位论文，郑州大学，2017，第16页。

③ 参见白彬《四川明代万历年间禁止早婚碑初探》，《四川大学学报》（哲学社会科学版）1990年第4期，第81~82页。

④ 参见张晓蓓《清代婚姻制度研究》，博士学位论文，中国政法大学，2003，第63页。

⑤ 《大明会典·卷之二十·婚姻》和《大清律例·户律·婚姻之一》皆规定："男女婚姻各有其时，或有指腹割衫襟为亲者，并行禁止。"

七 买卖儿童

古代中国人口买卖现象一直存在，奴隶买卖甚至被政府所认可，在法律上，奴隶买卖也被合法化、程序化。因此，无论在哪个朝代，人口买卖都是社会的一大顽疾。在罪恶的人口买卖制度下，成年人尚能被买卖为奴隶，儿童作为弱势群体，自然是人口买卖的首选对象。而且在家长制度下，儿童可以作为财产被父母处置，特别是在战乱饥荒年代，家长为了家族的存活，可能会选择出卖子女以换取生存物资，不法分子也会拐走良民子女并将其作为奴隶卖给他人。被卖作奴隶的儿童境遇往往十分凄惨，较为幸运的，可以存活于世；而不幸的，就只能终日劳作甚至病死或被虐待致死。

古代中国的奴隶合法买卖，起源于夏商周时期的奴隶制。春秋战国后中国进入封建时代，以租佃契约为主的封建制度取代以人身隶属关系为特点的奴隶制，但奴隶制度并没有因此消亡，封建地主、贵族仍然拥有大量的奴隶。秦朝时期对略卖人①在所不禁，也尚未设略卖人之罪。而汉朝时期，《后汉书》中开始出现惩罚略卖人的法律，无论是略卖之人还是买受人，都会被处以相同的车裂之刑。② 到了封建王朝繁盛的唐朝，为促进社会经济的发展，开始采取更加细致成熟的法律措施限制奴隶的买卖，特别是针对拐卖儿童的行为。③《唐律疏议》规定，威逼利诱他人为奴的，特别是10岁以下儿童的，哪怕儿童同意，也成立略卖的罪名，轻则处以三年徒刑，重则死刑。④ 另外，《唐律疏议》还规定，无论是略卖期亲以下还是五服以外卑幼，都应受到法律的制裁，轻则处以一年半的徒刑，重则三年的徒刑，就算是卑幼同意被出卖，仍只能减一等处罚。⑤ 到了宋朝，《宋刑统》中对

① 指非法买卖人口行为。

② 参见葛向玉《中国古代略人略卖人罪研究》，硕士学位论文，西南政法大学，2019，第11~13页。

③ 参见张叶航《唐代未成年人保护制度探析》，硕士学位论文，复旦大学，2012，第26~28页。

④《唐律疏议·贼盗》"略人略卖人"条规定："诸略人、略卖人不和为略。十岁以下，虽和，亦同略法。为奴婢者，绞；为部曲者，流三千里；为妻妾子孙者，徒三年。（因而杀伤人者，同强盗法。）"

⑤《唐律疏议·贼盗》"略卖期亲以下卑幼"条规定："诸略卖期亲以下卑幼为奴婢者，并同斗殴杀法（无服之卑幼，亦同）。即和卖者，各减一等。其卖余亲者，各从凡人和略法。"

于买卖儿童的规定基本沿袭了《唐律疏议》，并无太大变化。[①]

元朝时期较为特殊，除了历朝历代皆合法的人口买卖外，疆域广阔、民族人口众多，地区间人口流动性大，再加上时局动荡、治安混乱，为各种合法的、非法的人口买卖创造了需求和条件。因此，元朝政府颁布了众多规制人口买卖的法律法规。在众多买卖人口交易中，拐卖儿童的现象并非少见。有记载，京师地区就有人拐卖良民子女，将其囚禁藏匿起来卖给京师地区的买主，女童卖为女婢，男童则卖为奴隶，还有的则运至辽海、朔漠地区。治安较好的京师地区尚且如此，偏远地区拐卖儿童的现象就更为常见。如江西泰和籍的男童在 7 岁时就被拐卖到漠北地区放羊，与他一同放牧的儿童皆为被拐卖的良民子女。[②] 为遏制拐卖儿童的现象，《元典章》“略卖良人新例”规定：拐卖、威逼利诱良民为奴的，卖一个人打 107 下并流放远地，卖二人以上的处死，卖自己子孙的打 107 下并徒刑三年。另外，元朝法律还规定了对和买、假借收养实为买卖、监管官吏渎职等行为的处罚。[③] 无疑，上述法律在一定程度上惩治了社会拐卖儿童的行为。然而，虽然元朝法律规定禁止将子女卖为奴隶，但繁重的赋税使得百姓难以负担，不得已而为之。如果遇到灾祸之年，出卖子女就更加常见了，政府的禁令难以执行，法律不过为一纸空文罢了。

明清时期规制买卖儿童行为的法律与唐宋时期并无太大区别。明朝仅是延续元朝杖刑、徒刑和流刑混合的刑罚方法，同时减少死刑的适用。清朝规定与明朝基本相同，规定以附注条例的方式对条文进行解释和适用。[④] 纵观古代中国各朝各代的法律，规制买卖儿童犯罪的法律条文几乎都包含在一般的买卖人口犯罪条文之中，统治者既没有意识到儿童是需要特别保护的对象，也没有制定特别法律进行保护。这就导致弱势群体的儿童成为罪恶的人口买卖的头号受害者，被拐卖为奴的儿童遭遇极其悲惨，轻则被

① 参见赵宇《宋代广南西路人口买卖现象研究》，硕士学位论文，浙江师范大学，2016，第 43 页。

② 参见杨淑红《元代民间契约关系研究》，博士学位论文，河北师范大学，2012，第 166 页。

③ 参见杨淑红《元代民间契约关系研究》，博士学位论文，河北师范大学，2012，第 166~167 页。

④ 参见葛向玉《中国古代略人略卖人罪研究》，硕士学位论文，西南政法大学，2019，第 18~19 页。

强迫日复一日地无偿劳动，重则被直接打死或杀死，身心皆遭受痛苦的虐待。

第二节　西方儿童虐待的历史演变

与中国古代的历史相比较，西方历史上也存在儿童虐待行为，古代西方不少儿童也遭受了残酷的虐待。总体而言，除了在儿童虐待行为的方式上，西方古代几乎与中国古代相似外，在时间跨度上，西方历史上的儿童虐待行为，几乎也贯穿于从久远的苏美尔文明时期到近现代时期的历史之中。由于西方历史上存在着众多文明，研究难以做到面面俱到，因此，本书研讨内容将聚焦于古希腊古罗马古典文明时期、西方中世纪时期、西方近代和现代时期儿童虐待行为的历史演变。需要说明的是，在西方古代儿童虐待行为的类型划分上，除了童工虐待这一西方资本主义历史中大规模存在的类型外，其他基本与古代中国的七种儿童虐待类型相同。

一　杀婴

在西方历史早期，儿童被视为家长的财产。古罗马家长对儿童有处置财产般的处置权，对儿童的伤害、出卖甚至是杀害都是合法的。特别是在物资贫乏的年代，以杀害刚出生的婴儿或者年幼的子女保全自身是家长的通常之策。但随着时代的发展，特别是到了近代以后，杀害未成年子女这类严重侵害儿童权利的行为逐渐被法律所禁止，并施以严厉的刑罚。然而在民间社会，由于物质条件的落后和人权意识的淡薄，仍然有不少婴儿被明里暗里地杀害。总体上，杀害儿童的行为自西方古典时期就已经存在，文艺复兴后的近代达到高峰，进入现代后才逐渐消退。

（一）古希腊古罗马时期

欧洲古典时期初期，社会存在不少杀婴现象。婴儿、年长儿童并不被看作是独立的个人，而是作为财产依附于家长之下，家长对子女有着绝对的生杀决定权，法律并不禁止家长杀婴的行为，古希腊古罗马皆是如此。而随着时代发展，至罗马帝国时期，国家公共权力的壮大使得家长权被不断压缩，家长对儿童进行处置的权力也逐渐减少，原本家长的生杀权被收归国家，家长杀害婴儿的行为也被法律所禁止。但由于社会发展的局限性，社会中杀婴行为一直延续至后世。

古希腊历史学家狄奥多罗斯在 1 世纪末时指出锡兰人经常将虚弱软弱的儿童处死，柏拉图也认同希腊社会中不应当让肢体残疾的儿童长大的观点，其弟子亚里士多德亦建议颁布禁止养育残疾儿童的法令。2 世纪，希腊医生索兰纳斯（Soranus）甚至让产婆检查新生儿，如发现残疾、畸形不适合养育的婴儿则可将其杀死。[①] 与此相同，在崇尚优生的斯巴达，婴儿出生后是否养育应当由城邦长老检查体格后决定，健壮的婴儿将被收留养育，而体弱畸形的婴儿则被丢弃到"弃婴谷"杀死。[②]

到罗马共和国时期，作为成文法始祖的《十二铜表法》中也直接规定了父亲可以不抚养畸形新生儿，默许家长可以处理、杀死其不希望出生的子女。[③] 另外，家长对子女还拥有"生杀权"，子女作为家属终身附属于家长，家长可以役之打之，甚至可以卖之杀之。[④] 可见，古罗马时期杀害子女不被法律所禁止，因而有不少儿童尚在婴儿期就已被杀死。斯多葛主义四大哲学家之一的穆索尼乌斯·鲁弗斯评价杀婴现象：杀婴行为对于穷人来说，只是为了减少吃饭的人口，而对于富人来说，则是为了保护长子的财产继承权。可见，当时没有儿童权利保护的观念，甚至没有儿童权利的意识。罗马塞维鲁王朝时期的法学家还提到了杀婴的具体方式，如扔到街头、闷死或饿死等。[⑤] 由于法律明文授予家长对子女的生杀权，家长权力不可避免地会被滥用，国家不得已开始干预家庭中的家长权。公元前 89 年颁布的

---

① 参见 Ray E. Helfer、Ruth S. Kempe《受虐儿童：美国如何防治儿童受虐》，CCF 儿童福利丛书编译小组译，中华儿童福利基金，1994，第 5~6 页。

② 参见王瑞聚《论斯巴达人的优生思想及其实践》，《山东师大学报》（人文社会科学版）2001 年第 3 期，第 82~83 页。

③ 参见陆建平《古罗马儿童研究——从共和晚期到帝国早期》，博士学位论文，上海师范大学，2020，第 78 页。

④ 参见宇培峰《"家长权"研究——中、西法文化视野中的"家长权"》，博士学位论文，中国政法大学，2011，第 71 页。

⑤ 参见〔法〕安德烈·比尔基埃等主编《家庭史第一卷：遥远的世界，古老的世界》（上），袁树仁等译，生活·读书·新知三联书店，1998，第 290 页。

《庞泊亚法》，正式取消了家长对家属子女的生杀决定权。[①] 至 2 世纪时，家长的重罚权利已经被剥夺，对子女的严重惩罚只能由法院判决决定。瓦伦丁尼安时期，家长权开始让位于公共权力，家长私自杀死子女被视为犯罪行为，应处以极刑。[②] 再到查士丁尼时代，家长对子女管教的权利被限缩在矫正和规束等类似的轻微行为之内。[③]

（二）欧洲中世纪时期

中世纪初期延续了罗马的杀婴陋习，在公共记录中，如英文文本和法律，鲜有记载杀婴事件，但其他文献中确实记录了现实社会中的杀婴行为。[④] 部分学者著作中亦证实了这一观点。柯林·黑伍德认为，虽然表面上中世纪时期以及近代早期的法律中确实有对杀婴进行处罚的规定，如 7 世纪时西班牙对杀婴者处以死刑或刺瞎眼睛的简单记录，[⑤] 但却少有法院审理杀婴案件的记录。他举例说，8 世纪时圣日耳曼区的登记簿中透露出大修道院地产上的人口有严重的性别失衡问题，其引用历史学家寇曼（Coleman）的观点：女婴可能在刚出生时就被杀掉，特别是在农村地区。[⑥] 在 10 世纪的冰岛，禁止父亲杀害经历过水洒仪式的新生儿，但如果在该新生儿是私生子、身体残疾、畸形以及穷人家无法养活的情况下，父亲仍有权决定杀掉新生儿而不为罪。[⑦] 公元 1000 年时，虽然基督教被引入西欧法律之中，但《圣经》中记载的亚伯拉罕献祭杀子的故事，以及基督教“人类原罪”衍生的严加管束的儿童观，[⑧] 多少为人们杀婴赋予了潜在的理由。同时法律考虑

---

① 参见宇培峰《“家长权”研究——中、西法文化视野中的“家长权”》，博士学位论文，中国政法大学，2011，第 72 页。

② 参见宇培峰《“家长权”研究——中、西法文化视野中的“家长权”》，博士学位论文，中国政法大学，2011，第 72 页。

③ 参见宇培峰《“家长权”研究——中、西法文化视野中的“家长权”》，博士学位论文，中国政法大学，2011，第 72~73 页。

④ 参见李霄卫《中世纪晚期到近代早期西欧儿童形象的变化》，硕士学位论文，湘潭大学，2020，第 13 页。

⑤ 参见〔英〕柯林·黑伍德《孩子的历史》，黄煜文译，麦田出版社，2004，第 111 页。

⑥ 参见〔英〕柯林·黑伍德《孩子的历史》，黄煜文译，麦田出版社，2004，第 110 页。

⑦ 参见〔英〕柯林·黑伍德《孩子的历史》，黄煜文译，麦田出版社，2004，第 111 页。

⑧ 参见段立章、贾维、徐晓静《古代法中的儿童：规范描述与价值分析》，《唐山学院学报》2019 年第 4 期，第 74 页。

到穷人家庭因无法养育而杀婴的行为实属现实所迫，不得已才作出了让步。而挪威则更晚地受到基督教的影响，整个中世纪依旧在不断地杀婴。[①] 根据1194 年英国验尸官的记录，当时已有各种各样虐待儿童致死的方式。[②]

到中世纪中后期，世俗权威已不认为杀婴案是性质恶劣的案子，将杀婴案转交给教会处理。按照法国法与日耳曼法，未婚母亲杀死婴儿应当被处以活埋、烧死或淹死的刑事处罚。而到了教会法庭，杀害婴儿的行为却不是法律上的罪而是宗教上的罪，教会法庭只会让杀婴的父母进行告解，或是像 14、15 世纪时佛罗伦萨那样，让杀婴的父母缴纳慈善费用或星期日到教堂前哭号表示悔恨以抵其宗教之罪。[③] 可以预见，如此轻微的教会法处罚，只会让社会中的杀婴现象更加泛滥，在教会的一直“谴责”中，杀婴现象存在于欧洲整个中世纪时期。

（三）欧洲启蒙运动至近现代时期

到思想解放的启蒙时期，与该时代各位大师先贤的进步思想相比，国家对杀婴行为的规制则是明显落后的。16 世纪时，欧洲王室法律系统再次意识到杀婴问题的严重性，法国国王亨利二世为结束社会中常见的杀婴的做法，颁布敕令：通过不光彩或其他方式怀孕的妇女，待怀孕期满后秘密生下孩子，不为婴儿行洗礼之圣事而用窒息等方式将其杀死，为了惩罚这种恶行，她将被处以死刑以及最严酷的刑罚。[④] 1624 年英国出台的《杀婴法案》也大体与法国相似，但只适用于私生子。[⑤] 可见，该时期法律的主要针对对象是未婚母亲，社会公众及法律将她们当作杀婴现象的元凶而敌视她们，根据 17 世纪英国法庭记录的 60 个杀婴案件，有 53 名被告是未婚妇女。[⑥] 虽然大部分杀婴案的凶手是未婚母亲确属事实，但社会与法律将根本

① 参见〔英〕柯林·黑伍德《孩子的历史》，黄煜文译，麦田出版社，2004，第 111 页。

② 参见 Ray E. Helfer、Ruth S. Kempe《受虐儿童：美国如何防治儿童受虐》，CCF 儿童福利丛书编译小组译，中华儿童福利基金，1994，第 6 页。

③ 参见〔英〕柯林·黑伍德《孩子的历史》，黄煜文译，麦田出版社，2004，第 111~112 页。

④ 参见〔法〕安德烈·比尔基埃等主编《家庭史第二卷：现代化的冲击》，袁树仁等译，生活·读书·新知三联书店，1998，第 152 页。

⑤ 参见徐嘉《莎士比亚戏剧中的儿童角色解读》，《外国文学评论》2016 年第 1 期，第 137 页。

⑥ 参见〔英〕柯林·黑伍德《孩子的历史》，黄煜文译，麦田出版社，2004，第 113 页。

问题归咎于她们显然是不合理的，在责怪未婚母亲的同时，却对被杀婴儿父亲的责任鲜有提及。反观家庭中父母的“合法”杀婴行为，却被法律所忽略。在没有尸检报告的17世纪，家长可以将儿童闷死、烫死、烧死或溺死后伪装成意外。史学家还怀疑除了上述“意外”之外，父母可以在不用被处罚的情况下处理不想要的儿童。① 莎士比亚戏剧中一些儿童和私生子被杀的情节并非艺术家天马行空的幻想，而是现实社会在文学作品载体中的再现。②

18世纪的法律，对杀婴行为的受害对象年龄进行了限缩，1岁以上8岁以下的儿童不再是杀婴犯罪的犯罪对象，只有杀死不满1岁婴儿的行为才构成杀婴案件。有学者认为，这很可能是该时期杀婴案案发率下降的原因。还有的学者根据法庭审理记录，发现杀婴案的被告只要在法庭上态度良好、认罪认罚，法官及陪审员就很有可能考虑被告的社会经济条件以及认罪态度，对其进行无罪判决或宽大处理。③

到了19世纪，杀婴现象受到社会公众关注，并被称为“维多利亚时代最大的社会病”。人们逐渐发觉，杀婴现象并非用刑罚惩治就能简单解决，改善贫苦人家的生活条件、完善社会对儿童的保护措施，才是制止杀婴现象的有效途径。为此，英国中产阶级发起系列社会改革运动，乔治·贝尔默认为这些中产阶级发起、劳工阶层参与的社会改革运动绝不是社会空想，而是实实在在地通过经济援助改善底层人民的生存环境。④ 到了20世纪，随着欧洲经济的发展、人民生活水平的提高、儿童保护法律的不断完善以及社会保障制度的建立健全，杀婴现象已逐渐变得罕见。

二　身体虐待

在西方历史上，对儿童进行物理性的身体伤害，不仅方式多样且较为

① 参见〔英〕柯林·黑伍德《孩子的历史》，黄煜文译，麦田出版社，2004，第112页。

② 参见徐嘉《莎士比亚戏剧中的儿童角色解读》，《外国文学评论》2016年第1期，第136～137页。

③ 参见陈凯鹏《近代西欧杀婴史研究述评》，《宝鸡文理学院学报》（社会科学版）2020年第5期，第110页。

④ 参见陈凯鹏《近代西欧杀婴史研究述评》，《宝鸡文理学院学报》（社会科学版）2020年第5期，第111页。

常见，甚至伤害的手段远比现在残忍。即便是当今世界，对儿童进行身体伤害也可以说是最常见、最直接的虐待方式。由于篇幅有限，本书将仅对西方历史上严重侵害儿童权利、较为典型的身体伤害虐待行为进行讨论。以当今视角来看，西方历史上伤害儿童身体的行为，绝大部分都属于儿童虐待，是被法律所禁止的。但遗憾的是，西方历史上绝大部分虐待儿童的身体伤害行为，并不被法律所禁止，行为人亦无须接受惩罚，甚至还有些伤害行为在当时被认为是合法合理的。可见，不仅仅是古代中国的儿童遭受身体虐待伤害，古代西方的儿童同样遭受着痛苦残酷的身体虐待伤害。

（一）原始部落残酷的成人礼

在原始社会时期，几乎每个部落都存在着成人礼，其中相对于女孩的成人礼而言，男孩的成人礼中大多都伴随着身体上或轻或重的伤害。当然，并不是女孩的成人礼中就没有身体伤害，如女性的割礼就是历史悠久的成人礼，因其流传时间长、适用地域范围广，本书将在下文进行专门讨论，此处暂且不表。在非洲，塞内加尔的富拉尼部落中流传着鞭打棒击的成人礼，男性要想成年，就必须接受这种伤害身体的仪式，由族长或其委任的人施以捶打鞭笞，紫青遍布、皮开肉绽都不得吭声，否则就失去了“成年”资格，且不得组建家庭。在美洲，巴拉圭土著瓜拉尼人的男孩在 14 岁时要举行“成丁礼”，男孩将被酋长刺破嘴唇并忌食三天，此后男孩才能被部落承认为成年人。在秘鲁，至今还流传着古老的“跳崖礼”，男孩要想获得成年人的身份，就必须从八米高的悬崖跳落，以致摔得鼻青脸肿。澳大利亚原始部落的成人礼的形式是最复杂的，存在不少伤害身体的仪式，如拔头发、打掉牙齿、刺破皮肤等，有的还存在烟熏的做法，让男孩赤裸躺在篝火上方的树枝堆上，接受浓烟熏及热浪烫，且不得哭叫，否则成年仪式就不能被部族所认可。[①] 其中，较为复杂的是阿兰达部落的成人礼，参加成人礼的男孩必须先接受文身、割包皮的程序，然后让几个男人咬头皮，最后的也是最隆重的“恩格乌拉典礼”，要求妇女向受礼男孩扔火烧棍，再让受礼男孩在燃烧的干柴上躺几分钟，最后再跪在通红的火炭上半分钟，只有

① 参见戴庞海《先秦冠礼研究》，博士学位论文，郑州大学，2005，第 43~46 页。

通过全部成人礼仪式，才能宣告该男孩已经成年。[①]

此外，阿拉巴纳部落的成人礼“维利亚鲁”则是在男孩背上刻画少则四条、多则八九条伤痕，留下的伤疤是该男孩已成年的证明。[②] 当然，不是所有原始部落的成人礼都如此“野蛮”，也有很大部分原始部落的成人礼是不须经历身体伤害的。虽然伤害身体的成人礼在适用的部落中“合情合理合法”，但以当今文明世界的标准来看，无论在当地是否合法，该行为都是虐待儿童的身体伤害行为。

（二）女童割礼

从世界范围看，无论是针对男性还是女性，都存在着作为成人礼的割礼仪式。世界上大多数男性的割礼就是切割生殖器包皮，与当今的包皮手术相类似。在麻醉尚未发明和运用的年代，接受割礼的男童往往要承受巨大的痛苦。不过，随着医学技术的发展，男童割礼的痛苦程度已大幅降低。而本书所要集中讨论的是女童割礼。女童的割礼已经有数千年历史，考古学家通过研究木乃伊发现，在几千年前的埃及就已经存在女性割礼，金字塔中亦有展现女童割礼仪式的壁画。公元前 1400 年左右的古埃及，就已有女性割礼的习俗。[③]

客观来看，女性割礼的源头几乎已经不能确切考证，但女性割礼至今仍在许多国家和地区存续，其中非洲大陆最为盛行，东至索马里，西至塞内加尔，南至坦桑尼亚、北至埃及，都是盛行割礼的地区。除了非洲之外，在中东、南美、南亚、东南亚和大洋洲地区都有女性割礼的记录，只不过没有成为广泛的习俗。目前，大多数盛行女性割礼习俗的非洲国家都已立法禁止割礼，但仍未完全杜绝。女性割礼给女童带来的伤害是显而易见的。在医学不发达的古代，切割过程伴随着剧烈的痛苦，术后亦有可能带来感

① 参见伊力奇《“成人礼”的来源、类型和意义》，《中央民族学院学报》（哲学社会科学版）1986 年第 3 期，第 42 页。

② 参见陈华文《“断发文身”——一种古老的成人礼俗及其标志的遗存》，《民族研究》1994 年第 1 期，第 64 页。

③ 参见李金莲、朱和双《女性割礼：妇女人权与文化民族主义的悖论》，《思想战线》2007 年第 1 期，第 115 页。

染和并发疾病，重则危及生命安全，是严重侵害女童身体健康和有损人格尊严的虐待行为。

（三）阉割男童

对男童进行阉割，亦有非常悠久的历史。在久远的历史中，像杀害儿童这样残酷的事情都能被允许，人们对伤害身体而不至死的阉割则更加“习以为常”。距今几千年的各文明古国都有对“宦官”这一群体的记载，而由于人体生理发育的规律，成为宦官的这批人很可能在年幼时就已被阉割，无论是自愿还是被强迫的。古希腊时期的历史巨擘希罗多德就曾在其巨著《历史》中描述了当时宫廷中的宦官，并指出，这些宦官很可能来自波斯，因为早在波斯阿契美尼德帝国时期，就存在大规模阉割男童的现象，并役使这些被阉割的男童进入皇宫从事宫廷事务。[①] 在罗马帝国时期，虽然君士坦丁一世禁止在罗马帝国境内“生产”宦官，但因为宫廷事务对宦官有巨大的需求，利奥一世规定帝国境外的被阉割男童可以担任宦官。[②] 历史学家普洛科皮乌斯（Prokopios）认为，罗马帝国宫廷宦官大多来源于黑海东沿岸，当地统治者在民间挑选男孩，杀掉其父母，将其阉割后卖到罗马。[③] 到拜占庭帝国时期，宦官已经可以担任国家权臣，甚至有的宦官利用能接近皇帝的便利优势来掌控国家。更加荒谬的是，拜占庭皇帝阿莱克修斯一世甚至颁布法令，要求有多个儿子的家庭应当有一个孩子成为宦官。[④] 在家长制下的罗马民间，绝对权威的家长阉割并卖掉儿子的情况并不少见。同时期的阿拉伯帝国更是拥有大量的宦官，宫廷中各肤色的阉人就达数万人。[⑤] 可见，帝国王朝宦官队伍繁盛的背后，有着无数被阉割男童及其家庭的血泪。

---

① 参见文蓝《解密各国宦官史》，《政府法制》2010 年第 18 期，第 46 页。

② 参见赵月《拜占庭宦官的角色类型和地位分析》，硕士学位论文，东北师范大学，2013，第 10 页。

③ 参见赵月《拜占庭宦官的角色类型和地位分析》，硕士学位论文，东北师范大学，2013，第 10 页。

④ 参见赵月《拜占庭宦官的角色类型和地位分析》，硕士学位论文，东北师范大学，2013，第 10 页。

⑤ 参见陈卫华《海外也不乏宦官奇闻》，《书屋》2019 年第 1 期，第 65 页。

16世纪时，随着欧洲文艺复兴、音乐艺术黄金时代的到来，歌舞剧的辉煌离不开阉人歌手。正如烈日下的影子，在这辉煌的背后隐藏着残忍的儿童虐待：为保持男童的嗓音必须在变声期之前进行阉割。无论被阉割的男童是为了日后的功成名就而自愿的，还是被强迫阉割的，阉割毫无疑问都是儿童虐待行为。歌舞剧中的多声音乐需要更多的上方声部和高声部来使表演变得更加富有情感，同时16世纪时女子又被禁止上舞台表演和参加教堂诗唱班，因此，正好能够满足这一需求的阉人便开始在教堂圣咏。[①] 奇怪的是，不管是在教会法还是世俗法中，阉割男童都是被禁止的，行为人会被处以死刑或逐出教会，但现实对阉人的需求自然就会催生阉割男童的行为。最后，罗马教皇克莱孟八世在1599年正式批准了阉人歌手在教堂的合法地位。[②]

17世纪时，阉人歌手开始在整个意大利的教堂合唱团大量出现。[③] 到18世纪中期，被雇佣在教堂歌唱的阉人歌手就有200名，民间社会中的阉人歌手只会比这个数字更多，仅在那不勒斯一年大概就有4000名男童接受阉割手术。[④] 直到18世纪中期，罗马教皇克莱孟十四世禁止阉人在教堂歌唱后，阉割男童的现象才逐渐消亡。[⑤]

三　性虐待

在中世纪以前，成人在儿童面前是百无禁忌的，儿童的生活场所被成年人粗俗的语言所包围，充斥着淫秽的场面，老彼得·勃鲁盖尔的画中亦证明了当时的成人不能也不情愿对儿童有任何隐瞒，社会中并不存在一种

① 参见杨晓琴、李兴梧《手术刀下的辉煌——阉人歌手》，《音乐探索》2005年第4期，第66页。

② 参见杨晓琴、李兴梧《手术刀下的辉煌——阉人歌手》，《音乐探索》2005年第4期，第66页。

③ 参见杨晓琴、李兴梧《手术刀下的辉煌——阉人歌手》，《音乐探索》2005年第4期，第66页。

④ 参见杨晓琴、李兴梧《手术刀下的辉煌——阉人歌手》，《音乐探索》2005年第4期，第66页。

⑤ 参见 Ray E. Helfer、Ruth S. Kempe《受虐儿童：美国如何防治儿童受虐》，CCF儿童福利丛书编译小组译，中华儿童福利基金，1994，第6页。

可供儿童学习的礼仪，成年人也没有相应的羞耻感。[①] 在这种寡廉鲜耻的“性开放”社会环境下，儿童作为社会弱势群体，往往会首先成为受害者。正如菲利浦·阿里耶斯的评论，中世纪随意玩弄儿童生殖器是司空见惯的行为，只是当时的社会认为这种行为仅仅是粗俗而已。[②] 在公开场合尚且如此，那么在阴暗无人的角落，就更有可能存在比玩弄儿童生殖器更恶劣的性虐待行为。由此不难推断，西方古代存在较多儿童性虐待现象。

（一）儿童卖淫

在古代时期，女童卖淫现象并非少见。虽然现代刑法中强奸罪的条件之一是违背妇女意志，但也有将与未达一定年龄的女童性交的行为拟制成强奸罪的规定。因此，以当今视角看古代女童卖淫现象，这些嫖客都是强奸犯。但在当时的法律规定下，这不仅不为罪，甚至不被视为可耻之事。[③] 早在公元前两千多年的古埃及，法老胡夫为了筹集修建最大金字塔的资金，就下命令让自己的女儿充当妓女以收集资金。[④] 在爱尔兰英雄故事、法国中世纪记载中也有为以示友好而将女儿“借”给客人的事例。[⑤] 除了欧洲，在因纽特部落以及北美原始部落中亦有这种情形。[⑥] 在医疗卫生条件落后的古代，卖淫女童早早怀孕以及染上性病的现象并不少见。安布罗斯·塔迪厄（Ambroise Tardieu）的研究显示，60 个性虐待案件中有 29 个女童小于 11 岁。阿尔伯特·莫尔（Albert Moll）还发现两个女童分别在 8 岁和 9 岁时就

---

① 参见〔美〕尼尔·波兹曼《娱乐至死·童年的消逝》，章艳、吴燕莛译，广西师范大学出版社，2009，第 178 页。

② 参见〔美〕尼尔·波兹曼《娱乐至死·童年的消逝》，章艳、吴燕莛译，广西师范大学出版社，2009，第 179 页。

③ 参见 Ray E. Helfer、Ruth S. Kempe《受虐儿童：美国如何防治儿童受虐》，CCF 儿童福利丛书编译小组译，中华儿童福利基金，1994，第 10 页。

④ 参见张准《中国古代性产业源流考》，《广东技术师范学院学报》（社会科学版）2015 年第 3 期，第 102 页。

⑤ 参见 Ray E. Helfer、Ruth S. Kempe《受虐儿童：美国如何防治儿童受虐》，CCF 儿童福利丛书编译小组译，中华儿童福利基金，1994，第 10 页。

⑥ 参见 Ray E. Helfer、Ruth S. Kempe《受虐儿童：美国如何防治儿童受虐》，CCF 儿童福利丛书编译小组译，中华儿童福利基金，1994，第 10 页。

已经怀孕。[①]

（二）强奸、鸡奸儿童

在性虐待中，同时伴随着儿童卖淫的，还有强奸儿童的现象。与儿童卖淫处于同样的境遇，古代强奸儿童的情况并不少见，不仅在《圣经》中，而且在古希腊和古罗马的历史中均有记载，神话、戏剧中就更多了，如希腊神话中的赫拉克勒斯就强奸了国王阿勒俄斯的女儿，再如特洛伊的海伦年幼时被忒修斯强奸。[②] 在中世纪的医学文献中，亦有女童未满 10 岁就怀孕的记载，如萨佛纳罗拉（Savonarola）发现 1497 年时有一位 9 岁女童怀孕的记载，曼德尔梭（Mandelso）也发现 1658 年时，有 7 岁到 10 岁或稍大的年龄段的女童怀孕的记载，到了 18 世纪后此类记录就更多了。[③] 如此低龄的幼女尚不可能对性交有正确认识，男性与幼女发生性行为实际上就是在实施强奸行为。为保护女童免受强奸侵害或摆脱沦为妓女的处境，1865 年，英国莱顿斯通设立儿童之家以收养 12 岁以下女童，并以家庭方式为被收养女童提供工作和游戏机会来改善其境遇。[④]

除了强奸女童外，西方古代鸡奸男童的现象亦值得关注。此种对儿童的变态性行为在古希腊时期是不被允许的，鸡奸者将被处以严厉的刑罚。而到了古罗马时期，鸡奸男童的现象已经比较常见了。[⑤] 一直到近现代时期的西方，鸡奸男童的现象亦时有发生。可见，鸡奸男童的行为从古典时期就开始出现，并一直延续到近现代。

---

① 参见 Ray E. Helfer、Ruth S. Kempe《受虐儿童：美国如何防治儿童受虐》，CCF 儿童福利丛书编译小组译，中华儿童福利基金，1994，第 10 页。

② 参见 Ray E. Helfer、Ruth S. Kempe《受虐儿童：美国如何防治儿童受虐》，CCF 儿童福利丛书编译小组译，中华儿童福利基金，1994，第 12 页。

③ 参见 Ray E. Helfer、Ruth S. Kempe《受虐儿童：美国如何防治儿童受虐》，CCF 儿童福利丛书编译小组译，中华儿童福利基金，1994，第 10 页。

④ 参见 Ray E. Helfer、Ruth S. Kempe《受虐儿童：美国如何防治儿童受虐》，CCF 儿童福利丛书编译小组译，中华儿童福利基金，1994，第 10~11 页。

⑤ 参见 Ray E. Helfer、Ruth S. Kempe《受虐儿童：美国如何防治儿童受虐》，CCF 儿童福利丛书编译小组译，中华儿童福利基金，1994，第 11 页。

（三）乱伦

家庭乱伦，亦是儿童性虐待的行为之一。相比起强奸，乱伦往往发生在家庭内部，极具隐秘性，且取证困难。当人们发现儿童遭受乱伦时，大多数都已经造成了儿童身体伤害、怀孕或染上疾病等严重后果。[①] 不过，此处并不打算讨论近亲结婚问题，哪怕直到今天，近亲结婚在一些国家仍是合法的。于此，笔者主要就西方家庭中发生的乱伦行为进行讨论，为揭示家庭内儿童性虐待提供客观的史料。

在古巴比伦文明时期，其《汉穆拉比法典》已明令禁止父亲与女儿乱伦，否则将被处以逐出公社的惩罚。[②] 这一规定充分说明，早在人类文明早期，属于儿童性虐待行为的乱伦就已经出现。

到古希腊城邦时期，柏拉图就在《论共和国》中设想取消男女家庭模式，取而代之的是城邦家庭，生父生母无权辨认自己的孩子，“孩子们”一起生活，这些“兄弟姐妹”长大后又通过内婚乱伦再组成家庭。正如亚里士多德所言，这样做会带来弑父情节扩大化和亲属间无羞耻的性关系批评。柏拉图也承认，虽然希腊城邦家庭模式中相同年龄段的乱伦被认为是合法的，但不同年龄段之间的性接触也是被严厉禁止的。[③]需要指出的是，柏拉图禁止长幼辈之间乱伦的出发点只是维护社会道德伦理，并没有保护儿童免受性虐待的意识。

到中世纪时期，禁止乱伦是十分普遍的规定，这主要是为了保持家族血统的“纯正”。虽然基督教规定了七等亲（后 1215 年放宽到四等亲）以内的才算乱伦罪，但在不是贵族的社会底层中，由于男子结婚而增加的人头捐税很重，这增加了乱伦的危险。[④] 随着禁令的宽松，乱伦行为产生的儿

---

① 参见 Ray E. Helfer、Ruth S. Kempe《受虐儿童：美国如何防治儿童受虐》，CCF 儿童福利丛书编译小组译，中华儿童福利基金，1994，第 13 页。

② 参见段立章、贾维、徐晓静《古代法中的儿童规范描述与价值分析》，《唐山学院学报》2019 年第 4 期，第 71 页。

③ 参见〔法〕安德烈·比尔基埃等主编《家庭史第一卷：遥远的世界，古老的世界》（上），袁树仁等译，生活·读书·新知三联书店，1998，第 258~260 页。

④ 参见〔法〕安德烈·比尔基埃等主编《家庭史第一卷：遥远的世界，古老的世界》（下），袁树仁等译，生活·读书·新知三联书店，1998，第 572~573 页。

童性虐待现象在中世纪不断延续。如在 14 世纪初的意大利北部的博洛尼亚城，就发生了对自己女儿实施性虐待的鞋匠被众人当街分尸且活活烧死的事件。[①] 直到现代，乱伦这一儿童性虐待现象仍然屡禁不止。根据 1969 年美国人道主义协会的估计，每年女童被调戏的案例中，至少有 5000 多个案例是父女乱伦。[②]

四　遗弃儿童

（一）古希腊古罗马时期

在古希腊时期，杀婴弃婴是被法律和社会所容许的。到古罗马时期，虽然杀婴行为仍被法律所允许，但也存在一定的条件，如必须是婴儿身体畸形残疾等。对于遗弃儿童行为，古罗马刑法将其归为杀人罪的一种，也就是说当时并不存在“遗弃罪”这一概念。[③] 当然，没有遗弃罪并不代表现实中不存在遗弃儿童的行为。相反，由于法律赋予的家长权，古罗马时期存在着不少遗弃儿童的现象，而且其表现形式大多数如前文所述的杀婴，在此就不再进行讨论。

（二）欧洲中世纪时期

到中世纪初期，虽无独立的遗弃罪，民间遗弃婴儿的行为依旧在继续，儿童被遗弃在街头后，要么进入宗教场所，要么进入有钱人家当仆人。[④] 1000 年左右的加泰罗尼亚和晚些时候的勃艮第仍有弃婴的现象。[⑤] 据记载，一位修道院院长于 1161 年到达阿拉斯教区后，发现教区的孩子身体都有残疾，并且都有贵族背景。[⑥] 这亦印证了中世纪时期继承了古希腊古罗马时期

① 参见 Ray E. Helfer、Ruth S. Kempe《受虐儿童：美国如何防治儿童受虐》，CCF 儿童福利丛书编译小组译，中华儿童福利基金，1994，第 13 页。

② 参见 Ray E. Helfer、Ruth S. Kempe《受虐儿童：美国如何防治儿童受虐》，CCF 儿童福利丛书编译小组译，中华儿童福利基金，1994，第 13 页。

③ 参见林滨渤《遗弃罪立法研究》，博士学位论文，吉林大学，2013，第 40 页。

④ 参见〔英〕柯林·黑伍德《孩子的历史》，黄煜文译，麦田出版社，2004，第 115 页。

⑤ 参见〔法〕安德烈·比尔基埃等主编《家庭史第一卷：遥远的世界，古老的世界》（下），袁树仁等译，生活·读书·新知三联书店，1998，第 566 页。

⑥ 参见〔英〕柯林·黑伍德《孩子的历史》，黄煜文译，麦田出版社，2004，第 115~116 页。

遗弃残疾儿童的陋习。为维护社会的道德风气和保障人口数量，世俗法亦惩罚遗弃儿童的行为，如在中世纪初期，弃婴行为虽然可被处罚但惩罚程度远低于杀人罪，只要交罚金即可。在古代德国，与古罗马类似，家长有遗弃婴儿的权利。[①] 在古代法国，虽然刑法学家一直强调遗弃儿童行为的社会危害性，但国家并未明令禁止，只是对部分遗弃儿童致其死亡的行为予以鞭刑或流放的惩罚。[②] 随着教权的强势以及家长权的衰弱，遗弃儿童的行为开始从杀人罪中独立，教会法开始对遗弃儿童的行为进行处罚。但由于是教会法，仅能剥夺遗弃者的家宅权而无法对其进行刑罚惩治。[③]

（三）近现代时期

到了近代初期，弃婴弃儿现象依旧。15 世纪时期的佛罗伦萨就有一间著名的“弃婴医院”，该医院负责全市 1/20 至 1/10 遗弃婴儿的洗礼，另外接受的前 100 个婴儿中只有 1 个是婚生子女。与此同时，佛罗伦萨进入庇护所的弃婴中，女婴占比 61.2%。[④] 佛罗伦萨被遗弃的婴儿几乎都存在着身体残疾、非婚生子以及性别为女性的特征。为规制遗弃儿童的行为，16 世纪的《卡洛林那法典》继受《班堡刑法典》中的生母弃童罪，不再将遗弃儿童的行为归于杀人罪下，而是将侵害儿童身体、生命权利的遗弃行为独立成罪。[⑤] 虽然社会对遗弃儿童行为的认识有所进步，相关的刑事立法技术也有所进展，但能否遏制从古罗马时期就已存在的弃婴行为，其效果如何，从后世记载来看，成效不大。

在数量上，19 世纪初期的巴黎，就有 1/5 的新生婴儿被遗弃；1830 年到 1840 年间的圣彼得堡，则有 1/3 到 1/2 的新生儿被遗弃；1860 年的米兰有 30%到 40%的新生儿被遗弃。[⑥] 与之相应的是，社会有弃婴就会产生相应的儿童救济机构，如近代初期成立的大型弃婴医院及其臭名昭著的“轮子”

① 参见林滨渤《遗弃罪立法研究》，博士学位论文，吉林大学，2013，第 40~41 页。
② 参见林滨渤《遗弃罪立法研究》，博士学位论文，吉林大学，2013，第 40~41 页。
③ 参见林滨渤《遗弃罪立法研究》，博士学位论文，吉林大学，2013，第 40~41 页。
④ 参见〔英〕柯林·黑伍德《孩子的历史》，黄煜文译，麦田出版社，2004，第 116~120 页。
⑤ 参见林滨渤《遗弃罪立法研究》，博士学位论文，吉林大学，2013，第 41 页。
⑥ 参见〔英〕柯林·黑伍德《孩子的历史》，黄煜文译，麦田出版社，2004，第 117 页。

或“旋转摇篮”。[①] 这类机构从中世纪末期就出现在意大利、西班牙和葡萄牙等地，到18、19世纪时已推广到法国、俄国。随着这些弃婴弃儿收养机构的出现，遗弃儿童的行为逐渐替代了传统的杀婴行为，甚至到了19世纪，新教和天主教成为两大儿童保护力量。前者将允许政府调查找到被遗弃儿童的父亲及其亲戚，让他们帮助养育儿童，后者则协助未婚母亲为私生子提供收容住所。柯林·黑伍德认为，两者不同的做法可能导致截然不同的结果，在信奉新教的英国及日耳曼国家，教会与政府政策确实减少了弃婴的数量，而在信奉东正教的俄国和其他天主教国家则产生了不少弃婴。[②] 随着儿童地位的提高、儿童保护法律的完善以及儿童福利事业的发展，遗弃儿童的现象已大幅减少，被遗弃儿童的境遇也大幅改善。

五　体罚儿童

（一）古巴比伦时期

儿童成长过程中的教育必然离不开惩戒的方法，在西方人们尚未意识到儿童权利之前，体罚应当是惩戒教育中最主要的方式。当然，并非所有的体罚都属于儿童虐待行为，较为轻微的惩罚是儿童教育中所必需的，但对于侵害儿童权利的体罚行为，国家和社会都有责任制止并禁止儿童的体罚虐待。然而纵观西方历史，体罚儿童的行为普遍存在，各种体罚的记载都证明，在体罚合法的古代西方，儿童遭受了各式各样的体罚虐待。在人类文明早期的古巴比伦时期，就有记载家庭中父亲教育儿子的方式：如果儿子不服从父亲，儿子将被鞭打或捆绑，如果儿子还不服从，父亲可以将其囚禁或在额头上留下体罚伤痕。在教育方式上，除了惩罚之外就没有别的方式被记载下来。[③] 据此笔者推测，古巴比伦的家庭教育往往是伴随着体罚的，而且对儿童身体的伤害程度亦比较大。

---

① 按：“轮子”和“旋转摇篮”是医院里的抚养儿童的设施。

② 参见〔英〕柯林·黑伍德《孩子的历史》，黄煜文译，麦田出版社，2004，第117~118页。

③ 参见〔法〕安德烈·比尔基埃等主编《家庭史第一卷：遥远的世界，古老的世界》（上），袁树仁等译，生活·读书·新知三联书店，1998，第179页。

（二）古希腊古罗马时期

体罚惩罚的教育方式从古文明时期延续了下来，古希腊古罗马时期也有关于儿童体罚的记载。记载柏拉图与普罗泰戈拉对话的《普罗泰戈拉》写道，要像用恐吓和棍棒对付弯曲树木那样对待不听话的儿童，这也是西方“不打不成器”的原始表达。[①] 在崇尚军事教育的斯巴达城邦，儿童被要求参加各种军事化训练，体罚更是寻常可见，甚至到了如果儿童在接受体罚的过程中求饶会遭受重刑或死刑惩罚的程度。[②] 虽然古希腊有着辉煌的人类文明成果，但由于缺乏儿童保护的意识，在儿童教育上仍然以体罚为教育工具，儿童深受体罚虐待之苦。

到古罗马初期，《十二铜表法》赋予了家长对家庭成员的生杀大权。既然家长能够合法掌握子女的生死，对子女施以惩戒的体罚就更加“合情合理”。在古罗马初期，家长体罚子女是家常便饭，被体罚虐待的子女不在少数。因此，为保护家庭子女免受体罚虐待，古罗马图拉真大帝在位时，曾下令禁止家长虐待未成年子女，否则将解放子女，摆脱家长权的控制。[③]

（三）中世纪到近现代时期

到中世纪时期，家长权已被公共权力削弱，法院掌握了原来家长对家庭成员的惩戒决定权，家长不能再随意体罚虐待子女，但受到家长权传统文化和基督教中儿童观“原罪说”[④] 的影响，整个中世纪欧洲都普遍存在着儿童遭受体罚虐待的现象。

从16世纪日耳曼的资料来看，父母体罚对儿童的伤害程度是比较大的，资料记载，有的父母会殴打子女的头部，极端的殴打还会导致儿童又聋又

---

① 参见〔美〕尼尔·波兹曼《娱乐至死·童年的消逝》，章艳、吴燕莛译，广西师范大学出版社，2009，第170页。

② 参见刘丽君《教育惩罚研究》，博士学位论文，东北师范大学，2015，第47页。

③ 参见宇培峰《“家长权”研究——中、西法文化视野中的“家长权”》，博士学位论文，中国政法大学，2011，第76页。

④ 基督教会《旧约》里就有这样的话：“不可不管教孩童，你要用杖打他，就可以救他的灵魂免下阴间。”

哑，甚至导致肢体的残疾。[①] 1601年神学家皮埃尔·夏宏（Pierre Charron）发现社会中存在不少儿童虐待行为，如毒打、鞭打等身体虐待。[②] 17世纪末只有2岁的未来法国国王路易十三就被奶妈鞭打体罚。[③] 在当时的学校教育上，不仅家长认为诉诸体罚是教育的当然作风，校方亦如此认为，老师会用拳头、棍棒等工具将顽固的学生打到鲜血冒出、遍体鳞伤。[④] 洛克引用一个母亲鞭打八下还在襁褓中“顽固”的女儿的案例，来肯定体罚是教育儿童所必需的方式，甚至还认为如果只鞭打七下则会“宠坏”小孩。[⑤] 可见在当时，哪怕是先哲也没有意识到体罚是对儿童的一种虐待行为。

18世纪中期，一项针对美国儿童的调查显示，被调查的儿童几乎都有被打的经历，挨打的方式多种多样，打击的工具从山胡桃木手杖到马鞭各式各样。直到19世纪，虽然体罚儿童已经不再被建议使用，但仍有3/4的儿童接受过体罚。史学家伊丽莎白·普莱克总结道：儿童遭受父母鞭打等体罚是寻常可见的，不是稀罕事。[⑥] 在当时，并没有禁止家长体罚儿童的规定，对于体罚与虐待的边界也没有明确的划定。可以推测的是，在普遍存在体罚儿童的情形下，有可能大量存在着对身体伤害较大的体罚行为，这部分行为应当是儿童虐待的行为之一。到了现代，随着全社会儿童权利意识的觉醒、儿童地位的提高，人权保护领域逐渐拓宽到儿童，对于体罚儿童行为的态度开始由允许转变为禁止。

六 儿童早婚

（一）苏美尔文明时期

在古代西方，儿童早婚现象是同样存在的。雷·E. 赫尔弗（Ray E. Helfer）和罗斯·S. 肯普（Ruth S. Kempe）认为，在古代西方，婚姻中

① 参见〔英〕柯林·黑伍德《孩子的历史》，黄煜文译，麦田出版社，2004，第149页。
② 参见〔英〕柯林·黑伍德《孩子的历史》，黄煜文译，麦田出版社，2004，第148页。
③ 参见〔英〕柯林·黑伍德《孩子的历史》，黄煜文译，麦田出版社，2004，第146页。
④ 参见王蕾《从“小”成人到“大”儿童——西方儿童观发展历程谫议》，《济宁学院学报》2008年第2期，第84页。
⑤ 参见〔英〕柯林·黑伍德《孩子的历史》，黄煜文译，麦田出版社，2004，第147页。
⑥ 参见〔英〕柯林·黑伍德《孩子的历史》，黄煜文译，麦田出版社，2004，第148页。

有1/5的妻子只有十二三岁，如此年龄的幼女结婚的危害是显而易见的。[①]身体未发育完成、因初次性交而死亡的幼女并不在少数，但大多数都被隐瞒了起来。在苏美尔文明时期，结婚年龄是很小的，夫妻双方还处在童年的时候，双方家庭就已经安排好两人的婚姻。但婚姻中男女性关系却是要晚于婚姻缔结之日的，因为妻子需要达到发育年龄才能离开父母家。虽然规定如此，从男童10岁左右就达到发育年龄的标准来看，女童也极有可能在比10岁大一点的就开始进入婚姻生活。[②]

（二）古希腊古罗马时期

到了古希腊时期，亚里士多德一反常态地认为，为产下强壮的子嗣，男女应当在21岁之后才可以结婚，甚至他从生理学角度认为，男子37岁的“晚婚”才是最有利的。同时期的斯巴达城邦的男女结婚年龄“践行”了亚里士多德的晚婚主张，斯巴达男子只有到达30岁之后才能结婚。[③]与古希腊相反，古罗马的结婚年龄却十分小。对于女子，从法律规范、文学作品和墓碑材料来看，平均结婚年龄只有15岁，而法定结婚年龄更是低到12岁。但12岁是女性法定结婚年龄，女子可以与男子结婚过上婚姻生活，而实际生活中女子开始婚姻生活的年龄往往比这个年龄早几年，甚至有的记载“委婉”地描述道：父亲在女儿不满12岁的时候就将其许配给了别人，该幼女仅仅是作为“未婚妻”在男方家庭中生活，直到年满12岁可以正式结婚罢了。[④]很显然，这是对古罗马时期幼女早结婚的一种“辩解”，未满12岁的“未婚妻”在男方家庭中会遭受何种对待根本不言而喻，只不过没有婚姻之形而已有婚姻之实。拜占庭帝国时期，比罗马帝国时期男子14岁、

---

① 参见Ray E. Helfer、Ruth S. Kempe《受虐儿童：美国如何防治儿童受虐》，CCF儿童福利丛书编译小组译，中华儿童福利基金，1994，第10页。

② 参见〔法〕安德烈·比尔基埃等主编《家庭史第一卷：遥远的世界，古老的世界》（上），袁树仁等译，生活·读书·新知三联书店，1998，第159页。

③ 参见王瑞聚《论斯巴达人的优生思想及其实践》，《山东师大学报》（人文社会科学版）2001年第3期，第83页。

④ 参见〔法〕安德烈·比尔基埃等主编《家庭史第一卷：遥远的世界，古老的世界》（上），袁树仁等译，生活·读书·新知三联书店，1998，第334页。

女子 12 岁的结婚规定各自增加了一岁，即男子 15 岁、女子 13 岁为法定婚龄。[①] 虽然增加的年龄不多，但也是西方社会对儿童早婚弊端认识发展的见证。

（三）中世纪至近现代时期

中世纪时期，根据学者的研究可知，教会法延续了罗马帝国时期的规定，即男子 14 岁、女子 12 岁才可以结婚，除此之外，其还规定了儿童订婚的年龄不得低于 7 岁。[②] 回看历史，这很可能是针对罗马帝国时期儿童过早订婚或“指腹为婚”的弊端而作出的限制。随着社会的发展，结婚的年龄也在不断提高，到 13 世纪末，结婚的平均年龄已经大幅上升，达到了男子 40 岁、女子 25 岁的“高龄”。即使在黑死病肆虐欧洲而结婚年龄下降的时期，结婚的平均年龄也达到了男子 24 岁、女子 16 岁。相比起古罗马时期，中世纪末期人们的平均结婚年龄似乎已经与儿童早婚无太多联系。

15 世纪时期，城市女子的平均结婚年龄已经达到了 18 岁。[③] 虽然儿童结婚的年龄不断增加，但值得注意的是，大多数年龄的数据都是以平均年龄计算的，也就是说低于平均年龄结婚的现象是依然存在的。据记载，17 世纪新英格兰女诗人安妮·布拉德斯特里特（Anne Bradstreet）在其 15 岁时就已经结婚。[④] 18 世纪的医生约翰·彼得·弗兰克（Johann Peter Frank）认为，女孩在 16 岁时结婚才是比较合理的。[⑤] 直到近现代，随着儿童权利保护、儿童福利事业的发展，发达国家儿童早婚的现象才逐渐消失。而在发展中国家，如 1929 年印度通过了《童婚限制法》，才将合法结婚年龄确定在男子 18 岁、女子 14 岁。1976 年印度又将结婚年龄提高到男子 21 岁、女

① 参见李继荣《拜占庭〈法律选编〉研究》，博士学位论文，东北师范大学，2016，第 89~90 页。

② 参见石德才《当代国内外学者对欧洲中世纪婚姻问题的研究》，《史学理论研究》2003 年第 1 期，第 103 页。

③ 参见石德才《当代国内外学者对欧洲中世纪婚姻问题的研究》，《史学理论研究》2003 年第 1 期，第 104 页。

④ 参见 Ray E. Helfer、Ruth S. Kempe《受虐儿童：美国如何防治儿童受虐》，CCF 儿童福利丛书编译小组译，中华儿童福利基金，1994，第 10 页。

⑤ 参见 Ray E. Helfer、Ruth S. Kempe《受虐儿童：美国如何防治儿童受虐》，CCF 儿童福利丛书编译小组译，中华儿童福利基金，1994，第 10 页。

子 18 岁。[①] 可见，在很长时间内，儿童早婚现象仍然没有完全被杜绝。

七　童工

（一）工业革命前的童工

童工的历史在人类文明早期就已经出现了。儿童作为家庭的一员必然会承担少部分的劳作，只不过由于社会发展程度的限制，中世纪以前儿童从事的工作都是较为原始的。但到了工业革命时期，工业化生产对童工的危害才逐渐显露出来。工业化早期有不少儿童在工厂工作，工作和生活环境极其恶劣，童工的权益难以得到保障，他们被长期剥削，生理和心理遭受双重侵害。正因雇佣童工的危害逐渐被社会所认识，对他们的保护就自然而然地产生了，政府和社会开始针对童工问题采取措施。

中世纪时期，儿童就逐渐开始外出工作，当时的儿童工作条例并不是为了保护儿童而制定的，而是为了从市场角度防止劳动力市场的低价恶性竞争。[②] 这就直接导致童工的权益不被法律保护，在工作过程中极有可能遭受权益损害。1380 年到 1480 年法国奥尔良城市地区签订的学徒契约显示，儿童最早在 7 岁时就开始当学徒。在 15 世纪的佛罗伦萨，就已经有儿童与青少年到城市家庭中当仆役的情况，他们的“奴隶”生涯可能从 8 岁或更小的时候就开始了。[③] 16 世纪的技工法令规定，虽然儿童学徒由政府管理，但学徒必须与老板签订近乎奴隶制的 7 年合同。[④] 到 17 世纪，甚至有 6 岁儿童就已进入织布厂做苦工的记载。[⑤]

---

① 参见〔法〕安德烈·比尔基埃等主编《家庭史第二卷：现代化的冲击》，袁树仁等译，生活·读书·新知三联书店，1998，第 392~393 页。

② 参见 Ray E. Helfer、Ruth S. Kempe《受虐儿童：美国如何防治儿童受虐》，CCF 儿童福利丛书编译小组译，中华儿童福利基金，1994，第 7 页。

③ 参见〔英〕柯林·黑伍德《孩子的历史》，黄煜文译，麦田出版社，2004，第 185~186 页。

④ 参见 Ray E. Helfer、Ruth S. Kempe《受虐儿童：美国如何防治儿童受虐》，CCF 儿童福利丛书编译小组译，中华儿童福利基金，1994，第 7~8 页。

⑤ 参见 Ray E. Helfer、Ruth S. Kempe《受虐儿童：美国如何防治儿童受虐》，CCF 儿童福利丛书编译小组译，中华儿童福利基金，1994，第 8 页。

（二）工业革命后的童工

随着工业革命的发展，工业化过程中需要大量的劳动力，儿童作为廉价的劳动力进入各种工厂中工作，早期资本主义工厂的剥削连成人都难以承受，更何况稚嫩的儿童。此时的童工遭受了酷刑般的剥削。如 18 世纪乔赛亚·昆西三世（Josiah Quincy）提到，当时的儿童小到 4 岁时就被雇佣到棉花厂劳动，他们神情呆滞、面色忧郁，甚至工厂还有专门惩罚偷懒童工的机器，将头压弯到膝盖中间以至于血液从鼻孔、耳朵中流出。[①] 医生约翰·彼得·弗兰克（Johann Peter Frank）也惊讶地发现，当时葡萄栽培业的繁重工作使得儿童的身体变得畸形和残缺，为此他呼吁颁布法令禁止儿童从事成人男性才能适任的粗重工作。但遗憾的是，这项法令直到 19 世纪才颁布。[②] 可以说在 19 世纪以前，没有任何法律是保护童工的，直到儿童劳动法开始改革，童工的境遇才有所改善。[③]

即使到了 19 世纪中期的 1866 年，美国马萨诸塞州的报纸仍然“恬不知耻”地宣扬童工的贡献。19 世纪美国小儿科之父阿夫拉姆·雅各比（Abranham Jacobi）呼吁，禁止儿童在矿产工作或担任清扫烟囱的工作。他还提到，救济院提供的低价童工以及农村地区的童工会遭受更多的虐待。[④] 在英国，根据 1866 年儿童就业协会的报告，东部各郡的农村团队中至少有一半的人年龄在 6 岁到 18 岁之间，也就是说童工现象非常普遍。并且工作时间是上午 5 点到下午 7 点，长达 14 小时。因此，为改善农村儿童工作环境，1867 年英国颁布《农团法》（Gangs Act），禁止雇佣 8 岁以下的儿童。但在美国南方种植园的奴隶儿童就没有那么幸运，在田间工作的同时还可能遭受无情的鞭打。[⑤] 童工如此惨烈的经历成为人类文明史上难以忘却的伤疤，正是如此，后

---

① 参见 Ray E. Helfer、Ruth S. Kempe《受虐儿童：美国如何防治儿童受虐》，CCF 儿童福利丛书编译小组译，中华儿童福利基金，1994，第 8 页。

② 参见 Ray E. Helfer、Ruth S. Kempe《受虐儿童：美国如何防治儿童受虐》，CCF 儿童福利丛书编译小组译，中华儿童福利基金，1994，第 7 页。

③ 参见 Ray E. Helfer、Ruth S. Kempe《受虐儿童：美国如何防治儿童受虐》，CCF 儿童福利丛书编译小组译，中华儿童福利基金，1994，第 8 页。

④ 参见 Ray E. Helfer、Ruth S. Kempe《受虐儿童：美国如何防治儿童受虐》，CCF 儿童福利丛书编译小组译，中华儿童福利基金，1994，第 7~8 页。

⑤ 参见〔英〕柯林·黑伍德《孩子的历史》，黄煜文译，麦田出版社，2004，第 182 页。

世各国都对童工进行特殊保护，甚至禁止未达到一定年龄的儿童从事工作。

八　买卖儿童

在古代，不仅儿童是奴隶买卖的对象，成人亦无法逃过。历史上这些被买卖的、数量高达数十亿的奴隶当中，儿童因生理心理远弱于成人以及其潜在的成长性，又或是更为便宜的价格，比起成人更容易遭到掠劫和贩卖。儿童奴隶买卖行为是不可忽视的，被买卖为奴隶的儿童命运往往十分悲惨，其人身权利会遭受极其严重的侵害。如果说中世纪以前的儿童奴隶买卖问题是奴隶制的历史局限性，那么中世纪末期到现代之前愈演愈烈的奴隶贸易，就是儿童史也是人类史上的黑暗时期。当然，奴隶贸易除了买卖儿童问题外，还会产生其他问题，如童工、体罚等，此处仅对买卖儿童的行为进行讨论。

（一）近代以前的买卖儿童

根据苏美尔时期的记载，当时的奴隶有很大一部分是来自非奴隶家庭，将近30%的奴隶是家庭子女，父母出卖子女的情形占据绝大多数，也有寡妇或外祖父母出卖子女孙子女的情形。在古巴比伦，子女是没有任何权利可言的，其人身绝对从属于父母，父母自然就可以将子女作为财产出卖或当作抵押，将子女变作他人的奴隶。[①] 当然，古巴比伦的“立法者”考虑到无限制地扩大家长权不利于社会稳定，因而规定家长出卖子女为奴的年限为三年。[②] 到了新巴比伦时期，仍有法律文件记载家长出卖子女的事例，但通常是特殊时期如饥荒或战争围城。[③]

古罗马早期继承了古代的家长制，赋予了家长在家庭内的绝对地位和绝对权利，出卖作为家长财产的子女更是合法合理的。后来由于家长权的过于强势，家长普遍出卖子女的现象产生了严重的不利后果。虽然《十二

① 参见司丹《亲子制度研究》，博士学位论文，黑龙江大学，2013，第44~45页。

② 《汉穆拉比法典》规定：“倘自由民因负有债务，将其妻、其子或其女出卖，或交出以为债权，则他们在其买者或债权者之家服役应为三年，至第四年应恢复其自由。”

③ 参见〔法〕安德烈·比尔基埃等主编《家庭史第一卷：遥远的世界，古老的世界》（上），袁树仁等译，生活·读书·新知三联书店，1998，第171页。

铜表法》赋予了家长各种权利，但也开始干预家长对子女的人身出卖权。《十二铜表法》一开始明文规定，家长若出卖儿子三次后，儿子就能脱离家长的控制得以解放。[①] 后来的大法官进一步解释为，哪怕出卖的是女儿或孙子女，也适用该法条。后世罗马帝国时期，对于家长出卖子女的行为都有进一步的限制，如卡拉卡拉帝开始下令禁止家长出卖子女为他人奴隶。但遗憾的是，这个禁令仅具有建议的作用而无强制性，因为它并没有规定相应的惩罚措施，家长仍然继续出卖子女。同样地，到了君士坦丁一世时，法律也并没有完全禁止家长出卖子女，因为规定了但书条款，即在饥荒时家长仍然是可以出卖子女的。古罗马帝国时期的地奥克莱体亚努斯帝从债权角度出发，规定债权人如果将他人子女作为抵押的，将被处以流刑。[②]

（二）近代以后的买卖儿童

近代以后，儿童奴隶买卖的代表，便是发生在非洲和美洲大陆上罪恶的奴隶贸易。欧洲资本主义萌芽需要越来越多的廉价劳动力，对欧洲本土人口的剥削已难以满足资本主义发展的需要，再加上 15 世纪地理大发现后，面向欧洲和美洲的非洲奴隶贸易达到了史无前例的规模，数以亿计的非洲黑人被贩卖，其中儿童的买卖也是庞大奴隶贸易中的重要一环。奴隶贸易规模达到顶峰的是 17 世纪中后期。18 世纪初期，通过《乌得勒支条约》，英国和荷兰取代西班牙和葡萄牙成为最大的奴隶贸易国。除了非洲黑奴贸易，北美洲也有不少印第安土著儿童被贩卖，如在 1706 年的北美洲，马萨诸塞州就有公然贩卖战争中劫来的不足 12 岁的印第安儿童的事例。[③] 后又经过一个世纪，英美于 1807 年开始陆续禁止黑奴贸易，但美国南部与南美洲的种植园经济正蓬勃发展，对廉价劳动力的需求依然促进着奴隶贸易的进行。[④] 如今，禁止儿童人口买卖已成为全球共识，但在治安混乱、法治落后的地区，儿童买卖的悲剧仍在发生。

---

① 《十二铜表法》规定："家长如三次出卖他的儿子，该子即脱离家长权而获得解放。"

② 参见司丹《亲子制度研究》，博士学位论文，黑龙江大学，2013，第 44~45 页。

③ 参见刘祚昌《美国奴隶制度的起源（上）》，《史学月刊》1981 年第 4 期，第 65 页。

④ 参见魏怡然《打击跨国人口贩运的国际法律制度研究》，博士学位论文，武汉大学，2012，第 13~14 页。

第五章　儿童虐待的立法干预

立法干预是儿童虐待公权干预的逻辑起点。在我国，长期以来，儿童的监护一直被视为家务事，鲜有外部干预，这导致受虐儿童的发现与救助十分困难。进入现代以来，由于父母亲权的式微以及社会对儿童保护的重视，逐渐出现国家介入亲权的公权干预趋势。[①] 而通过立法干预可以规范公权力介入家庭之限度，平衡公权与亲权之冲突，切实稳定地保障儿童合法权益不受侵犯。鉴于此，本部分聚焦儿童虐待的立法干预，结合全球性与区域性国际法律文件的相关内容，以域外国家相关立法实践经验为参照，梳理我国相关立法干预之现状并分析其中存在的不足，以期为我国儿童虐待防治法律制度的进一步完善提出切实可行的建议。

第一节　儿童虐待国际层面的立法干预

保护受虐儿童不仅是公众对国家与社会的迫切要求，更是确保人类文明持续发展的责任与义务。当今世界，儿童虐待问题愈演愈烈，对于儿童基本人权的保护是国际社会刻不容缓的重要议题。而国际上对于儿童虐待防治的立法则经历了漫长而曲折的历程，先后产生有《世界人权宣言》《儿童权利公约》《欧洲儿童权利运用公约》《非洲儿童权利和福利宪章》等多部全球性和区域性、一般性和专门性的儿童保护国际法律文件。这些文件不仅在国际层面为解决儿童虐待问题提供了立法背景，

① 参见石婷《论国家对未成年人监护的公权干预——以保障留守儿童的合法权益为视角》，《当代青年研究》2014 年第 3 期，第 93 页。

更重要的是为各国国内立法提供了理论依据和标准。本部分针对儿童虐待防治的国际法律文件进行探讨，一方面可借此充分认识儿童虐待防治的国际立法现状与经验，另一方面则可为完善我国儿童虐待防治立法提供国际层面的参考。

一 全球性国际法律文件

（一）《联合国宪章》（1945）

联合国是当今世界上最重要和最具影响力的国际组织，众多涉及儿童权利保护乃至人权保护的国际公约都是通过联合国的决议产生的。而《联合国宪章》作为联合国创始性法律文件，是当今世界影响最为广泛的多边条约，对全球各国立法活动都极具指导性意义。该宪章中虽未出现针对儿童虐待问题的专门条款，但仍有许多内容着力强调了对人权的普遍保护。特别值得注意的是，其中人权保护条款对联合国所有成员都具有法律约束力。可以说，这些条款不仅涵盖了受虐儿童人权保护的内容，而且对指导世界儿童权利保护具有纲领性作用。

《联合国宪章》在序言中就强调了对基本人权与人格尊严的重视，[1] 这不仅表明联合国的成立初衷是避免战争对人权践踏悲剧的重演，也同时体现该宪章要求各国对所有人类的权利保护一视同仁，其中内容也自然囊括了对儿童权利的保护。此外，宪章还从人权保护角度出发，要求联合国与各国展开积极广泛的合作，“并重申对基本人权和人格尊严和价值的信念，并决心促成更广泛自由中的社会进步及更高的生活水平”。[2] 通过这种精神指引，在很长一段时间内，联合国通过联系合作、直接创设等方式，发展了一批在世界范围内具有广泛影响的人权保护机构与组织，其中包括联合国儿童基金会、联合国教科文组织等在世界上有广泛影响力的国际组织，他们的建立与发展进一步提高了国际社会对儿童基本权利保护的

---

① 《联合国宪章》序言规定：“欲免后世再遭今代人类两度身历惨不堪言之战祸，重申基本人权，人格尊严与价值，以及男女与大小各国平等权利之信念，创造适当环境，俾克维持正义，尊重由条约与国际法其他渊源而起之义务，久而弗懈，促成大自由中之社会进步及较善之民生。”

② 李双元、李娟：《儿童权利的国际法律保护》（第2版），武汉大学出版社，2016，第285页。

重视程度，同时也为《儿童权利公约》等重要国际法律文件的产生奠定了组织基础。

（二）“国际人权宪章”

“国际人权宪章”由《世界人权宣言》、《经济、社会及文化权利国际公约》及《公民权利及政治权利国际公约》三部分构成，其出台进一步体现了国际社会对基本人权的重视程度，当中不少条款对于全球儿童保护具有积极指导意义，为后续国际法律文件进一步细化儿童权利保护的立法作了内容上的铺垫。

1.《世界人权宣言》（1948）

《世界人权宣言》虽未直接提及儿童虐待，但有不少儿童权利保护的条款，其中第25条第2款规定了儿童享有受到特别照顾和被给予协助的权利，且无论婚生与否，儿童都应受到相同的社会保护。[①] 此外，该宣言第26条规定了世界所有儿童均有平等接受教育的权利，尤其强调普惠性义务教育的重要性。[②] 这两条分别规定了对儿童平等保护、受教育的权利。但显而易见的是，这份宣言对儿童权利保护的内容规定得并不全面，还未形成系统性规定；且《世界人权宣言》仅是联合国大会上作出的一个决议，在效力上更多只是一种价值理念和道德层面的呼吁，缺乏法律约束力和强制义务要求，因此难以对各个国家产生实质性约束。不可否认的是，这份宣言所体现的儿童权利平等保护思想在世界范围内产生了深远影响，其中贯穿的理念对世界许多国家宪法的制定与完善产生了重大影响，得到不少国际组织的引用，“使得宣言在一定程度上具有了实质意义上的效力”。[③]

---

① 《世界人权宣言》第25条第2款规定：“母亲和儿童有权享受特别照顾和协助。一切儿童，无论婚生或非婚生，都应享受同样的社会保护。”

② 《世界人权宣言》第26条规定：“（1）人人都有受教育的权利，教育应当免费，至少在初级和基本阶段应如此。初级教育应属于义务性质。技术和职业教育应普遍设立。高等教育应根据成绩而对一切人平等开放。（2）教育的目的在于充分发展人的个性并加强对人权和基本自由的尊重。教育应促进各国、各种族或各宗教集团间的了解、容忍和友谊，并应促进联合国维护和平的各项活动。（3）父母对其子女所应受的教育的种类，有优先选择的权利。”

③ 王勇民：《儿童权利保护的国际法研究》，博士学位论文，华东政法大学，2009，第45页。

2.《经济、社会及文化权利国际公约》(1966)

《经济、社会及文化权利国际公约》在第10条与第12条对儿童虐待防治作出了规定。其中第10条第1款[①]针对家庭对照顾儿童的疏忽作出专门规定，该条款要求家庭对儿童发挥实际保护作用。由于家庭是儿童生活成长的主要场所，所以稳定和谐的家庭环境对儿童身心健康发展具有毋庸置疑的重要作用。另外，该条款对童工使用有明确的禁止性规定，以期保护儿童不被恶意剥削和虐待。众所周知，身体虐待属于儿童虐待的一种重要形式，而使用童工甚至利用童工进行有危害的工作无疑对儿童身体健康造成摧残。长时间使用童工会导致这部分儿童难以得到应有的教育，从而导致幼小且思想未成熟的儿童在单调乏味的工作中树立起单一的价值观，更遑论工厂中成年工人和严苛管理者对儿童思想观念的巨大影响，甚至部分情况下还存在精神虐待的情形。该公约对使用童工的禁止性规定，无疑对儿童虐待防治有重要的指导作用，并以此呼吁世界各国对禁止使用童工问题的重视。而该公约第12条[②]则是对保护儿童的健康作出原则性要求，期望各国创造条件使儿童能够健康成长。这主要是因为儿童年龄较小，发育不成熟，身体相比成年人来说更具脆弱性，因此对儿童卫生事业的投入亦尤为重要。

3.《公民权利及政治权利国际公约》(1966)

《公民权利及政治权利国际公约》虽然没有对儿童虐待防治作出特别规定，但该公约第24条第1款[③]集中规定了儿童权利的平等保护，同时在第6

---

① 《经济、社会及文化权利国际公约》第10条第1款规定："家庭为社会之自然基本团体单位，应尽力广予保护与协助，其成立及当其负责养护教育受扶养之儿童时，尤应予以保护与协助。婚姻必须婚嫁双方自由同意方得缔结。"

② 《经济、社会及文化权利国际公约》第12条规定："一、本盟约缔约国确认人人有权享受可能达到之最高标准之身体与精神健康。二、本盟约缔约国为求充分实现此种权利所采取之步骤，应包括为达成下列目的所必要之措施：(子)设法减低死产率及婴儿死亡率，并促进儿童之健康发育；(丑)改良环境及工业卫生之所有方面；(寅)预防、疗治及扑灭各种传染病、风土病、职业病及其他疾病；(卯)创造环境，确保人人患病时均能享受医药服务与医药护理。"

③ 《公民权利及政治权利国际公约》第24条第1款规定："所有儿童有权享受家庭、社会及国家为其未成年身分给予之必需保护措施，不因种族、肤色、性别、语言、宗教、民族本源或社会阶级、财产或出生而受歧视。"

条第5款[①]和第10条第2、3款[②]对未成年犯的权利保护作出了特殊规定。其中对未成年犯的保护实际上也是针对儿童的特殊性，对执法机构作出要求，以防止出现执法机构虐待儿童或者执法机构疏忽，而导致其他可能侵犯儿童权利的情形。此外，该特殊规定也体现了对儿童的特别保护，因为未成年犯往往因身心发育不成熟或外部教育不当，价值观不健全，从而更易作出过激行为或其他出格行为。同时，未成年犯年龄尚小，更易被教育感化，但也易受刑事追诉的不良影响而导致心理健康状况恶化。[③] 因此，该公约强调对未成年犯需要注重矫正康复而非惩罚，应有别于成年人而区别对待。

综上所述，“国际人权宪章”的三个组成部分，都或多或少论及了儿童权利保护或对儿童虐待的规制。其中《世界人权宣言》是国际人权法律保护体系的首份指引性法律文件，对国际社会人权立法产生了重要影响。在其影响下制定的《经济、社会及文化权利国际公约》和《公民权利及政治权利国际公约》则是对《世界人权宣言》中关于人权保护条款的进一步继承与细化，相当于《世界人权宣言》的分则，且对儿童虐待有了针对性条款的规定，并对签约国有法律上的拘束力。这充分表明，国际社会已经逐步意识到儿童保护的特殊性与重要性，且开始重视对儿童的专门性立法保护。在这些文件的精神指引下，《儿童权利宣言》《儿童权利公约》《联合国预防少年犯罪准则》等一系列保护儿童权利的国际法律文件应运而生，关于儿童权利保护及专门针对儿童虐待问题的国际法律规定愈发周详。

（三）《儿童权利宣言》（1959）

《儿童权利宣言》是联合国大会于1959年通过的一项重要决议。该宣

① 《公民权利及政治权利国际公约》第6条第5款规定：“未满十八岁之人犯罪，不得判处死刑，怀胎妇女被判死刑，不得执行其刑。”

② 《公民权利及政治权利国际公约》第10条第2、3款规定：“二、（子）除特殊情形外，被告应与判决有罪之人分别-押，且应另予与其未经判决有罪之身分相称之处遇；（丑）少年被告应与成年被告分别-押，并应尽速即予判决。三、监狱制度所定监犯之处遇，应以使其悛悔自新，重适社会生活为基本目的。少年犯人应与成年犯人分别拘禁，且其处遇应与其年龄及法律身分相称。”

③ 参见孙谦《关于建立中国少年司法制度的思考》，载沈德咏主编《中国少年司法》，人民法院出版社，2017，第62页。

言就儿童权利保护提出了十项原则，实际上既是《世界人权宣言》的特别宣言，又相当于“儿童权利保护”的宪章，它对儿童的特殊性作出单独规定，以要求和鼓励对儿童权利给予特殊保护。该宣言第九项原则专门针对儿童虐待问题作出规定：“儿童应加保护，使不受一切形式之漠视、虐待与剥削。儿童不得以之为任何方式之贩卖对象。儿童在未达最低适当年龄前不准雇用；无论如何，不得令其或许其从事任何妨碍其健康或教育，或阻碍其身心或道德发展之职业或工作。”

该宣言实际上还受到《世界人权宣言》影响，以对儿童人权保护作出进一步规定，其从专门视角对世界各国进行呼吁，以期更好地保护儿童，并尽可能防止儿童虐待情形的发生。第九项原则呼吁禁止买卖儿童，并再次着重强调禁止使用童工。可见，买卖儿童与雇佣童工是世界范围内广泛存在且难以消弭的问题，在现实跨国案件中，它们往往互相联系，对儿童身心健康造成巨大摧残，是儿童虐待情形中的典型和高发种类。该原则进一步加强了各国对儿童虐待问题的重视，使得保护受虐儿童的立法活动在世界范围内得以展开。此外，其他原则也对保护儿童权利提出了原则性要求，虽未直接言及儿童虐待问题，但从平等保护、家庭保护、特殊待遇等多方面作出了儿童权利保护的相关规定。

不过，虽然《儿童权利宣言》通过联合国决议的方式确立了保护儿童基本人权的理念，且对世界各国保护受虐儿童的法律制定与完善产生了重要影响，但是就法律效力而言，与《世界人权宣言》的效力相似，《儿童权利宣言》同样缺乏法律约束力与强制性义务要求，作为“宣言”，即使产生了部分实际效力，更多只是一种呼吁和道德要求。在此情况下，制定一部专门针对儿童权利保护、具有法律责任要求和严格监督机制规定的专门性国际公约显得极为必要，以在立法层面更有效地规制儿童虐待行为。

（四）《儿童权利公约》及其两个任择议定书

随着国际人权立法的不断发展，越来越多的国家开始呼吁联合国制定一部拥有实际法律效力，且能全面规定儿童权利的国际公约，从而督促国际社会组织和各国政府承担相应义务，将权利保障真正落到实处，保障儿童权益最大化。同时，战后全球经济迅速发展也为公约产生奠定了物质基础。在此背景下，1978 年第 33 届联大决议决定成立《儿童权利公约》起草工作组，通过十年多的努力，人权委员会在 1989 年完成该公约的初步制定，并通过联合国经济及社会理事会提交给联合国大会，大会在未经表决的情况下协商一致通过了该公约。

1.《儿童权利公约》(1989)

1989 年的《儿童权利公约》对儿童各项权利保护都有专门性规定，其内容具体翔实，充分体现了儿童的特殊性，是保护儿童权利最重要的纲领性文件。其中涉及儿童虐待防治的内容主要有如下条款。

公约第 9 条第 1 款[①]要求法院尽可能防止儿童与父母相分离，而在出现父母虐待、忽视和分居等情况时，则要求法院遵循儿童最大利益原则来确定儿童新的居住地点。虽然该条款的主要目的在于禁止儿童与父母的分离，但也列举了一些特殊情况作为例外，其中就包括父母虐待儿童的情形，以此表明公约支持法院在儿童之父母有虐待行为的情形下要求其与儿童相分离，以保护儿童最紧迫和现实的生命健康安全，落实儿童最大利益原则。

公约第 19 条[②]规定了针对儿童遭受虐待和遗弃情况下的保护措施，要求各缔约国采取一切尽可能的措施，防止儿童被父母或其他监护人、照管人虐待，并授权给社会第三方以及时介入进行干预，并试图建立起一套事前预防与事后司法及时干预的机制，以防治家庭内虐待儿童之情形。家庭本是儿童避险的港湾，但儿童虐待却往往高发于家庭，这主要是因为传统下的家庭理念往往是封闭的，社会与公共力量也不会过度介入，这恰恰导致了儿童在家庭内遭受虐待却无人知晓。因此，该条款授权公权力在特定情形下介入家庭内部，引导各国通过有效程序使公权力介入家庭，尽可能

① 《儿童权利公约》第 9 条第 1 款规定："缔约国应确保不违背儿童父母的意愿使儿童与父母分离，除非主管当局按照适用的法律和程序，经法院审查，判定这样的分离符合儿童的最大利益而确有必要。在诸如由于父母的虐待或忽视、或父母分居而必须确定儿童居住地点的特殊情况下，这种裁决可能有必要。"

② 《儿童权利公约》第 19 条规定："1. 缔约国应采取一切适当的立法、行政、社会和教育措施，保护儿童在受父母、法定监护人或其他任何负责照管儿童的人的照料时，不致受到任何形式的身心摧残、伤害或凌辱，忽视或照料不周，虐待或剥削，包括性侵犯。2. 这类保护性措施应酌情包括采取有效程序以建立社会方案，向儿童和负责照管儿童的人提供必要的支助，采取其他预防形式，查明、报告、查询、调查、处理和追究前述的虐待儿童事件，以及在适当时进行司法干预。"

防止儿童虐待现象在家庭内发生。

公约第32条[①]的目的在于保护儿童免受经济剥削，也即对童工的禁止，使用童工的危害在上文已有阐释，再次规定无疑彰显了国际社会对该问题的重视。

公约第34条[②]规定了保护儿童免受性剥削等虐待行为，包括任何非法形式的性行为，且还要求缔约国积极采取双边或多边措施展开交流与合作。该条款其实可与公约第35条[③]相结合来看，因为第35条也要求缔约国采取双边或多边措施，以防止“诱拐、买卖或贩运儿童”，而实际上，对儿童的诱拐、买卖或贩运的目的很可能是迫使儿童进行卖淫、淫秽表演及其他非法性行为，其过程和结果往往都伴随着对儿童的性剥削和性虐待。且由于对儿童的诱拐、买卖或贩运往往是跨国犯罪，因此需要促进各国之间的交流与合作，以进一步打击此类犯罪行为。

公约第36条可被看作一种兜底条款，要求“缔约国应保护儿童免遭有损儿童福利的任何方面的一切其他形式的剥削之害”。换句话说，该条款其实就是要求各国必须积极采取一切措施，以避免任何其他形式的儿童虐待行为之发生。

公约第39条[④]则要求缔约国创造条件以便受虐儿童身心健康的恢复并重返社会，因为对待儿童虐待不可能仅停留于预防与惩罚，对于已经遭受虐待的儿童，还需要采取措施使他们的身体获得救治，在心理上走出受虐阴影，重新融入社会，而这些过程中，国家行政与社会力量不可或缺。

---

① 《儿童权利公约》第32条规定：“1. 缔约国确认儿童有权受到保护，以免受经济剥削和从事任何可能妨碍或影响儿童教育或有害儿童健康或身体、心理、精神、道德或社会发展的工作。2. 缔约国应采取立法、行政、社会和教育措施确保本条得到执行。为此目的，并鉴于其他国际文书的有关规定，缔约国尤应：(a) 规定受雇的最低年龄；(b) 规定有关工作时间和条件的适当规则；(c) 规定适当的惩罚或其他制裁措施以确保本条得到有效执行。”

② 《儿童权利公约》第34条规定：“缔约国承担保护儿童免遭一切形式的色情剥削和性侵犯之害，为此目的，缔约国尤应采取一切适当的国家、双边和多边措施，以防止：(a) 引诱或强迫儿童从事任何非法的性活动；(b) 利用儿童卖淫或从事其他非法的性行为；(c) 利用儿童进行淫秽表演和充当淫秽题材。”

③ 《儿童权利公约》第35条规定：“缔约国应采取一切适当的国家、双边和多边措施，以防止为任何目的或以任何形式诱拐、买卖或贩运儿童。”

④ 《儿童权利公约》第39条规定：“缔约国应采取一切适当措施，促使遭受下述情况之害的儿童身心得以康复并重返社会：任何形式的忽视、剥削或凌辱虐待；酷刑或任何其他形式的残忍、不人道或有辱人格的待遇或处罚；或武装冲突。此种康复和重返社会应在一种能促进儿童的健康、自尊和尊严的环境中进行。”

2.《〈儿童权利公约〉关于买卖儿童、儿童卖淫和儿童色情制品问题的任择议定书》(2000)

以儿童为对象的拐卖、逼迫卖淫和色情制品制造活动，近年来呈现出不断上升的趋势，由此引发的国际儿童贩运问题日益严重。同时，互联网发展而导致的网络性侵儿童行为和新兴的以侵害儿童为目的的色情旅游等活动日益增多，进一步助长了儿童卖淫和相关色情制品的泛滥。因而，亟须采取一种更为全面的方法来消除这些引发儿童虐待的因素，以实现《儿童权利公约》的宗旨。

对此，议定书要求缔约国至少保证本国刑法的保护，并列举了应当施加刑事惩罚的具体犯罪类型。同时，为进一步打击此类犯罪，“本议定书不排除根据国内法行使的任何刑事管辖权”。① 议定书还要求缔约国将议定书所述的罪行视为可引渡罪行，列入缔约国之间的任何引渡条约，② 缔约国应当对这些罪行调查的开展、刑事诉讼的提起以及引渡程序的实施，提供最大限度的协助，③ 且缔约国在刑事程序法上也应在追查犯罪的同时，尽可能照顾受害儿童以及作证儿童的脆弱性，④ 照顾他们的特别需要。此外，缔约国还应积极采取措施，争取在打击相应犯罪的同时，解决经济贫困、发展不足等根本性问题，从而消除此类犯罪的温床。

3.《〈儿童权利公约〉关于儿童卷入武装冲突问题的任择议定书》(2000)

儿童本应是受保护的对象，如果儿童参与武装冲突，不仅可能严重伤害他们的生命健康，而且还会影响他们身心的正常发育。罔论战场上长久

① 《〈儿童权利公约〉关于买卖儿童、儿童卖淫和儿童色情制品问题的任择议定书》第4条第4款。

② 《〈儿童权利公约〉关于买卖儿童、儿童卖淫和儿童色情制品问题的任择议定书》第5条第1款规定：“第3条第1款所述罪行应视为可引渡罪行列入缔约国之间现有的任何引渡条约，并且应根据各缔约国之间后来缔结的每一项引渡条约所规定的条件将这些罪行作为可引渡罪行列入这些条约。”

③ 《〈儿童权利公约〉关于买卖儿童、儿童卖淫和儿童色情制品问题的任择议定书》第6条第1款规定：“对第3条第1款所述罪行进行调查或提起刑事诉讼或引渡程序时，各缔约国应当相互给予最大程度的协助，其中包括协助获取它们掌握的对进行这种程序所必要的证据。”

④ 《〈儿童权利公约〉关于买卖儿童、儿童卖淫和儿童色情制品问题的任择议定书》第8条规定：“缔约国应当采取适当措施，在刑事司法程序的各个阶段保护受本议定书所禁止的行为之害的儿童的权益……”

纷飞战火的伤害、儿童入伍后遭士兵或长官性侵、剥削“童兵”等新闻报道屡见不鲜，且儿童士兵接受过杀伤训练后，回归到正常生活也会遇到极大的心理阻碍。对此，该议定书要求“缔约国应采取一切措施，确保不满18周岁的武装部队成员不直接参加敌对行动”,[①] 以对儿童作出特别保护，确保“不满18周岁的人不被强制招募加入其武装部队”,[②] 使得儿童能在和平与安全的条件下正常成长并接受教育，且规定缔约国应采取必要援助手段，协助退伍或退役的儿童士兵尽快恢复其身心健康并早日重返社会。同时，该议定书第6条[③]和第7条[④]要求各缔约国采取包括互相合作在内的一切适当措施（技术合作和财政援助等）确保其实行，以更有效地禁止各国使用“童兵”行为，防止儿童被卷入战争。

综上所述，《儿童权利公约》可以说是当今世界影响力最广泛的儿童保护国际公约，是儿童权利保护的“宪章”与“里程碑”，它为儿童创设了国际法上的权利和一些约束性原则,[⑤] 意味着缔约国在实现儿童权利保护上有了法律依据。到目前为止，除了美国，全球其他国家都批准了该公约。公约也首次确认了儿童享有免受虐待的权利,[⑥] 其中多项条款要求缔约国采取积极措施预防和处理儿童遭受虐待的情形，对此后一系列具体规定儿童虐待防治的国际法律文件的产生有纲领性作用，也对各国儿童虐待防治立法有重大影响。而《儿童权利公约》的两个任择议定书则通过法律形式，以公约的精神为基础，在公约内容外增加了更详细的规定，扩展了义务范围，保护儿童免于参与武装冲突和免受性剥削的侵害，从而和《儿童权利公约》作为一个整体帮助制止全世界虐待和剥削儿童的现象，强化社会环境层次对儿童权利的保护。[⑦]

---

① 《〈儿童权利公约〉关于儿童卷入武装冲突问题的任择议定书》第1条。

② 《〈儿童权利公约〉关于儿童卷入武装冲突问题的任择议定书》第2条。

③ 《〈儿童权利公约〉关于儿童卷入武装冲突问题的任择议定书》第6条第1款规定：“每一缔约国应采取一切必要的法律、行政和其它措施确保在其管辖范围内有效执行和实施本议定书的规定。”

④ 《〈儿童权利公约〉关于儿童卷入武装冲突问题的任择议定书》第7条第1款规定：“缔约国应通过技术合作和财政援助等方式合作执行本议定书……”

⑤ 参见王勇民《儿童权利保护的国际法研究》，博士学位论文，华东政法大学，2009，第56页。

⑥ 参见吴鹏飞《中国儿童人权法治保障探究》，中国民主法制出版社，2015，第98页。

⑦ 参见吴鹏飞《中国儿童福利权研究》，中国政法大学出版社，2015，第102页。

（五）其他全球性国际法律文件

当前涉及儿童虐待防治的全球性国际法律文件为数不少，除上述法律文件外，联合国还颁布了《联合国少年司法最低限度标准规则》（“北京规则”）（1985）、《联合国预防少年犯罪准则》（“利雅得准则”）（1990）以及《联合国保护被剥夺自由少年规则》（1990）等。其中“北京规则”是全球首个针对儿童犯罪的指导性法律文件，对各国建立健全少年司法制度有重要的指导作用，其主要目的在于防止司法过程中对少年犯的虐待，贯彻“以少年为中心”理念，确保少年儿童的司法权利；[①]“利雅得准则”则是强调儿童预防性保护与保护性干预，主要目的在于辅助“北京规则”的实施，其中第五部分与第六部分分别对应“社会政策”部分条款[②]及“立法和少年司法工作”部分条款[③]，这些条款要求各国积极制定和执行与儿童保护有关的法规，以预防家庭暴力及儿童虐待现象发生，使受虐儿童得到正确待遇和社会帮助；而《联合国保护被剥夺自由少年规则》实质上仍是上述规则的配套规定，旨在维护少年犯在司法系统内的权利，要求慎用尤其是监禁等司法手段，防止对少年犯的虐待。

此外，国际劳工组织制定的《准予就业最低年龄公约》（1973）及《禁止和立即行动消除最恶劣形式的童工劳动公约》（1999），则旨在全面消除使用童工这一儿童虐待的重要形式。海牙国际私法会议则制定了《国际性诱拐儿童民事方面公约》（1980）及《跨国收养方面保护儿童及合作公约》（1993）等。这些公约针对拐卖儿童、跨国收养等方面对儿童权利保护予以规定，体现了国际私法在人权领域的扩张，为儿童权利保护提供了更多思路。

综上所述，在全球性国际法律文件层面，国际社会以《联合国宪章》为纲领，将其与《世界人权宣言》、《经济、社会及文化权利国际公约》及

---

① 参见吴鹏飞《中国儿童福利权研究》，中国政法大学出版社，2015，第104页。

② 《联合国预防少年犯罪准则》第51条规定：“各国政府应在刑事司法系统内和系统外，开始或继续探讨、制订和执行各项政策、措施和战略，以防止对青少年的和影响到青少年的家庭暴力，并确保家庭暴力的受害者得到公正待遇。”

③ 《联合国预防少年犯罪准则》第53条规定：“应颁布和实施防止伤害、虐待、剥削儿童和青少年以及利用他们进行犯罪活动的法规。”

《公民权利及政治权利国际公约》所构成的“国际人权宪章”作为人权保护的国际法律基础，奠定了儿童人权保护的基石。此后，通过《儿童权利宣言》呼吁，产生了儿童权利保护“宪章”即《儿童权利公约》。《儿童权利公约》不仅秉承了上述公约的人权保护精神，使得儿童权利保护获得了真正有约束力的法律依据，且首次公开明确了儿童有免受虐待的基本人权。在此“宪章”引导下产生了《儿童权利公约》的两个任择议定书以及《联合国少年司法最低限度标准规则》《联合国预防少年犯罪准则》《联合国保护被剥夺自由少年规则》等一系列儿童人权保护的国际公约与文件，逐步形成从一般性法律文件向专门性公约的演变，体现了对儿童权利保护内容愈加具体充实的态势，对儿童虐待防治也有了更细化的规定。当然，国际层面的保护不仅包含全球性国际法律文件，还包括众多的区域性国际公约等，且全球性国际法律文件虽然提供了较充沛的条文内容和指引精神，为各国国际合作提供了良好范式，但其强制力往往较弱，对儿童权利保护特别是针对受虐儿童的保障与救济的规定不够翔实。而区域性国际公约在促进国际合作的同时可以进一步加大强制力度，并因地制宜地制定儿童权利保护和针对儿童虐待防治的立法规范。

二　区域性国际法律文件

（一）欧洲

两次世界大战的主战场都在欧洲，对儿童权利造成了严重破坏，因此，欧洲更加注重对这些惨痛教训的反思。同时，欧洲作为启蒙思想与现代人权的发源地，民众法治素养普遍较高，在这样的社会环境影响下，欧洲理事会对儿童权利的保护往往走在世界前列，缔结了一系列儿童权利保护的区域性公约，其中不乏针对儿童虐待防治的内容。

1.《欧洲人权公约》（1950）

《欧洲人权公约》是世界上第一份正式的区域性人权保护公约。该公约虽然还没有制定针对儿童权利保护的专门条款，但其规定了对于自然人的普遍人权保护，实际上涵盖了对儿童权利的保护，且在适用过程中，欧洲人权法院也往往会引用其中部分人权保护的条款来作出对儿童较为有利的判决。[①] 其中涉及儿童虐待的条款主要为第 3 条："不得对任何人施以酷刑或者是使其受到非人道的或者是有损人格的待遇或者是惩罚。"另外，公约其他条款也分别从保护公民司法程序权利、规制公权干预家庭等方面，对儿童权利保护作出了规定。

2.《欧洲社会宪章》(1961)

《欧洲社会宪章》相比《欧洲人权公约》有了较大进步，其在第 7 条[②]与第 8 条[③]专门规定了儿童权利的保护，前者在儿童虐待防治方面涉及童工的禁止以及对青年工人的适当保护；后者则涉及对孕妇和产妇的保护性规定，也可视为对胎儿和婴儿权益的保护。另外，宪章在第 17 条还规定了母亲与儿童有受社会保护的权利，要求缔约国采取一切必要措施，确保母亲与儿童受到应有的社会保护，确保其权利能够有效行使，防止受到侵害。

---

① 参见李双元、李娟《儿童权利的国际法律保护》(第 2 版)，武汉大学出版社，2016，第 371 页。

② 《欧洲社会宪章》第 7 条规定："为了确保儿童和青年受保护权利的有效行使，各缔约国承诺：(1) 规定准许就业的最低年龄为 19 岁，受雇于特定的轻型工作而不损害其健康、道德或教育的儿童例外；(2) 规定对被认为危险或不卫生的特定的职业应确定较高的准许就业年龄；(3) 规定尚接受义务教育的人不得受雇于受剥削其全部教育便利的工作；(4) 规定 16 岁以下的人员的工作时间应根据其发展的需要特别是其职业培训的需要受到限制；(5) 确认青年工人和学徒享有获得公平的工资或其他津贴的权利；(6) 规定青年人在正常的工作时间期间经雇主同意花在职业培训的时间，应被看做其工作日的组成部分；(7) 规定 18 岁以下的受雇人员有权享受不少于 3 个星期的年度给薪假；(8) 规定除了国家法律或法规规定的一些职业之外，18 岁以下人员不得受雇从事夜间工作；(9) 规定受雇于由国家法律或法规规定的职业的 18 岁以下人员应接受正规的医疗检查；(10) 确保受到特别保护，以防儿童和青年遭遇到物质和精神上的危险，特别是防止那些直接或间接地来自其工作的危险。"参见李双元、李娟《儿童权利的国际法律保护》(第 2 版)，武汉大学出版社，2016，第 375～376 页。

③ 《欧洲社会宪章》第 8 条规定："为了确保有效行使受雇妇女受保护的权利，各缔约国承诺：(1) 通过给薪假、足够的社会保险金或公共基金的救济金，给妇女在产前和产后至少得到总数为 12 个星期的假期；(2) 确认雇主在妇女因怀孕请假而缺工期间通知其解雇，或者在请假缺工期间解雇通知将到期的时间里通知其解雇的行为为非法；(3) 规定正在给婴儿哺乳的母亲有权享有足够的空余时间用于哺育婴儿；(4) (a) 在工作就业中控制妇女夜间工作中就业；(b) 禁止女工在地下采矿业中就业，如果适当，还应禁止女工从事由于其危险、不卫生或艰巨的性质而不适于她们的所有其他工作。"参见李双元、李娟《儿童权利的国际法律保护》(第 2 版)，武汉大学出版社，2016，第 376 页。

3.《欧洲联盟基本权利宪章》(2000)

《欧洲联盟基本权利宪章》是由欧洲议会、欧盟理事会以及欧盟委员会共同签署的，其主要在第 24 条[①]专门规定了对儿童权利的保护，而针对儿童虐待防治的内容，则主要体现在第 32 条，其规定了禁止童工和对未成年工的保护与限制，要求法定的最低工作年龄不得低于义务教育完成的年龄，对青年人更优惠的条款除外。未成年工应享有与其年龄相应的劳动条件并受到特殊保护，使其免受经济压榨或有害于其安全、健康或损害其受教育权的工作。

4.《欧洲儿童权利运用公约》(1996)

《欧洲儿童权利运用公约》是欧洲理事会通过的保护儿童权利的专门性公约，其主要目的在于贯彻儿童最大利益原则，维护儿童在司法诉讼上的权利并帮助他们行使权利。其中公约在第 3 条[②]、第 4 条[③]、第 5 条[④]规定了促进儿童权利运用的相应程序性措施，包括儿童有权获得通知并在诉讼中表达自己的意见、儿童有权申请选派特别代表人以及其他可能的诉讼性权

① 《欧洲联盟基本权利宪章》第 24 条规定：“(1) 儿童享有受保护和生存所必需的受照顾权。他们得以自由表达意见。其意见视其年龄和智力发育情况，在涉及儿童专题上得以考虑。(2) 涉及儿童的行动，不论是由公共权利机关或是由私人性机构实施，应首先考虑儿童的最高利益。(3) 儿童人人有权与其父母维持正常的个人关系和直接接触，除非与其利益相反”。参见李双元、李娟《儿童权利的国际法律保护》(第 2 版)，武汉大学出版社，2016，第 377 页。

② 《欧洲儿童权利运用公约》第 3 条规定：“国内法认为有充分理解能力的儿童，在与其有关的诉讼案件中，应被赋予并有权要求如下权利：获得所有相关信息；磋商并表达自己意见；知悉遵循这些意见的可能结果以及作出任何决定的可能结果。”参见李双元、李娟《儿童权利的国际法律保护》(第 2 版)，武汉大学出版社，2016，第 435 页。

③ 《欧洲儿童权利运用公约》第 4 条规定：“根据第 9 条，当国内法因利益冲突而排除父母责任主体为儿童代理人时，儿童应有权在与其有关的诉讼中亲自或通过其他个人或团体申请特别代理人。各国可自由限制第 1 款中国内法认为有充分理解能力的儿童的权利。”参见李双元、李娟《儿童权利的国际法律保护》(第 2 版)，武汉大学出版社，2016，第 435 页。

④ 《欧洲儿童权利运用公约》第 5 条规定：“缔约国应考虑赋予儿童在与其有关的诉讼中额外的诉讼程序权利，尤其是：申请为有助于表达自己意见而选择恰当人选的权利；亲自申请或通过其他个人或团体申请选派独立代理人如律师的权利；在诉讼中运用部分或全部缔约权利的权利。”参见李双元、李娟《儿童权利的国际法律保护》(第 2 版)，武汉大学出版社，2016，第 435 页。

利等。另外，公约还在第6条[①]、第7条[②]、第8条[③]、第9条[④]规定了司法机关与代理人的作用，以更好地维护儿童在司法过程中的权益。

5. 其他专门性欧洲公约

在《欧洲人权公约》等人权公约的精神指引下，欧洲理事会还先后制定了《关于非婚生儿童法律地位的欧洲公约》(1975)、《承认与执行有关儿童监护的判决和恢复儿童监护的欧洲公约》(1980)，以及《关于儿童收养的欧洲公约》(2008) 等公约，这些公约都对儿童权利保护有所规定，也零散涉及儿童虐待防治的内容。这些具体规定主要对儿童权利保护内容进行了深化，在提及儿童虐待问题时又强调了对儿童权利保护的国际合作精神，从而加速儿童虐待防治法律的区域统一化进程。

综上所述，虽然欧洲相关条约缺乏对儿童虐待防治的全面性规定，但放眼全球，总体来看，欧洲对于儿童权利的立法保护是较为先进的。正如学者所言："欧洲在儿童权利保护方面的立法是走在世界前列的，不论从立法的数量，还是立法的质量两方面来衡量，欧洲都堪称典范。而且欧洲还

---

① 《欧洲儿童权利运用公约》第6条规定："在与儿童有关的诉讼中，在作出判决前，司法机关应：考虑其是否拥有足够信息以作出对儿童最有利的判决，并且在必要时，司法机关应获得，尤其是从父母责任主体处获得更多的信息；在国内法认为儿童已有充分理解力的案件中，确保儿童获得所有相关信息；以儿童能够理解的方式，与儿童本人磋商，在必要时，司法机关可自己或通过其他个人或团体与儿童磋商，只要这种方式不明显违背儿童的最佳利益；允许儿童表达自己的意见；对儿童的意见给予足够的重视。"参见李双元、李娟《儿童权利的国际法律保护》(第2版)，武汉大学出版社，2016，第436页。

② 《欧洲儿童权利运用公约》第7条规定："在与儿童有关的诉讼中，司法机关应迅速行动以避免不必要的迟延，并且程序应及时，以确保司法机关作出的判决得到迅速执行。在紧急情况下，司法机关应有权在恰当的时候作出可立即执行的判决。"参见李双元、李娟《儿童权利的国际法律保护》(第2版)，武汉大学出版社，2016，第436页。

③ 《欧洲儿童权利运用公约》第8条规定："在与儿童有关的案件中，国内法认为儿童的福利受到严重威胁的情况下，司法机关应有权自行采取行动。"参见李双元、李娟《儿童权利的国际法律保护》(第2版)，武汉大学出版社，2016，第436页。

④ 《欧洲儿童权利运用公约》第9条规定："在与儿童有关的诉讼中，父母责任主体因利益冲突而由国内法排除其为儿童代理人时，司法机关应有权在诉讼中为儿童任命特别代理人。缔约国应考虑，在与儿童有关的诉讼中，司法机关应有权任命独立代理人如律师，以代表儿童。"参见李双元、李娟《儿童权利的国际法律保护》(第2版)，武汉大学出版社，2016，第436页。

建立了欧洲人权法院等人权的监督和实施机构，保证了人权立法的有效实施。"[①]

（二）美洲

美洲融入世界文明的历史较晚，其关于儿童虐待防治的法律制度很大程度上受到历史上各殖民宗主国的思想影响。同时，整个南北美洲不仅存在美国、加拿大这样的世界超级大国与发达国家，而且同时存在巴西、墨西哥等贫富差距较大的发展中国家。美洲政治、经济、文化等问题错综复杂，难以与欧洲一样制定出思想较为统一的公约，因而美洲的相关国际公约有其特殊性。其中涉及儿童虐待防治内容的主要有以下几部公约。

1.《美洲社会宪章》（2012）

《美洲社会宪章》主要规定了美洲国家对工人权益的保护，这自然囊括了对童工问题的规定，其中涉及童工的内容主要在该宪章第16条[②]，主要内容是基于现实情况同意雇主使用家庭经济困难的童工，但提出了一系列限制要求，包括雇主必须为他们提供最低限度的义务教育，且不得要求他们提供过长时间的劳动等。此外，宪章第17条[③]则是第16条的延伸，规定了禁止童工从事夜班及有危险的工作等，以保护儿童的安全与成长。

2.《美洲人权公约》（1969）

《美洲人权公约》在很大程度上借鉴了《欧洲人权公约》的内容与结

① 李双元、李娟：《儿童权利的国际法律保护》（第2版），武汉大学出版社，2016，第394页。

② 《美洲社会宪章》第16条规定："年龄不足14岁以及年龄已达14岁但仍须接受国家法律规定的义务教育者不得受雇佣从事任何种类的工作。当他们为维持自己的生活，或为维持其父母或兄弟姐妹的生活而不得不工作时，负责监督这些未成年人工作的政府机构可以批准他们受雇佣工作，但他们必须满足最低限度的义务教育要求。年龄在16岁以下者无论从事任何种类的工作，其工作时间每日不得超过6小时，或每周不得超过36小时。"参见李双元、李娟，《儿童权利的国际法律保护》（第2版），武汉大学出版社，2016，第395页。

③ 《美洲社会宪章》第17条规定："禁止年龄未满18岁者从事夜间工作和危险或有害健康的工作；各国法律中有关每周休假的例外情况不适用于这类职工。"参见李双元、李娟《儿童权利的国际法律保护》（第2版），武汉大学出版社，2016，第395页。

构，其中主要在人权保护的层面针对儿童虐待作出规定。公约第 4 条第 1 款[①]关于保护生命权的内容独具特色，主要在于强调对胎儿权益的保护。而第 19 条[②]则就保护每位儿童的基本人权作出明确规定，体现出该公约相较于《欧洲人权公约》在儿童保护立法事业上的进步。此后于 1988 年通过的《美洲人权公约附加议定书》则具体规定禁止与规制使用童工的内容，其中第 7 条[③]明确严禁未成年人从事夜间工作或有害健康或危险的工作，同时还要求 16 周岁以下的未成年人在工作日期间务必服从义务教育优先的规则，以此防止雇主以使用童工的形式虐待儿童并侵害他们的受教育权。此外，议定书第 18 条还再次强调："每一个儿童有权得到在发育时期需要的家庭、社会和国家提供的各种条件的保护，有权在父母保护的负责的环境下成长。"

3.《美洲国家间关于收养未成年人法律冲突的公约》(1984)

美洲国家间组织几乎没有专门公约规定关于儿童权利保护或者儿童虐待防治等方面的内容，唯一可找寻到的文件是《美洲国家间关于收养未成年人法律冲突的公约》，但这实质上是国际私法属性的国际公约，本质上是一种法律适用规范，且只规定了收养问题，主要目的在于解决跨国收养儿童的法律冲突问题，缺少直接言及具体儿童虐待或者儿童权利保护的内容。

由此可见，与欧洲相比，美洲缺乏与儿童权利保护相关的国际公约，言及儿童虐待防治方面的规定更为稀少。与此同时，包括巴西、墨西哥等在内的许多美洲国家政治长期不稳定、贫富差距巨大、枪支毒品泛滥，在

---

① 《美洲人权公约》第 4 条第 1 款规定："每一个人都有使其生命受到尊重的权利。这种权利一般从胚胎时起就应受到法律保护，不得任意剥夺任何人的生命。" 因此，如果缔约国以立法手段推行计划生育政策，该款的适用将会受到挑战。参见李双元、李娟《儿童权利的国际法律保护》(第 2 版)，武汉大学出版社，2016，第 396 页。

② 《美洲人权公约》第 19 条规定："每一个未成年儿童都有权享受家庭、社会和国家为其未成年地位而给予必要的保护措施。" 参见李双元、李娟《儿童权利的国际法律保护》(第 2 版)，武汉大学出版社，2016，第 396 页。

③ 《美洲人权公约附加议定书》第 7 条规定："禁止 18 岁以下的人从事夜间工作或在有损健康或危险的工作条件下的工作，以及一切危害健康、安全或道德的工作。对于 16 岁以下的未成年人，其工作日应符合有关义务教育的规定，并且在任何情况下其工作都不得构成对上学的妨碍或对从所受到的教育受益的限制。" 参见李双元、李娟《儿童权利的国际法律保护》(第 2 版)，武汉大学出版社，2016，第 397 页。

这种既动荡又贫困的环境下，儿童遭受虐待的现象更为普遍，而美国、加拿大等大国囿于自身利益考量又经常脱离于美洲间的区域性公约，参与区域交流的程度不高。因此，针对目前的状况，美洲国家间组织与各国政府亟须加强合作，加快针对儿童权利保护的立法步伐，从而不断改善儿童生存现状，减少儿童遭受虐待的现象。

（三）非洲

非洲人民历来饱受战乱与贫困的折磨，在广袤而又饱经沧桑的非洲大陆上，加强对儿童虐待问题的重视具有更为重要的意义，也更能体现非洲人民对儿童权利保护乃至对人权平等保护理想的追求。而与一般人所认为的落后不同，在对儿童人权保护乃至针对儿童虐待问题的立法上，非洲并没有落后于其他洲，甚至在部分区域性公约的内容上有诸多可取之处。

1.《非洲人权和民族权宪章》（1981）

非洲统一组织于 1981 年制定《非洲人权和民族权宪章》，此后于 1986 年经成员国简单多数批准后生效。该宪章充分而详尽地规定了人权保护，其中不乏保护儿童权利的内容。宪章在第 18 条直接点明了儿童保护的国家义务，其规定：“（1）家庭是社会的自然单位和基础，它应受到国家的保护，国家应当关心它的物质上和精神上的健康。（2）国家有义务帮助家庭这个社会所确认的道德和传统价值的管理者。（3）国家应确保消除对妇女的一切歧视，同时也应确保维护国际宣言和公约所规定的妇女和儿童的权利。”

2.《非洲儿童权利和福利宪章》（1990）

《非洲儿童权利和福利宪章》是非洲统一组织在 1990 年制定并通过的、非洲关于儿童权利保护的专门性洲际公约，体现了非洲国家对儿童保护的重视与渴望。其中针对儿童虐待，该宪章有着直接的规定：“本宪章缔约当事国须采取特别的立法和行政、社会和教育的措施，保护儿童不受任何形式的虐待、非人道的或有辱人格的待遇，特别是身体或心理的伤害或虐待、忽视或包括性虐待的粗暴行为。本条款下的保护措施须包括建立特别监督体系的有效程序，为儿童和照顾儿童的人提供必要帮助，为虐待和忽视儿童案件的鉴别、调查、处理和追究提供有效程序。”[①] 此外，由于非洲乃至世界的童工问题较为严重，该宪章还特别规定：“每一个儿童均不受任何形式的经济剥削，不得从事任何可能危险的工作或可能对儿童的身体、心理、精神、道德或社交的发展产生干扰的工作。”[②] 并且该条款根据国际劳工组织与儿童有关的文件规定，提出 4 项对缔约当事国的要求：“（1）通过立法，为所承认的每一雇佣关系提供最低的工资保障；（2）规定适当的工作时间和工作条件；（3）规定适当的惩罚或其他制裁以保证本条得到有效执行；（4）向社会各阶层传播有关童工危害性的信息。”另外，针对未成年人司法管理、保护儿童免遭武装冲突侵害、保护儿童难民、防止性剥削以及禁止买卖和绑架儿童等可能出现儿童虐待的多个方面，宪章也作出规定。可以说，《非洲儿童权利和福利宪章》中针对儿童虐待防治的内容是相当周详的，由此可见非洲人民保护儿童免受虐待的迫切心愿。

总体来说，针对防止儿童虐待的非洲区域性国际公约主要集中在《非洲人权和民族权宪章》与《非洲儿童权利和福利宪章》上，尤其是后者，不仅秉承了《儿童权利公约》的主旨精神，且针对非洲严峻的儿童人权侵权状况制定了翔实的规定，以要求缔约国共同努力，缓解非洲儿童饱受虐待的现状。即使《非洲儿童权利和福利宪章》等法律文件在内容与形式上相当完善和先进，也难掩非洲儿童的现实生存困境，在兵祸频繁的非洲，推动保护儿童免受虐待的道路任重道远。

综上所述，与全球性国际公约相比，区域性保护公约总体上更具多样性和可行性，可以认为是儿童虐待立法干预的重要途径之一。针对儿童虐待问题，欧洲、美洲、非洲三大洲都制定了相应的区域性公约。欧洲区域性公约历史悠久、质量较高、内容完备，且能真正在实际中发挥应有功能，对儿童权利保护事业的发展起着引领作用，最值得借鉴。而美洲由于内部国家间关系较复杂，区域性公约约束力较低，且缺乏专门性国际公约作为指引，亟须加强内部团结以进一步推进儿童立法保护事业。非洲区域性公约在内容上针对儿童虐待规定数目其实最多，在保护儿童免受虐待的问题

① 《非洲儿童权利和福利宪章》第 16 条规定。

② 《非洲儿童权利和福利宪章》第 15 条规定。

上，非洲国家也较为一致，但限于非洲的发展现状，非洲更需要解决战乱与贫困的根本性问题，否则再完美的条约也是一纸空谈。

然而，相较于欧洲、美洲、非洲三大洲各自建立了儿童虐待防治制度乃至人权保护制度，亚洲却没有自己的人权保护机制，更罔论对于儿童虐待防治的洲际公约。其原因是多方面的，但最重要的原因有以下三点：第一，亚洲土地极为广袤，国家众多，且政治制度、发展程度、思想文化差异极大，各国之间关系复杂，难以完全地组织和团结在一起，制定一部统一的保护儿童的公约较为困难。第二，亚洲缺乏综合性的人权保护组织或者其他区域性国际组织，欧洲与非洲存在欧盟、非洲同盟这样凝聚力较强的国际组织，美洲也存在类似亚洲的问题，但其土地面积和国家数量相对较少，易于组织。第三，亚洲传统文化对人权的思想淡薄，亚洲虽然历史久远，但受封建制度存续时间较长、进入现代社会较为被动之影响，传统思想根基牢固，国家与民众对人权乃至儿童权利的保护意识较为淡薄，不利于国际司法机构的执行和人权组织的建立。

因此，亚洲虽也存在大量儿童虐待问题亟须解决，但由于种种原因缺乏区域性公约的干预和保护，这就需要在学习其他各大洲的基础上，构建属于自己的人权组织或更具团结力量的国家间组织。同时，需要加大力度宣扬儿童虐待防治的迫切性，提高民众综合法律素养，制定出亚洲关于儿童虐待防治或人权保护的区域性公约，以期更好地规制亚洲的儿童虐待问题。

第二节　儿童虐待域外国家的立法干预

众所周知，解决儿童虐待问题最重要的举措，便是依靠国家强制力。尽管国际立法的交流与合作必不可少，但更重要的是国家内部的立法干预。当今世界各国关于儿童虐待防治的立法内容虽因地理环境、发展程度和具体国情等有所差异，但根本目的都在于使儿童免受虐待侵害。而分析域外国家的相关法制，以汲取其中的先进之处，必然对完善我国儿童虐待的立法干预有所裨益。虽然理论界对世界法系的分类方式繁多，但影响最大的还是普通法系与大陆法系。因此，本部分重点考察两大法系代表性国家的儿童虐待防治立法，以求窥一斑而见全豹，分析整理出域外发达国家在儿童虐待立法干预方面的实践经验，以期为我国相关制度的构建与完善提供有益的参照。

一 普通法系国家

（一）英国

英国是世界上首个出台专门法律规定对儿童予以特殊保护的国家。经历了多年的发展实践，英国相关法律已相当成熟，且英国作为传统普通法系国家，除了数量繁多的判例外，儿童权利保护乃至儿童虐待防治的成文法也堪称典范。[①] 英国《1989 年儿童法》针对儿童权利保护问题有着极其详细的规定，其中首次提出并规定了“父母责任”的概念，将人们心目中父母原本施于儿童的“权力”转换为应负的“父母责任”，并对父母责任的获得、范围与终止都作了详细的规定，以此削弱亲权的力量，为公权力介入家庭提供法律依据。此外，该法还规定了“禁止性措施令”，即指定父母履行责任时不得采取的“负面清单”，并强化虐待事件发生后对儿童的保护。这些规定无不体现了英国作为老牌发达国家对儿童权利保护的创新观念与方法，为其他国家的立法树立了榜样。

此外，英国在家庭虐待防治立法上也作出了很大努力，其最新法律为 2004 年颁布的《家庭暴力、犯罪及被害人法》。该法规定了对家庭暴力受害人和证人权益的保护，自然涵盖了对遭受家庭虐待儿童的保护，主要内容包括：一是强化家庭暴力的警方逮捕权，普通的袭击、违反禁止骚扰令皆可逮捕；二是扩大对家庭暴力保障的范围，包括同居的同性及异性伴侣，皆可获取禁止骚扰令；三是在法院禁制令方面，加强对家暴虐待受害人的法律保障，若法院认为有保护受害人免受侵扰的需要，即使被裁定罪名不成立（或定罪判决被上诉推翻）也可施加禁制令，以此解决未能定罪但证据清楚显示受害人需要保护的特殊情况；四是要求强化机构间的合作，通过强化社会力量介入以避免家暴遇害可能；五是构建刑事司法机构的援助

---

① 参见李双元、李娟《儿童权利的国际法律保护》（第 2 版），武汉大学出版社，2016，第 115 页。

机制，以保障受害人能够迅速获得适合的法律援助；六是构建被害人申诉制度，被害人如果认为刑事司法机构的执行有问题，可以送交国会申诉专员请求救济，并成立相对独立的被害人委员会，让被害人有机会在政府内部充分表达意见，保障受害人权益；七是设立被害人赔偿制度以及被害人基金，并明确家庭成员间的责任，即家庭成员如明知儿童或成人急需援助，仍然放任他们承受，从而导致儿童或成人死亡等严重后果发生，会负有另外的刑事责任。[①]

针对性剥削儿童问题，英国法律规定也相当严格，特别是2003年通过的《性犯罪法案》将强迫和引导儿童观看性行为定为犯罪，且规定任何年龄之人对16岁以下儿童，只要有亲吻、爱抚等类似性举动，都属于非法行为，即使案件双方都是16岁以下儿童。该法案还规定成年人无论是通过互联网还是其他方式，只要有对儿童进行性侵犯的意图行为，均将面临5年监禁的惩罚，且成年人对儿童进行的“性诱导”也被规定为犯罪行为。同时，对于性侵儿童的犯罪者，政府必须严格记录其姓名、地址及信息变动情况，以惩罚性侵儿童的罪犯并防止他们的报复与再犯。

（二）美国

美国有关儿童权利保护的立法相当完备。[②] 其中全球首部少年法院法就于1899年诞生于美国伊利诺伊州。《少年法院法》不仅要求国家设立相应的少年法院，还要求法院设置专门的司法监督员，来保障儿童司法程序权益不受侵犯。该法还规定了政府和社会团体的义务，即照管无人抚养和被遗弃的少年儿童，将少年接受审讯方式与成人相区别，国家被假定为儿童的亲权人或监护人，[③] 从而也能起到防止儿童虐待的作用。自颁布以来，该法在立法体系和社会生活中产生了不可忽视的积极作用，不少国家纷纷效仿美国制定有关儿童保护的法律。诚如学者所言：“少年法院诞生以来，一贯为了保护少年福利，并且，其所采取的手段可以说更具科学性。因而这

① 参见颜心韵《防治家庭暴力犯罪之研究——兼论儿童虐待》，硕士学位论文，中国文化大学，2013，第40页。

② 参见吴鹏飞《中国儿童人权法治保障探究》，中国民主法制出版社，2015，第99页。

③ 参见吴鹏飞《中国儿童福利立法研究》，知识产权出版社，2020，第109页。

一传统，最近受到了很好的评价。”①

除了少年司法制度的特别保护规定，针对日趋猖獗的儿童性剥削犯罪，美国则于2006年颁布了《亚当·沃尔什儿童保护与安全法》，建立了针对性侵儿童犯罪者的信息登记制度，并要求根据犯罪轻重进行分级，按照级别不同确定资料的更新频率与惩罚措施等，其中性虐待、绑架或性侵儿童等行为被当然列为最严重的犯罪级别，规定了终身登记的惩罚措施，以期通过加强对性虐待儿童犯罪的惩罚和监管来威慑此类犯罪分子。此外，面对童工问题，美国法律也是明确禁止或严格限制，其中《公平劳动标准法》等相关法律就规定，除非法律列举的情况，② 一般情况下雇佣童工在美国是非法的。

更加值得关注的是，美国还制定了《儿童虐待预防与处遇法》《儿童虐待和忽视报告法》《儿童虐待预防与执行法》等诸多专门性法律，这些儿童虐待防治法律都对保护受虐儿童权益具有极大的促进作用。其中《儿童虐待预防与处遇法》是美国首个专门针对儿童虐待问题的联邦法律，于1974年由国会通过，在2006年进行了修订。该法规定了相应的强制报告制度，要求州政府指定法定报告者（医生、护士、教师和警察等），执行儿童虐待通报的规定。同时，联邦政府依据该法规定成立了负责领导各部门开展儿童虐待和疏忽防治工作的专门机构，并成立了首个全国儿童虐待与疏忽中心，负责国内儿童虐待事件信息交流和相关人员训练，由联邦政府支付训练费用，以提升全国性儿童保护相关人员的知识与服务品质，从而全方位开展儿童虐待防治工作。此后，美国联邦政府通过种种途径逐渐确立起主导儿童保护政策的地位，开启了儿童虐待防治立法的新纪元。

（三）加拿大

加拿大对儿童的立法保护十分重视，且在立法内容与司法制度方面有

① 康树华：《青少年法学》，北京大学出版社，1986，第295页。

② 《公平劳动标准法》第212条规定，雇佣童工是非法的，但又允许雇主有条件地雇佣16岁以下的童工从事某些农业劳动。这些条件包括：第一，1年内农业工人劳动不超过500人/天；第二，雇主雇佣儿女或其他亲属；第三，雇工只从事收获性作业；第四，16岁或16岁以下的童工进行收获性作业，其工作水平应与农场其他雇工一样；第五，主要从事畜牧业生产。

着自己的特点与历史，其相关法制经过多年发展，产生了数量众多且质量较高的儿童保护法律。这些法律能有效支持儿童权利保护工作，其中不乏儿童虐待防治的内容。早在 1799 年，安大略省就制定了《教育和支援孤儿和遗弃儿童法案》，主要内容是支持学徒制度，即允许工厂创造部分低廉岗位，从而保证受工业革命影响或在经济危机下困境儿童的生存，但在此法案施行期间，不少儿童经常遭受雇主虐待，且被迫在恶劣环境下工作的情形。由于缺乏法律规制，工厂主往往肆意剥削学徒，这类儿童常遭受非人对待，更罔论受特殊保护。这种情况逐渐引起社会大众的关注，此后加拿大政府意识到了相关问题，制定出《慈善救助法》，该法规定禁止工厂主或其他雇主过度虐待学徒，同时也授权慈善机构干预，且对照顾儿童的相关福利机构进行监督，这也是加拿大现代儿童虐待防治立法的开端。

进入现代以来，加拿大儿童保护法律制度基本贯彻了《儿童权利宣言》的指导思想，通过加大政府对家庭的介入力度，使家庭内的儿童虐待行为受到规制。值得关注的是，1965 年的《儿童福利法》修正案开始引入儿童保护强制报告制度，这种高效的事中发现手段使得越来越多的受虐儿童被发现，儿童保护的社会成效不断显现。而 1984 年加拿大对儿童的法制保护内容再次修改，新出台的《儿童和家庭服务法》代替了之前的《儿童福利法》。该法强调机构干预应当依据最大利益原则保证儿童和寄养家庭之间稳定和谐的关系，防止出现政府对家庭的过度干预。但 2000 年《儿童和家庭服务法》的修正案又再次扩大了政府强制干预家庭事项的范围，以期在保护受虐儿童的介入力度上找到政府干预与父母亲权之间的平衡点。可以说，加拿大对儿童的立法保护是进行了大量反复研究和实践的，且在坚持儿童最佳利益原则的基础上充分结合了加拿大的国情，防止立法导致对家庭内部的过度介入。

除中央立法外，加拿大各省也享有极大的立法权，有权制定众多法规，从而在内容上与中央互补、相辅相成，且加拿大地方的保护原则和法律概念与中央基本相同。例如魁北克省 1979 年制定的《少年保护法》，明确将儿童视为“法律主体”，将魁北克的所有儿童置于该法的保护之下，而此后新成立的纽芬兰省，尽管在儿童保护制度方面深受宗教传统的影响，但也紧随国内儿童保护的立法进程，制定了本省的儿童保护法律。[①]

二　大陆法系国家

（一）德国

德国儿童保护立法的质量和数量位居世界前列，包括《青少年福利法》(1924)、《青少年劳动保护法》(1960)、《青少年刑法》(1974) 等一系列专门立法，形成了较完善的法律体系。除了《青少年劳动保护法》对童工的明确禁止，《青少年刑法》中也规定有少年法庭组织法、少年刑事诉讼程序、刑罚对少年犯的执行等。这些立法主要就刑事司法制度对儿童予以特别保护，防止司法程序不公正和对青少年心理的伤害，同时对违法犯罪少年的处罚也作了详细的规定，以防止过度刑事处罚而造成政府对青少年的虐待行为，促进违法犯罪少年改造和重新融入社会。

但最值得称道的是《德国刑法典》对儿童虐待防治的规定，该法典对与儿童有关的性行为作出的规定十分周详，堪称典范，其中涉及儿童虐待防治的条文主要有：第 174 条对受保护者进行性的乱用作出了规定；第 176 条对儿童进行性的乱用、对儿童进行严重的性的乱用、对儿童进行的造成死亡结果的性的乱用分别作出了规定；第 180 条对有关促成未成年人性行为作出了规定；第 184 条则对散发色情文书和危害少年的卖淫作出了规定；第 235 条对使未成年人脱离监护人的犯罪行为作出了规定；第 236 条是对有关儿童的交易作出了规定。这些条文主要规定了对儿童进行性行为或者诱导其进行性行为的刑事责任，内容十分详细，将各种犯罪类型与行为认定都罗列在刑法条文中，极大威慑和有效防止了针对儿童的性剥削犯罪。

此外，《德国民法典》也有不少条款涉及儿童虐待防治的内容，比如，“有损尊严的教育措施，特别是身体和精神上的虐待，不在准许之列”；[②]“子女肉体上的、精神上的或心灵上的利益受到危害，或者其财产受到危害，且父母不愿意或者没有能力免除危险的，家事法院应当采取为免除危

---

① 参见杨志超《加拿大儿童保护制度演进的基本导向及启示》，《宁夏社会科学》2017 年第 6 期，第 66 页。

② 《德国民法典》第 1631 条第 2 款。

险而有必要采取的措施”。[①] 此外，“家事法院确认父母一方在事实上较长时间不能行使亲权的，其亲权停止”。[②] 而家事法院判定父母丧失亲权，就包括父母因对子女犯重罪或犯故意伤害的轻罪而被判处重惩役或6个月以上轻惩役等情况。[③] 这些规定无不体现了公权对亲权的介入，以防止家庭内儿童虐待情况的发生和对儿童权利的及时保护。

可以说，德国针对儿童虐待的立法干预，不仅有独立且数量众多的专门法律，且相关立法也多有涉及，从而做到相互配套、多方保护，在实际生活中更好地规制儿童虐待行为，进而保障儿童人权，因此值得我国在立法上学习和借鉴。

（二）日本

日本儿童保护法律体系相当完备，立法数量极为丰富，且各法律之间相互配套、各有侧重。其中1947年制定并通过的《儿童福利法》，是综合性儿童权利保护法，也是日本儿童权利保护最重要的基本法律之一，是制定其他儿童权益立法的根据与基础。该法具体规定了关于“保护人”[④] 的责任，即保护人如有虐待或其他玩忽职守等损害儿童权益的行为，日本都、道、府、县知事应采取措施，保护儿童免受伤害并及时将保护人移交家庭裁判所裁判。此外，该法还规定了对受虐儿童案件进行调查质问的具体程序与规定，以查明真相并落实程序正义。

紧接《儿童福利法》后颁布的《少年法》，则类似于一种刑事特别法，涵盖内容极为广泛，既包括实体法，也包括程序法。该法主要创新是在“家庭裁判所”（日本的家事审判机关）外又设置了“儿童商谈所”（针对家庭裁判所移送的少年保护案件进行商谈和调查的政府机构），并确立了“保护优先主义原则”（由家庭裁判所优先审理少年保护案件）。值得注意的

① 《德国民法典》第1666条第1款。

② 《德国民法典》第1674条第1款。

③ 参见李双元、李娟《儿童权利的国际法律保护》（第2版），武汉大学出版社，2016，第167页。

④ 日本《儿童福利法》第6条规定：“保护人是指行使亲权者、监护人以及其他正在监护儿童者。”

是，上述两部法律都强调了“家庭裁判所”的重要性，而该机构本质是模仿并脱胎于美国家庭法院，但日本对其职权范围作出进一步扩充，以便更好地保护儿童的司法权利。

此外，日本还制定了大量更加细化的儿童保护法律。其中于2000年制定的《儿童虐待防止法》，对儿童虐待主体、对象以及行为等内容进行了最权威的界定。该法还规定了中央与地方政府的相关责任，要求政府办理儿童咨询所等机构，以致力于早期发现与适当处置儿童虐待问题，并授权儿童咨询所所长对受虐儿童实施临时性保护，并规定了保护者有受指导的义务等。

由于儿童性剥削案件数量不断增多，日本于1999年制定了《对嫖雏妓、儿童色情行为的处罚及儿童保护法》，对“嫖雏妓”和“儿童色情”等概念与行为作出了较宽泛的定义，并规定了相当严厉的处罚，以打击对儿童的性虐待犯罪。同时，该法还规定了对身心遭受损伤儿童的保护措施，“使儿童能够尽快从所遭受的影响中恢复身体和心理健康，享有个人尊严地成长”。[①]

（三）瑞典

根据现行法律的规定，瑞典处理少年违法行为的主体主要不是法院，而是针对保护儿童权利而设立的行政机关——社会福利委员会。同时，社会福利委员会还负责对受虐儿童的保护和干预。瑞典1960年施行的《儿童及少年福利法》曾规定公权干预的条件：“未满18周岁的少年受家庭虐待，或者其肉体、精神健康遭受危险处理时，或由于双亲和其他养育人员的不合格或对儿童养育能力不充分，危害该儿童成长时。”[②] 其中的条款内容，就明确包括虐待的情形。

此后，于1982年施行的瑞典《社会服务法》也作了类似的规定：“关于对未满18岁的少年的必要的保护，由于未得到对少年具有监护资格人员的同意，或者少年尚未达到15岁时，由于未得到少年本人的同

① 李双元、李娟《儿童权利的国际法律保护》（第2版），武汉大学出版社，2016，第78页。
② 瑞典《儿童及少年福利法》第25条。

意，如果考虑给予保护时，给予本法的规定，可以准备保护。”[1] 具体来说，于下列场合，瑞典社会福利委员会可以准备保护：第一，因少年养育上的缺陷或其他家庭条件对青少年健康或成长造成危险的场合；第二，由于少年乱用药品进行犯罪活动，或者由于类似的其他行动对自己健康和成长造成重大危险的场合。[2] 其中第一项的保护实际上涵盖了有关儿童遭受虐待的情形。

根据《社会服务法》及其补充法——《关于少年保护的特别规定》（1982）的内容要求，当儿童需要保护时，社会福利委员会可以向相应有管辖权的州法院申请作出保护决定，由委员会实施具体保护行为并对儿童负责。可以看出，瑞典对受虐儿童的保护具有强烈的福利色彩，其主要依靠设立的行政机构发现和介入受虐儿童的家庭。此外，受虐儿童的后续保护、收容与恢复也主要由其负责。这种立法下的保护措施与手段，依靠的是成熟的行政机构设置，同时也依赖于司法系统的配合，从而保护受虐儿童的合法权益。

三　立法干预的特点

从以上各国针对儿童虐待问题的立法干预看，无论普通法系国家还是大陆法系国家，普遍都制定了综合性的儿童法或专门针对儿童虐待问题的儿童虐待防治法，且内容极其丰富。可见，在儿童虐待立法干预的形式方面，普通法系和大陆法系国家并没有很大的区别，甚至向来崇尚判例法的国家如英国、美国，在儿童权利保护和虐待防治立法的道路上也可以说走在世界的前列。

仔细分析前述国家针对儿童虐待问题的立法干预，可以发现以下特点：一是综合性儿童法或儿童福利法与针对具体儿童虐待问题的各种专门法品类丰富、各有侧重、分工明确，特别是以日本为代表的大陆法系国家立法十分注意法律的兼容配套，基本做到相互配套和彼此协调，使得立法内容

① 瑞典《社会服务法》第 1 条。

② 参见李双元、李娟《儿童权利的国际法律保护》（第 2 版），武汉大学出版社，2016，第 142 页。

具有更强的可操作性、覆盖面也更广。二是儿童保护的立法内容能与时俱进，这主要以美国等普通法系国家为代表，针对社会发展出现的新案例、新情况迅速作出反应，在保持法律稳定性的前提下，根据实际需要修改和补充现有立法，使其不断完善。三是无论哪个国家立法，对儿童虐待的认定范围都在不断扩大，具体行为规制的定义日益细化。如《德国刑法典》对性虐待儿童行为的认定范围不断扩大，并不断完善对它的具体描述与规制。而正是通过扩大儿童虐待法律概念的范围，才使得更多儿童与家庭接受第三方干预与社会服务，也使得国家干预制度更完善。四是法律对父母责任或亲权的要求不断提高，体现了儿童权益相对于亲权的优先性，强调了父母作为监护者的义务而非权力，强化了社会对亲权的干预。五是针对受虐儿童保护的立法干预不再局限于事后保护，立法干预内容逐渐拓展到事前的发现与事中的救济，由此诞生了强制报告制度与儿童特殊司法制度等。六是受虐儿童的立法保护都以相应的行政或司法机构作为支撑，如英国的国会申诉专员、美国的少年法院、日本的家事裁判所与儿童商谈所，以及瑞典的社会福利委员会等，这充分说明对受虐儿童的立法干预需要着重依赖行政力量的帮助以及配套机构的设置，从而发挥公权干预的稳定效用。此外，域外国家儿童虐待防治立法，既能契合时代与国情之所需，又能注重当下问题之解决，这也值得我国学习和借鉴。

第三节　我国儿童虐待立法干预的现状

虽然我国儿童虐待防治立法起步较晚，但随着我国对儿童人权保护的不断重视，相关法律法规日趋完善，针对儿童虐待的立法干预体系也逐渐充沛。经过多年的发展与完善，我国先后制定了《未成年人保护法》《预防未成年人犯罪法》等诸多专门儿童保护法，《宪法》《刑法》《民法典》《反家庭暴力法》等法律中也有相当多的条款涉及儿童虐待防治问题。可以说，虽不能与发达国家相提并论，但我国儿童虐待防治的立法保护已初具规模。于此，本部分通过对我国大陆及港、澳、台地区儿童虐待立法干预的现状予以梳理，以期精准把握我国当前儿童虐待立法干预的具体情况，为后文的问题分析及完善建议提供良好的铺垫。

一 专门性法律及相关司法解释

（一）《未成年人保护法》

我国虽有不少法律内容与儿童权利保护相关，但尚未制定专门的儿童虐待防治法，因而本书所指的专门性法律，是指专门性儿童法律中涉及儿童虐待防治的内容，主要有《未成年人保护法》《预防未成年人犯罪法》《义务教育法》等。

《未成年人保护法》一直以来被誉为我国儿童权利保护的宪章。[①] 2020年10月17日，《未成年人保护法》修订案通过，进一步增加并完善了多项规定，着力解决社会关注的未成年人保护问题，包括监护不力、校园欺凌、性侵未成年人等，确定了最有利于未成年人原则，完善了具有中国特色的未成年人保护体系。该法就儿童虐待的防治规定有着全面而具体的规定：一是规定了儿童虐待的报告制度，如该法第11条[②]不仅规定了任何组织与个人都有权举报儿童虐待，更重要的是还规定了国家机关等特定组织与个人的强制报告义务，并在第117条[③]规定了未履行报告义务的责任；二是明令禁止父母或其他监护人虐待儿童的行为，如该法第17条[④]与第54条的规定[⑤]；三是规定了父母或监护人的保护责任与报告义务，如该法第20条[⑥]的规定，

① 参见吴鹏飞《中国儿童人权法治保障探究》，中国民主法制出版社，2015，第97页。

② 《未成年人保护法》第11条第2款规定："国家机关、居民委员会、村民委员会、密切接触未成年人的单位及其工作人员，在工作中发现未成年人身心健康受到侵害、疑似受到侵害或者面临其他危险情形的，应当立即向公安、民政、教育等有关部门报告。"

③ 《未成年人保护法》第117条规定："违反本法第十一条第二款规定，未履行报告义务造成严重后果的，由上级主管部门或者所在单位对直接负责的主管人员和其他直接责任人员依法给予处分。"

④ 《未成年人保护法》第17条规定："未成年人的父母或者其他监护人不得实施下列行为：（一）虐待、遗弃、非法送养未成年人或者对未成年人实施家庭暴力……"

⑤ 《未成年人保护法》第54条第1款规定："禁止拐卖、绑架、虐待、非法收养未成年人，禁止对未成年人实施性侵害、性骚扰。"

⑥ 《未成年人保护法》第20条规定："未成年人的父母或者其他监护人发现未成年人身心健康受到侵害、疑似受到侵害或者其他合法权益受到侵犯的，应当及时了解情况并采取保护措施；情况严重的，应当立即向公安、民政、教育等部门报告。"

同时设定了对监护人的监督与撤销制度，如该法第 108 条[1]与第 118 条[2]的规定；四是规定了曾有虐待行为的人不得被父母或监护人指定作为照顾儿童的委托人，如该法第 22 条第 3 款第 1 项[3]的规定；五是要求学校等教育机构采取制度措施确保儿童免受虐待，并规定其负有及时报告的责任，如该法第 39 条[4]与第 40 条[5]的规定；六是设定了对儿童遭受虐待后的司法援助与特殊程序，既明确了检察机关督促、支持起诉职责，也以专门法的形式扩容了公益诉讼的领域，如该法第 106 条[6]、第 111 条[7]及第 112 条[8]的规定；七是规定了针对受虐儿童的辅助发现措施，如该法第 97 条[9]、第 98 条[10]的

---

① 《未成年人保护法》第 108 条规定："未成年人的父母或者其他监护人不依法履行监护职责或者严重侵犯被监护的未成年人合法权益的，人民法院可以根据有关人员或者单位的申请，依法作出人身安全保护令或者撤销监护人资格。"

② 《未成年人保护法》第 118 条第 1 款规定："未成年人的父母或者其他监护人不依法履行监护职责或者侵犯未成年人合法权益的，由其居住地的居民委员会、村民委员会予以劝诫、制止；情节严重的，居民委员会、村民委员会应当及时向公安机关报告。"

③ 《未成年人保护法》第 22 条第 3 款规定："具有下列情形之一的，不得作为被委托人：（一）曾实施性侵害、虐待、遗弃、拐卖、暴力伤害等违法犯罪行为……"

④ 《未成年人保护法》第 39 条第 2 款规定："学校对学生欺凌行为应当立即制止，通知实施欺凌和被欺凌未成年学生的父母或者其他监护人参与欺凌行为的认定和处理；对相关未成年学生及时给予心理辅导、教育和引导；对相关未成年学生的父母或者其他监护人给予必要的家庭教育指导。"

⑤ 《未成年人保护法》第 40 条规定："学校、幼儿园应当建立预防性侵害、性骚扰未成年人工作制度。对性侵害、性骚扰未成年人等违法犯罪行为，学校、幼儿园不得隐瞒，应当及时向公安机关、教育行政部门报告，并配合相关部门依法处理。"

⑥ 《未成年人保护法》第 106 条规定："未成年人合法权益受到侵犯，相关组织和个人未代为提起诉讼的，人民检察院可以督促、支持其提起诉讼；涉及公共利益的，人民检察院有权提起公益诉讼。"

⑦ 《未成年人保护法》第 111 条规定："公安机关、人民检察院、人民法院应当与其他有关政府部门、人民团体、社会组织互相配合，对遭受性侵害或者暴力伤害的未成年被害人及其家庭实施必要的心理干预、经济救助、法律援助、转学安置等保护措施。"

⑧ 《未成年人保护法》第 112 条规定："公安机关、人民检察院、人民法院办理未成年人遭受性侵害或者暴力伤害案件，在询问未成年被害人、证人时，应当采取同步录音录像等措施，尽量一次完成；未成年被害人、证人是女性的，应当由女性工作人员进行。"

⑨ 《未成年人保护法》第 97 条规定："县级以上人民政府应当开通全国统一的未成年人保护热线，及时受理、转介侵犯未成年人合法权益的投诉、举报；鼓励和支持人民团体、企业事业单位、社会组织参与建设未成年人保护服务平台、服务热线、服务站点，提供未成年人保护方面的咨询、帮助。"

⑩ 《未成年人保护法》第 98 条规定："国家建立性侵害、虐待、拐卖、暴力伤害等违法犯罪人员信息查询系统，向密切接触未成年人的单位提供免费查询服务。"

规定；八是规定了政府部门对受虐儿童的临时监护责任，如该法第 92 条[①]的规定。

（二）《预防未成年人犯罪法》

2020 年 12 月 26 日修订的《预防未成年人犯罪法》，有不少条款涉及儿童虐待，主要针对校园欺凌问题：一是要求建立学生欺凌防控制度，以此预防校园同龄学生之间的虐待行为，如该法第 20 条[②]，同时规定了具体事后管理教育措施，如该法第 33 条[③]；二是鼓励学校聘请专家进行教育，引导学生从心理上拒绝欺凌行为，如该法第 21 条[④]；三是对未成年人受到人身安全威胁情况下的报告与保护作出要求，如该法第 39 条[⑤]；四是对学校及教职员工、有关社会组织、机构及工作人员虐待儿童的法律责任作出规定，如该法第 62 条[⑥]与第 64 条[⑦]。

---

① 《未成年人保护法》第 92 条规定："具有下列情形之一的，民政部门应当依法对未成年人进行临时监护……（六）未成年人遭受监护人严重伤害或者面临人身安全威胁，需要被紧急安置……"

② 《预防未成年人犯罪法》第 20 条规定："教育行政部门应当会同有关部门建立学生欺凌防控制度。学校应当加强日常安全管理，完善学生欺凌发现和处置的工作流程，严格排查并及时消除可能导致学生欺凌行为的各种隐患。"

③ 《预防未成年人犯罪法》第 33 条规定："未成年学生偷窃少量财物，或者有殴打、辱骂、恐吓、强行索要财物等学生欺凌行为，情节轻微的，可以由学校依照本法第三十一条规定采取相应的管理教育措施。"

④ 《预防未成年人犯罪法》第 21 条规定："教育行政部门鼓励和支持学校聘请社会工作者长期或者定期进驻学校，协助开展道德教育、法治教育、生命教育和心理健康教育，参与预防和处理学生欺凌等行为。"

⑤ 《预防未成年人犯罪法》第 39 条规定："未成年人的父母或者其他监护人、学校、居民委员会、村民委员会发现有人教唆、胁迫、引诱未成年人实施严重不良行为的，应当立即向公安机关报告。公安机关接到报告或者发现有上述情形的，应当及时依法查处；对人身安全受到威胁的未成年人，应当立即采取有效保护措施。"

⑥ 《预防未成年人犯罪法》第 62 条规定："学校及其教职员工违反本法规定，不履行预防未成年人犯罪工作职责，或者虐待、歧视相关未成年人的，由教育行政等部门责令改正，通报批评；情节严重的，对直接负责的主管人员和其他直接责任人员依法给予处分。构成违反治安管理行为的，由公安机关依法予以治安管理处罚。教职员工教唆、胁迫、引诱未成年人实施不良行为或者严重不良行为，以及品行不良、影响恶劣的，教育行政部门、学校应当依法予以解聘或者辞退。"

⑦ 《预防未成年人犯罪法》第 64 条规定："有关社会组织、机构及其工作人员虐待、歧视接受社会观护的未成年人，或者出具虚假社会调查、心理测评报告的，由民政、司法行政等部门对直接负责的主管人员或者其他直接责任人员依法给予处分，构成违反治安管理行为的，由公安机关予以治安管理处罚。"

（三）其他专门性法律

长期以来，由于受“严师出高徒”等传统教育思想影响，不仅老师认为体罚是必需的教育行为，不少家长也会认为通过一定暴力等行为管教儿童是“为了孩子好”，从而纵容了校园虐待。为此，《义务教育法》对学校可能发生的虐待情形进行了规定，主要是第 29 条第 2 款[①]禁止教师对学生进行体罚等侮辱人格的行为，从而抑制教师对学生无限制的管教，保护儿童的基本人权，防止虐待对儿童早期成长产生不利影响。

（四）相关司法解释

另外，针对日益猖獗的儿童虐待犯罪以及司法实践中出现的较多问题，我国还出台了不少相关司法解释，包括《关于建立侵害未成年人案件强制报告制度的意见（试行）》（2020）、《关于依法办理家庭暴力犯罪案件的意见》（2015）、《关于依法处理监护人侵害未成年人权益行为若干问题的意见》（2014）、《关于依法惩治性侵害未成年人犯罪的意见》（2013）等，进一步细化了儿童虐待的强制报告制度、受虐儿童人身安全保护令的申请制度、对儿童虐待犯罪行为的具体认定、对儿童虐待监护人资格的撤销以及规定司法部门对受虐儿童的救济与临时监护等内容，为儿童虐待的立法干预提供了具有可操作性的规范依据。

二　非专门性法律、法规、规章

（一）《宪法》（1982）

现行《宪法》是 1982 年制定的，其中至少有三个条款涉及儿童人权保障或者儿童虐待防治的内容：第 33 条第 3 款规定的“国家尊重和保障人权”，第 38 条规定的“公民的人格尊严不受侵犯”，以及第 49 条第 4 款规定的“禁止虐待老人、妇女和儿童”。虽然“人权保障条款”和“人格尊严不受侵犯条款”未直接言及儿童虐待问题，但为保护儿童人权提供了直接

① 《义务教育法》第 29 条第 2 款规定：“教师应当尊重学生的人格，不得歧视学生，不得对学生实施体罚、变相体罚或者其他侮辱人格尊严的行为，不得侵犯学生合法权益。”

依据。而《宪法》中出现禁止虐待儿童的规定，更是表明国家对儿童人权的尊重与保护。同时，《宪法》第 49 条第 4 款也为儿童虐待的防治提供了最为坚实与基础的根本法保障。[①]

（二）《刑法》（1997）

我国《刑法》对于儿童虐待防治内容也有相关规定，主要体现在第 260 条“虐待罪”的条文中，其中“虐待家庭成员”自然包括了对家庭内儿童的虐待，更重要的是在“虐待罪”下直接规定了“虐待被监护、看护人罪”，要求“对未成年人、老年人、患病的人、残疾人等负有监护、看护职责的人虐待被监护、看护的人，情节恶劣的，处三年以下有期徒刑或者拘役”。且“单位犯前款罪的，对单位判处罚金，并对其直接负责的主管人员和其他直接责任人员，依照前款的规定处罚”。此外，第 244 条之一“雇用童工从事危重劳动罪”[②] 则禁止童工从事超强度体力劳动或高空、井下作业等危险行为，体现了我国对童工的刑法保护。而第 237 条中“猥亵儿童罪”、第 261 条“遗弃罪”及第 262 条之一“组织残疾人、儿童乞讨罪”则是对不同形式的儿童虐待之禁止，因为广义上的虐童行为并不局限于家庭成员的行为，也不局限于使用暴力这样的身体虐待形式，如对儿童的长期疏忽以及性虐待等也是现实中常见的行为。因此，我国对猥亵、遗弃儿童等行为的刑法规制，也显得尤为必要。

（三）《民法典》（2020）

《民法典》是当下我国最重要的民事立法，其中有不少条款涉及儿童虐待的防治内容。其中有部分条文属于原则性和禁止性规定，如该法第 1042 条对家庭虐待有原则性规定，即“禁止家庭成员间的虐待和遗弃”。第 1072 条对继父母

① 参见李双元、李娟《儿童权利的国际法律保护》（第 2 版），武汉大学出版社，2016，第 221 页。

② 《刑法》第 244 条之一“雇用童工从事危重劳动罪”规定：“违反劳动管理法规，雇用未满十六周岁的未成年人从事超强度体力劳动的，或者从事高空、井下作业的，或者在爆炸性、易燃性、放射性、毒害性等危险环境下从事劳动，情节严重的，对直接责任人员，处三年以下有期徒刑或者拘役，并处罚金；情节特别严重的，处三年以上七年以下有期徒刑，并处罚金。有前款行为，造成事故，又构成其他犯罪的，依照数罪并罚的规定处罚。”

的虐待行为有禁止性规定，即“继父母与继子女间，不得虐待或者歧视”。还有部分法条通过解除家庭关系与给予损害赔偿，为受虐者提供法律保护，从而使得包括儿童在内的受虐者有权在法律上脱离施虐者。如第 1079 条规定了虐待、遗弃家庭成员可以成为准许离婚的法定情形；[①] 第 1091 条规定了如因虐待、遗弃家庭成员“导致离婚的，无过错方有权请求损害赔偿”。第 1114 条第 2 款规定了禁止收养人虐待儿童：“收养人不履行抚养义务，有虐待、遗弃等侵害未成年养子女合法权益行为的，送养人有权要求解除养父母与养子女间的收养关系。送养人、收养人不能达成解除收养关系协议的，可以向人民法院提起诉讼。”值得注意的是，第 36 条第 1 款[②]还具体规定了三种严重侵害被监护人权益情形下对监护人资格申请撤销的制度，其中就包括了儿童虐待行为。在此情形下，第 36 条第 2 款[③]与第 3 款[④]规定的主体可以向人民法院申请撤销监护人资格，以保护儿童免受进一步的伤害。

（四）《反家庭暴力法》(2015)

《反家庭暴力法》也有不少关于儿童虐待防治的规定，其中针对儿童虐待的强制报告与保护制度作出了若干新规定，弥补了之前《未成年人保护法》的些许不足，主要涉及的内容有：一是对儿童虐待的明令禁止，如该

---

① 《民法典》第 1079 条规定：“夫妻一方要求离婚的，可以由有关组织进行调解或者直接向人民法院提起离婚诉讼。人民法院审理离婚案件，应当进行调解；如果感情确已破裂，调解无效的，应当准予离婚。有下列情形之一，调解无效的，应当准予离婚：（一）重婚或者与他人同居；（二）实施家庭暴力或者虐待、遗弃家庭成员；（三）有赌博、吸毒等恶习屡教不改；（四）因感情不和分居满二年；（五）其他导致夫妻感情破裂的情形。一方被宣告失踪，另一方提起离婚诉讼的，应当准予离婚。经人民法院判决不准离婚后，双方又分居满一年，一方再次提起离婚诉讼的，应当准予离婚。”

② 《民法典》第 36 条第 1 款规定：“监护人有下列情形之一的，人民法院根据有关个人或者组织的申请，撤销其监护人资格，安排必要的临时监护措施，并按照最有利于被监护人的原则依法指定监护人：（一）实施严重损害被监护人身心健康的行为；（二）怠于履行监护职责，或者无法履行监护职责且拒绝将监护职责部分或者全部委托给他人，导致被监护人处于危困状态；（三）实施严重侵害被监护人合法权益的其他行为。”

③ 《民法典》第 36 条第 2 款规定：“本条规定的有关个人、组织包括：其他依法具有监护资格的人，居民委员会、村民委员会、学校、医疗机构、妇女联合会、残疾人联合会、未成年人保护组织、依法设立的老年人组织、民政部门等。”

④ 《民法典》第 36 条第 3 款规定：“前款规定的个人和民政部门以外的组织未及时向人民法院申请撤销监护人资格的，民政部门应当向人民法院申请。”

法第5条[①]；二是学校、政府机关、福利机构等组织的强制报告义务，如该法第14条[②]；三是要求公安机关对受虐儿童进行救助保护与临时庇护，如该法第15条[③]；四是规定虐待儿童监护人资格的撤销，如该法第21条[④]；五是设置受虐儿童的人身安全保护令制度，以及时保护受虐儿童的人身安全，如该法第23条[⑤]。

总体来说，《民法典》对于儿童虐待的条文虽有不少涉及，且规定了对受虐儿童的事中救济与事后处置措施，但规定较为分散，原则性有余而规范性不足，难以从实际层面消除儿童虐待的现象。

（五）其他相关法律、行政法规、部门规章

在其他法律方面，《妇女权益保障法》第38条[⑥]强调了对女婴生命健康权的保护。

在行政法规方面，《国务院关于加强困境儿童保障工作的意见》（2016）规定要保护"因家庭监护缺失或监护不当遭受虐待、遗弃、意外伤害、不法侵害等导致人身安全受到威胁或侵害的儿童"，并规定为这类儿童营造良好的成长环境是家庭、政府和社会的共同责任。

---

① 《反家庭暴力法》第5条规定："未成年人、老年人、残疾人、孕期和哺乳期的妇女、重病患者遭受家庭暴力的，应当给予特殊保护。"

② 《反家庭暴力法》第14条规定："学校、幼儿园、医疗机构、居民委员会、村民委员会、社会工作服务机构、救助管理机构、福利机构及其工作人员在工作中发现无民事行为能力人、限制民事行为能力人遭受或者疑似遭受家庭暴力的，应当及时向公安机关报案。公安机关应当对报案人的信息予以保密。"

③ 《反家庭暴力法》第15条规定："公安机关接到家庭暴力报案后应当及时出警，制止家庭暴力，按照有关规定调查取证，协助受害人就医、鉴定伤情。无民事行为能力人、限制民事行为能力人因家庭暴力身体受到严重伤害、面临人身安全威胁或者处于无人照料等危险状态的，公安机关应当通知并协助民政部门将其安置到临时庇护场所、救助管理机构或者福利机构。"

④ 《反家庭暴力法》第21条规定："监护人实施家庭暴力严重侵害被监护人合法权益的，人民法院可以根据被监护人的近亲属、居民委员会、村民委员会、县级人民政府民政部门等有关人员或者单位的申请，依法撤销其监护人资格，另行指定监护人。被撤销监护人资格的加害人，应当继续负担相应的赡养、扶养、抚养费用。"

⑤ 《反家庭暴力法》第23条规定："当事人因遭受家庭暴力或者面临家庭暴力的现实危险，向人民法院申请人身安全保护令的，人民法院应当受理。当事人是无民事行为能力人、限制民事行为能力人，或者因受到强制、威吓等原因无法申请人身安全保护令的，其近亲属、公安机关、妇女联合会、居民委员会、村民委员会、救助管理机构可以代为申请。"

⑥ 《妇女权益保障法》第38条规定："妇女的生命健康权不受侵犯。禁止溺、弃、残害女婴……"

在部门规章方面，教育部 2021 年 3 月 1 日施行的《中小学教育惩戒规则（试行）》，针对教育机构在管理儿童过程中可能出现的惩戒行为予以规制，明令禁止诸如“击打”“刺扎”“罚站”等身体虐待行为，[①] 针对儿童在受教育过程中可能产生的违规违纪行为，根据严重程度处以“点名批评”“书面检讨”“教室内站立”等对应的惩罚措施。即使出现严重违规违纪行为，也只能在事先通知家长的前提下，给予相应的“教育惩罚”，从而制止机构虐待儿童的行为。

三　港、澳、台地区相关规定

（一）香港地区

在 1997 年香港回归后，除基本法及一些专门法外，香港仍适用原有普通法与衡平法等法律，因此，香港原来有关儿童虐待防治的法律规定依然有效。1951 年制定通过的《保护妇孺条例》，主要规定了社会福利署等政府部门的相关权力，其中赋予社会福利署监管和保护儿童的责任，尤其是社会福利署署长有保护妇女、少年及儿童防止其身体遭受危害的责任。此外，香港《刑事罪行条例》规定了与儿童非法性交有关的内容。[②] 而 1965 年《侵害人身罪条例》则对遗弃、疏忽、虐待、拐带儿童的犯罪行为与具体刑罚都作了详细规定，特别是第 47C 条还规定了“杀婴罪”，[③] 认为针对该种犯罪所判刑罚与误杀罪相同，从而强化了对婴儿的法

① 《中小学教育惩戒规则（试行）》第 12 条规定：“教师在教育教学管理、实施教育惩戒过程中，不得有下列行为：（一）以击打、刺扎等方式直接造成身体痛苦的体罚；（二）超过正常限度的罚站、反复抄写，强制做不适的动作或者姿势，以及刻意孤立等间接伤害身体、心理的变相体罚；（三）辱骂或者以歧视性、侮辱性的言行侵犯学生人格尊严；（四）因个人或者少数人违规违纪行为而惩罚全体学生；（五）因学业成绩而教育惩戒学生；（六）因个人情绪、好恶实施或者选择性实施教育惩戒；（七）指派学生对其他学生实施教育惩戒；（八）其他侵害学生权利的。”

② 《刑事罪行条例》第 123 条规定：“任何男子与一名年龄在 13 岁以下的女童非法性交，即属犯罪，一经循公诉程序定罪，可处终身监禁。”

③ 《侵害人身罪条例》第 47C 条规定：“任何女子如因故意作为或不作为导致其不足 12 个月大的婴儿死亡，而在该作为作或不作为发生时，该女子仍因未从分娩该婴儿的影响中完全复原，或因分娩该婴儿后泌乳的影响，而致精神不平衡，则即使按有关情况，其罪行如非因本条规定应属谋杀罪，该女子亦只属犯杀婴罪，并可处以刑罚，犹如已犯误杀罪一样。”

律保护。此外，《雇佣儿童规例》确立了雇佣儿童的职业及保障规定，以保障儿童身心发展。此条例不仅禁止任何人聘用未满 13 周岁的儿童，而且规定了对雇佣 13~15 周岁儿童的特殊条件限制，包括教育保障、工作时间、职业禁止等。

（二）澳门地区

与香港情况类似，澳门回归后也继续适用澳门原有法律，而非全部适用中华人民共和国相关立法。较为特别的是，《澳门特别行政区基本法》第 40 条第 1 款规定："《公民权利和政治权利国际公约》、《经济、社会与文化的国际公约》和国际劳工公约适用于澳门的有关规定继续有效，通过澳门特别行政区的法律予以实施。"因此，澳门儿童保护法律其实吸收了大量国际法律文件内容，有关国际公约中保护儿童权利的条款也是澳门儿童权利保护法的组成部分。此外，《澳门劳资关系法》第七章专门规制童工问题，且重点规定了"童工"概念[①]（14~16 周岁的未成年工）、童工工作范围限制[②]（包括有害儿童身心发展以及从事家庭服务类型的工作）及健康检查强制要求[③]（每年至少进行一次检查）等，从而保护童工的身心健康发展。

（三）台湾地区

我国台湾地区自 1960 年开始草拟"儿童福利法草案"，并在 1973

① 《澳门劳资关系法》第 39 条规定："一、任何雇主不得雇用及使用十六岁以下工作者的服务。二、倘雇主遵守第四二条一款之规定，由十六岁以下十四岁以上未成年人士提供服务得例外地获得批准。"

② 《澳门劳资关系法》第 40 条规定："一、录用童工担任若干工作而因其性质或所提供的条件对其身体、精神或道德的发展有损害者，得受总督训令予以禁止或限制。二、不准未满十六岁儿童提供家庭服务。三、为进行居住地的保养及烹饪所需的工作，在一个家庭提供服务，被视为家庭服务，例如：a）房屋清洁及整理；b）烹饪；c）洗及处理衣物；d）看管及照顾儿童及老年人；e）与上述有关的外勤工作；f）园丁工作；g）缝纫；h）习惯上所定的其他类似工作；i）上述工作的协调及管理。"

③ 《澳门劳资关系法》第 42 条规定："一、当未经事先证明未满十六岁的童工具有执行其职业活动所需的良好体格时，雇主不得使用未满十六岁童工的服务。二、在提供服务期间，童工每年至少作一次正常及定期之健康及体格检查，以视乎其是否胜任。三、检查将由有资格的医生进行，有关费用将由雇主直接负担。四、一及二款所定的遵守之证明文件，应由进行检查的人士或机构盖印及证实，并将应随时向有关稽查部门人员出示。"

年通过并颁布施行“儿童福利法”。但这只是宣示性质的，着重于照顾失依儿童，有关防治儿童虐待的内容着墨甚少。而到 1993 年台湾对“儿童福利法”予以修正，主要是参考美国儿童虐待防治法律制度，并据此落实《儿童权利公约》第 19 条所规定的“不致受到任何形式的身心摧残、伤害或凌辱，忽视或照料不周，虐待或剥削，包括性侵犯”之保护措施。该规定针对儿童虐待问题，主要包括儿童虐待通报①、限制亲权与保护安置②及主管机关的权力与责任③。此外，该规定明确规定了父母对儿童的养育责任④，同时要求政府设置儿童福利专责单位⑤，且增加罚则项目，对儿童犯罪者加重刑责，对儿童非犯罪的虐待行为者的处罚则以罚款为主⑥，确保政府干预儿童虐待的工作于法有据。

台湾地区还制定了“儿童及少年性剥削防制条例”，用以消弭以儿童或少年为性交易对象事件的发生。同时在 1997 年颁布并施行“性侵害犯罪防治法”，以进一步保护儿童性自主权，避免儿童遭受性虐待侵害。为了防治家庭暴力行为及保护被害人权益，更在 1998 年颁布施行“家庭暴力防治法”，引进民事保护令⑦和监督会面交往相关制度⑧。除了保护和安置家暴受害者的内容，更有加害人处遇计划等，主要对加害人实施认知教育、亲职教育或心理等辅导及精神相关治疗⑨。

2011 年，台湾地区将“儿童及少年福利法”更名为“儿童及少年福利与权益保障法”，明确权利保护主体为儿童与少年，以此落实此类群体权益的法律保障。到了 2015 年，因儿童虐待事件屡禁不止，“儿童及少年福利与权益保障法”再次修订，增加了强制亲职教育的内容，政府对有儿童虐待行为的父母不再采用依情节轻重裁量或课以罚锾的方式，而是一律要求

① 参见台湾“儿童福利法”第 35 条。
② 参见台湾“儿童福利法”第 26~34 条。
③ 参见台湾“儿童福利法”第 7、9 条。
④ 台湾“儿童福利法”第 3 条第 1 项规定：“父母、养父母或监护人对其儿童应负保育之责任。”
⑤ 参见台湾“儿童福利法”第 6 条。
⑥ 参见台湾“儿童福利法”第 43~52 条。
⑦ 参见台湾“家庭暴力防治法”第二章“民事保护令”。
⑧ 参见台湾“家庭暴力防治法”第 21、45 条。
⑨ 参见台湾“家庭暴力防治法”第 14 条第 1 项。

接受强制亲职教育，对于拒绝接受强制亲职教育或时数不足者则提高罚锾。① 公权力辅导和干预家庭亲职功能彰显了儿童虐待防治体系中家庭亲职教育的重要性。

此外，台湾地区于 2014 年通过“儿童权利公约施行法”，使《儿童权利公约》具有域内效力，以此要求各级政府机关依照《儿童权利公约》的规定内容，检视是否存在不符合公约规定者，并于该规定施行后五年内完成所有法规之增修或废止及行政措施之改进，② 从而使得关于儿童的各项权利得到更好的保护。同时，关于儿童保护相关法规也根据该规定的精神不断予以修改完善，包括在 2015 年修正“家庭暴力防治法”“性侵害犯罪防治法”以及 2018 年修正“儿童及少年性剥削防制条例”等，使得台湾地区对儿童虐待的防治逐步走向以维护儿童权利为主的法制体系。

综上所述，当前我国已基本形成以宪法为根本大纲，以《未成年人保护法》《预防未成年人犯罪法》等专门性法律为主干，以刑法、民法等相关法律为分支的相对健全的儿童虐待立法干预体系。另外，无论是香港、澳门还是台湾地区，在儿童虐待防治方面的规定存在不少差异。因此，探讨这些地区在儿童虐待防治方面的法律内容，也有助于港澳台地区与祖国大陆之间的交流合作，并协调和解决相关法律冲突问题。港澳台地区在此方面的规定更为成熟与完善，对祖国大陆相关法律体系完善也有巨大的借鉴意义。

第四节　我国儿童虐待立法干预存在的问题及完善建议

通过上述的分析，可以了解到当下我国儿童虐待的立法干预体系仍存在诸多不完善之处，但不可忽视的是，我国作为人口大国与发展中国家，能够建立有效的儿童立法保护体系实属不易。尤为值得注意的是，近年来，我国不仅签署并批准了《儿童权利公约》及《经济、社会及文化权利国际

① 参见台湾“儿童及少年福利与权益保障法”第 102 条。

② 参见台湾“儿童权利公约施行法”第 9 条。

公约》，还通过修订《未成年人保护法》不断完善儿童保护制度，以此响应建设中国特色社会主义法律体系的号召。这充分表明，儿童虐待的立法干预在我国正受到前所未有的关注与重视。为此，本部分力求结合我国儿童虐待立法干预的现状分析，通过借鉴域外相关立法经验，从问题分析着手，针对我国儿童虐待立法干预存在的问题，提出若干完善建议，以期更好地增进儿童福祉，保障他们茁壮成长。

一　我国立法干预存在的问题

（一）“儿童虐待”概念界定不清

综观世界各国立法，大都对“儿童虐待”有着具体明确的定义，以此指引家庭成员及其他社会公众注意自己的言行举止，防止儿童虐待事件的发生。同时，清晰准确的定义界定也有助于减少司法机关处理相关案件的争议，从而对儿童虐待行为作出较为适切的判断，保障国家公权力更好地介入家庭内部事务。

我国相关法律则往往侧重于儿童虐待的惩罚措施及相关禁止性规定，对于儿童虐待的内涵与外延却缺乏明确的定义，甚至连保护主体都有“青少年”“未成年人”“儿童”等多种称谓，更遑论“儿童虐待”的法律界定。即便在《未成年人保护法》《预防未成年人犯罪法》等专门性法律中，也仅规定了禁止儿童虐待行为并列举了部分情形，并未明确规定何谓“儿童虐待”。只有在《关于预防和制止家庭暴力的若干意见》《关于依法处理监护人侵害未成年人权益行为若干问题的意见》等司法解释中对“家庭暴力”①、“监护人侵害未成年人”② 等作出明确的界定。此外，我国刑法中“虐待罪”虽然定义了家庭成员的虐待行为，还增设了“虐待被监护人、看

① 《关于预防和制止家庭暴力的若干意见》第1条规定：“本意见所称‘家庭暴力’，是指行为人以殴打、捆绑、残害、强行限制人身自由或者其他手段，给其家庭成员的身体、精神等方面造成一定伤害后果的行为。”

② 《关于依法处理监护人侵害未成年人权益行为若干问题的意见》第1条规定：“本意见所称监护侵害行为，是指父母或者其他监护人（以下简称监护人）性侵害、出卖、遗弃、虐待、暴力伤害未成年人，教唆、利用未成年人实施违法犯罪行为，胁迫、诱骗、利用未成年人乞讨，以及不履行监护职责严重危害未成年人身心健康等行为。”

护人罪”，但仅是拓展了家庭虐待行为的主体范围，仍未准确界定“儿童虐待”这一概念。

事实上，儿童虐待具有特殊性，不仅虐待行为种类包括身体虐待、性虐待、情感虐待以及各种形式的忽视等，而且施虐主体往往不局限于家庭成员，“全托性”教育机构中儿童的管理者以及家庭保姆等对儿童有实际操控权的人，也能成为施虐主体。因而，出台专门法律对儿童虐待予以明确界定显得尤为必要。

（二）立法形式缺乏系统性

如前所述，我国对儿童虐待的立法干预主要体现在《未成年人保护法》中，同时在宪法、刑法、民法中也有所体现。反观国外，许多国家针对儿童虐待问题有系统的法律规定，如美国与日本分别制定了专门的《儿童虐待预防与处遇法》《儿童虐待防止法》等，其专门法与其他法律之间基本做到相互配套和彼此协调，从而使立法内容更具操作性，覆盖面也更广。而我国目前并无专门的儿童虐待防治法，现有立法内容较为散乱，缺乏系统性与条理性，欠缺专门儿童保护法律体系，相关配套法律措施既混乱也不全面。且现有儿童保护立法大都是从宏观上制定相关条文，内容多为原则性宣言，缺乏具有可操作性的具体内容，使得现实层面对受虐儿童的保护往往难以落实到位。

就当下规定儿童虐待最重要的法律《未成年人保护法》而言，该法被称为中国儿童权利保护的“小宪法”，虽经最新的修订与调整，对儿童虐待防治的规定已经较为全面，但该法规定的儿童虐待防治内容的系统性仍有提升的空间。一是相关规定重复累赘。条文中许多内容只是在重申宪法和其他法律已经作出的规定，如第100条规定：“公安机关、人民检察院、人民法院和司法行政部门应当依法履行职责，保障未成年人合法权益。”儿童的确需要特殊保护，但无论是否为儿童，公民的司法权益都应当受到合法保护，这本就是宪法赋予每个公民的权利，而不是公安机关、人民检察院、人民法院以及司法行政部门这些机关的恩赐。[①] 二是相关规定过于原则化。

① 参见王勇民《儿童权利保护的国际法研究》，博士学位论文，华东政法大学，2009，第241页。

该法仍有许多针对儿童虐待的条款是原则性的，缺乏对侵害行为主体具体法律责任的追责，类似内容无须像宣传口号似地多次表述。三是相关规定显得散乱。该法的最新修订虽然对儿童虐待的举报主体、受虐儿童的公益诉讼，以及其他救助等内容作了许多增补，但与发达国家相比，仍缺乏更加全面和科学的制度体系，导致当下儿童虐待现象难以在法律层面上得以根治。

（三）儿童虐待举报制度不健全

随着互联网飞速发展，越来越多的儿童虐待案件经媒体报道后，又通过各种媒介传播进入公众视野，这种监督虽保护了不少儿童的现实权益，但往往为时已晚，且信息多有遗漏。国外许多国家均已构建起相对成熟的强制报告或举报制度，我国《未成年人保护法》与《反家庭暴力法》对强制报告制度也有规定，但并未规定报告的具体内容和责任承担问题。如《未成年人保护法》第11条规定："任何组织或者个人发现不利于未成年人身心健康或者侵犯未成年人合法权益的情形，都有权劝阻、制止或者向公安、民政、教育等有关部门提出检举、控告。国家机关、居民委员会、村民委员会、密切接触未成年人的单位及其工作人员，在工作中发现未成年人身心健康受到侵害、疑似受到侵害或者面临其他危险情形的，应当立即向公安、民政、教育等有关部门报告。有关部门接到涉及未成年人的检举、控告或者报告，应当依法及时受理、处置，并以适当方式将处理结果告知相关单位和人员。"但因立法中没有对报告内容作出强制性规定，这势必会给报告后的调查与处理程序带来诸多困难，从而削弱报告制度的功能。[①]

此外，儿童虐待的举报途径也不甚明朗。许多人面对儿童虐待的举报往往只想到去派出所或采用电话报警等措施，但派出所往往只提供立案等服务，对处理此类案件不够专业，而类似于检察院的公益诉讼等则更专业。而当出现针对儿童虐待的举报后，受理部门还应迅速采取行动对举报内容进行查验核实，并通过临时措施及时安置和保护涉案儿童。但现实状况是，我国立法上针对儿童虐待的调查与处理制度规定仍为一片空白。特别是对

① 参见吴鹏飞《中国儿童人权法治保障探究》，中国民主法制出版社，2015，第101页。

于儿童身体健康乃至生命受到威胁的情形，缺少配套的紧急救助机制与临时安置措施，也尚未规定相应机构介入的权力限度与责任范围，以及具体可以采取的措施等。更重要的是，对于应被临时安置的受虐儿童，立法未规定明确的安置场所，这导致相关事件在实践中难以处理，甚至因处置不当对受虐儿童造成二次伤害。

（四）受虐儿童保护制度设计不合理

我国法律对儿童虐待的刑罚制度规定不合理，如《刑法》第260条[①]规定了“虐待罪”的具体内容，也就是说对于儿童虐待犯罪，立法的规定为“告诉的才处理”，但儿童一般是无民事行为能力人或限制民事行为能力人，自己没有能力告诉，受虐儿童近亲属也很少主动向有关部门告发。因而，这种“亲告”形式的虐待罪与“强制报告”制度背道而驰，不仅未能杜绝家庭虐待的再次发生，反而可能助长家内虐童行为，导致儿童权利在家庭环境中得不到切实的保障。

《反家庭暴力法》中提出的“人身安全保护令”，有助于事中防止儿童虐待，其目的是将损害予以阻止，以此作为救济手段。但规定的执行部门是人民法院，导致在具体执行过程中容易与公安机关的职权相重合。法院的主要职责是独立审判，且基层法院的执行情况已经不堪重负，会导致救济等待的时间较长，使得人身安全保护令流于形式，起不到应有的效果。

此外，在受虐儿童的安置程序上存在较大差异。美国和日本等国家都建有专门的福利署或是成熟的寄养制度等配套措施，遭受严重虐待的儿童往往被送入寄养家庭抚养。但在我国，受虐儿童却不能成为寄养的对象，由此可看出，我国相关法律对受虐儿童提供的保护相当有限。根据民政部发布的《家庭寄养管理办法》（2014）的相关规定，[②] 在我国，受虐儿童并不属于可被寄养的范围，因此也就得不到寄养家庭的照顾与监护，更遑论

---

① 《刑法》第260条规定：“虐待家庭成员，情节恶劣的，处二年以下有期徒刑、拘役或者管制。犯前款罪，致使被害人重伤、死亡的，处二年以上七年以下有期徒刑。第一款罪，告诉的才处理，但被害人没有能力告诉，或者因受到强制、威吓无法告诉的除外。”

② 《家庭寄养管理办法》第7条第1款规定：“未满18周岁、监护权在县级以上地方人民政府民政部门的孤儿、查找不到生父母的弃婴和儿童，可以被寄养。”

对儿童提供全方位的保护。另外，我国《民法典》第1093条也没有将受虐儿童列入可收养之范围，这使得我国受虐儿童事后难以获得有效的照顾与保护。

二 我国立法干预的完善措施

（一）明确界定儿童虐待概念与父母责任

如前所述，我国相关立法并未对“儿童虐待”的含义作出明确的界定。对此，可以参考世界卫生组织或者日本的《儿童虐待防止法》对儿童虐待作出界定，特别是日本《儿童虐待防止法》对虐待主体、虐待对象及虐待行为都作了细致的规定，[①] 从而方便行政机构的调查与介入，同时也能正确引导国家权力介入亲权。因此，我国立法针对“儿童虐待”概念，也应当从儿童最大利益原则出发，参照日本法的定义予以明确的界定，且“扩大法律保护的儿童权益范围，涵盖儿童生存发展利益需要的内容”。[②] 具体来说，可以在明确规定虐待主体与具体虐待行为的同时纳入精神虐待等内容，扩大相应权利的外延并增加具体详细的标准。

此外，随着人权理念的不断发展，不仅各种国际法律文件强调了儿童最大利益原则，而且儿童基本人权也受到更多国家的重视，在家庭生活中父母的权威逐渐被“父母责任”的新概念所取代。如英国在《1989年儿童法》中就规定了“父母责任”的概念，将父母在儿童之上的“权力”转变为应负的“责任”，并对父母责任的获得、范围与终止作出规定。该法还规定了“禁止性措施令”，即父母在履行其对儿童的责任时不得采取的措施，从而强化发生虐待后对儿童的事后保护。这种对“父母责任”的规定体现了儿童最大利益原则，为其他国家树立了良好榜样。而通过将父母对子女的权力转变为责任，不仅顺应了历史潮流，还尊重了儿童的家庭参与权等基本人权，体现了立法理念上的进步。

① 日本《儿童虐待防止法》将“儿童虐待”定义为：保护人对其所监护的十八周岁以下的儿童做出的已经产生或将会造成伤害的暴力、放任他人施暴、忽视、狠褒等行为，大致涵盖了前文提及的身体虐待、性虐待、情感虐待以及忽视这四种类型。

② 王慧：《儿童虐待国家干预制度比较研究》，博士学位论文，武汉大学，2015，第175页。

（二）完善儿童虐待强制报告制度

儿童虐待强制报告制度可有效制止儿童虐待现象的发生。虽然我国2020年10月17日修订的《未成年人保护法》已经对报告制度进行了进一步的完善，增加和明确了强制报告主体等，但仍有较多的提升空间。对此可参考美国《儿童虐待预防与处遇法》，其中就有要求强制报告的具体内容，不仅要求报告儿童身体遭受虐待的具体情况，如是否受到程度较大的暴力殴打等，还要求报告其他情况，如儿童目前是否仍处于严重人身危险中、是否受到正当照管、是否正经历严重抑郁问题等。

另外，我国法律还可进一步完善以下内容：一是通过设定具体责任后果及相关保障制度，对有关主体的强制报告义务作出规定，还可扩大承担义务的主体范围，要求所有报告主体若知情不报将承担法律责任；二是根据职责与行为的区分规定分级的法律制裁惩罚，如对儿童保护相关的特殊举报主体规定更严格的惩罚，对怠于报告导致儿童遭受更严重伤害等“严重后果”的责任人从重处罚等；三是规定相应的免责事由，特别是针对不同情形下的免责事由作出规定，对于善意误报者无须承担法律责任且予以保密，从而提升报告者的积极性，以防止报告者因害怕承担责任而犹豫不决。

此外，还可学习台湾地区设立专门的儿童虐待举报热线，以方便举报人的举报，且由专门工作人员负责相关事宜，将案件进行初步筛查和引导，帮助转交派出所、检察院、司法局等机构，从而迅速高效地进行治理，确保受虐儿童在需要帮助时能得到救助。因此，儿童虐待专门举报热线的设置，不但在保护儿童生存与发展时起到了关键作用，而且为我国相关法律的制定和实施提供了积极的借鉴意义。①

（三）设立受虐儿童独立代理人制度

儿童代理人较为特殊，不属于律师，更类似于检察官。儿童代理人制度是一种新的特殊代理制度，《欧洲儿童权利运用公约》对此有相关规定，

① 参见王勇民《儿童权利保护的国际法研究》，博士学位论文，华东政法大学，2009，第280页。

其中第 9 条规定："当国内法因利益冲突而排除监护人作为儿童代理人时，儿童应有权在相关诉讼中自己申请或通过其他个人或团体申请特别代理人。"因此，参照此公约和儿童最大利益原则，当儿童参与法律程序时，应设立与此案无直接利害关系的独立代理人，以更好地维护儿童的主体地位，从而促进和保障儿童利益的最大化。

此外，我们还可借鉴美国的立法经验，建立儿童代理人角色，以使得在各个保护程序中均能有人维护儿童的最大利益。这样，无论儿童在求助、上诉还是其他法律程序中，均有专业人士为其主张利益。同时，独立代理人的意见应当优于律师，在不违背儿童最佳利益原则的前提下，律师必须首先遵从儿童代理人的意见，这样可以预防在某些情况下父母对子女利益的忽略或侵害，同时还可有效避免儿童因自身权利受损而寻求司法救济的困境。

笔者认为，独立代理人应符合以下几个条件：一是独立代理人应与案件无任何利害关系，且属于完全独立的民事行为能力人，并符合回避要求；二是独立代理人应该有一定的法律素养，特别是应熟悉与儿童相关的法律，有能力为儿童争取最大利益；三是如没有合适的独立代理人，应由法院或者检察院指定相关独立代理机构作为独立代理人，同时也要依靠政府有关部门、社会组织的合作，共同保障和维护儿童的最大利益。

（四）健全调查处置与事后保护制度

我国法律虽规定了对儿童虐待的检举与控告，但对于之后的调查与处置所言甚少。然而，在儿童虐待的调查与处置中，对事实真相的调查及对受虐儿童的处理极为重要，这关系到对施虐者的惩治和儿童的身心恢复与重新融入社会。因此，亟须健全儿童虐待的调查制度及事后处置制度。对此，我们可以参考借鉴美国的相关制度。根据美国法律，社会服务机构应当在接受举报后 24 工作小时内开展有效调查。根据调查，机构可以判断儿童遭受虐待的严重性，如果儿童当前正在遭受极为严重且现实的虐待并处于危险情形中，涉案儿童将会被采取紧急措施并被送至指定的临时安置机构或庇护所，同时，相关负责机构还应及时联系儿童的父母或其他监护人。而如果相关机构没有能力及时救治儿童，或者没有权力将其送至其他安置机构，则可以向法院或有权力的执法部门申请命令，从而将儿童顺利迁出家庭。

与之相对应，我国有“人身保护令”这样的法律保护方法，但其在实践中对受虐儿童保护的实际效果不佳。对此，应当将人身保护令的部分执行权力交给更适合执行的公安机关。由公安机关对出现的暴力行为先行处理，以监督虐童案件及保护令的执行，对其中触犯法律的行为，人民法院依然可以施加相应的处罚，从而通过两部门的相互配合，提高儿童人身保护令的有效性。

此外，对于受虐儿童的事后保护，最好的方式是寄养或收养。但我国法律规定，收养须经过原生父母的同意，《家庭寄养管理办法》也未将受虐儿童纳入可寄养之范畴，导致部分受虐儿童不仅无法脱离原生家庭，且即使脱离寄养也难以替代家庭的照护。很多情况下，由于得不到作为施虐者的原生父母之同意，受虐儿童只能继续留在原生家庭中，很可能会继续遭受虐待，这有违儿童最大利益原则。对此，可参照美国 1997 年通过的《收养与家庭安全法》及 2008 年通过的《成功寄养联系与增进收养法》，在法律上支持那些担任照顾者角色的亲属，且加强进行收养的诱因，以提供更好的寄养照顾服务与收养机会。这就需要及时完善我国儿童寄收养方面的立法，改革相关法律规定，将受虐儿童纳入寄收养儿童之范围，对寄收养家庭定期评估并给予一定的补贴，为每位儿童制定个性化的寄收养方案，争取吸引更多的长期寄收养家庭。

众所周知，儿童虐待问题一直备受国际社会的关注，这主要基于儿童保护的特殊性，因为大多数儿童的保护主要借助于其他主体，如父母、监护人和其他机构等才可以实现，再加之儿童本身的弱者身份，对受虐儿童的保护更加脆弱。因而，通过世界各国的努力，国际社会先后制定了《联合国宪章》《儿童权利公约》等一系列国际法律文件，表明儿童需要得到特别的照顾。此外，对儿童的保护也一直受到世界各国的高度重视，但由于经济发展及其他各种综合因素的影响，各国政府在不同时期也都制定了保障受虐儿童权利的法律法规，特别是发达国家，如英国、美国、日本等，对儿童虐待防治立法问题高度关注，不仅出台儿童虐待防治政策、制定儿童虐待防治法律法规，还设置专门行政机构、构建相应配套制度等。同时，我国也正是通过探索发达国家防治儿童虐待立法的发展历程，从中提炼出若干经验，才得以完善我国儿童虐待的立法干预。

总之，我国自 1991 年成为《儿童权利公约》缔约国以来，在儿童虐待防治的立法干预领域不断探索与实践，建立了儿童虐待强制报告制度、儿童人身安全保护令制度、儿童虐待监护人资格撤销制度等一系列丰富的法律保护制度。在此过程中，虽然布满荆棘、困难重重，但是随着儿童虐待防治法律制度的完善，儿童权利保障终会落到实处。近年来，我国又再次修订《未成年人保护法》等，进一步完善儿童虐待防治法律制度，体现了我国对儿童人权保护的高度重视。但与此同时，我国在儿童虐待防治的立法事业方面应再接再厉，不断修改完善相关立法，如明确界定儿童虐待的内涵与外延、设立独立代理人制度、改善原有寄收养规定、完善强制报告制度等，使各项制度与儿童虐待防治法律制度相配套，最大限度地保护儿童的合法权益，贯彻儿童最佳利益原则。

第六章　儿童虐待的行政干预

“棍棒底下出孝子”等中国传统的教育理念，使得人们对儿童虐待问题认识不足，人们普遍认为管教孩子是家事。显然，这种思想实质上是一种错位观念。儿童既是家庭成员，也是社会成员，对儿童的保护是文明社会必备之要素。当前，西方国家对此问题的解决有着较完善的体系，新闻媒体对类似事件的报道更全面，学术界相关研究也相对更深入，政府与社会组织更重视儿童虐待防治。毋庸置疑，行政机关在管理社会公共事务、保护公民权利方面发挥着至关重要的作用。反观我国，行政机关在儿童虐待干预中的作用却有待加强。因此，探讨儿童虐待的行政干预，为保护儿童身心健康发展提供坚强后盾成为一个十分急迫的课题。

第一节　儿童虐待行政干预的基本理论

“从‘警察国家’走向‘社会国家’或‘福利国家’，国家或政府已不再是消极的‘守夜人’。”① 行政机关对于社会事务的广泛参与，已经是现代国家发展的普遍趋势。在我国，行政干预对儿童虐待问题的解决有着至关重要的作用。为此，下文将对儿童虐待行政干预的基本特点、行政干预的基本原则予以简要阐述，为儿童虐待行政干预研究的进一步展开提供理论基础。

① 吴鹏飞：《儿童福利权国家义务论》，《法学论坛》2015 年第 5 期，第 33 页。

一　行政干预的基本特点

（一）干预主体的特定性

执法权是宪法与法律赋予行政机关的职权。通常而言，行政干预主体是具有行政公共管理职能的国家行政机关，即从中央到地方的各级人民政府以及在各级人民政府中，依法对外有独立活动能力、能够独立承担责任的各职能部门和各级人民政府依法设置的派出机构等。政府是现代国家必备的要件，是国家权力的组织形态，与立法机关和司法机关共同构成国家公权力的组织体。行政干预的主体一般是上述特定的拥有行政主体资格的机构，其他任何机构未经法律或法规授权或受行政机关委托，不得从事行政干预相关业务，这就是行政干预的主体特定性。

就儿童虐待的行政干预而言，从事儿童虐待行政干预的主体是特定的行政机关或社会组织、群团组织等。综观世界各国从事儿童虐待行政干预的实践，有些国家由儿童福利机构或专门儿童虐待处理机构主管儿童虐待的行政干预；有些国家则采取部分政府机关主导、社会组织广泛参与的模式。而在我国，儿童虐待行政干预的主体，是以公安、民政等行政机关为主，共青团等群团组织为辅的。由特定主体承担儿童虐待行政干预的职责，不仅有助于政府对儿童虐待事件的统一治理，而且有助于提升政府的工作效率，实现政府执政为民的宗旨。

（二）干预行为的主动性

执法是行政机关的法定职责。因此，行政机关在执法过程中，通常都是积极主动地履行法定的职责，保障法律的贯彻实施，而无须相对人的意思表示。与行政执法相类似，行政干预是为了实现国家行政管理职能的一种活动。行政机关必须依职权积极自觉地采取行动，主动而不是被动地实施行政干预，否则，就有可能构成违法失职或是玩忽职守。这是行政干预不同于司法干预的一大特点。当然，行政机关进行行政干预的主动性，必须有实际的法律依据，如果没有法律依据，则不得随意采取行动。

在儿童虐待的行政干预中，作为具有很大主动性的行政机关，应当更加注重“防患于未然”。行政机关应当尽量在儿童虐待事件发生初期，便通过强制报告等制度及时发现并介入干预，为受害儿童提供保护，并将虐童者予以控制，这样可以将相关事件对儿童的伤害降至最低，防止伤害的进一步扩大。

（三）干预活动的单方性

在行政干预的法律关系中，行政干预主体既是当事人，又是执法者。行政干预主体代表国家，在行政干预法律关系中居于支配地位，其意思表示和处分行为对于处理该法律关系具有决定意义。行政干预主体只要是在法律规定和授权范围之内，即可以自行决定和直接实施干预措施，而无须征得相对人的同意。[①]

在儿童虐待行政干预实践中，特定的干预主体比如公安机关，在接到儿童虐待的强制报告后，就必须调查核实并启动干预介入程序，而无须征得相对人的同意。行政干预活动的单方性源于行政执法事项的重要性，因为在执法过程中，如果要求行政干预主体必须取得相对人的同意才能执法，这势必会导致行政效率的低下，甚至有可能导致整个社会陷入瘫痪状态。

（四）干预权力的有限性

干预权力的有限性，是指行政机关实施行政干预的权力和范围是有限的。对于公权力而言，法无授权不可为，法定职责必须为。因此，行政机关必须在法定职权范围内活动，未经授权根本不可能享有职权，更不论行使职权。[②] 行政干预的有限性，既表现为行政机关的职能和权力有限，也表现为行政机关的行为方式受到法律法规的限制和约束。由于社会和公共需求的不断发展，公共权力授权不明难免会导致行政干预的缺位与越位，其结果往往是该管的事管不了、不该管的事管不好。因此，必须合理界定行政机关进行行政干预的职权边界，使其“有所不为而有所为”。

有限性对于儿童虐待行政干预尤为重要，笔者所主张的儿童虐待行政

① 参见张文显主编《法理学》（第 4 版），高等教育出版社、北京大学出版社，2011，第 208 页。

② 参见杜飞进《论法治政府的标准》，《学习与探索》2013 年第 1 期，第 3 页。

干预便是在保护儿童权利和家庭隐私前提下有限的、适度的干预。从儿童最大利益角度来看，家庭可以为儿童心智成熟、健全人格和身体发育提供最适宜的环境，因此即便国家公权干预有其必要性，也一定要控制公权干预的限度。当虐童案件发生并侵犯儿童的基本权利时，行政干预必须以法律法规的强制性规定为准绳，严格把握干预的尺度，避免因过度干预而影响到儿童的正常家庭生活和身心健康。

（五）干预手段的变动性

行政干预的变动性，是指行政干预在具体历史条件或目标体系下转变自身运转模式并调整干预内容的性质。行政干预与立法干预、司法干预不同，其根本目标在于最大限度地提高社会资源配置的效率，满足公共利益，而公共利益与需求是在不断变动的。行政干预的手段或者方式，必须根据公共利益与需求的变动而灵活调整，因地、因时制宜，因此，行政干预手段具有变动性的特征。

行政干预手段的变动性与稳定性，两者并不矛盾。稳定性是变动性的基础，而变动性则是稳定性的内在要求。我国正处于社会转型阶段，社会状况时刻在发生变化，与之对应的公共政策和行政干预手段就必须适时予以调整，以适应社会生活的需要。由于不同虐童案件的具体情况千差万别，不同儿童、不同家庭之间也存在很大差距，因此，儿童虐待行政干预的手段和内容必须保证一定的变动性，以最大限度地满足儿童最大利益的需求。

（六）干预体系的层次性

行政机关的设置存在很强的层次性，与之相对应，行政干预的体系也应是有层次的。概括而言，行政机关设置的层次性，决定了不同级别和层次的行政机关所承担的干预职能不同。中央行政机关所承担的职能，往往是宏观指导性的，涉及结构、布局和模式问题，是任何地方行政机关所无法企及的。地方行政机关的职责一般是根据中央及上级行政机关的要求履行各自职能，确保各自区域相关事务的有序发展。因此，层次性也是行政干预的特征之一。

儿童虐待的行政干预是一项宏大的系统性工程，其具体措施的落实，需要整个儿童虐待行政干预体系中各层级主体的积极配合。对负责儿童虐待行政干预的主体作出层次性的划分，有利于自上而下形成一个立体化的儿童虐待行政干预网络，这与儿童最大利益相契合，也能够最大限度地发挥我国行政体制的优势。

二　行政干预的基本原则

（一）儿童最大利益原则

儿童最大利益原则最早发源于英美法系国家。英国在 19 世纪初便通过了《少年法》《儿童法》等法律，成为较早形成儿童权利保护法律体系的国家。儿童最大利益原则起初主要适用于婚姻家庭法领域，要求在确定儿童监护权时，应当照顾并考虑儿童的最大利益。

随着国际社会人权意识的不断加强，儿童权利保护问题也愈加受到关注。联合国于 1925 年、1959 年分别通过《日内瓦保障儿童宣言》《儿童权利宣言》，最终于 1989 年通过《儿童权利公约》，将儿童最大利益原则确立为儿童权利保护最为核心的原则，使得该项原则有了实质意义上的条约拘束力。目前，《儿童权利公约》已获得 196 个国家的批准，是世界上加入国家最多、影响力最大的公约之一。该公约第 3 条第 1 款规定："关于儿童的一切行动，不论是由公私社会福利机构、法院、行政当局或立法机构执行，均应以儿童的最大利益为一种首要考虑。"① 该公约同时强调儿童最大利益原则在与儿童相关的任何一项权利保护和行动中均应被考虑在内，既包括国家行政机关的行为，也包括社会私人主体的行为；既包括作为又包括不作为。但考虑到不同国家之国情、文化传统和法律等差异，公约没有作出非常具体的规定，需要各国基于各自国情进行细化处理。

儿童最大利益原则的核心要义是儿童作为独立的个体权利的最大化。英美法系国家大多通过专门立法的方式确立儿童最大利益原则，如英国的《儿童法》、美国的《收养与家庭安全法》、澳大利亚的《家庭法》等均明文确立了此项原则。相反，大陆法系国家大多不采用单独立法方式，而是

① 胡志强编《中国国际人权公约集》，中国对外翻译出版公司，2004，第 167 页。

通过民法或相关立法的制度改造来体现儿童最大利益原则，如《德国民法典》和《法国民法典》均通过规定亲权行使等方式体现儿童最大利益原则。

儿童最大利益原则实质上包含两方面含义：第一，儿童应该被视为拥有权利的个体，而不是家长的私人财产或者附属品，儿童自出生起则当然享有各项权利。第二，儿童利益高于成人社会利益，即涉及儿童利益的事项均应该立足于儿童最大利益，以最周全地保护儿童权利为目标。

近年来，我国在儿童权利保护方面取得了长足进步，虽然并未在立法中明确规定儿童最大利益原则，但存在与之相类似的未成年人优先原则。虽然未成年人优先原则和儿童最大利益原则两者在内容等方面存在差异，但其内涵均为最大限度地保护儿童权益，两者相辅相成。儿童最大利益原则要求各国在立法、司法和行政执法过程中均应当采取相应措施，使得本国的儿童权利得到充分保护。因此，该原则在儿童虐待行政干预中仍然处于核心地位，国家行政机关所有的干预和保护措施都应当围绕这一原则展开，从而实现儿童利益的最大化。

（二）及时性原则

及时性原则又称“不延误原则”，即当发现儿童受虐或处于可能受虐的危险中时，有关行政机关应当及时进行干预，对受虐儿童提供保护和救助。为了能够有效遏制儿童虐待行为的发生，首要的是及时发现并实施有效的干预。因此，干预及时性原则在儿童虐待行政干预中同样至关重要。

通常，施虐者并不会主动报告自己的违法行为，而儿童慑于暴力行为也不会主动向外界求助，更何况大多数儿童并未意识到自己受到虐待。此时，就需要第三方人员及时发现并报告有关部门，有关部门及时出手救助。只有提供及时、充分、有效的干预，才能避免儿童遭受的伤害扩大化。如果干预不及时，或者存在拖延，儿童受到的伤害随时可能会加深。

行政干预的价值在于用国家公权力为儿童权利保护设立一道防火墙。当儿童权利受到侵犯时，国家何时主动干预、如何干预，将对儿童利益受损的程度造成决定性影响，而仅凭事后的干预与惩罚对于儿童权利的保护来说力度是远远不够的。该项原则在英国《儿童法》中有所体现，但我国现行法律中并未对儿童虐待行政干预的及时性原则作出规定。笔者认为，应当对此加以完善，避免有关部门因此错过对儿童权利保护和救助的最佳时机，导致损害的扩大化。

（三）儿童参与原则

儿童参与原则是指“儿童自由自愿投入到表达观点、进行决策或实施行动以实现自身或其他儿童利益并确保其权利的实现和保护”。[①] 该项原则在联合国《儿童权利公约》中也有所体现，公约第 12 条第 1 款明文规定：“缔约国应确保有主见能力的儿童有权对影响到其本人的一切事项自由发表自己的意见，对儿童的意见应按照其年龄和成熟程度给以适当的看待。”[②] 为贯彻落实这一原则，很多国家在立法中明确规定，处理涉及儿童利益的事项时，应当听取儿童的意见。

儿童参与原则要求儿童虐待行政干预主体做到充分听取并理解受虐儿童的意见，并在将这些意见考虑在内的情况下作出决策。如果仅赋予儿童权利却不考虑其建议和意见，仍无法实现对儿童权利的真正保护。儿童参与原则首先要求尊重受虐儿童的权利主体地位，避免将其视为不具备独立权利的、家长的附属品。此外，还应尊重受虐儿童的知情权，保证他们知晓其享有的权利内容、知晓与其切身权利相关事项的处理过程和处理结果。在儿童虐待的行政干预中，专家意见固然重要，但儿童的意见也绝对不可忽视，应充分听取受虐儿童的意见和建议。

儿童参与原则并不要求在所有涉及儿童利益的事项中儿童都要亲自参与并发表意见。儿童的个体发展水平不同，具体事项也有所差别，通常情况下只要儿童对相关事项有可以匹配的认知能力和表达能力，便可对其意见进行衡量和采纳。对于不具备相匹配的认知能力和表达能力的儿童，可以通过特殊方式、安排相关专业人员对其意见进行整理和组织，以最大限度地尊重儿童的意见，如日本便采用较为灵活的调查方法落实保障儿童的参与权。[③]

---

① 吴鹏飞：《儿童权利一般理论研究》，中国政法大学出版社，2013，第 169 页。

② 胡志强编《中国国际人权公约集》，中国对外翻译出版公司，2004，第 170 页。

③ 参见陈爱武《家事诉讼与儿童利益保护》，《北方法学》2016 年第 6 期，第 130~131 页。

（四）正当程序原则

正当程序原则是行政法的重要原则之一，其发源于英国 1215 年的《大宪章》，该原则要求行政机关在作出实质性影响行政相对人权益的行为时，务必遵守正当法律程序，包括事先告知相对人、说明根据和理由、听取陈述或申辩、事后提供救济途径等。这是整个行政程序中最重要、最根本的原则。

我国素来存在重实体而轻程序的法治传统。由于儿童是极易受到伤害的弱势群体，因此，在儿童虐待行政干预中，正当程序原则更应该贯穿始终。首先，遵循正当程序原则有利于限制公权力扩张，从而保障私权利。对儿童权利的保障应当以家庭保障为主，公权力介入为辅。父母应当是照顾儿童的首要责任人，国家公权力处于次要辅助地位。因此，若不对公权力加以限制，则行政干预范围可能会无限扩张，这显然不利于对受虐儿童权利进行充分有效的保护。

其次，遵循正当程序原则有助于提高行政效率，增强政府公信力。第一，我国儿童权利保障正处于起步阶段，在很多方面尚不够完善，行政机关只有遵循正当程序，对儿童虐待行为进行主动干预才能获得公众信服。第二，正当程序原则往往为问题的解决设置了许多步骤，只有遵循这些步骤才能保障行政行为的合法、有效。如果不遵循这些步骤，那么作出的行政行为可能会违法、无效，且无法被补正或重新作出。因此，正当程序原则的遵守实质上提高了行政效率，能够最终保障行政效率的有效实现。

（五）比例原则

比例原则是介于国家权力与人民自由之间的一种目的与手段的考量，是我国行政法上的一项重要原则。该原则指行政主体实施行政行为时应当兼顾行政目标的实现和行政相对人权利的保护，如果行政目标的实现可能对行政相对人造成一定的不利影响，则这种不利影响应当被限制在最小限度之内。

通说认为，比例原则存在三阶层，即合目的性、适当性和损害最小。合目的性，是指行政机关行使自由裁量权所采取的具体措施务必符合法律设立的目的；适当性，是指行政机关所采取的具体手段应当为法律所必需，结果与手段之间应当存在正当性；损害最小，是指行政机关在可以采用多种方式实现某一行政目的时，应当在手段和目的之间进行衡量，采取对当事人权益损害最小的措施。

在儿童虐待行政干预中，比例原则应当贯彻全过程，其具体表现为行政机关在对儿童虐待事件进行干预时，应采取对儿童及其家属侵害最小的方式，确保儿童健康成长。优先选择保证儿童能够安全幸福地与其父母一起生活的方式，因为从儿童生存发展来看，实现儿童利益的最佳路径仍然是确保儿童和其父母共同生活。即便父母本身是儿童虐待的实施者，除非这种侵害行为是不可以在行政机关引导、协助甚至强制下改变的，否则，行政机关应尽可能保证儿童能够继续与父母共同生活，为儿童塑造健康的生活和成长环境。如果在这种情况下无法保障儿童利益，再考虑将儿童带离家庭，采取家庭外收养或者寄养等其他替代措施。

第二节　我国儿童虐待行政干预的现状及存在的问题

相较于西方发达国家，我国儿童虐待行政干预体系并不完善。而要健全这一体系，首要的是对我国儿童虐待行政干预的现状予以梳理，并发现问题之所在。我国儿童虐待行政干预的现状大致可概括为三方面：相关各层级立法处于初创阶段；干预主体以政府部门为主，社区等群团组织为辅；行政干预相关具体措施如强制报告制度、家庭寄养制度等正在逐步构建中。下文基于对现状的分析，有针对性地指出我国儿童虐待行政干预中存在的主要问题，并对其展开具体探讨。

一　我国行政干预的现状

（一）立法处于初创阶段

如前所述，我国有关儿童虐待行政干预的立法散见于各相关部门法中，包括《宪法》、《未成年人保护法》、《预防未成年人犯罪法》、《义务教育法》、《反家庭暴力法》、《刑法》和《民法典》的婚姻家庭编等。其中，儿童保护最主要的法律即《未成年人保护法》，该法第六章专门规定了一些针对未成年人的政府保护措施；2016 年 3 月 1 日施行的《反家庭暴力法》，首次明确设立了儿童虐待的强制报告制度。

除了上述由全国人大及其常委会制定的法律外，部分行政法规、部门规章和司法解释性质文件也涉及有关儿童虐待行政干预的补充性规定，以期更加完备周全地保护儿童的切身利益。例如，2011 年国务院办公厅颁发的《关于加强和改进流浪未成年人救助保护工作的意见》，2013 年民政部发布的《关于开展未成年人社会保护试点工作的通知》，以及 2014 年最高人民法院、最高人民检察院等四部门联合发布的《关于依法处理监护人侵害未成年人权益行为若干问题的意见》等，这些规范性文件是对法律的细化，也有助于构建更加完备的儿童权利保护法律体系。

我国幅员辽阔，国内各地区发展水平不均衡，对于儿童保护等相关事务的认识存在较大差异。为应对这种差异，在地方层面，各地根据自身的经济发展、文化习俗等具体情况，制定了在本区域范围内适用的相关规定或者条例，在不突破上位法框架的前提下，进一步针对地方特点，细化规定儿童虐待行政干预制度的内容。例如，《陕西省保护妇女儿童合法权益的若干规定》《浙江省未成年人保护条例》《北京市未成年人保护条例》《江苏省未成年人保护条例》等，这些地方性法规或者地方政府规章在我国社会实践中发挥着巨大的作用。

总体来看，我国有关儿童虐待行政干预的相关立法，仍处于起步和逐渐发展阶段。随着社会经济水平的提高，近年来相关问题也逐渐得到政府的广泛关注，不同种类、不同层级的立法也陆续对相关问题作出了回应。但我国儿童人口基数大，区域、城乡发展不均衡，因此，从整体上看，立法层面仍存在诸多有待完善的内容，如立法不够系统、缺乏实际的可操作性等，笔者将在下文予以专门探讨。

（二）多政府部门统筹，共青团、社区、街道办等群团组织参与

我国儿童虐待行政干预主体以多政府部门为主，共青团、街道办、居委会等群团组织为辅。出于周全保护儿童权益考虑，公安部门、民政部门、教育部门等相关行政机关都会实际参与到儿童虐待的行政干预中，并在其

中发挥不同的作用。除这些行政机关外，共青团、妇联、街道办等群团组织，也会介入儿童虐待的行政干预中，以协助行政机关开展工作。

社区和街道办被称为城市治理的“最后一公里”，一般负责儿童虐待事件的前期处理工作。通常由虐童者所在地或受害儿童所在地的社区、街道办、居委会或村委会对虐童者进行劝阻，对受虐儿童及其家人进行安抚，积极配合公安机关和其他行政机关的工作。

公安部门一般在虐童事件发生之后介入，负责接收虐童事件的举报报案、对案件事实进行调查核实。若受虐儿童受到严重伤害，公安部门有权将虐童者置于其控制之下，并为受虐儿童提供必要保护。教育部门一般只有在虐童事件发生在教育机构中或涉及教育系统人员时才会介入，其主要依赖公安部门的调查结论来采取下一步行动。例如，对教育系统内部的虐童者进行批评教育、责令其停职检查，甚至在必要时吊销个人的职业资格或教育机构的营业执照等。

民政部门在我国儿童虐待行政干预中可以说起到至关重要的作用。儿童福利、儿童收养、儿童救助等机构往往是设立在民政部门之下、受其直接管辖的，儿童保护的相关社会组织一般和民政部门合作最为紧密。在虐童事件发生后，民政部门可以和妇联、红十字会、未成年人保护组织等机构合作，为受虐儿童提供必要的安置场所、进行心理疏导等，必要时甚至可依据法定程序取代儿童的原监护人成为新的监护人。

（三）初步构建起有中国特色的强制报告等行政干预制度

目前，我国已逐步构建起具有中国特色的儿童虐待行政干预制度，儿童虐待强制报告制度便是其中之一。现行《未成年人保护法》及《关于依法处理监护人侵害未成年人权益行为若干问题的意见》明确规定：学校、医院及其他任何个人和组织发现儿童虐待事件时，都应当及时进行劝阻，并向有关部门报案。通常，接收举报的行政机关是公安部门，公安部门在接到相关举报后，应当及时立案侦查，第一时间对相关证据进行固定收集。若确认存在虐童事实，则根据虐童者的行为情节、受虐儿童的情况与《治安管理处罚法》《刑法》及其他法律法规的规定处理。

另外，目前我国业已初步建立了对受虐儿童的临时安置和人身保护制度。

一般由民政部门或一些社会慈善服务机构对受虐儿童进行救助，同时，也由这些机构对其进行临时保护，在必要时，为受虐儿童提供心理疏导和情感辅助。机构也可以通过家庭寄养等方式，对不适宜回归家庭的受虐儿童予以安置。至于儿童是否适合回归家庭的评估，则可由机构联合社会组织等其他社会力量来完成。由专业人士对受虐儿童及其家庭的情况作出全面评估，并对受虐儿童的家庭情况进行跟踪监控、定期回访，以确定儿童是否适合回归家庭，家庭环境是否能满足儿童对健康生活、快乐成长的需要。

二　我国行政干预存在的问题

（一）干预依据尚不充分

1. 法律依据

儿童虐待行政干预的依据主要包括法律和政策两种类型。此处的法律是指广义的法律，包括宪法、法律、行政法规、地方性法规、地方政府规章等规范性法律文件。在法律方面，我国当前虽颁布了不少保护儿童的法律法规，但尚未形成系统的儿童保护法律制度，儿童虐待防治的立法形式较分散、缺乏系统性。儿童虐待防治的法律制度应当是一个包含预防、保护和救助的完整体系，然而我国针对儿童虐待防治的法律散见于《宪法》、《未成年人保护法》、《义务教育法》、《反家庭暴力法》、《刑法》和《民法典》的婚姻家庭编中，法律及相关司法解释、行政法规和地方性法规以及其他规范性文件之间无法配套衔接，立法缺乏系统性，直接导致行政机关干预无法可依。就现行立法而言，我国针对儿童虐待问题这一方面的立法明显缺位，当前既存的法律规定多是一些原则性规定，不具有实际的可操作性，且其配套措施不甚完善。

与儿童权利保护相关性最大的《未成年人保护法》《预防未成年人犯罪法》《义务教育法》均未对“儿童虐待”作出明确具体的界定，概念无法确定的情形下，更容易导致公权干预的缺位。此外，在公权干预的具体规定方面也存在诸多不足。

《未成年人保护法》第六章专章规定了一些对未成年人的政府保护措施，包括在县级以上人民政府设立承担未成年人保护协调机制工作的职能部门或内设机构，保障未成年人受教育权，对困境未成年人实施分类保障，满足其基本生活需要等，同时，对未成年人的临时监护和长期监护的适用情形也作出相关规定。[①] 然而，所谓的专门职能部门或内设机构究竟为何，临时监护或长期监护应当由何种机构负责，如何执行监护等等，都未见于现行立法中。《未成年人保护法》针对儿童虐待的调查及事后救济也未作具体规定，这可能导致受虐儿童得不到有效的救济和保护，虐童者也得不到相应的制裁。[②]

强制报告制度是各国长期以来在保护儿童权利实践中确立的共识，我国《未成年人保护法》对儿童虐待的强制报告制度也作出了一定的规定，一切国家机关、武装力量、社会团体等都有义务就相关行为向有关部门提出检举或控告，但不履行强制报告义务，也不存在任何不利法律后果，这显然不利于对儿童虐待情形的发现与及时干预。

我国《刑法》规定了虐待被监护、看护人罪，即指对未成年人、老年人、患病的人、残疾人等负有监护、看护职责的人，虐待被监护、看护的人，实施情节恶劣的行为。由字面即可知，只有儿童虐待情节严重的才受该条文的规制，且刑法干预往往是事后干预，不利于公权力尽早介入，而介入不及时可能会对儿童身心造成难以挽回的损害。

综上所述，当前我国对儿童虐待行政干预的法律依据大多是纲领性、原则性的规定，部分条文的宣言性意义要大于其实际操作中的意义，在行政干预实践中存在困境。[③] 此外，笔者认为，为儿童虐待行政干预提供法律依据需要专门性法律的参与，这也是目前我国缺失的部分。《未成年人保护法》对此方面的规定不够全面且过于松散，儿童作为特殊保护主体应当在立法中被单独列出。因此，制定专门的儿童虐待防治法或类似法律具有相当的必要性，并在该法中对行政机关职权进行专章规定，以明确行政机关在干预儿童虐待中的主体、职责范围和干预的具体程序等内容。

---

① 参见《未成年人保护法》第 81、83、92 条。

② 参见吴鹏飞、王芳洁《我国儿童性虐待防治立法存在的缺陷及完善建议》，《江苏理工学院学报》2019 年第 3 期，第 80 页。

③ 参见钱晓峰《儿童虐待国家干预机制的构建》，《预防青少年犯罪研究》2014 年第 6 期，第 92 页。

2. 政策依据

2016年全国人大通过《中华人民共和国国民经济和社会发展第十三个五年规划纲要》，“十三五规划”重点提及了儿童权益保护，为各级政府推行儿童权益保护工作提供了指导，将儿童权益保护纳入政府年度工作规划的必要内容，这也为儿童虐待行政干预建立了初步依据。

早在2011年，国务院就颁布《中国儿童发展纲要（2011—2020年）》，该纲要贯彻了联合国《儿童权利公约》的宗旨与原则，该纲要实施以来，国家不断推进儿童权益保护工作，强化政府责任，提高和改善儿童生存、发展的环境。就国家统计局于2019年12月发布的统计监测报告来看，该纲要实施总体进展顺利，绝大多数指标已提前实现，但少量目标仍有差距，相关领域儿童权利保护仍需加强。

2014年，最高人民法院、最高人民检察院、公安部、民政部联合颁布《关于依法处理监护人侵害未成年人权益行为若干问题的意见》，民政部也于2013年和2014年两次发布关于开展未成年人社会保护试点工作的通知，2016年国务院印发《关于加强困境儿童保障工作的意见》，这些政策性文件在一定程度上填补了法律的空白，增强了法律的可操作性，为儿童虐待行政干预提供了规范依据。例如，规定了儿童虐待案件的报告和处置程序、增加了儿童临时安置措施、设立了未成年人救助保护机构等，这些规定有助于加强公安机关对侵害未成年人案件的监督，推动多部门合作协调，建立社会专业力量参与儿童权益保护工作。

但笔者认为，我国对儿童虐待行政干预仍处于重惩罚而轻预防的局面。例如，刑事处罚实质上是一种事后惩罚机制，而作为具有很大灵活性的行政机关，应当更注重“防患于未然”，在儿童虐待事件初期便及时发现并介入干预，这样可以将相关事件对儿童的伤害降至最低。如前所述，儿童虐待行政干预应当是一个包括事前干预、事中干预和事后干预的完整体系，三部分互相衔接互相配合，但现行法律规范和政策仍无法提供完善的、具有实际执行力的规范依据。

（二）干预主体模糊不清

由前文对行政干预依据的分析不难看出，我国当前立法并未对哪一个或者哪些行政机关负有干预儿童虐待行为的职责作出明确的规定。从广义上看，在国务院和地方各级人民政府领导下的各级国家机关及其内部职能部门均负有这一职责，但对于行政机关行使职权来说，必须遵循“法无授权不可为”。因此，当法律未对相关事项进行明确授权时，就难免出现“不敢管”或互相推诿的情形。儿童保护涉及公安、教育、卫生、民政、宣传等多部门，当前分散的局面缺乏一个统一管理机构去统筹管理规划，难免导致儿童保护工作不尽如人意。①

在我国，儿童权利保护的组织机构与团体主要是国务院妇女儿童工作委员会、中央综治委预防青少年违法犯罪工作领导小组、未成年人保护委员会、共青团、妇联、民政系统②以及不同机构的职能部门。在这些组织机构中，国务院妇女儿童工作委员会主要负责全国范围内宏观的妇女儿童保护协调工作，推动相关政策的落实、指导全国妇女儿童保护工作，本质上是一个议事协调机构。此外，中央综治委预防青少年违法犯罪工作领导小组主要侧重于儿童犯罪预防工作，工作范围偏窄，该领导小组同样是议事协调机构。根据行政法基本原理，议事协调机构是为了完成特殊性或临时性任务而设立的机构，其本身是不具备行政执法职能的，不能对外独立承担行政责任。共青团在中央和省级团部中设有少年部，在干预儿童虐待事宜时具有一定的行政色彩，与妇联和成立于各地的儿童保护协会一样，这些机构本身是不具有行政执法职能的。

各地未成年人委员会也仅是议事协调机构，虽然可作为官方和民间力量之间的桥梁，但毕竟不具备官方背景，工作人员也往往是兼职，不具备专业工作的时间和精力，没有固定办公场所和专业组织制度，难以开展工作。而且全国性工作协调难度很大，各机构之间缺乏明确分工和协调，在实务中难以发挥其应有职能。这些不具备行政主体资格的组织，不能被视为保护受虐儿童的专门机构，无法作为责任主体。而民政系统和不同机构

① 参见王练《美国儿童保护体系及其运行特点和启示》，《中华女子学院学报》2010 年第 2 期，第 79 页。

② 2018 年 12 月 31 日中央批准民政部单独设立儿童福利司，作为民政部的内设机构，主要负责拟订儿童福利、孤弃儿童保障、儿童收养、儿童救助保护政策及标准，健全农村留守儿童关爱服务体系和困境儿童保障制度。

的职能部门的管辖范围过于分散、机构建设缺位、人员不足、协调难度大、缺乏专业队伍，无法做到对儿童虐待行为进行集中统一干预，因此，在儿童权益保护和儿童虐待行政干预中发挥的作用非常有限。

除上述机构外，部分检察机关设有未成年人刑事检察处（科）、部分法院内部设置有少年法庭。前者主要负责办理未成年人刑事案件的审查批捕、审查起诉和犯罪预防等工作，后者则专门处理满足一定条件的少年犯或儿童犯的案件。这些机构设立和运作的主要目的在于落实和保障刑事诉讼中的儿童权益，更倾向于儿童虐待的司法干预，与儿童虐待的行政干预关系不大。

儿童是身心发育不完善的特殊群体，极易受到来自外界的伤害，是社会中最需要帮助、关爱和保护的群体，而对儿童的保护涉及教育、卫生、公安、司法、民政、宣传等多部门参与，儿童虐待事件却常被视为治安管理案件，缺乏专业化的政府机关或社会机构的正式介入，在这样的案件中常出现居委会、公安局、民政局齐到场但“三不管”的局面。[①] 由于各组织团体机构都不能算作儿童保护的专门机构，它们也很容易以不属于职责范围为由互相扯皮推诿责任，这可能会置受虐儿童于危险的境地。即便上述机构组织可以在儿童虐待案件中对虐童者作出处分和制裁，但帮助受虐儿童回归家庭，为其营造健康幸福的成长环境才是儿童虐待行政干预措施的终极目标，而目前并不存在对应的机构来承担此项职能。

综上可见，唯有建立专门的机构，配备专业的工作人员，统筹规划、集中管理，才可以实现保护儿童免受虐待的目标。我国目前缺乏一个专门具有行政执法管理职能的受虐儿童保护的行政机关，即儿童虐待行政干预的主体。在干预主体不确定的情况下，具体的干预权限和干预程序的规定更是处于缺失状态。目前我国没有明确的儿童虐待干预机构，自然也就缺乏相关的专业人员，而对于儿童的保护往往需要儿童社会学和儿童发展心理学专家等专业队伍的参与。

---

① 参见吴鹏飞、郑俊俊《儿童虐待中的公权干预——以家庭自治、亲权转变为视角》，《安徽警官职业学院学报》2018 年第 3 期，第 39 页。

（三）干预模式有待完善

系统完整的儿童虐待行政干预模式应当包括三方面：事前干预、事中干预和事后干预。三大环节互相衔接、紧密配合，完整涵盖儿童虐待行政干预的各个方面。事前、事中和事后的每个环节中，又包含了一系列具体的制度措施。如前所述，当前我国并不存在完善的专门性儿童虐待防治立法，也不存在专门性儿童虐待处理机构，这直接导致当前我国儿童虐待行政干预模式的实施效果不理想。

事前干预的主要意义在于，通过行政机关采取一些预防性措施，在儿童虐待事件还未发生时防患于未然，通过加强社区作用和普法宣传教育等方式，提升儿童自身的权利意识和全社会对儿童虐待事件的关注度。事中干预是指相关行政机关在儿童虐待事件发生后，通过接收相关报告、调查评估等方式来及时对事态进行遏制，防止情况进一步恶化，并及时将受虐儿童保护起来。事后干预是指相关行政机关在将儿童虐待事件基本处理完毕后，通过对受虐儿童进行妥善安置、寻找寄养家庭等措施完成善后工作，同时预防类似事件的再次发生。

当前我国儿童虐待行政干预模式的三个环节中，均存在一些相对应的制度或措施，例如强制报告制度、国家监护制度、家庭寄养制度等，但这些制度和措施大都存在实际执行力较弱、相关法律依据不完善、执行主体不明确等问题，许多制度可能只是存在于纸面上的规定，导致我国儿童虐待行政干预中的公权力缺位，并不足以通过行政手段充分保护受虐儿童的生存权、发展权等基本权利。

第三节　儿童虐待行政干预的域外经验

“他山之石，可以攻玉。”就儿童权利保护以及儿童虐待行政干预而言，西方发达国家的起步要比我国早得多，例如，英国、美国早在19世纪就开始了儿童虐待行政干预及其相关体系的构建。即便各国经济、政治、法律体系不同，也有许多成熟经验值得我国效仿和借鉴。为此，以下将对普通法系和大陆法系代表性国家相关制度进行列举与分析，并探讨其中的可取之处。

一　普通法系国家

（一）美国

美国是儿童权利保障体系较完善的国家。在美国，管教和保护儿童是父母和国家公权力共同的责任。美国高度重视儿童虐待事件，对儿童虐待行为的界定也相当严格，保护儿童免受虐待是儿童保护制度的主要目标之一，任何人发现儿童遭受打骂虐待都可以向有关部门报告。[①] 经过多年发展，在社会各界的不断努力下，美国对儿童虐待的行政干预已经日趋成熟，其主要的成功经验如下。

1. 专门立法

美国 1935 年颁布的《社会保障法》，是儿童权利保障法律体系构建的开端。此后，国会又陆续颁布了《儿童虐待预防与处遇法》《儿童福利法》《儿童虐待预防及执行法》《儿童虐待和疏忽报告法》《儿童保护法》等专门性立法，其中《儿童虐待预防与处遇法》是解决儿童虐待问题最主要、最基本的法律。除了这些一般性儿童保护立法外，还存在一系列的特别立法，其领域逐渐向教育、医疗、网络、电子和隐私保护等方面扩展，如 1966 年通过的《儿童营养法》、1990 年通过的《儿童电视法》、2000 年通过的《儿童在线隐私保护法》等。[②] 不同法案分别针对儿童权利保护的不同领域，完备的儿童权利保护法律体系为儿童虐待的行政干预提供了充分的法律依据。

2. 专门机构

美国政府负责儿童虐待干预的机构存在四个层级：第一层是美国卫生和公共服务部下属的儿童与家庭局，主要负责全国范围内儿童虐待的情况统计，组织专家学者对儿童虐待事件进行调研，给出报告和针对性的解决措施；第二层设立在各州，例如儿童保护服务处，负责本州范围内儿童虐待事件的调查和受虐儿童的安置工作，管理有关儿童的各种事项；第三层

① 参见田坤、罗珊《美国政府干预“儿童虐待”的经验及其借鉴》，载程波主编《湘江法律评论》（第 13 卷），湘潭大学出版社，2015，第 94 页。

② 参见吴鹏飞《中国儿童福利立法研究》，知识产权出版社，2020，第 112~117 页。

是县镇级政府的人力资源部门；第四层是各类儿童保护中心、儿童心理帮助中心等公私性质的机构。[①]

除了这四个层级中的政府机构外，儿童福利局也参与儿童虐待行政干预的全过程。美国联邦和各州都设有儿童福利局，专门主管儿童福利工作、协助其他机关处理儿童虐待案件。这些政府机构有职责在儿童受到虐待时采取保护行动，为保护儿童利益向法院提起诉讼，对受虐儿童进行监护或安置。

3. 多渠道财政资金投入

毫无疑问，充分有力的资金保障是儿童保护工作顺利开展的必要条件。美国在儿童保护和儿童福利工作中投入了大量资金：一方面用于救助受虐儿童、支持社区的儿童保护工作；另一方面通过税收优惠，促使企业和个人自愿为儿童保护事业捐献资金。儿童保护工作的资金主要来自以下三个渠道：一是联邦政府每年根据预算拨付的财政资金；二是各州地方财政划拨的资金；三是社会多方主体即个人、企业和慈善机构等的捐款。[②] 其中，前两部分是美国儿童保护工作最主要的资金来源。

4. 强制报告制度和国家亲权的补充性作用

强制报告制度是各国长期以来在保护受虐儿童实践中形成的制度共识，是儿童保护体系中不可或缺的重要内容。美国是最早建立强制报告制度的国家之一，在《儿童虐待预防与处遇法》中对强制报告制度作出了详细规定。

美国强制报告的主体，起初仅包括医务人员，而后逐步扩展到社会工作者、心理医生、家庭保姆、警务人员等一切能接触到儿童的人群。只要他们有理由相信发生了儿童虐待行为，就有义务向有关部门举报。根据联邦法律规定，善意的“误报”无须承担法律责任，对报告人的身份也采取严格的保密措施，[③] 以促使报告义务主体积极履行义务。而如果负有报告义务的人知情不举，便会受到相应处罚，如罚金或一定时长的监禁或其他民

---

① 参见王练《美国儿童保护工作体系及其运行特点和启示》，《中华女子学院学报》2010 年第 2 期，第 76~77 页。

② 参见田坤、罗珊《美国政府干预“儿童虐待”的经验及其借鉴》，载程波主编《湘江法律评论》（第 13 卷），湘潭大学出版社，2015，第 95 页。

③ 参见胡巧绒《美国儿童虐待法律保护体系介绍及对我国的启示》，《青少年犯罪问题》2011 年第 5 期，第 64 页。

事责任。

美国一直在尝试处理好国家与家庭之间的界限。就救助受虐儿童而言，只有在儿童遭受严重身体伤害和精神伤害的情况下，国家机关才可在父母亲权失职的前提下出手干预。儿童天生离不开家庭的养育，联合国《儿童权利公约》中也明确，国家亲权相对于父母亲权来说是处于补充性地位的，实现儿童利益最好的方式仍是使其获得来自父母的照顾与爱护。因此，美国在处理国家公权与家庭私权之间界限的经验，也值得我们学习与借鉴。

（二）英国

英国作为最先发展工业经济的国家，经济水平相对发达，其儿童保护法律体系较为完善，政府对儿童福利状况也高度重视，最具有代表性的立法便是现行的《儿童法》，该法为儿童虐待行政干预提供了充分的法律依据。此外，英国政府针对儿童虐待问题采取的一些措施也值得我们借鉴。

1. 完善的儿童福利法律体系

英国儿童权益保护历史悠久，迄今已形成一套较完善的儿童福利法律体系。英国对儿童保护的立法要远远早于美国，在1601年的《济贫法》中就出现了相关规定。1889年，英国制定并颁布了首部儿童保护性法律——《防止残酷对待儿童法》，该法首次规定政府对儿童虐待行为的介入权：政府可以干预虐童事件，警方可以对虐童者采取逮捕措施。20世纪英国儿童保护立法进一步发展，陆续颁布了《儿童法案》《儿童与青年法》，对此前存在的儿童保护措施进一步细化。1989年，《儿童法》出台，该法几乎整合涵盖了全部儿童保护的相关法律，是英国儿童保护法律的集大成者。随后，该法在2000年和2004年又经两次修订，增设了一些新制度，如“儿童电子档案”。英国儿童保护立法坚持儿童最大利益原则、人人有责原则和儿童中心主义，[①] 逐步搭建形成的儿童福利法律体系中涵盖了诸多行政干预措施的内容，为儿童虐待公权干预提供了较充分的法律依据。

2. 较为完整的干预体系

英国由地方当局设立的儿童服务机构、警察局和全国防止虐待儿童学

① 参见梅文娟《英国儿童虐待干预机制考察及其启示》，《山东警察学院学报》2014年第1期，第109~110页。

会负责接收儿童虐待事件的举报，由各地儿童服务机构和警察局负责具体儿童虐待事件的调查。若初步调查属实，发现儿童已经或可能遭受伤害，则会采取一些干预措施，如儿童紧急保护措施、《儿童法》第 47 条调查以及儿童保护回顾会议等。若进一步发现虐童者涉嫌犯罪，则会依法启动犯罪指控程序。

（1）儿童紧急保护措施

在儿童虐待初步调查中，若发现儿童已经或可能遭受严重伤害，则地方儿童服务机构和警察局有权对儿童采取紧急保护措施，如家庭无法为儿童提供周全保护，甚至有必要将儿童带离家庭，则有关部门有权依据法院签发的紧急保护令将儿童带离并保护起来。一般紧急保护令期限为 8 日以内，如紧急情况下来不及申请紧急保护令，警察局可直接将儿童带离，但警方保护时间在 72 小时以内。

（2）《儿童法》第 47 条调查措施

依据英国《儿童法》第 47 条的规定，政府接到虐童事件的报告并怀疑儿童已经或可能遭到严重伤害时，便有权启动调查程序，警察、教师、医生、儿童心理学专家应当协助调查。调查应当以对儿童造成伤害和痛苦最小的方式进行，时刻关注儿童本身的意愿和感觉，系统性地收集有关儿童家庭的信息和专业人员的评估结果，从而全面评估儿童的状况，提出适宜的解决方案和所需的应对措施。

（3）儿童保护会议和计划

若经过第 47 条的调查程序确定儿童正在或可能遭受严重侵害，地方儿童服务机构应当召集儿童保护会议，召集儿童的家庭成员、辩护律师、与受虐儿童和家庭有密切联系的专业领域工作人员。会议的主要任务是商定受虐儿童的保护计划。相关专业人士负责计划的具体执行，该计划的主要内容是建议对受虐儿童采取的安置方式，对该儿童及其家庭提供的各类援助等。

（4）儿童保护回顾会议

在上文所述儿童保护计划执行过程中，需要召开数次回顾会议，对过去一段时间内的计划执行情况和儿童及其家庭的状况进行评估，以确定先前制定的儿童保护计划是否得到了有效执行，在执行过程中是否出现了新情况，并根据儿童及其家庭状态随时对计划作出调整。

(5) 家庭寄养制度

英国当前一般实施家庭寄养制度，寄养对象包括孤儿、被遗弃和被虐待的儿童。家庭寄养属于英国儿童虐待的事后干预措施，政府为儿童安排寄养家庭并为寄养家庭提供经济补助和一定的税收抵免。

3. 社会组织积极参与

英国福利多元主义直接致使政府、企业和各类社会志愿组织共同深度参与儿童保护工作。英国儿童保护志愿组织发展情况良好，在儿童保护方面发挥了非常积极的作用。1889年，伦敦防止儿童虐待协会联合全国各地成立了英国防止儿童虐待协会。该协会是英国最大的儿童保护组织，直接促成了《防止儿童虐待法》的通过，正式确立了儿童虐待中的政府干预权。[①]

防止儿童虐待协会也设有儿童免费电话，可以接收举报人的报告，再将收集到的情况及时反馈给政府儿童服务机构和警察局开展调查。英国社会组织积极参与的背后是来自社会各界的大量捐赠资金的支持，政府对企业和个人的捐赠也有相应的税收优惠政策。

(三) 加拿大

加拿大政府非常重视未成年人保护工作，其儿童保护工作起步较早，以儿童优先原则为指导，通过完善的儿童保护法律体系为儿童权利的实现保驾护航，其具体经验主要表现为以下几方面。

1. 相对完善细致的法律规定

同美国一样，加拿大是一个联邦制国家。除联邦政府有统一的全国性儿童保护法外，各省也都有自己的儿童保护法，其中对儿童虐待行政干预均作出了具体规定。例如，安大略省的《儿童和家庭服务法》(CFSA) 明确了儿童虐待的情形，包括身体虐待、性虐待、精神虐待、疏忽等，并将每种情况区分为极度严重、中度严重等不同等级，并在每个等级之下又有更为细致的规定。该法规定了儿童虐待事件的强制报告制度，对于未能履行强制报告义务的主体，或允许雇员不履行报告义务的法人组织主管人员，

① 参见丰华琴《英国防止虐待儿童协会 (NSPCC) 的产生及其救助实践》，《学海》2018年第3期，第196页。

将被处以一定数额的罚款。[①] 此外，该法还明确了强制报告的具体内容，规定接收报告的主体是儿童保护协会。

2. 儿童保护协会统筹全国儿童保护工作

加拿大设立了儿童保护协会。作为一个民办社会服务机构，儿童保护协会拥有某些法律特权，统筹管理全国儿童保护工作。在接到儿童虐待报告后，儿童保护协会便会安排专业人士对儿童状况进行全面评估。如果认为儿童需要专业人员的介入保护，该协会则会正式介入，并有权将儿童带离家庭，通过司法程序获得儿童的临时监护权。在儿童受虐情况下，《儿童和家庭服务法》赋予国家介入保护的法律基础，儿童保护协会的专业人员对于儿童状况的评估，需遵循一套严格的风险评估模型，指导他们收集、分析信息，并综合信息作出合理判断。在评估结果的基础上，儿童保护协会制订对儿童及整个家庭的服务计划。[②] 此外，儿童保护协会也注意到家庭对于儿童成长的重要意义，积极为原生家庭提供帮助和支持，协助他们恢复正常状态，推动儿童尽早从寄养家庭回归原生家庭。[③]

3. 社会各界积极参与儿童保护工作

与英国情况类似，加拿大社会各界也积极参与儿童保护工作。全国范围内有很多儿童健康保护社会组织，如加拿大儿科学会、儿童健康协会和公众健康协会等，这些社会组织在儿童保护方面发挥的作用不容轻视。另外，加拿大整个社会对于儿童虐待事件都非常敏感，不同社会力量积极参与儿童保护工作，成功构建了一个由多方合力形成的儿童保护体系。

二　大陆法系国家

（一）德国

“德国的社会保障制度甚为完善，国民拥有极高的生活水平。德国儿童

① 参见杨志超《比较法视角下儿童保护强制报告制度特征探析》，《法律科学》（西北政法大学学报）2017 年第 1 期，第 161 页。

② 参见于澄姣《中加儿童权利保护的比较研究》，《社会福利》（理论版）2012 年第 12 期，第 37 页。

③ 参见邹明明《美国和加拿大儿童保护制度浅析》，《社会福利》2019 年第 4 期，第 17 页。

福利法的精神，在于保障儿童成长的权利，协助父母、家庭教养儿童，使儿童生理、心理、精神等各方面获得健全发展。"[①] 近百年来，德国特别注重对受虐儿童的保护，已经形成了细致而完善的儿童福利法律体系。

1. 完整的儿童保护法律体系

作为工业革命起步较早的国家之一，德国早在1897年便成立了第一个致力于儿童权利保护的组织。20世纪初，德国《民法典》便规定当父母虐待儿童事件发生时，政府有权介入干预以保证儿童人身安全，即当儿童遭受监护人虐待，生命、身体和自由受到紧迫危险时，国家就应负起保护儿童的基本义务。2007年，德国等欧盟国家签署《欧盟议会关于保护儿童免遭性剥削和性虐待公约》，又在此基础上制定完善了一系列相关法律政策，以规制儿童虐待行为。德国"国家亲权"也在这一基础上得以扩张，并逐渐建立起一套相对完善的儿童保护法律体系，为儿童虐待的行政干预提供依据。

2. 完善的国家监护制度

德国是最早确立"国家亲权"的国家之一。黑格尔预见到家庭解体与瓦解无法发挥其应有的功能后，需要有更高级别的东西来替代家庭的功能，即国家。[②] 家庭不能实现的功能需要由国家替代实现，当父母监护缺失时，国家便需要介入。德国一般通过特别家庭法院依职权签发的授权而确立国家监护，具体为青少年局和家庭法院共同执行，通过对父母等监护人提供帮助和监督等方式对监护人的监护行为进行干预。在紧急情况下，青少年局还有权将儿童带离至临时安置所。

3. 政府专门资金的投入

德国政府将保护儿童和青少年视为最优先的事务，每年投入大量政府专门资金用于儿童保护工作。根据德国统计局的统计数据年鉴，仅2011年一年德国政府就花费了1.17亿欧元用于儿童和青少年服务，其中用于儿童与青少年的法律、反虐待反暴力的部分，占到了总支出的15%。[③] 充足的资金是开展儿童权利保护和儿童虐待防治工作的必要条件。

---

① 吴鹏飞：《中国儿童福利立法研究》，知识产权出版社，2020，第69页。

② 参见〔德〕罗尔夫·克尼佩尔《法律与历史——论〈德国民法典〉的形成与变迁》，朱岩译，法律出版社，2003，第115页。

③ 参见彭绮娴《德国儿童公共服务研究》，硕士学位论文，华中科技大学，2015，第13页。

4. 各级志愿部门和社会组织广泛参与

如前所述，德国早在19世纪末便建立起了首个儿童保护组织，其非政府的社会组织涉猎广泛，包括政治、经济、教育、文化等各领域，社会认可度极高。德国儿童保护以市场为导向，十分强调多元化供给，由广泛存在且专业化程度较高的社会组织来填补政府机关无法关注或深入的死角。德国相关社会组织的蓬勃发展，离不开政府的大力支持与扶植，二者之间逐步形成了一种良性互动关系，共同构建德国儿童虐待行政干预的立体化网络。

（二）瑞典

瑞典儿童保护工作秉持以家庭为主、公权参与为辅的原则，格外重视家庭的作用，着重维护原生家庭的完整性。基于这一理念，瑞典建立了较完整的儿童保护法律体系和严密的工作程序，以政府为主导，家庭和社会积极参与，共同构建起行之有效的儿童保护制度。

1. 完善且具有可操作性的法律体系

瑞典是《儿童权利公约》的缔约国，多年来一直致力于履行公约义务，立法与公约内容保持一致。瑞典虽没有专门的儿童权益保护法，但其《社会服务法》《亲子关系与监护守则》《反体罚法》《未成年人监护法》等法律，共同构建了一个相对完整的儿童保护法律体系，且相关法律规定清晰，程序明确，这为瑞典儿童虐待行政干预提供了充分且具有可操作性的法律依据。

2. 健全的监护制度

瑞典认为家庭是儿童成长发展的最佳场所，家庭及父母对儿童的抚育功能是无法被替代的。因此，国家在对儿童虐待进行干预时，应当尽可能确保儿童在原生家庭中成长，通过对父母提供多方面的协助来实现这一目标。当然，在家庭功能已经严重受损，儿童继续在原生家庭中生活将会遭受重大伤害时，根据《未成年人监护法》，瑞典社会福利委员会便有权将儿童带离家庭，国家成为儿童的监护人，而后儿童被置于寄养家庭或其他机构中成长。

3. 严密的儿童保护程序

瑞典受虐儿童保护程序主要由“报告—调查—帮助”三个阶段组成。报告制度即笔者所指的强制报告制度，适用强制报告制度可最大限度地提高困境儿童被发现的可能性，以便公权力及时介入。调查程序的主要目的是对儿童及其家庭状况进行全面评估，以确定是否需要政府介入提供帮助。政府一旦确定需要提供帮助，一套基于儿童、家庭需求而制定的帮助计划便会付诸实施。这三个阶段环环相扣，形成了一个严密完整的儿童权益保护体系。

4. 社会各界积极参与

瑞典儿童保护工作以政府为主导，家庭和社会各界积极参与。瑞典将儿童保护工作视为一种普遍社会责任，政府向全社会倡导参与儿童保护，鼓励公众积极对儿童虐待行为进行报告，支持社会服务机构和志愿者参与儿童权益保护活动，从而在儿童保护工作中得以充分发挥各方面的优势，共同维护儿童权益。

（三）日本

日本儿童虐待干预起步较晚，在20世纪末期才逐步受到社会的广泛关注。虽然日本的儿童保护体系并不十分健全，但仍有不少值得借鉴学习之处。日本儿童保护呈现出明显的官方主导特点，以完善的法律体系为基础，报告制度和其他相关制度配套，社会力量也广泛参与到儿童保护工作中来。

1. 相对健全的儿童保护法律制度

日本儿童福利立法始于明治维新时期，在19世纪末至20世纪中期，日本政府制定了10余部相关法律。1947年颁布的《儿童福利法》，可以说是日本儿童福利制度的基本法，而后日本又陆续颁布了《儿童津贴法》《儿童虐待防止法》《户籍法》《生活保护法》等，并对《儿童福利法》进行过多次修改，逐步形成了较完整的儿童保护法律体系。

《儿童虐待防止法》是日本儿童虐待防治最基本、最主要的法律，其对“儿童虐待”有着明确的定义，对儿童虐待的主体、对象和行为等方面有着十分具体的规定。[①] 该法规定了儿童虐待的具体处理措施，包括强制报告制

① 参见吴鹏飞《我国儿童虐待防治法律制度的完善》，《法学杂志》2012年第10期，第59页。

度、调查程序、受虐儿童的临时保护等，也明确了政府和社会公共组织在处理儿童虐待事件中的职责。这部法律的颁布将日本儿童虐待的防治提升到了国家层面，非常值得借鉴。

2. 儿童福利机构的构建

日本在全国范围内都建立了儿童咨询所，该机构的主要任务是对受虐儿童进行救助。除儿童咨询所外，各地还设有儿童委员会、保健所、儿童福利审议会等机构。但儿童咨询所是所有机构的核心所在，其不仅可直接介入儿童虐待事件的调查，还有权对受虐儿童进行临时收容、将其带离父母进行安置、为儿童寻找并安排寄养家庭等。除此之外，儿童咨询所还负责向社会宣传儿童保护的相关知识，做好儿童虐待的预防工作，提高公众对儿童虐待的认识和敏感程度，普及儿童保护和儿童福利政策和法律制度等。

3. 完善的报告制度和安置方式

如前所述，日本《儿童虐待防止法》对儿童虐待的强制报告制度有着明确的规定。日本强制报告义务的主体范围不设限制，任何发现儿童虐待事件存在的人都有义务报告，接收报告的机构有义务对报告人的信息进行保密。报告方式多元化，可以口头、书面方式，紧急情况下电话方式也予以认可。

儿童福利机构接到报告后，应当立即开展行动。与其他国家类似，日本相关机构接到报告后的首要任务是进行一个初步调查，通过儿童周边人员、邻居、学校等了解儿童的安全情况，以确定儿童的状况以及报告的真实性。但如果受虐儿童身心健康已经遭受重大侵害，则务必首先确保该儿童的安全，由儿童咨询所为受虐儿童提供临时保护。

在对儿童虐待事件进行调查后，如果认为受虐儿童已不适合在原生家庭中继续生活，儿童咨询所有权对儿童采取临时性保护措施，同时向当地政府报告。儿童咨询所采取临时保护后，只有获得家事法院许可，才可为受虐儿童安排寄养家庭或收容机构，这是对父母亲权的限制。例如，日本民法中存在“侵权丧失制度”的规定，父母的监护权可被停止长达两年。

4. 社会力量广泛参与

与许多欧美国家类似，日本在儿童保护方面呈现出主体多元化的特征，除政府设立的部门外，学校、医院、企业和各类社会团体也发挥重要作用。得益于儿童咨询所等机构的宣传与普及，日本民众对儿童虐待事件的敏感度也较高，普遍比较关注儿童的健康成长。

日本民间社会组织发展状况良好，例如成立于1998年的儿童虐待思考协会。该协会工作人员以漫画等生动形式向公众普及相关内容，参与成员十分广泛，在儿童保护的科普方面起到了关键作用。

三　域外经验对我国的启示

综观世界主要发达国家儿童虐待行政干预体系，笔者认为有诸多成功经验值得我国借鉴。尽管各国国情不同，但在通过行政手段干预儿童虐待的实践中均存在一些共识，这为我国儿童虐待行政干预体系的构建与完善提供了诸多启示。

首先，从法律完备程度看，西方许多国家不仅在民法、刑法、反家庭暴力法等单行法中对儿童虐待防治作出了明确规定，而且大多制定了专门的儿童虐待防治法，在各国范围内形成了一套相对完整的儿童虐待防治法律体系。尤为重要的是，许多国家的儿童虐待防治法对行政机关可采取的相应干预措施有明确且具有可执行性的规定。例如，美国和英国专门的儿童虐待防治法中细致规定了行政机关干预儿童虐待事件的方式方法，为儿童虐待行政干预提供了充分的法律依据，确保了各相关机构能够依法行事。

其次，政府行政机关发挥主导作用，设立专门行政机关或具有行政色彩的专门处理机构。强有力的儿童虐待行政干预体系，必须以行政机关为主导建立并运行。儿童虐待行政干预体系相对健全的国家，均存在专门主管儿童虐待事件处理的行政机关或具有行政色彩的专门机构，例如美国儿童与家庭局、日本儿童咨询所和加拿大儿童保护协会。政府主导设立的专门儿童虐待处理的行政机关，可通过强有力的行政力量统筹全国或区域范围内儿童虐待事项的处理，在儿童虐待行政干预体系建设中起到关键作用，而我国当前正缺乏这样一个专门的统领机构。

再次，儿童虐待行政干预的模式与措施较为完善。一个完整的儿童虐待行政干预模式应当包括事前、事中和事后干预三部分。像美国等儿童虐待行政干预体系和儿童权益保护水平较高的国家，在儿童虐待事件处理的不同阶段，一般都有与之相对应的具体措施。这些国家的干预模式与干预措施，无疑为完善我国儿童虐待行政干预提供有益的经验借鉴。

最后，社会机构及其他社会主体的广泛参与，是儿童虐待行政干预体系的重要组成部分。儿童虐待是一个社会性问题，仅靠代表公权力的行政机关是根本无法解决的，政府职能在某些特殊情况下也是鞭长莫及。英国、美国、日本、瑞典等国社会机构及其他社会主体广泛参与儿童权益保护事业，成为行政机关不可或缺的补充力量。这些国家通过宣传等措施，不断提升社会公众对儿童虐待事件的敏感度与事件的曝光度。与此同时，这些国家的政府也采取许多措施鼓励社会主体的广泛参与，全社会形成合力，共同面对并解决儿童虐待问题。

第四节　我国儿童虐待行政干预的完善路径

近年来，新闻媒体披露了全国各地发生的一些儿童虐待事件，促使政府高度重视儿童人权保障。因此，建立一套行之有效的儿童虐待行政干预体系迫在眉睫。通过行政手段对儿童虐待事件进行干预，为受虐儿童提供保护是世界各国儿童保护的普遍趋势。鉴于此，笔者在前文分析的基础上，结合中国自身国情，充分借鉴国外经验，尝试提出一些可行性建议，为我国儿童虐待的防治提供法治保障。

一　健全行政干预的依据

（一）制定专门的“儿童虐待防治法”“儿童福利法”

同已经建立起相对完善的儿童保护法律体系的国家相比，我国明显缺乏专门性的儿童保护立法。因此，我国应当出台更具操作性的、更细化的专门性儿童保护法律法规。

1. 制定专门的“儿童虐待防治法”

“儿童虐待防治法”应当是针对儿童虐待问题的专门性法律。鉴于《未成年人保护法》等相关法律中对于儿童虐待干预的内容并不全面，且难成体系，出台专门的“儿童虐待防治法”具有相当必要性，这种立法模式可以系统地集中对儿童虐待公权干预的内容作出规定。该法中应当包括儿童虐待的概念与类型、儿童虐待的预防措施、儿童虐待的干预措施和受虐儿童的救助与安置措施等基本内容。对行政机关、司法机关、社会组织等各方主体在解决儿童虐待问题中的职责和权限予以明确界定，从根本上解决各机关之间权责不明、互相推诿的问题。

2. 制定专门的“儿童福利法”

在儿童福利法治方面，我国《民法典》《未成年人保护法》《刑法》等基本法律从不同角度构建了一个大致的儿童权益保障框架，初步形成了儿童福利法治体系，但相关制度仍存在不全面、不系统的问题。在我国经济社会发展、法治建设不断推进的背景下，启动“儿童福利法”的立法工作势在必行，该法的出台对于完善儿童福利工作、健全儿童福利体系、提升儿童福利水平至关重要。[①]

儿童福利权是儿童所应当享有的基本人权，它体现了儿童的生存发展价值，应当在立法上得到确认。[②] 我国未来的“儿童福利法”应当包括儿童福利的主体、内容以及受虐儿童、孤儿、流浪儿童等各类困境儿童的救济和保护方案，以及儿童寄养和安置制度等规定，明确各级政府及其他机关在促进儿童福利中的职责。在“儿童福利法”的基础上，建立一套符合我国国情的儿童福利体系，为儿童权利保护和儿童虐待问题的解决提供有力的支持。

（二）完善《刑法》《未成年人保护法》等相关法律

如前所述，我国《宪法》《刑法》等法律中存在儿童权益保护的相关规定，但这些都属于综合性法律，且相关规定的可操作性不强。健全的法律体系是儿童权益保障的根本依据，因此，必须在此方面加以完善。

《宪法》作为所有法律的母法和最高法，应当特别体现儿童权益保护的内容，将儿童最大利益原则等内容纳入其中，起到儿童保护法律的纲领性作用。

① 参见吴鹏飞《中国儿童福利立法：时机、模式与难点》，《政治与法律》2018 年第 12 期，第 151~153 页。

② 参见吴鹏飞《儿童福利权国家义务论》，《法学论坛》2015 年第 5 期，第 38 页。

《刑法》中已经存在“虐待被监护、看护人罪”，但该罪名仅规制对儿童存在监护、看护关系的人，一般来说即指儿童的家内虐待。因此，仅依据本条对儿童权利进行保护是明显不够的，应当对本条作出一定修改或解释，将儿童虐待的主体拓展到所有可能接触到儿童的人，或增设专条“儿童虐待罪”，加大对虐童者的惩罚力度。此外，对儿童虐待罪应当设定比一般虐待罪更高的法定刑，以彰显虐童行为的恶劣性、社会的危害性和儿童权益保护的重要性。

《未成年人保护法》应当是儿童权益保护最重要的法律文件，现行《未成年人保护法》中虽存在部分关于儿童虐待行政干预的内容，但过于原则化且缺乏实际意义上的执行力。另外，该法针对儿童虐待强制报告制度仅规定义务而不规定未履行该义务的法律后果，同时，对于接到报告后应当采取的措施的规定也处于空白状态。为此，笔者认为可以就该法中的相关内容作出进一步的细化与完善。

（三）健全儿童福利配套政策

此处的配套政策，特指狭义的法律之外的行政法规、地方性法规以及效力低于这两类文件的立法性文件。例如，由国务院部门制定的部门规章和由省级或设区的市级人民政府制定的地方政府规章，是国家机关、政党为了实现自己所代表的阶级、阶层的意志和利益，以权威形式标准化制定的文件。

在我国的体制结构下，政策在社会生活的调节中起到了至关重要的作用。国务院各部门和地方政府经常通过这一相对简便高效的方式，对社会生活的各方面进行调整。由于政策具有法律所不具有的灵活性，因此可以对实际情况的变化作出快速反应和有效回应。

构建一个完整的儿童权益保护法律体系，不仅需要狭义上的法律参与，更需要配套政策的协同作用。我国地域辽阔，不同区域的情况千差万别，仅仅依靠几部全国统一的法律便完成对儿童权益的全面保护是不现实的。因此，需要各部门和各地方针对自身的具体情况，在全国统一适用的法律的基础上，进一步通过政策细化，为儿童虐待的行政干预提供更充分周全的依据。

二　明确行政干预的主体

儿童虐待的行政干预涉及诸多环节，如接收来自儿童虐待强制报告义务主体的报告、对接到的报告展开调查、对受虐儿童及其家庭状况进行评估、根据调查和评估结果实施干预、必要时对受虐儿童进行监护等多个环节，不同环节所需的专业知识不同，可能涉及教育学、医学、心理学等多领域，需要负责各环节的专业工作人员完成紧密的配合。统一调动协调这些专业人员，需要花费大量人力、物力资源，这远超我国涉儿童虐待事项的公安、民政等多部门合作干预所能提供的承载能力。因此，唯有设立一个儿童虐待的专门处理机构或儿童虐待防治机构，才能有效集中调配各方面的资源，从而实现儿童虐待行政干预的目标，即通过行政手段保护受虐儿童的合法权益，为儿童提供健康快乐的成长环境。

专门儿童虐待处理机构，应当是由国家公权力牵头设立的。设立这样的机构应当是一项系统性工程，也唯有国家公权力可以有如此强大的组织能力。该处理机构应当是具有行政执法职能、能够对外独立承担行政责任的行政主体，其能够独立开展对儿童虐待事件的调查、对儿童及其家庭的情况进行评估，并在必要情况下对受虐儿童进行监护和安置。通过将儿童虐待的处理机构专门化、独立化，明确其具体职能，以完善国家对儿童虐待的集中统一干预，这是许多欧美发达国家长期以来在处理儿童虐待事件实践中达成的共识。但在我国构建这样的机构，必须充分与我国的国情相结合，契合我国的实际情况。

设立专门儿童虐待处理机构，需要政府提供充足的财政资金支持，在年度财政计划中设立专项资金、设置专门的独立办公场所、配备相应的工作人员。建立民政、公安、卫健、司法等相关部门与其专门配合对接机制，对于儿童虐待处理机构与其他相关部门、相关机构的配合分工应当是不可遗漏的重点，最终由该机构对儿童虐待防治事件进行统筹规划和引领，构建网格化、高效率的儿童虐待防治行政体系，实现统一管理、资源整合，改变现行儿童虐待防治多头管理的局面。

关于该机构设置的具体形式，笔者认为应当首先在中央层面，以国务院下属部门的形式设立一个总体机构，对全国儿童虐待行政干预事项进行宏观管理、统筹规划。同时，在地方各行政区域设立相应的分支机构，负责本辖区内儿童虐待行政干预事项。该分支机构应当同时接受本级人民政府的领导和上级机关的垂直领导，类似于公安机关的组织形式。

该机构在承担自身的行政职能、与其他国家机关协调衔接以外，还应当积极与相关社会组织进行联动。我国非营利性社会团体和社会组织蓬勃发展，在各类社会问题的解决中也发挥着越来越重要的作用。社会组织的发展离不开政府的鼓励和扶持，通过给予资金支持和政策扶持的形式，可以促使民间社会儿童权益保护组织参与到儿童虐待防治事业中。人们通常认为，政府公权力介入儿童虐待尤其是家内虐待的事件中会过于敏感，甚至会导致家庭成员的抵制，而社会组织正好可以有效地介入行政机关难以触及的领域，发挥意想不到的作用，改变行政机关单打独斗的局面。

综观世界各国儿童虐待的防治经验，多主体参与的模式势在必行。儿童虐待的行政干预，当然要以行政机关为主导，但完全依靠行政机关又会使其陷入信息不对等、人力资源匮乏等方面的困境。在此方面，我们可参考借鉴美国、瑞典等国的做法，合理确定儿童虐待的专门处理机构与社会组织之间的协调分工关系。

三　完善行政干预的模式

（一）事前干预

1. 加大普法宣传教育力度

儿童是国家的希望和民族的未来。我国传统观念根深蒂固，时至今日，仍有很多家长将体罚打骂儿童视为教育孩子的良方。在很多情形下，儿童作为一个独立民事主体常被忽视，被认为是其家长的附属品或私有财产，家长认为自己对孩子有随意管教的权利，殊不知这实质上是对儿童权利的严重侵犯。这些落后的思想观念严重阻碍了我国儿童权益保护事业的发展和儿童救济体系的健全与完善。

要从根本上扭转这种思想观念，首先需要通过国家对《未成年人保护法》《反家庭暴力法》等相关法律的大力普及和新闻媒体的全力配合，运用互联网、微信公众号、微博、短视频等新媒体平台以及其他渠道和方式，对公众开展相关普法宣传教育工作，也可在中小学学校、社区、幼儿园等儿童聚集的场所分发宣传册。在宣传的同时，要做好儿童权益保护的教育工作，通过对父母、家长、教师、社会工作者等群体开展相关教育，使其了解最基本的育儿教育知识，促使其学习如何成为一个称职的育儿者、如何和儿童正确地相处。通过在学校内对儿童开展相关教育，培养儿童的权利意识，使其了解自己享有的各项基本权利和权利被侵害时的基本救济途径，使其在面对暴力或虐待时有寻求救济的能力和可能性。

儿童权利保护和儿童虐待防治的宣传教育工作，应当以前文中提到的专门儿童虐待处理机构或儿童虐待防治机构为主导，由其统筹安排全国和各地方的宣传教育工作，由相关专家严格掌握相关宣传教育的具体内容，确保向公众传达的内容是最准确、最前沿、最符合我国实际情况的。大力招募培训志愿者，培训的内容包括如何教儿童自我保护、对父母监护行为的指导等,① 再由各级政府宣传部门、教育部门、妇女联合会、学校等相关社会组织、企事业单位全力配合，形成全国上下一体的儿童保护宣传教育体系。

日本和美国等国家均陆续设立了自己的“儿童虐待防止月”，以明确地宣示国家对儿童权益保障的重视和对儿童虐待行为的严厉态度。为此，我国针对儿童虐待问题也可效仿借鉴此类做法，设立儿童虐待防止月或儿童虐待防止日，或将儿童虐待防止的主题与既存的儿童节相结合，以加深公众对儿童虐待问题的记忆点和关注度。

在大力推进儿童虐待防止宣传教育工作的同时，还应当同步完善相关制度体系，确保民众在听到国家声音的同时，也能看到国家的实际行动，领会国家推进儿童权益保护的决心，深刻理解保护儿童权益绝不是空喊口号。加大社会公众对儿童权益保护的认同感，进而有助于提升社会成员保护儿童的责任意识，提高政府公信力。

2. 构建社区预防制度

社区是儿童和家庭生活最主要的区域所在，也是最具有基础性功能的基层组织。在儿童虐待预防和儿童权益保护工作中，社区具有其他组织所

① 参见李军《儿童忽视的保护原则与机制探究》，《中华女子学院学报》2016 年第 1 期，第 111 页。

无法比拟的优越性。社区工作人员可近距离地接触到儿童及其家庭，对他们的真实状况作出相对精确的判断，在儿童虐待防治最前线的社区充分发挥基础性作用和预防作用，这是儿童虐待行政干预模式的事前干预中非常重要的一环。

部分西方国家已建立起相对行之有效的社区预防和救助系统，并在实践中发挥了相当重要的作用，笔者认为可从以下几方面构建我国社区预防制度体系。

（1）社区设置专门的儿童虐待举报热线

社区中可设置本社区内专门的儿童虐待举报热线，并向本社区内的居民公开公布宣传。社区工作人员接到举报后，应当及时向儿童虐待防治处理机构反映，由该处理机构决定是否需要进一步介入处理。

（2）建设社区儿童权益保护宣传教育平台

如前所述，社区可非常紧密地接触到儿童及其家庭，而家庭教育在儿童成长中居于至关重要的地位。我国家庭教育传统观念仍根深蒂固，许多家长思想观念仍停留于“棍棒底下出孝子”阶段，因此，对家长育儿方式的教育和引导十分关键。

社区可通过安排社会工作者和护工入户，或者与家庭成员进行访谈或宣传，或者与家庭成员进行沟通交流，向其细致讲解儿童虐待问题的现状以及对儿童权利保护的措施，确保其知晓相关法律和政策规定，同时也可提高儿童的权利意识，唤醒广大社区居民对儿童虐待事件的关注。

（3）提高社区工作人员专业素质和服务水平

当前我国社区工作人员整体素质不高，人员普遍不足，也缺乏专业性质的工作人员，许多社区工作人员都是兼职，缺乏社会工作所需的专业知识和服务能力。专业且训练有素的社会工作者，是社区问题处理的有力保证。在发现儿童虐待事件时，经过专业化培训的工作人员，可迅速作出反应并采取恰当的处理措施。因此，应当针对社区内居委会工作人员和其他社会工作者开展专业化培训，使其具备处理儿童虐待事件所必备的专业能力和服务水平。

（4）加强社区与政府部门、社会组织的衔接与配合

当前，社区对儿童虐待等事项的处理模式，仍处于非常不成熟阶段，

需要进一步强化社区与公安、民政等部门的衔接与配合，接受专业儿童虐待处理机构的指导与帮助，在其引导和安排下开展相关工作。此外，儿童保护相关社会组织可以很好地充实到社区，解决社区工作人员人手不足的问题。社区也可以与其建立合作伙伴关系，利用其人才对社区工作人员进行培训，提高社区服务质量。

3. 健全监护监督制度

监护人监督制度“持续关注儿童成长、保护儿童利益，将儿童虐待防患于未然为设立理念”。[①] 虽然我国《民法典》《未成年人保护法》中存在相关规定，但《民法典》未明确使用“监护监督”的概念，《未成年人保护法》也仅在条文中提及这一制度，而对监护监督的主体、对象和内容都未加以明确。目前我国对于监护监督缺乏统一的概念，欠缺对这一制度的深入探讨，仍未能建立起完善的未成年人监护监督体系。[②] 监护监督制度不同于一般意义上的国家监护，其更像是国家为保障家庭的监护职责能够被顺利履行所进行的干预。

父母对儿童的监护始于儿童出生，在一般情况下，无须国家公权力对他们的监护行为进行监督，因为一般情况下，父母会为儿童的利益作出有利于儿童的行为。同时，基于监护人与儿童之间特殊的亲属关系以及信任关系，社会对监护人给儿童造成的伤害就更难以察觉。[③] 但当出现父母死亡、父母行为能力或监护能力缺失，或父母严重侵害儿童利益等特定情形时，国家公权力就有介入监督的必要，毕竟现实中不少案例已经向我们证明，社会中存在很多会伤害自己孩子的“兽父兽母”。父母对于儿童人身和财产有较大控制权，也存在父母出于自身利益考量而损害儿童利益的可能性，因此监护监督制度有其设立的必要性。[④] 国家应当履行对儿童监护人的

---

① 吴鹏飞、郑俊俊：《儿童虐待中的公权干预——以家庭自治、亲权转变为视角》，《安徽警官职业学院学报》2018 年第 3 期，第 40 页。

② 参见谢芳《完善我国未成年人监护监督制度的原则及路径》，《中国青年社会科学》2021 年第 1 期，第 127 页。

③ 参见李爱民《我国未成年人国家监护制度探析》，《贵州广播电视大学学报》2019 年第 3 期，第 40 页。

④ 参见张露《论我国未成年人监护监督制度的完善——以国家监督为导向》，《广西社会科学》2019 年第 6 期，第 114 页。

指导、帮助和监督职责，对被监督的监护人履行监护职责的情况进行定期报告，为相关儿童建立监护信息档案。

就目前来看，我国并不存在统一的国家监护监督机关，在实践中涉及监护监督时，多由人民法院承担此项职责。笔者认为，可以由上文提到的专门的儿童虐待处理机构履行此项职能，无须另外设立机构。

对于监护监督的对象需要严格作出区分，针对不同对象采用不同监督方式。对于父母来说，无须过度干预，但仍需将其纳入监护监督的对象范围，仅需在必要情况下进行监护监督。只要父母侵害儿童合法权益，或有可能侵害儿童合法权益，均应当纳入监护监督范畴。① 对于非父母的监护机构，则需要从监护关系开始即进行监护监督，但监护监督仍不应过多过严，可以根据具体情形调整此类监督的严厉程度。这种重点与非重点监督相结合的灵活机制，既充分保障了儿童的权利，又可以尊重监护家庭的隐私；既调动了法人监护与其他自然人监护的积极性，又将父母所享有的监护权利关进了“笼子”中。②

设立监护监督制度，首先要求建立儿童或未成年人信息档案库，由各地相关机构将本辖区内儿童信息及其家庭基本情况记录在册，以便全面系统地掌握其整体情况。其次，对被监督的监护人组织定期指导培训，引导他们的监护行为走上正轨。再次，要求被监督的监护人定期向相关部门作出报告，时刻掌握儿童及其家庭情况，以便随时调整监护监督方案。最后，在监护监督期间，应当由专业工作人员不定期进行走访调查，全面了解儿童被监护的真实情况。

（二）事中干预

1. 健全强制报告制度

儿童身心发育不健全，行为能力尚有欠缺，因而在面对虐待时缺乏主动寻求帮助和救济的能力。当儿童虐待事件发生时，如何及时发现虐待行

---

① 参见李雨彤《论我国未成年人监护监督制度的构建》，《现代商贸工业》2019 年第 11 期，第 165 页。

② 参见张露《论我国未成年人监护监督制度的完善——以国家监督为导向》，《广西社会科学》2019 年第 6 期，第 114 页。

为是公权力所面临的首要问题。因此，各国在长期的儿童虐待防治实践中，就如何建立儿童虐待强制报告制度达成了广泛共识。一般认为，一个完整的强制报告制度体系应包括以下四要素：一是接收报告的主体；二是报告义务人；三是报告的标准方式与内容；四是误报或瞒报、不报的法律后果。

（1）接收报告的主体

综观各国强制报告制度的实践，接收报告的主体一般是专门的儿童保护机构或公安机关。公安机关负责一般公共安全保护，其管辖范围涉及社会生活的各方面，儿童保护自然也是其管辖范围内的事务。但儿童权益保护和儿童虐待的干预有其特殊专业性，往往涉及儿童心理学、教育学、社会学等多领域的专业知识，远超一般公安机关所能达到的水平。尽管如此，一般社会主体在遭遇不利情形时，首先想到的机构还是公安机关，因此，将公安机关作为儿童虐待报告的接收主体具有一定的合理性。

各国设立的专门儿童保护机构和儿童虐待处理机构也是接收儿童虐待报告的主体。例如美国儿童福利局、英国专门儿童福利部门等，这些专门机构的职责之一便是接收并处理针对儿童虐待的报告。专业儿童保护或儿童虐待处理机构具有专门的工作人员，在相关事件的处理中更加得心应手。

综上，笔者认为，公安机关和专门儿童虐待防治机构均应当是接收儿童虐待报告的主体，只是在对报告的处理程序中，应当以专门儿童虐待防治机构为主，公安机关在接到相关报告后，应当在第一时间与儿童虐待防治机构取得联系，并对其工作予以协助。结合我国国情，居委会、村委会、妇联等部门组织也可开设一些儿童保护专线，接收相关报告，并在接到报告后第一时间将情况如实上报到儿童虐待防治的专门机构。

（2）报告义务人

美国和澳大利亚的强制报告制度规定的是特定主体的报告义务，这些特定主体包括学校教师、行政人员和其他工作人员、为儿童提供医疗卫生服务的卫健服务人员、能够接触到儿童的行政执法工作人员和儿童福利人员等。日本强制报告义务人则是全体国民，而学校、儿童福利机构、医院等特定主体对儿童保护工作负有协助义务。

总体来看，儿童虐待强制报告义务人都是能经常接触到儿童的专业人员，这些人员基于其工作之便，有更大可能发现儿童遭受了身体或精神虐待，因此，这部分特定主体当然负有强制报告义务。鉴于仅依靠特定人员可能会导致儿童虐待事件无法及时发现，因此，笔者认为，我国儿童虐待强制报告的义务人应当扩展到全体公民，即所有有可能接触到儿童或可能发现儿童遭受虐待的个人和群体。

（3）报告的标准、方式与内容

儿童虐待强制报告制度的建立，就是以及时发现儿童虐待事件为目的的。因此，笔者认为，只要报告义务人认为儿童存在疑似受虐的情况，就应当向有关部门报告，至于该儿童是否实际受虐，要经过专业人员的调查评估后才能确定。如果将报告标准设置得过高，则是对公众判断能力的苛求，因为普通社会公众并不具备准确区分儿童是否受虐的专业知识和专业能力。因此，报告标准不宜过高，这样才可确保强制报告制度发挥其应有的作用。

然而，报告标准的设定，也应该将相关机构的工作水平和承载能力考虑在内。公安机关和儿童虐待防治机构的工作人员是有限的，而每接到一个儿童虐待事件的报告，就意味着相应调查和评估程序的启动，每一个环节都需要专业工作人员参与。如果将强制报告标准设定过低，无疑会削弱这些机构在儿童保护中的作用。因此，在设定强制报告标准时，应当综合将公众的认知水平和相关机构的工作能力考虑在内，合理确定标准。

就强制报告的方式而言，既可具名报告，也可匿名报告，具体包括采用书面、口头、电话、邮件、短信、微信等方式。就强制报告的内容来说，报告人在报告时应尽可能提供所知晓的信息，包括儿童、儿童的法定监护人、虐童者的姓名及其他关键信息、虐童者与儿童之间的关系、虐待行为被发现以及发生的地点、儿童的年龄、受伤害的程度与相关的关键证据以及报告人的信息等。①

（4）误报或瞒报、不报的法律后果

一项完整的法律规定中，应当包括法律后果这一部分，这也是我国现行强制报告制度所严重缺失的。现行强制报告制度更类似于一种授权性规

① 参见刘向宁《当务之急和制度构建：从南京虐童案看儿童虐待强制报告》，《中国青年研究》2015年第9期，第46页。

范，并非义务性或强制性规范，[①] 误报、瞒报或者知情不报者无须承担任何法律责任或不利后果，这显然不利于该制度的有效落实。

根据报告人的心理状态，误报可分为基于善意的误报和恶意的误报致他人陷入虚假指控两种类型。对于第一种即基于善意的误报，各国一般都给予报告人刑事和民事责任的豁免，以促使公众积极履行强制报告义务，无须担心善意的误报可能会招致不利后果。而对于第二种即恶意的误报，大部分国家规定了一定的罚金甚至法定刑。根据我国相关法律的规定，恶意误报致使他人陷入虚假指控，可能构成对他人名誉的侵犯，严重者甚至可能涉嫌诽谤罪或诬告陷害罪。因此，对于误报应当区分不同类型，分别设定相应的民事责任、行政责任或刑事责任。

瞒报或不报，系指明知儿童虐待事件存在而知情不举。美国、澳大利亚等国家对知情故意不报的行为设定了罚金和监禁等法律责任。误报、瞒报等都可能导致儿童虐待行政干预的最佳时间被错过，致使受虐儿童无法得到及时的救济。因此，笔者认为，我国相关法律也应当有所体现，并结合我国国情，对于儿童虐待误报、瞒报者，应当设置一定的行政处罚，如罚金、行政拘留等，严重者甚至需要承担相应的刑事责任。

2. 优化儿童虐待调查程序

儿童虐待强制报告是儿童虐待行政干预的第一道程序。相关部门在接到报告后，必须启动调查、评估程序，才能确定是否需要出手进行干预，进而明确该采取何种干预措施。

为了最大限度地发挥强制报告的制度优势，只要接到相关报告，相关主体就会启动后续调查程序，主要是对接到的报告进行过滤筛选。强制报告的义务人是包括学校、医院工作人员等特殊主体在内的社会成员，而一般社会主体是不具备精确判断儿童虐待事件是否发生、儿童及其家庭状况如何的能力和知识水平的，因此，具体情形只能由专业工作人员作出判断。

调查程序的首要功能便是筛选，由专业工作人员通过调查判断儿童虐

① 参见杨茜茜《儿童性侵害防治：理论基础、基本原则及具体路径》，《科学·经济·社会》2019 年第 4 期，第 71 页。

待报告的真实性如何、判断情况是否达到行政机关进行干预的标准。国家工作人员的编制有限，专业儿童虐待处理机构的承载能力也有限。因此，筛选功能可以减轻调查人员的工作压力，避免有限行政资源的浪费。此外，对儿童的监护本身也是父母亲权的一部分，若行政机关无节制地对父母管教孩子的行为进行干预，也是对父母亲权的损害。调查程序对报告的过滤和分流功能，直接关系到儿童是否能得到应有的保护，国家资源的使用是否能效益最大化。进而言之，"调查程序对报告的处理具有承上功能，对下一步的干预措施的选择也具有启下作用"。[①]

就调查的内容而言，首先应当是辨别报告的事件是否属于儿童虐待事件，然后判断儿童受到伤害的程度如何以及是否有继续遭受伤害的危险，在此基础上，调查部门将决定是否有必要将该报告提交给评估部门进行进一步的处理与干预，以及是否需要对儿童采取临时紧急保护措施。由于在调查程序中可能涉及各方收集的证据和信息，公安机关、社区等机构和组织应当对调查人员的工作给予全力协助。

为避免儿童遭受损害的扩大，调查程序应当设定一定期限。美国儿童保护服务机构接线员在初步筛选后，通常会将案件分为三种：第一种是立即答复或行动；第二种是 24 小时内答复或行动；第三种是可 24 小时后答复。[②] 加拿大则将案件分为高风险案件和低风险案件，前者必须在 1 小时内开展调查，后者最长等待期限为 21 天。笔者认为，应当在对报告进行初步调查筛选后确定案件的紧迫程度和严重程度。如果儿童已经遭受或可能遭受严重伤害，应当在 24 小时内启动调查程序，而紧迫程度和严重程度相对较低案件的启动调查时间一般不能超过 5 个工作日。调查程序期限的合理设定，可确保有限资源的优化配置，进而最大限度地保护受虐儿童。

3. 细化儿童虐待评估程序

儿童虐待评估程序是贯穿整个儿童虐待行政干预程序始终的。在接到儿童虐待事件报告后，需要专业人员对事实进行调查核实，评估儿童及其家庭的实际状况。在情况核实后采取相对应的措施过程中，也需要及时对

① 王慧：《儿童虐待国家干预制度比较研究》，博士学位论文，武汉大学，2015，第 85 页。

② 参见 William Bowen《美国预防与处理儿童家庭不当对待法律制度综述》，载佟丽华主编《未成年人法学》（家庭保护卷），法律出版社，2007，第 259~260 页。

措施的进展情况进行评估，以确定是否需要继续干预、是否需要变更干预措施。因此，儿童虐待评估程序是对行政干预效果进行监测检验的重要措施。

儿童虐待是存在多种表现形式的，最易于发现的便是针对儿童的身体伤害，而针对儿童的心理虐待往往是隐性的、难以发现的。只有心理虐待非常严重或持续时间很长的情况下，行为人才会有外化于行的表现，而此时的损害结果已经非常严重了。普通社会公众很难发现或判断儿童是否受虐以及受到伤害的程度，这就需要具有专业知识的人员对儿童及其家庭的情况进行全面整体的评估，这是确定儿童状况的关键环节。儿童虐待的评估方式可分为直接评估和间接评估两种。当出现儿童年龄过小，无法直接获取信息的情况时，便可通过测量儿童的焦虑、创伤后应激反应等临床指标，从而间接地对儿童的状况作出评估。①

笔者认为，儿童虐待评估程序所评估的内容，主要包括以下几方面：一是儿童受虐程度或受虐风险程度；二是儿童的基本需求；三是儿童家庭的基本情况，包括父母精神状况、收入情况、家庭内部关系、家庭外部社会关系等。儿童虐待行政干预的根本目的是满足儿童成长需求、帮助其回归家庭。由于家庭是最适合儿童健康幸福成长的环境，教育儿童、促进儿童发展的最佳方式仍是父母教育。因此，儿童虐待的评估范围不能局限于儿童本身，而应当将其扩大，以精准确定家庭问题，提供及时的救助。

评估结果将是确定是否需要对相关事件进行行政干预、应当采取何种行政干预措施的重要依据。调查评估必须及时迅速完成，为此，应当在接到相关报告并启动调查程序的同时启动评估程序，这有利于为受虐儿童提供最及时的保护。如前所述，针对严重程度和紧迫程度不同的儿童虐待事件，调查程序的期限也有所不同。因此，调查阶段评估程序期限也应当与调查程序期限保持一致。而在行政干预措施中，应当定期对进展情况进行常规评估，并开展不定期的非常规评估，以便随时掌握儿童及其家庭的最新状况。

① 参见王大华等《儿童虐待的界定和风险因素》，《中国特殊教育》2009年第10期，第79~80页。

4. 健全临时保护制度

临时保护制度是在儿童遭遇严重虐待，或有遭遇严重虐待危险的情况下，由儿童保护或儿童虐待防治专门机构将儿童带离家庭进行临时保护的一种干预措施。当儿童已遭遇严重虐待或有受虐危险时，家庭已不再是适宜儿童生活的场所，无法满足儿童最基本的安全需求，只有将儿童带离家庭并由专业人员看护，才能有效遏制儿童虐待的再次发生或损害的加深。

然而，家庭是最适合儿童健康成长的环境，将儿童从家中带离可能会给儿童带来心理上的压力，儿童被带离原生家庭后可能会认为这是对自己的一种惩罚，从而产生恐惧心理，不利于家庭关系的维系。这种将儿童带离的方法会给被带离家庭的儿童带来一些压力，从而可能扩大虐待或忽视对儿童造成的创伤。[①] 因此，各国在设定临时保护措施时，一般都会规定较严格的限制，以防止公权力对家庭过度介入和干预。首先，只有在儿童虐待严重危及儿童生命安全时，才可以适用临时保护措施；其次，将儿童带离原生家庭进行临时保护必须遵循严格的程序，并受到来自司法机关等各方面的限制和监督。

将儿童带离家庭进行临时保护，是对父母亲权进行限制的最为严格的一种行政干预措施，对儿童及其家庭也可能造成非常大的影响。儿童虐待行政干预应当始终考虑在对儿童及其家庭影响和干扰最小的情形下满足儿童的发展需求，将儿童完全带离原生家庭应当是最后手段。因此，在设定临时保护措施时，必须将其适用的界限充分考虑在内，即父母亲权与国家亲权的界限。但无论国家如何克制，保护儿童的生命安全永远都是儿童虐待行政干预的首要目的。

与儿童虐待的调查和评估程序类似，根据儿童虐待的紧迫程度和严重程度，临时保护措施的适用也有所不同。美国等国普遍要求将儿童带离家庭必须经过司法授权，以实现司法对儿童虐待行政干预的监督，笔者认为这样设定具有一定的合理性。如果在调查评估过程中，发现若不对儿童采

① 参见 K. M. Schneider & Phares，Coping With Parental Loss Because of Termination of Parental Rights，*Child Welfare*，Vol. 84，2005，pp. 819-820。

取紧急临时保护措施，将会导致儿童重伤甚至死亡等严重后果，那么儿童保护机构、儿童虐待防治机构或公安部门可在将儿童带离家庭进行临时保护后，再向法院申请许可，否则无法在实质上达到保护受虐儿童之目的。在儿童虐待的情况尚未达到一定紧迫和严重程度时，则需要严格履行先向法院申请许可后，方可将儿童带离家庭。

将儿童带离家庭的临时保护措施具有临时性的特征，应当为其设置一定期限，具体可以以 7 天为限，在必要情况下，可以在有效期内申请延长。这种将儿童带离危险环境临时安置起来的方式，既可为受虐儿童提供有效保护，也可为国家亲权采取最小干预方式介入父母亲权赢得时间。

（三）事后干预

1. 完善国家监护制度

“国家监护制度是指由国家担任未成年人的终极监护人，对未成年人监护人的监护行为进行有效监督，对未成年人合法权益进行有效保护的各种机制之总称。”① 当传统家庭监护无法妥善保护儿童合法权益时，国家监护便应运而生。现代社会正处于转型期，社会伦理观念在不断发生变化，传统家庭观念也在不断受到冲击，当家庭出现问题或存在家内虐待时，国家监护制度可以对儿童提供所需的关爱和保护，甚至在一些极端情况下短期或长期剥夺父母监护权。

（1）国家监护的适用条件

如前所述，国家监护制度并非仅适用于本书所论及的儿童虐待情形，在未成年人父母双亡、父母离异且双方均拒绝抚养儿童、父母患有重大传染性疾病不适宜继续抚养儿童、父母被剥夺监护权等情形下均可适用国家监护制度，由国家机关承担短期或长期抚养、教育儿童，为儿童提供健康、快乐的成长环境之责任。我国当前法律仅规定国家监护的对象为“没有依法具有监护资格的人”，这一范围显然太窄，使得大量困境儿童无法获得妥善的保护。

---

① 李爱民：《我国未成年人国家监护制度探析》，《贵州广播电视大学学报》2019 年第 3 期，第 39 页。

(2) 国家监护的主体

我国当前国家监护主体一般是民政部门或村委会、居委会，但民政部门作为综合性政府部门主管事务繁多，若将儿童国家监护的职责全部归于民政部门，则很可能会导致职务冲突、相互推诿的情形。虽然法院判令由民政部门承担监护职责的情形很常见，但民政部门并没有设置专门职能部门来负责这些事务。因此，笔者认为，应当适当借鉴域外经验，设立专门国家监护机构作为国家监护的主要主体，这个机构具有行政机关的性质，由其他公益性社会机构配合承担国家监护的职责。具体可以前文提到的专门儿童保护机构或儿童虐待防治处理机构为主，由其内设的具体职能部门专门负责此项工作，形成政府负责、民政牵头、部门协作、社会参与的儿童保护机制。

(3) 国家监护的职责

我国相关法律法规应该明确国家担任儿童监护人时的具体职责。首先，需要保障儿童人身生命安全；其次，要妥善照管儿童的财产利益，与其他监护人相同，除非为被监护人的利益，否则不得处分其财产；再次，要保障儿童的居住、受教育等基本权利；最后，作为儿童的监护人和法定代理人，要时刻关注他们的心理健康，对心理存在障碍的儿童，及时安排心理疏导，避免因一时的心理创伤而造成终身无法抹平的伤害。

(4) 国家监护资格的撤销

虽然我国《民法典》第 36 条专门规定了监护资格撤销制度，但尚需在后续立法中进一步完善。首先，就可申请撤销监护资格的主体来说，有一定认知能力的儿童本人、法院、检察院、儿童所在的居委会和村委会均应有申请撤销监护人资格的权利，这样可最大限度地尊重具有一定表达和认知能力的儿童本身的意愿，进而节约司法资源。其次，就撤销监护资格的法定事由来说，出于主观原因（不想抚养儿童）和客观原因（疾病、贫困、被剥夺人身自由等）不能履行监护职责的情形，都应被归入撤销监护资格的法定事由中，以便全面涵盖各种社会生活中可能出现的情形，以充分周全地保护儿童的权益。

2. 完善家庭寄养制度

根据联合国发布的《关于替代性儿童照料的导则》的定义，家庭寄养是一种政府当局将儿童安置在原生家庭以外经过筛选的受监督的其他家庭中抚养的替代性养育模式。[①] 家庭寄养是国外广泛存在的一种国家监护模式。例如，美国家庭寄养便是各类安置方式中最主要的一种，[②] 我国也存在相关的规定。

家庭是社会生活最基本的单位，对于儿童三观的形成、心理的成熟等均具有不可替代的意义。家庭是最适宜儿童生存发展的场所，儿童虐待防治的主要目的也是帮助受虐儿童回归家庭。而当原生家庭无法满足儿童需求时，寄养家庭的存在就具有相当重要性。通过家庭寄养制度，可让受虐儿童的心理创伤得到逐步修复，从而促进生理和心理的协调发展。不同家庭的个性化养育方式也使得寄养家庭优于照管机构的统一看护。对于寄养家庭来说，接收寄养儿童往往可获得一定数额的经济补助，寄养父母也可通过这一行为提升自己的社会认同度，获得更多“社会尊重”。对于儿童的原生父母来说，儿童被寄养期间也是其改善自身行为的期间，有助于亲子关系的修复。

我国现行的有关家庭寄养制度的规定，最初见于民政部 2003 年发布的《家庭寄养管理暂行办法》，该办法将家庭寄养制度视为孤儿、弃婴等困境儿童回归家庭、融入社会的一种养育方式。2014 年，民政部正式发布《家庭寄养管理办法》，对完善我国家庭寄养制度具有重大意义。该办法虽然进一步规范了家庭寄养的程序条件，但其将寄养范围局限于不满 18 周岁的孤儿、无法查找到生父母的弃婴和儿童，而其他困境儿童，如遭受虐待不适宜在原生家庭继续生活的儿童则不在此列。显然，家庭寄养的范围过窄。此外，寄养家庭的类型也相对单一。《家庭寄养管理办法》提高了寄养家庭的准入标准，不利于社会主体广泛参与家庭寄养的儿童保护工作。此外，家庭寄养的评估程序、监督程序等有待进一步完善。

我国家庭寄养制度需要以儿童最大利益原则为宗旨，发挥行政机关的主导作用，形成政府主导、社会主体共同参与的干预机制。同时需要进一

---

① 参见联合国《关于替代性儿童照料的导则》(Guidelines for the Alternative Care of Children) 第 28 条。

② 参见北京师范大学中国公益研究院《家庭寄养在美国儿童服务中的发展》，《社会福利》2018 年第 8 期，第 46 页。

步完善相关立法，为相关机关的行为提供充分的法律依据，尤其需要完善家庭寄养的评估和监督等具体程序。寄养儿童范围的扩大至关重要，应当将受虐儿童等其他困境儿童也纳入寄养儿童之范围，同时适当降低寄养家庭的准入门槛，促使寄养家庭多样化，以适应不同情形下困境儿童的需求。在完善家庭寄养制度的同时，也要同步完善其他配套保障制度，保障寄养儿童的受教育权、发展权等权益得以实现。[①] 总之，家庭寄养制度的落实与完善，不仅有助于国家监护的落实，而且对儿童健康快乐成长具有至关重要的作用。

3. 健全虐童者信息公开制度

当前，我国儿童虐待事件频发，虐童者信息公开制度既可被视为儿童虐待行政干预的事前预防措施，也可被视为行政干预的事后干预措施。此项制度主要包括三方面内容：虐童者信息登记、虐童者信息公开和虐童者信息更新维护。

虐童者信息公开的经验，主要来自美国“性侵幼女者信息公开制度”，该制度几乎相当于给全美所有有性侵幼女犯罪记录的人戴上了无形的手铐，一经登记并公开，符合条件的主体便可通过信息网络途径被查询到，大大降低了美国幼女遭受性侵的概率。就频发的儿童虐待事件而言，笔者认为我国非常有必要建立类似的信息公开制度。此项制度的实施应当以公安和司法部门为主导，因其具有落实该制度的执行力和公信力，是最适合实施该制度的主体。

就虐童者信息登记而言，所有具有虐待儿童相关行为记录的人，无论是否达到构成犯罪的程度，都应当成为登记的对象，以实现对儿童虐待行为的零容忍。由公安和司法部门完成登记工作，这两个部门可直接采集虐童者的个人信息，对其姓名、性别、出生日期、家庭住址、工作单位等基本信息进行全面登记。

信息网络技术的高度发达，为该制度的建立提供了必要条件。公安和司法部门应当建立全国统一的虐童者信息数据库，将登记获取的信息全部

① 参见赵川芳《家庭寄养：现实困境和完善对策》，《当代青年研究》2017 年第 4 期，第 9 页。

收录其中，并可根据危险程度对虐童者进行分级。[①] 在完成登记后，公安和司法机关可以就其信息向特定风险人群进行主动公示。例如，教育机构、医疗机构、社区等对儿童负有看管照顾责任的主体，不应将虐童者的全部信息直接向全体公众公开。另外，查询信息的主体，也应当具有一定资质。只有社区、儿童保护机构、教育机构等特定主体，才允许对相关信息进行查询。如果一般公民需要查询，可以向这些特殊主体求助。

虐童者信息的更新维护，也是虐童者信息公开中的重要一环。随着时间的推移，一些危险程度较低的虐童者，可能已不再具备人身危险性，或已经过改造悔过自新。在此情形下，就需要定期对虐童者数据库中的信息进行更新和维护，将满足条件的虐童者的信息从数据库中删除，同时将新增的虐童者信息纳入数据库。

① 参见刘章等《关于建立性侵幼女者信息公开制度的研究》，《商界论坛》2014 年第 8 期，第 193 页。

第七章　儿童虐待的司法干预

儿童虐待司法干预，是保护并修复儿童权益、惩治严重侵害儿童权益行为的最后一道防线。我国正处于社会转型期，传统家族制度逐步走向瓦解，个人、家庭、社会的关系处于深刻复杂的变化中，“法不入家门”的传统渐趋式微，儿童虐待公权干预已获得政府和民众的广泛认同。然而，作为公权之一的司法权，应当在何种范围、以何种手段和方式介入传统观念上的私权领域，一直是困扰理论界与实务界的重大难题。当前，我国儿童保护司法程序在体系性、独立性和全面性等方面存在制度短板，司法干预实践中面临“调查取证难”“起诉难”“执行难”等众多难题。鉴于此，本书拟从儿童虐待司法干预基本理论、我国儿童虐待的民事司法干预、刑事司法干预及准司法干预四个方面展开探讨，期望能为中国特色儿童虐待司法干预制度的构建与完善提供粗浅的建议。

第一节　儿童虐待司法干预的基本理论

儿童虐待司法干预，对于保障儿童生存与发展具有重要意义。基于不同的程序特征与价值目标，可将儿童虐待司法干预划分为民事司法干预、刑事司法干预和准司法干预三种路径。儿童虐待司法干预在调整法律关系、保护法律客体和受保护群体上具有鲜明的特殊性。因此，纵观世界各国的儿童虐待司法，比较发现各国在审判机关设置以及司法机关与儿童保护机关的关系上发展出不同的司法模式，这些均可为我国儿童虐待司法干预的构建与完善提供有益的借鉴和启示。

一　司法干预的方式

司法有广义与狭义之别。广义的司法是指国家司法机关及司法组织在办理诉讼案件和非讼案件过程中的执法活动。本书主要是在广义上使用这个概念。因此，司法干预儿童虐待可区分为司法干预与准司法干预两种方式。在我国，前者主要包括民事司法干预和刑事司法干预等，后者主要包括调解和社区矫正等。司法方式与准司法方式[①]在理念上各有优势——司法方式的理念侧重于对错判定、刑事惩罚与民事赔偿，恢复已受损的法律秩序和法律关系；而准司法方式中包含的恢复性司法理念、非讼理念更侧重于多方联动、多元解决，预防将来可能继续发生的侵害。就儿童权益保护而言，即便宪法、法律赋予了儿童一些实体性权利，如果没有相应的救济程序机制予以保障，那么所谓的权利只不过是一纸空文；如果没有准司法或恢复性司法程序的辅助，那么可能"案结事不了"，达不到预期的社会治理效果。因此，为了切实保护受虐儿童权益，既需要以切实有效的司法方式为依托，又需要发挥准司法方式的辅助功能，将这两种方式有效对接起来。

（一）民事司法干预

在儿童虐待司法中，有些侵犯儿童人格权或身体权的违法行为，但尚未达到刑法所规定的严重程度，此时，为受虐儿童提供司法救济的途径，主要是民事司法干预这种方式。在儿童虐待民事司法领域，最为普遍的是监护侵权行为、教育机构侵权行为的诉讼。这些行为适用一般意义上侵权责任法的规定，救济内容包含经济赔偿、赔礼道歉等，而对于旨在撤销不适格监护人监护权或变更监护人之诉，其发起和救济措施适用于民事诉讼法的特殊规定。

---

① 准司法方式是指与现代法律制度中心的法院（司法）审判相接近的其他纠纷解决方式。纠纷解决方式主要分为公力与私力救济两类。私力救济主要包括自决与和解，是最原始和最简便的程序形式。公力救济亦称司法救济，即权利主体请求国家权力介入纷争的解纷程序。在两者之间，还有一种过渡型程序，它主要依靠社会力量而非国家权力解决纷争，如仲裁、调解等，也就是我们所说的准司法。在准司法程序中，调解是最典型的、非正式的解纷方式。

（二）刑事司法干预

与一般侵权行为相比，严重性更高、危害性更大的“监护侵害行为”，则应由刑法予以调整。2014 年，由最高人民法院、最高人民检察院等四部门联合颁布的《关于依法处理监护人侵害未成年人权益行为若干问题的意见》称：“本意见所称监护侵害行为，是指父母或者其他监护人（以下简称监护人）性侵害、出卖、遗弃、虐待、暴力伤害未成年人，教唆、利用未成年人实施违法犯罪行为，胁迫、诱骗、利用未成年人乞讨，以及不履行监护职责严重危害未成年人身心健康等行为。”

除了上述规定中提到的“监护侵害行为”，刑事领域可能涉及儿童虐待的相关罪名，还包括故意伤害罪，虐待被监护、看护人罪，猥亵儿童罪，非法拘禁罪，侮辱罪，强奸罪等。可见，刑事司法干预儿童虐待是保护受虐儿童合法权益的重要路径。

（三）准司法干预

与司法干预所体现的当事人对抗主义不同，准司法干预的重心在于恢复被犯罪破坏的社会关系，实现多方共赢，也即恢复性司法理念。“倾巢之下，安有完卵。”对于儿童来说，家庭始终是其最佳的成长环境。司法干预对于家庭关系而言，往往是“外科手术式”的破坏。而准司法干预手段和恢复性司法理念，却受到了刑事司法领域研究者的青睐，因为其在解决主要发生在家庭或熟人中的儿童虐待案件中发挥着不可替代的作用，其重要性不言而喻。

在我国，由司法机关主持的准司法性质的纠纷解决程序，通常表现为法院的司法调解，即案件虽进入法院，但可采用除审判外的其他替代性司法程序。在刑事案件中，当事人可在司法机关主持下，就民事赔偿内容和不再追究或从轻、减轻刑事责任达成和解协议，这同样具有准司法性质。此外，准司法干预也应当尝试将一些司法行政机关等法院外机构的治理工作纳入进来。例如，社区矫正是法院宣布判决后刑罚执行阶段决定采用的非监禁性矫正的刑罚，可以作为司法审判活动外恢复家庭关系的一种有力手段。

当然，准司法干预在儿童虐待司法干预中也存在一些弊端。例如，相较于司法诉讼程序，准司法程序往往在举证要求上更宽松，这样可能会对儿童权利保护造成不利影响。再如，当事人双方一方处于强势地位、另一方处于弱势地位，极易造成协商调解中一方无止境退让的局面。因此，准司法干预的适用，应当十分谨慎。本书也无意在儿童虐待民事司法领域推广运用这些诉讼替代性解纷方式，而倾向于在公权已有效介入的刑事司法领域采用刑事和解与调解、在刑事判决执行阶段采用社区矫正措施，且即使决定采用准司法干预，也要严格贯彻程序正义的要求，而非和稀泥、打圆场。

二　司法干预的特殊性

（一）调整法律关系的特殊性

虽然从文义上看，法律并未对实施儿童虐待的主体作出特殊要求，任何人均可能成为儿童虐待的实施主体，但实际上，大多数儿童虐待案件发生在家庭内部和熟人关系之间。因此，儿童虐待司法干预所调整的法律关系呈现特殊性，这种特殊性在于侵权人与被侵权人之间特殊的身份关系，即身份上的支配性与依赖性。具体而言，这种特殊的身份关系在家庭中表现为家长对子女的支配关系与子女对家长的依赖关系，而在中小学、幼教机构中则表现为教师、保育员对儿童的支配关系与儿童对教师、保育员的依赖关系。

这种特殊的法律关系，更容易使得儿童成为家庭暴力、校园暴力的长期受害者。而且在家庭这种封闭式的私人场所，以及学校或保教机构这种内部相对封闭的教学场所，损害可能会频繁出现，发生的暴力行为可能会造成相较于一般侵权行为更严重的后果。此外，监护人侵权案件时常表现出的情感性、牵连性特征，也会给司法干预的工作增添不少难度。

（二）保护法律客体的复杂性

儿童是家庭和社会的希望，是国家的未来。监护人对被监护儿童实施虐待行为，不仅使儿童自身备受家庭暴力的摧残，也使得家庭失去安定性和向心力。

同样，学校教师对儿童实施身体暴力或语言暴力，运用侮辱性或歧视性语言讽刺、谩骂学生和疏离学生，会直接或间接地对学生造成精神上或心理上的伤害，以致学生产生不良情绪和病态心理。[①] 这不仅侵害了成长发育期儿童的人格权、身体权，也是对我国教育事业和教师职业形象的破坏。

因此，这类案件中司法介入保护的客体并非简单客体，而是具有复杂性的客体。从直接效果来看，它保护了儿童的人格权、身体权等各项权益不受侵犯，对儿童健康成长起到了至关重要的作用。从间接效果来看，它也维系着家庭内的良好秩序与社会公序良俗，对社会公德与社会公共利益起到了维护和促进作用。

（三）受保护群体的特殊性

受保护群体的特殊性主要体现在儿童生理和心理不成熟、自我保护能力不足以及法律地位不明确三个方面。

一是儿童生理和心理不成熟。“儿童是一个尚未成熟的个体，其健康成长需要成人社会的扶助。”[②] 与成年人相比，儿童具有明显的不成熟性。儿童的不成熟性既体现在生理方面，又体现在心理方面。生理方面的不成熟表现在肌肉发育、骨骼发育、呼吸器官发育、大脑发育以及性发育等方面。心理方面的不成熟主要表现在儿童感知的表象化与孤立化、注意力不集中、思维不够成熟、意志力较薄弱以及以自我为中心等方面。[③]

二是儿童自我保护能力不足。其主要体现在：首先，儿童由于体力上的柔弱，不拥有与不法行为相抗衡的力量，因而无法阻却不法行为的侵害；其次，儿童认知能力上的欠缺，尤其是权利意识上的不足，导致其在遭受不法侵害时，并不知晓自己的权利已经受到侵害；最后，儿童由于不具有或不完全具有行为能力，即使知道自己的权益受到不法行为的侵害，也不

① 参见李倩《教师语言暴力：一种隐性的精神虐待》，《黑龙江教育学院学报》2016 年第 10 期，第 24 页。

② 吴鹏飞：《儿童权利一般理论研究》，中国政法大学出版社，2013，第 59 页。

③ 参见吴鹏飞《儿童权利一般理论研究》，中国政法大学出版社，2013，第 27～28 页。

能主动向法院提起诉讼，而只能依赖于其父母或其他监护人的帮助。[①]

三是儿童法律地位不明确。我国婚姻家庭法具有“成人化”的特征，对于儿童是否具有独立于成人的诉讼权利与诉讼地位，立法上表现得含混不清，既未明确承认，也未明确否认。因此，在司法实践中，儿童程序权益的保护难以实现突破性进展。例如，在离婚诉讼、追索抚养费诉讼等关系到儿童重大利益的诉讼中，儿童依然被列为从属地位，无法为自己“发声”，这无疑与儿童最大利益原则背道而驰。

三 司法干预的模式

儿童虐待案件既具有调整法律关系、保护客体和受保护群体的特殊性，又具有家庭纠纷案件、一般暴力犯罪案件的普遍性特点。因此在实践中，各个国家和地区基于不同司法传统和价值判断，对自身的司法干预模式作出不同选择。

（一）专门家事法院（庭）或少年法院（庭）

为了更好地履行保护义务，实施儿童虐待司法干预，许多国家或地区设置了特殊的专门审判组织。

第一种是设置专门家事法院，由其负责处理儿童虐待和涉及儿童权益保护的案件，日本是其中的代表。日本家事法院是与地方法院同级的一审法院，包括家事部和少年部两个部门，分别管辖家庭相关的家事案件和少年案件，由家事法官、调查官、调停员和参与员等人员组成，在能进行调停的家事事件进入法院前，还需要接受家事裁判所的强制前置调停。[②] 我国台湾地区于2011年颁布了集儿童福利制度和少年司法制度于一体的儿童保护法“儿童及少年福利与权益保障法”。2012年，通过“家事事件法”设立少年及家事法院，并于同年正式成立台湾地区第一所专业家事法院——高雄少年及家事法院，处理婚姻、亲属关系相关的民事案件，但其中不包

① 参见吴鹏飞《儿童权利一般理论研究》，中国政法大学出版社，2013，第28~29页。

② 参见陈爱武《论家事审判机构之专门化——以家事法院（庭）为中心的比较分析》，《法律科学》（西北政法大学学报）2012年第1期，第149~150页。

括家庭内部的犯罪案件。[①] 此外，还有澳大利亚在联邦法院和一些地区法院专门设立的家事法院、韩国的首尔家事法院、新西兰联邦地区法院下属的家事法院等。

第二种是在普通法院内部设置专门家事法庭，其中以德国为代表。德国采取的是专门家事法庭模式。2008 年，德国颁布的《家事事件及非讼事件程序法》规定，家事案件由专门的家事诉讼程序法来调整。德国法中的家事法庭受案范围主要包含：离婚案件、亲子关系事件、血缘关系事件、收养事件、暴力保护案件、家庭财产案件等。[②]

第三种为复合模式，即采用家事法院和少年法院均有管辖权的制度设计，其中的代表为美国。美国是实行联邦制的国家，联邦与州均享有各自独立的立法、行政与司法权。因此，作为一个多法域的国家，美国对特殊法院的设置具有多元化的特点。1899 年，美国伊利诺伊州颁布了世界上第一部少年法院法，并于当年 7 月 1 日在芝加哥市建立了世界上第一个少年法院。[③] 目前，美国有 12 个州建立了专门家事法院，管辖儿童抚养、家庭暴力等案件。

此外，还有一些国家和地区，并未设立特殊的专门法院或专门审判人员负责儿童作为受害人的虐待案件，如北欧国家瑞典。目前，我国设立的特殊专门法院主要有军事法院、海事法院、铁路运输法院、森林法院、知识产权法院等。近年来，我国各地也在积极推行家事法庭和少年法庭的改革试点。

（二）司法机关一元主导或司法机关二元主导

儿童虐待的司法干预是一项系统的社会工程。在儿童虐待司法办案过程中，法院等司法机关与儿童保护和福利部门不可避免地要保持着多部门联动的密切合作关系。然而，在各国司法实践中，法院与儿童保护机构在处理儿童虐待具体案件中的关系模式有所不同。

---

① 参见赖淳良《台湾家事审理制度的变革》，《海峡法学》2017 年第 3 期，第 6 页。

② 参见陈爱武《家事法院制度研究》，北京大学出版社，2010，第 117~118 页。

③ 参见姚建龙《美国少年法院运动的起源与展开》，《法学评论》2008 年第 1 期，第 133 页。

一种是由司法机关占据主导地位的模式，如德国的儿童福利局仅为法院命令执行相关干预措施的执行机构，而法院则负责儿童虐待案件的调查评估、决定干预措施等工作，两者实质上具有命令与控制的层级关系。①

另一种是由儿童保护机构与司法机关相互配合的模式，如美国和英国的儿童保护机构是全面负责儿童虐待或忽视的报告处理、调查评估、干预措施等工作的主要机构，而法院完全处于一个监督者和裁判者的角色，只有在确定儿童与父母的分离措施时才需要法院的裁决。② 法国儿童保护和福利服务专门部门（ASE）“负责集中收集、处理和传达司法系统所关注的所有儿童伤害信息，法官在谨慎考虑儿童利益的情况下作出判决。此外，在不损害司法当局权力的情况下，该部门对面临风险的儿童采取参与保护行动”。③ 日本儿童保护的核心机构是儿童商谈所，其不仅为儿童提供有关咨询，还可以直接介入儿童虐待案件的调查，有权在其认为有必要的情况下，争取家事法庭同意后将儿童带离原生家庭。

第二节　我国儿童虐待的民事司法干预

民事司法干预是我国儿童虐待司法干预的重要组成部分。撤销或变更监护人之诉、追索抚养费之诉以及监护人、教育机构侵权损害赔偿之诉是我国当前儿童虐待民事诉讼的主要类型。然而，我国成人化的普通民事诉讼模式难以承担切实保护儿童权益的重任，面临着三大矛盾问题：一是审判机构的一般性与处理案件的特殊性；二是儿童诉讼主体资格的模糊性与被侵权方的特殊性；三是儿童与侵权人证据与证明责任的相当性与举证能力的悬殊性。为此，需要建立专门的家事审判机构、设立儿童诉讼权益代表人制度及法院依职权调查取证制度，实行特殊的举证责任分配和责任承担制度，以完善我国儿童虐待的民事司法干预制度。

---

① 参见王慧《儿童虐待国家干预制度比较研究》，博士学位论文，武汉大学，2015，第 148 页。

② 参见王慧《儿童虐待国家干预制度比较研究》，博士学位论文，武汉大学，2015，第148 页。

③ 柳静虹：《西欧儿童福利的多元发展趋势及对中国的启示》，《社会工作与管理》2019 年第 4 期，第 25 页。

一 我国民事司法干预的现状

目前，在我国民事司法实践中，儿童虐待和儿童权益保护相关的特殊诉讼类型主要包括撤销或变更监护人之诉、追索抚养费之诉以及监护人、教育机构侵权损害赔偿之诉等类型。这些涉及人身关系和财产关系的诉讼，为受虐儿童提供了民事司法上的救济。

（一）撤销或者变更监护人之诉

对于撤销或者变更监护人之诉，不仅我国《民法典》相关条款中有明文规定，而且在最高人民法院等四部门联合颁布的《关于依法处理监护人侵害未成年人权益行为若干问题的意见》中也有相关内容。该意见对不履行或不适当履行监护责任的情形、撤销监护人的程序等增加了可操作的细化规定，使得撤销或者变更监护人诉讼案件数量有了大幅度的上升。

从提出撤销或者变更监护人诉讼的申请主体来看，《民法典》第 36 条第 2 款规定的适格个人或组织包括：其他依法具有监护资格的人、居民委员会、村民委员会、学校、医疗机构、妇女联合会、残疾人联合会、未成年人保护组织、依法设立的老年人组织、民政部门等。

从撤销或者变更监护权的法定情形来看，监护侵权或侵害行为需要达到一定的严重程度。根据《民法典》第 36 条第 1 款的规定，主要是指实施了严重损害被监护人身心健康的行为、怠于履行监护职责以及实施严重侵害被监护人合法权益的其他行为。《关于依法处理监护人侵害未成年人权益行为若干问题的意见》中具体列举了性侵害、出卖、遗弃、虐待、暴力伤害未成年人，教唆、利用未成年人实施违法犯罪行为，胁迫、诱骗、利用未成年人乞讨，以及不履行监护职责等严重危害行为。① 事实上，从实践中追诉成功的案由来看，因监护人侵犯儿童人身合法权益而请求撤销或者变更监护人胜诉率高，仅因侵犯财产权利而请求撤销、变更监护权的案例较少。②

① 参见《关于依法处理监护人侵害未成年人权益行为若干问题的意见》第 1 条。

② 参见王茜《我国未成年人监护权撤销制度的实证考察与反思——以相关民事审判实践为依据》，硕士学位论文，厦门大学，2018，第 10 页。

从依法撤销监护人的结果来看，根据《民法典》第 27 条第 2 款的规定，当未成年人的父母失去监护能力时，法院应作出裁判，依次从（外）祖父母，兄姐，经未成年人住所地的居民委员会、村民委员会或者民政部门同意的其他愿意担任监护人的个人或者组织中指定新的监护人。如果没有上述人员愿意担任监护人，那么由民政部门担任，也可以由具备履行监护职责条件的被监护人住所地的居民委员会、村民委员会担任。[①] 监护人资格被撤销后，不免除抚养义务，应继续负担相应的抚养费。[②] 监护权可依申请视情况恢复，但对被监护人实施故意犯罪的除外。[③]

（二）追索抚养费之诉

追索抚养费之诉，主要体现在我国《民法典》《民事诉讼法》等相关条款中。《民法典》第 1067 条第 1 款规定："父母不履行抚养义务的，未成年子女或者不能独立生活的成年子女，有要求父母给付抚养费的权利。"当父母不履行义务时，未成年子女有向父母追索抚养费的权利。对拒绝抚养、情节恶劣、构成犯罪的，应依法追究刑事责任。未成年人的抚养费请求权，不受诉讼时效的限制。[④]

此外，根据《民事诉讼法》的规定，对于追索抚养费的案件，在判决作出前，儿童一方当事人可以申请人民法院作出先予执行的裁定，请求对方支付全部或部分，以应对生活的迫切需要。同时，未成年人追索抚养费的诉讼，依法可以申请法律援助。

（三）监护人、教育机构侵权损害赔偿之诉

我国儿童的法定监护人因监护、监管不当，致儿童人身、财产损害，被监护人享有获得赔偿的诉讼请求权，其请求权的起算点为法定监护终止之日。[⑤] 无民事行为能力人在幼儿园、学校或者其他教育机构学习、生活期

① 参见《民法典》第 32 条。
② 参见《民法典》第 37 条。
③ 参见《民法典》第 38 条。
④ 参见《民法典》第 196 条。
⑤ 参见《民法典》第 190 条。

间受到人身损害的，幼儿园、学校或者其他教育机构应当承担过错推定的侵权责任。[①] 限制民事行为能力人在学校或者其他教育机构学习、生活期间受到人身损害，学校或者其他教育机构应当承担未尽到教育、管理职责的过错侵权责任。[②] 对于特殊的侵权之诉，如未成年人遭受性侵之诉，其赔偿请求权诉讼时效起算点为未成年人年满 18 周岁之日。[③]

二　我国民事司法干预面临的难题

（一）审判机构的一般性与处理案件的特殊性

1. 家事诉讼的特殊性

家庭是儿童成长和活动的重心，因此，儿童权益相关案件与家事诉讼具有较大比例的重合。与学校或保育机构的儿童虐待案件相比，家事案件具有更复杂的伦理、情感及人身因素。“家事案件不同于普通民事案件，具有高度身份性、伦理性的特点。”[④] 因此，家事案件如果不能妥善及时化解，很容易导致矛盾激化。

2. 普通法院审理儿童权益相关案件的弊端

从程序上看，普通民事诉讼程序采用辩论主义、处分权主义与直接言词审理主义等诉讼理念，而家事诉讼程序更注重采用职权探知主义、裁量主义、调解与非讼手段的运用。从目的上看，普通民事诉讼程序将原被告双方置于对立对抗的地位上，而法院则居中裁判对错，维持正义，使过错方、过错较大的一方补偿无过错方、过错较小一方的人身损害或财产损失，而家事诉讼程序往往不强调当事双方的对立、兼顾对错判定与修复社会关系。从审理主体上看，普通法院审判人员裁判各类大量民事案件，对规范法律知识和法律话语的掌握程度要求高，而对家事诉讼中涉及的儿童心理学、人类学、社会学等相关知识相对缺乏，专业性不足。

---

① 参见《民法典》第 1199 条。

② 参见《民法典》第 1200 条。

③ 参见《民法典》第 191 条。

④ 程春丽：《域外家事诉讼程序之比较与借鉴探析》，《重庆科技学院学报》（社会科学版）2020 年第 3 期，第 17 页。

（二）诉讼主体资格的模糊性与被侵权方的特殊性

1. 儿童诉讼主体资格规定不明

我国民事法律对儿童的诉讼主体资格的规定缺失，儿童的诉讼主体地位被法定监护人所取代。一方面，由于年龄的限制，儿童确实可能欠缺独立表达意见的能力；另一方面，对儿童在诉讼中是否拥有独立表达主见的能力，法律采取“一刀切”的做法是欠妥的，因为年龄较大的儿童，已经具备了一定的认知与判别能力，司法机关应该听取他们的意见。

2. 法定代理人的监护侵权行为难获救济

随着时代的发展，个人与家庭逐渐呈现出一种若即若离的趋势。监护人的个人利益与儿童监护中的家庭利益，在客观上不可避免地存在着利益取向的不一致，在极端情景下可能演变为激烈的冲突与摩擦。尤其是当监护人偏重个人利益本位的价值追求时，就不可避免地出现懈怠承担监护责任、消极履行监护义务的情况，有时甚至还会为了谋求自身利益而滥用自身作为法定代理人对儿童人身及财产之照管权，侵害儿童的合法权益。

儿童因不具有或不完全具有民事行为能力，导致其诉讼行为能力受到限制，因此，儿童在民事诉讼中不能独立享有诉讼权利，承担诉讼义务，只能由其法定代理人代其进行诉讼。通常来看，儿童的诉讼代理人由其监护人担任。但当作为监护人的施虐父母与受虐子女之间存在利益冲突时，此时的监护人既是侵权行为人，又是受虐子女的诉讼代理人，其尴尬的角色导致相关代理行为不具有法律上的期待可能性，因而受虐子女常常处于孤立无援的困境，可能因为诉讼时效的经过，无法追究监护人的侵权责任。

（三）证据与证明责任的相当性与举证能力的悬殊性

1. 儿童证言的可采性相对较弱

在儿童虐待案件的证据与证明上，儿童提供的言词证据主要包括两类：一类是儿童证人证言。例如在教师虐待学生的案件中，同龄儿童的证言对案件事实的证明有着相当重要的影响；二是受虐儿童的言词，即被害人陈述或当事人陈述。在司法实践中，有时在缺少其他客观证据的情况下，受虐儿童的言词证据往往就成为案件的主要证据。

然而，儿童证言的诸多缺点，使得相关证据的可采性相对较弱。儿童证言由于受到自身思维、记忆、语言表达等能力的局限，常常表现为无法完整地重现事实经过，语言混乱重复、缺乏逻辑性；年龄较小的儿童，尤其是学龄前儿童，容易受到办案人员“诱导式发问”的暗示和影响。① 由于案件发生的事实远远超出了自身的认知能力，儿童可能会在描述中掺杂一些夸张或想象的成分，其真实性需要有相关工作经验的人员加以判断。

2. 儿童举证能力远低于成人

一方面，相对于成人，儿童的证据意识不足，对法律的了解相对欠缺，常常不能有意识地及时留存证据。另一方面，儿童获取证据的能力十分有限。有些证据的获得需要一定的资金储备，如人身损害举证需耗费不菲费用请求专业司法鉴定机构出具意见。有些证据搜集难度大，需要有经验的专业法律人士帮助指导，如有效证人证言的采集十分考验法律工作者的耐心及技巧，儿童法律援助律师可能欠缺经验和精力；有些证据本来就为对方掌握，如举证离婚后的父或母一方存在故意不善尽对儿童的扶养义务，可能需要提供其收入情况；举证教育机构存在儿童的体罚虐待，可能需要提供教室监控录像。因此，儿童在民事诉讼举证中的弱势地位非常明显。如果没有合适成年人或法院的依职权介入，让儿童与成人对簿公堂，显然是一场非对称性的对抗活动，而让缺乏举证能力的儿童因此承担举证不能或超过举证期限的不利后果，显然也是有失公允的。

3. 侵权证据易灭失

一是言词证据模糊易变。在儿童受到侵害的案件中，言词证据是一种非常重要的证据类型。然而，言词证据的弱稳定性，导致证据的可信度较低。儿童在感知、记忆和复述侵权过程时，很容易受主客观因素的影响，导致其证言呈现主观性、模糊性、易变性。而且在多次收集和固定儿童言词证据的过程中，还有可能给受害儿童带来二次精神伤害。

二是客观证据易灭失。在儿童虐待案件中，侵权场所具有隐蔽性和

① 参见彭南元《儿童及家事法专题研究》，新学林出版股份有限公司，2006，第 92 页。

私密性，导致能获取的客观证据数量有限，在客观证据的提取、固定、保管、审查判断等方面也存在诸多难题。在儿童虐待司法实践中，重要物证常常因为发现得不及时而遭到破坏。例如，“针扎虐待”等特殊作案方式与手法，使得受伤害的证据难以被发现和提取。与此同时，儿童人身伤害的愈合消失，也会对司法鉴定报告结论产生影响。又如，在一些猥亵儿童的案件中，即使事后被检举指认，也很难留下物理证据。

三　我国民事司法干预的完善路径

（一）建立专门化家事审判机构

在民事诉讼中，儿童可能作为案件的当事人或利害关系人。然而，在传统立法中，儿童并非独立的诉讼主体，导致《儿童权利公约》规定的程序参与权和意见表达权得不到保障的情况时有发生。因此，可参考域外相关经验，建立特殊的专门家事审判机构，对普通诉讼模式予以改革。家事审判有三个重要特征：一是对“弱势”力量给予法律上的帮助；二是突出未成年人子女的诉讼地位，尊重他们的利益和表达；三是修复家庭关系，提高家事案件的调解可能性。[①]

1. 域外实践

世界范围内家事法院设置主要有四种模式：一是设置专门的家庭法院；二是设置（青）少年法院；三是设置专门的家事法庭；四是设置专门的家事法官。[②] 这四种模式均有代表性的国家，其设置成本和专门化程度依次递减。

日本采用的是专门家事法院模式。2011 年 5 月，日本《家事事件程序法》和《非讼事件程序法》同时获得通过。日本家事诉讼程序法注重调解的适用，部分案件实施调停前置，法官适用职权探知主义，当事人有协助查清事实的义务。[③] 此外，检察官还可参与家事案件，且参与度较高，可以

① 参见周羚敏《“未成年人权益代表人”的理论基础、探索及实践》，《青少年犯罪问题》2019 年第 6 期，第 100 页。

② 参见陈爱武《家事法院制度研究》，北京大学出版社，2010，第 105~112 页。

③ 参见程春丽《域外家事诉讼程序之比较与借鉴探析》，《重庆科技学院学报》（社会科学版）2020 年第 3 期，第 14 页。

当事人身份参与家事诉讼和公益诉讼。这可以说是涉及儿童权益保护的“民事公诉制度”。[①]

德国采用的是专门的家事法庭模式。2008 年 12 月，德国修订了《家事事件及非讼事件程序法》，家事案件由专门的家事诉讼程序法来调整。德国法中的家事案件外延十分广泛，离婚案件、亲子关系事件、血缘关系事件、收养事件、暴力保护案件、家庭财产案件等都属于家事法院的受案范围。该法不采取当事人对立的结构，而是确立了家事诉讼案件中的职权主义原则，包括职权进行主义原则和职权探知主义原则，由法院主导程序运行并依职权确定审理的内容。[②]

美国最早设立并为部分州沿用的是少年法院（庭）模式，而部分州效仿少年法院模式，采用的是家事法院或家事法庭模式。美国少年法院管辖范围十分宽广，“除收养事件及与子女无关之抚养懈怠事件外，所有少年事件及家庭事件（包括离婚、赡养费）均归其管辖”。[③] 少年法院的法官及其他工作人员，“由具有专业法律知识和家事知识及经验的法官、社会工作者、心理学家、精神健康保健专家等人士组成”，[④] 适用灵活的司法诉讼方式和多样的替代诉讼解决方法，注重对儿童权益的保护，社会福利机构可以当事人代表身份守护儿童，起诉虐待或遗弃的行为。

法国采用的是普通法院的专门家事法官模式。根据法国《法院组织法》第 312 条，法国不专门设置特别法院或特别法庭，而是在普通法院民事庭内部授权一名或数名法官，专门从事审理家事案件的工作。

2. 我国实践

与域外国家和地区丰富的家事审判经验相比，我国的家事审判制度还处于起步和探索阶段。最高人民法院自 2016 年起，开展了为期两年的家事

---

① 参见门凤娇《未成年人民事程序主体资格问题研究》，硕士学位论文，扬州大学，2015，第 19 页。

② 参见郝振江、赵秀举译《德日家事事件与非讼事件程序法典》，法律出版社，2017，第 6～7 页。

③ 陈爱武：《论家事审判机构之专门化——以家事法院（庭）为中心的比较分析》，《法律科学》（西北政法大学学报）2012 年第 1 期，第 149 页。

④ 参见段鲜红《关于设立涉少家事审判庭的思考》，载沈德咏主编《中国少年司法》，人民法院出版社，2017，第 55 页。

审判改革运动，在全国多个地点开展了试点活动，[①] 其中不乏取得了丰硕成果的例子，也积累了很多富有中国特色的试点经验。

3. 主要问题及对策

我国司法人员分类管理改革刚起步不久，通晓家庭法律、社会学、心理学知识的家事诉讼专业审判人员十分匮乏，审判人员的遴选无法像一些发达国家一样设置高门槛。此外，我国对于家事案件诉讼的特殊规定，分散在各项民事实体法、民事诉讼法、单行法律法规及司法解释中，缺乏类似于德国《家事事件及非讼事件程序法》那样一部能统一适用的、独立的、专门处理家事纠纷的家事审判程序法。综上所述，可以说独立家事法院的建设条件尚未成熟。

有学者主张，未来我国家事审判机构专业化及家事审判改革的发展方向，应当是先设立家事法庭，待时机成熟后再设立独立家事法院。[②] 笔者对此表示认同。特殊专门法院或法庭的设立备受学界争议，其争论焦点在于设立的必要性和社会成本。家事案件设立专门法庭确有必要，因此最大难点在于如何整合现有司法资源，以节约司法成本。为此，可尝试扩大家事法庭的适用对象，重组为涉未成年人综合审判庭，建立具有本土特色的未成年人司法体系。

目前，专为处理未成年人犯罪建立的少年法庭，面临着覆盖率低、案源不足的困境，一些地方在实践中将少年法庭与家事法庭合并为“少年与家事审判庭”。少年案件和家事案件具有密切联系。我们可看到，在大量司法案例中，父母离婚或关系恶化、家庭暴力与未成年人产生犯罪行为或偏差行为这三者具有关联性。此外，少年审判和家事审判都体现了恢复性司法和柔性司法理念，都以儿童利益最大化为出发点，注重感化教育和情感修复，彰显人文情怀。可以说，少年审判和家事审判的理念机制互通互

---

① 参见《最高人民法院关于开展家事审判方式和工作机制改革试点工作的意见》第七部分的“试点法院”中的规定：“在各省、自治区、直辖市高级人民法院推荐的基础上，确定100个左右基层人民法院和中级人民法院开展家事审判方式和工作机制改革试点工作。”

② 参见程春丽《域外家事诉讼程序之比较与借鉴探析》，《重庆科技学院学报》（社会科学版）2020年第3期，第17页。

融。[①] 如果能够发挥少年司法专业优势和资源优势，集家事审判、儿童福利保护、少年司法于一体，更有利于保护未成年人的利益。

（二）设立儿童诉讼权益代表人及法院依职权调查取证制度

根据国家监护理论，国家是未成年人的最终监护人，当家庭监护对未成年人的保护出现缺陷、缺位时，国家应当承担起保障义务。普通民事诉讼遵循“谁主张谁举证”的证明原则，如果当事人未能就自己提出的观点进行举证，将会承担不利法律后果。儿童无论是在体力上还是在心智认知上发育均尚不健全，具有天然的幼弱性和不成熟性，其举证能力和成年人相比，无疑是悬殊的。[②] 在儿童一方的当事人处于这种明显不利的诉讼地位时，应当设立儿童诉讼权益代表人及法院依职权调查取证制度，辅助儿童当事人搜集、固定证据，代表儿童权益参与诉讼，法院也应发挥能动性，主动查明案件真相。

1. 儿童诉讼权益代表人制度

诉讼代表人是指为了便于诉讼，由人数众多（在我国民事诉讼中，一般指十人以上）的一方当事人推选出来，代表其利益实施诉讼行为的人。我国诉讼代表人制度，是以共同诉讼制度为基础，并吸收了诉讼代理制度的机能。本书所要探讨的“儿童诉讼代表人”制度，与传统诉讼法上的诉讼代表人制度的概念既有相同之处也有相异之处。相同之处在于两者都是诉讼当事人的权益代表人，相异之处在于前者的代表对象并非人数众多而是诉讼能力有所欠缺。

德国《家事事件和非讼事件的程序法》在家事事件（包括亲子关系事件、血缘关系事件、收养事件等）程序方面规定了程序辅佐人，法院应当为未成年人指定律师，或者通知民政部门、未成年人权益保护机构帮助其参加诉讼。目前，上海市普陀区人民法院已经探索创设“儿童权益代表人”机制，由区妇儿工委办公室工作人员作为儿童权益代表人，通过独立的调

① 参见郭婕《少年与家事审判合并之合理性探究》，载夏吟兰、龙翼飞主编《家事法研究》（2017 年卷），社会科学文献出版社，2017，第 217~218 页。

② 参见吴鹏飞《儿童权利一般理论研究》，中国政法大学出版社，2013，第 25~27 页。

查、取证、参与庭审等诉讼行为，代表未成年人参与诉讼。① 下一步立法，应对权益代表人的选任和职责作出规定，保障儿童权益代表人的品格素质和专业素养，以承担起作为非中立的第三方代表和帮助儿童参加诉讼的职责。

人权社会组织作为诉讼代表人制度，在西方国家得以顺利运行。相较于西方国家，我国社会公益组织建设尚不完备，检察机关更多地承担着代行客观诉讼、维护社会公益的职责。因此，人民检察院也可参照公益诉讼制度，成为儿童权益的代表人。《未成年人保护法》第 106 条规定："未成年人合法权益受到侵犯，相关组织和个人未代为提起诉讼的，人民检察院可以督促、支持其提起诉讼；涉及公共利益的，人民检察院有权提起公益诉讼。"因此，检察官可以作为原告提起诉讼，可为儿童受害人主张事实和证据，可以派专员出庭监督审判过程并参与辩论，检察院还应有代为上诉权。

2. 法院依职权调查取证制度

涉儿童利益的民事诉讼，应当采取以当事人主义为主、职能主义为辅的审判模式。法院依职权调查取证，增强家事审判中法官的职权干预力度，对于当事人确实难以举证的重要案件事实，由法官依职权调查取证。法院对程序的运行、诉讼对象的决定、诉讼资料的提出和收集等，并不完全依赖于当事人，且可以在当事人主张的事实之外，依职权独立地收集有关证据。

（三）实行特殊的侵权举证责任分配制度及责任承担制度

1. 监护人、看护人侵权的责任认定

监护人、看护人侵权构成要件与一般侵权行为构成要件具有一致性，要认定侵权责任，需要证明违法行为存在、损害事实存在、违法行为与损害事实具有引起与被引起的因果联系，以及监护人、看护人主观上存在过错。然而，这类侵权行为与一般侵权案件相比又具有特殊性，主要原因归

① 参见孙航《为社会建设奠基　为幸福生活护航——人民法院家事审判方式和工作机制改革综述》，《人民法院报》2018 年 7 月 20 日，第 1 版。

为未成年人处于弱势地位。

归责原则是确定行为人的侵权民事责任的根据和标准。一般侵权行为采用过错责任原则，它是现代侵权法上适用最广的归责原则，具有深厚的道德基础和社会基础，可以有效实现侵权的补偿功能和预防功能。因此，在监护人、看护人侵权归责中，适用过错责任原则是具有合理性的。但与过错责任相比，《民法典》第1165条第2款规定的过错推定原则，从损害事实中推定行为人有过错，受害人免除了举证责任而处于有利的地位，行为人则应承担更重的举证责任，因而更有利于保护受害者的合法权益。

目前在监护人、看护人虐待和侵权的相关领域，除了无民事行为能力人在教育机构遭受人身损害的，推定教育机构具有过错,[①] 其他侵权行为沿用的还是传统的过错责任制度。笔者认为，过错推定原则可以推广至监护侵权领域，在一定程度上化解儿童受害人在家庭暴力案件中举证困难的问题。

2. 监护人、看护人侵权的法律后果

（1）侵权法上的侵权后果

《民法典》“侵权责任篇”一般规定中的停止侵害、消除影响、恢复名誉、赔礼道歉等责任方式，都可以应用于监护人或教师对儿童一般侵权的案件。但在实践中，向学校和教师、保育员求偿成功的例子较多，而向监护人求偿成功的例子较少。

在绝大多数情况下，儿童个人财产无法独立于家庭财产，以财产性权利为主的赔偿方式没有意义，向父母等监护人求偿的障碍和同为家庭成员内部侵权的离婚损害赔偿的障碍相类似。只有当监护权终止之后，这项规定才能充分发挥作用，而在监护权存续过程中，民事诉讼判决往往以督促监护人停止侵害、承担监护义务为要旨。

（2）撤销监护制度的适用

撤销父母监护权措施是国家干预亲子关系力度最大、对亲子关系破坏

① 参见《民法典》第1199条。

性最强的一种方式，因而需要遵循必要性原则和比例原则。[①] 比如，在普通监护侵权行为中，撤销监护人资格一般不作为承担责任方式的首选项，只有监护人反复多次实施侵犯未成年人人格权和身体权，严重损害未成年人身心健康，经劝解、教育毫无改善，其他的救济方式无法有效保护未成年人时，才应适用撤销监护人资格制度。

我国撤销和变更监护人制度，一直被批评为"沉睡的制度""僵尸条款"等，因其在《民法通则》出台之后的数十年间的适用率一直较低。2014 年，由最高人民法院、最高人民检察院等四部门联合出台的《关于依法处理监护人侵害未成年人权益行为若干问题的意见》首次对撤销监护案件程序有所规定，但监护案件司法程序、裁判标准，以及撤销父母监护权后的儿童后续监护安排问题的规定仍不够具体，尚需在实践中进一步精细化。我国也可以借鉴其他国家和地区在监护权限制和撤销程序中的成熟做法，完善我国监护人撤销和变更制度。

例如，在撤销监护权的裁判标准方面，我国还有一些不甚明晰的地方，造成了同案不同判现象。如对父或母一方离家出走、不尽抚养义务，但由于另一方的付出尚未造成儿童致害的严重后果，有些法院认为应当撤销监护权，有些法院认为不应当撤销。而在撤销监护权的程序设计上，我国对撤销监护权之前的具体干预工作缺乏详细的规定。美国《收养协助与儿童福利法》《收养与家庭安全法》规定，除非存在州法律规定的严重虐待或谋杀情形，一旦发现儿童受到虐待或遗弃，政府就可以根据儿童最大利益原则作出选择，无论最终是否将儿童带离原生家庭，政府通常都要作出教育、治疗、照顾和补贴等"合理的努力"来干预儿童与其亲生父母之间的关系。[②]

再如，在撤销监护权的后果方面，我国法律规定过于僵化，缺少弹性，只有"可恢复的撤销监护"与"不可恢复的撤销监护"两种情形，今后可探索根据具体情况建立分阶段、多层次、多种类的限制父母监护权制度。

---

① 参见王慧《〈民法总则〉撤销父母监护权条款的罅漏与完善》，《江西社会科学》2017 年第 6 期，第 161 页。

② 参见罗清《美国终止父母权利制度述评》，《中华女子学院学报》2016 年第 4 期，第 18 页。

为此，我们可借鉴日本的亲权限制制度：从短时间内分离儿童与父母的紧急保护制度，到《儿童虐待防止法》第28条规定的长期对父母教育指导的强制措施、两年期限内的亲权停止制度以及作为最终手段的亲权丧失制度，同样是将儿童与监护人强制分离，但法律效果由弱到强，更有利于公权以合理方式介入家庭，保护受虐儿童的权利。①

另外，在监护权撤销后的儿童保护安置问题上，我国以往过分依赖于由儿童其他近亲属自愿担任监护人，而忽视了家庭收养制度和民政部门的兜底监护制度的作用，实践中有待进一步探索。

（3）精神损害赔偿的适用

根据最高人民法院关于确定民事侵权精神损害赔偿的最新解释，侵权行为对受害人精神造成严重损害的，应当赔偿精神损失。赔偿的数额与侵权人过错程度、方式、后果、经济能力、当地生活水平有关。

第三节　我国儿童虐待的刑事司法干预

刑事司法干预也是我国儿童虐待司法干预的重要组成部分。近年来，我国出现了不少身体虐待、精神虐待、性虐待（性侵）、忽视（遗弃）等儿童虐待犯罪领域相关的案例，其中不乏最高人民法院典型案例及社会热点案件。从这些案例中可看出，我国儿童虐待的刑事司法干预常常存在着行为界定不明、特殊保护不足、配套措施不完善等问题，为此建议尝试以下完善思路，主要包括细化刑事审判裁量标准、增设虐待儿童的特殊规定以及规范化适用强制措施和令状制度。

一　近年来我国儿童虐待典型案例梳理

（一）身体虐待典型案例——邓某某故意伤害案

1. 主要案情简介

被害人范某某（女，时年7岁），出生后不久即由被告人邓某某收养。

① 参见白瑞《亲权限制的法理在日本之展开——儿童虐待问题的法律对策》，载李成玲主编《日本法研究》（第3卷），中国政法大学出版社，2017，第70页。

在收养期间，邓某某多次采取持木棒打、用火烧、拿钳子夹等手段虐待范某某，致范某某头部、面部、胸腹部、四肢多达百余处皮肤裂伤，数枚牙齿缺失。因范某某尿床，邓某某便用木棒殴打范某某腿部，致其左股骨骨折，构成轻伤。案发后，邓某某向公安机关投案。[①]

2. 法院认定的事实与判决理由

法院经审理认为，被告人邓某某故意伤害他人身体的行为已构成故意伤害罪。邓某某为人之母，长期对养女范某某进行虐待，又因琐事持木棒将范某某直接打致轻伤，手段残忍，情节恶劣，后果严重，应依法惩处。鉴于邓某某自动投案后，如实供述自己的罪行，具有自首情节，依法可对其从轻处罚。据此，贵州省关岭布依族苗族自治县人民法院依法以故意伤害罪，判处被告人邓某某有期徒刑二年二个月。

3. 本案引发的若干法律问题

第一，体罚行为与虐待行为是否具有明确的分界线？外国学者认为，体罚行为是足以对儿童造成痛苦，但不对其造成伤害的教育惩戒方式，惩戒权是父母教育子女、帮助其认识到行为的不当和错误、改正恶习的一种权利。[②] 笔者认为，这种观点有其合理之处，但惩戒权也要在一定范围内进行，比如，主观上要以教育儿童为目的，客观上不得对儿童身体权、生存权、人格尊严等基本权利造成侵犯。一般而言，轻微的体罚是合法的，滥用惩戒权则可能构成虐待行为。体罚之所以成为虐童行为，是因为父母在管教孩子的过程中，可能会难以克制自身不良情绪的滋长，不自觉地增加对儿童身体的控制乃至动用暴力，从管教式体罚升级成为虐待式体罚。

第二，如何确定虐待罪与故意伤害罪之间的界限？故意伤害罪的主体是一般主体，而虐待罪的主体是特殊主体，即家庭成员。两个罪名主观方面均为故意，但同时又存在一定区别：虐待罪主观上要求是故意，且是直接故意，即故意对被害人进行肉体上、精神上的摧残、折磨，使被害人遭受痛苦，而故意伤害罪存在直接故意与间接故意两种情形。就犯罪客体而

① 参见张先明《最高人民法院公布十起涉家庭暴力典型案例》，《人民法院报》2014 年 2 月 28 日，第 3 版。

② 参见 Amy Marianne Johansson, Distinguishing Between Child Abuse and Corporal Punishment: The Perspective of Mandated Reporters, California Lutheran University (U. S. A), p. 3 (2019)。

言，虐待罪侵犯的客体是复杂客体，如被害人的人格权、人身自由权、家庭成员的平等权等，而故意伤害罪侵犯的是单一客体，即被害人的人身健康权利。此外，两个罪名的客观行为表现有所不同。

（二）精神虐待典型案例——重庆女教师侮辱女中学生致其自杀案

1. 主要案情简介

2003 年 4 月 12 日，丁某因上学迟到，被班主任汪某某叫到办公室批评教育。在此期间，汪某某不仅对丁某进行了体罚，还在同学面前当面侮辱丁某："你学习不好，长得也不漂亮，连'坐台'都没有资格。"当天中午，丁某留下遗书后，从学校教学楼 8 楼跳下，经抢救无效死亡。在遗书中，丁某表达了对老师汪某某及家庭的怨恨。事后，丁某父母以老师汪某某犯侮辱罪，向法院提起刑事自诉。[①]

2. 法院认定的事实与判决理由

合议庭审理查明上述事实后认为：被告人汪某某作为一名从教多年的教师，明知体罚学生和对学生使用侮辱性语言会使学生的人格尊严及名誉受到贬损，仍实施该行为，足见其主观故意。客观方面，汪某某当着第三人的面，实施侮辱行为，具有法律所规定的"公然"性，是丁某跳楼自杀的直接原因，其行为已构成侮辱罪。同时法院认为，鉴于汪某某是在教育学生的过程中实施的侮辱犯罪行为，其主观故意较浅，庭审中有一定的悔罪表现，且丁某跳楼自杀确系多方原因造成，加之汪某某又具备缓刑的管教条件，故作出缓刑判决。

3. 本案引发的若干法律问题

第一，语言暴力是否属于精神虐待？美国有一项研究将儿童精神虐待按照严重程度大致分为九种情形："（1）将儿童限制在狭小空间；（2）公开羞辱；（3）让子女其中之一从事繁重家务或区别对待；（4）严重言语暴力；（5）胁迫或教唆儿童实施违法行为；（6）威胁恐吓；（7）拒绝必要的心理

① 参见沈义《恶语侮辱女学生致其自杀 重庆一女教师犯侮辱罪一审被判刑》，《检察日报》2006 年 4 月 23 日，第 4 版。

治疗；(8)不允许社交和发展情感；(9)拒绝给予爱的成长环境。"[①] 可见，在美国，监护人及教师对儿童的言语暴力属于精神虐待。

第二，教师语言暴力与教师惩戒行为的刑法边界？《未成年人保护法》第 27 条规定："学校、幼儿园的教职员工应当尊重未成年人人格尊严，不得对未成年人实施体罚、变相体罚或者其他侮辱人格尊严的行为。"第 119 条规定："学校、幼儿园、婴幼儿照护服务等机构及其教职员工违反本法第二十七条、第二十八条、第三十九条规定的，由公安、教育、卫生健康、市场监督管理等部门按照职责分工责令改正；拒不改正或者情节严重的，对直接负责的主管人员和其他直接责任人员依法给予处分。"根据《教师法》第 37 条的规定，教师体罚学生，经教育不改的，由所在学校、其他教育机构或者教育行政部门给予行政处罚或解聘。教师体罚学生，情节严重，构成犯罪的，依法追究刑事责任。

可见，一般教师惩戒行为失当不构成犯罪，仅需受到学校行政处分或承担民事侵权赔偿责任，但如果情节严重，符合刑法上的侮辱罪、过失致人重伤或死亡、虐待被监护人的犯罪要件，则需要依法承担刑事责任。

（三）性虐待典型案例——鲍某某"性侵"未成年养女案

1. 主要案情简介

山东烟台某上市公司副总裁鲍某某被指控涉嫌性侵未成年养女韩某某 4 年。案件经历立案、撤案、二次立案，被媒体报道后立即引发了全社会的广泛关注。山东以及江苏、北京、天津等涉案地公安机关成立专案组，商请检察机关提前介入，对韩某某指控鲍某某性侵和媒体网络反映的情况进行全面调查。最高人民检察院、公安部组成联合督导组，对彻查该案工作进行全程督导。[②]

2. 调查组认定的事实与理由

2020 年 9 月 17 日，最高人民检察院、公安部联合督导组通报鲍某某涉

---

① Burnett, Bruce Broughton, D. S. W, The Psychological Abuse of Children: Toward a Definition, Boston College (U. S. A), 1990, pp. 66-72.

② 参见《中国发布丨鲍某某涉嫌性侵养女案调查结果：吊销律师执照 驱逐出境》，中国网，2020 年 9 月 17 日，http://news.china.com.cn/txt/2020-09/17/content_ 76713442.htm，最后访问日期：2021 年 6 月 1 日。

嫌性侵韩某某案调查情况。经全面调查，已有证据无法证实鲍某某的行为构成性侵犯罪。调查发现，2015 年 3 月，韩某某和其父亲提供虚假出生证明和证人证言，申请修改了出生日期。经查明，韩某某真实出生日期为 1997 年 10 月。鲍某某和韩某某存在同居行为和两性关系，但已有证据无法证明鲍某某违背韩某某意愿，采用暴力、胁迫或者其他手段强行与其发生性关系，无法认定鲍某某的行为构成强奸罪。但鲍某某明知其本人和韩某某的情况都不满足相关法律规定的收养和被收养条件，且在自认为韩某某是未成年人的情况下，仍以“收养”为名与韩某某交往且与其发生性关系，严重背离社会伦理道德和公序良俗，应当受到社会谴责。

3. 本案引发的若干法律问题

第一，关于未成年人性同意年龄问题，以及是否应当将未成年人性同意年龄提高至 18 周岁。我国刑事司法对于 14 周岁以上、不满 18 周岁的未成年人是否具有性同意能力没有明确规定，但规定了滥用信任地位型强奸罪。最高人民法院、最高人民检察院、公安部、司法部《关于依法惩治性侵害未成年人犯罪的意见》第 21 条第 2 款规定：“对已满十四周岁的未成年女性负有特殊职责的人员，利用其优势地位或者被害人孤立无援的境地，迫使未成年被害人就范，而与其发生性关系的，以强奸罪定罪处罚。”对于已满 14 周岁未满 18 周岁未成年人的“养成型性侵问题”，行为将构成信任地位型强奸罪。

第二，关于儿童非法送养的规制问题。我国关于收养的程序规定十分严格，《民法典》第 1102 条规定“无配偶者收养异性子女的，收养人与被收养人的年龄应当相差四十周岁以上”；《民法典》第 1105 条第 1 款规定“收养应当向县级以上人民政府民政部门登记。收养关系自登记之日起成立”。但在司法实践中，非法送养人、违规收养人却另辟蹊径绕过了有关部门的监控。例如，本案中鲍某某和韩某某的“收养关系”是在线上 QQ 群联系达成的，不符合法律规定的年龄差距要求，也没有在民政部门登记。因此，只有采取法律手段严厉打击违规收养、私自送养行为，才能斩断非法收养、送养的灰色产业链。

第三，关于未成年人性侵案件的隐私权保护问题。按照《刑事诉讼法》的规定，这类案件属于因涉及个人隐私不宜向社会公开的案件。然而，近年来，常常有一些无视基本职业伦理的媒体，为了吸引眼球、博取热度，对正在侦办的案件及其当事人大肆爆料。为此，侦查机关和司法机关在工作中，要特别注意被害儿童身份信息的保护。

（四）忽视（遗弃）典型案例——南京吸毒母亲案

1. 主要案情简介

2013 年 6 月 21 日，南京市江宁区两名幼龄女童被发现饿死家中，两名女童的父亲李某因容留他人吸毒正在服刑，母亲乐某有吸毒史，曾经未尽抚养义务，导致两名幼女饥病而就医。其最后一次离家时，预留给孩子的饮水和食物仅能食用三到四天，且没有将钥匙提供给其他人，也没有委托他人帮忙照看自己的两个女儿。乐某因涉嫌故意杀人罪，被南京市检察院提起公诉。①

2. 法院认定的事实与判决理由

法院审理认为，被告人乐某身为被害人李某某、李某的生母，对被害人负有法定抚养义务。乐某明知两年幼的被害人无人抚养照料，其不尽抚养义务必将导致两被害人因缺少饮水和食物而死亡，但仍将两被害人置于无人看管的房间内，仅留下少量饮水和食物，离家一个多月，未尽抚养照料两被害人之义务，在外沉溺于吸食毒品、打游戏和上网，从而导致两被害人因无人照料饥渴而死。乐某主观上具有放任被害人死亡的间接故意，客观上造成两被害人死亡的结果，因此其行为构成故意杀人罪。最终法院作出一审宣判：乐某犯故意杀人罪，判处无期徒刑、剥夺政治权利终身。

3. 本案引发的若干法律问题

第一，对遗弃行为的定性，以及遗弃罪、故意杀人罪的边界问题。在司法实践中，虐待和遗弃儿童的行为要达到一定严重程度才构成犯罪，而遗弃罪作为一项不作为犯罪，要怎样才能达到与虐待罪相当程度的严重性要求呢？遗弃行为要达到遗弃罪的严重性要求，需要导致儿童重伤、死亡的结果，或导致儿童走投无路被迫自杀，或因遗弃生活无着、流离失所、陷入危难境地，又或者遗弃手段恶劣，如伴随着对儿童

① 参见《乐燕故意杀人案》，中国法院网，2014 年 5 月 28 日，https://www.chinacourt.org/article/detail/2014/05/id/1305019.shtml，最后访问日期：2021 年 5 月 29 日。

的虐待行为等。实践中，经常遇到作为监护人一方的父亲或母亲为了脱离不幸的婚姻家庭，离家出走，弃亲生子女于不顾，然而由于另一方监护人履行抚养义务或者成年兄姐、祖父母、外祖父母等其他亲属的接济，客观上尚未造成上述严重后果，对此类案件只能以一般遗弃行为论，不能以遗弃罪定罪。

遗弃罪与故意杀人罪在不作为的行为方式上具有相似性，但主观故意有所不同，遗弃罪主观故意为逃避或转嫁抚养义务，客观方面往往表现为将儿童遗弃在能够期待获得救助的地点。故意杀人罪则是希望或放任死亡结果的发生，客观方面往往表现为将儿童遗弃在不能或不易得到救助的地点。例如，本案中的母亲将无生活能力的两个婴儿遗弃在房屋中并紧锁门窗，排除了他人的救助可能，因此构成故意杀人罪。

第二，对留守儿童等监护失当的定性问题。这一惨案不禁令人联想到另一案例：2015 年 6 月 9 日，毕节四名留守儿童集体服毒死亡，而距离 2012 年 11 月 16 日该地区男童垃圾箱取暖中毒死亡事件尚未满三年，短短时间内发生了这样两起留守儿童重大伤亡的惨案。“儿童面临的受害风险主要有患病，还有诸如溺水、中毒、窒息、交通意外、烧（灼）伤、跌（碰）伤、咬伤等意外伤害”，[①] 隔代监护、农村寄宿制学校看护的无力，也使得他们更易成为身体虐待、精神虐待、性侵害和忽视等故意伤害的受害者。

然而，大量流动人口儿童、贫困儿童、重病重残家庭儿童、服刑人员家庭儿童、赌博吸毒等严重不良行为人员家庭的儿童，长期处于“弱监护”或“无监护”状态，除监护人主观上监护不力，还存在监护人客观上监护不能之情形。[②] 随着经济的发展，落后地区存在大量外出务工的流动人口，监护人往往为保证家人物质生活，而无法履行对被监护人监督、教育、保护等监护职责。解决此类问题有待我国国家监护制度和儿童福利政策的进一步完善，实施国家介入和救助的司法干预机制。

---

① 冯元：《农村留守儿童性侵害的预防教育策略与干预路径》，《江汉学术》2021 年第 4 期，第 14 页。

② 参见曾雪梅《论我国未成年人国家监护制度的完善》，载夏吟兰、龙翼飞主编《家事法研究》（2017 年卷），社会科学文献出版社，2017，第 299 页。

二 我国刑事司法干预的现状及存在的问题

（一）我国刑事司法干预的现状

在儿童虐待刑事司法方面，近年来，我国废除了嫖宿幼女罪，并在《刑法修正案（九）》中增设了虐待被监护、看护人罪。按照我国最新《刑法》规定，对儿童实施身体虐待、打骂、伤害，造成轻伤以上结果的，可能构成《刑法》第234条规定的“故意伤害罪”。特殊义务主体如儿童的家庭成员或具有看护职责的人实施上述行为，情节恶劣的，可能构成《刑法》第260条规定的“虐待罪”或第260条之一规定的“虐待被监护、看护人罪”。对儿童实施言语暴力、谩骂、侮辱、区别对待等行为，造成儿童自杀或精神状态出现问题的严重后果的，可能构成《刑法》第246条规定的“侮辱罪”。对女童实施性交行为的，可能构成《刑法》第236条规定的“强奸罪”，而对女童负有特殊义务的人实施前款犯罪的，可能构成“负有照护职责人员性侵罪”。对14岁以下的儿童实施猥亵行为的，可能构成《刑法》第237条规定的“猥亵儿童罪”。对负有监护抚养义务的儿童不管不顾，导致儿童生活无着、流落街头等后果的，可能构成《刑法》第261条规定的“遗弃罪”。非法利用儿童行乞、从事性交易、参加危重劳动或违法活动的，分别可能构成《刑法》第262条之一规定的“组织残疾人、儿童乞讨罪”和《刑法》第358条规定的“组织卖淫罪”“强迫卖淫罪”的从重情节[①]以及《刑法》第244条之一规定的“雇佣童工从事危重劳动罪”、《刑法》第262条之二规定的“组织未成年人进行违反治安管理活动罪”。诱拐、出卖儿童以非法获利的，可能构成《刑法》第240条规定的“拐卖妇女、儿童罪”。

（二）我国刑事司法干预存在的问题

1. 行为界定不明

一方面，区分儿童虐待罪与非罪的标准过于笼统。依长期的传统习惯，

① 《刑法》第358条第2款规定：“组织、强迫未成年人卖淫的，依照前款的规定从重处罚。”

家长保护教育未成年子女时，偶尔的责备甚至轻微的惩罚，都是被整个社会接受和允许的。区分虐待类犯罪与非罪的标准，能够将其区别于正常的教育教学活动、偶尔发生的打骂或体罚。对于相对轻微，没有达到触犯刑事法律的虐童行为，可以按照相关法律法规对行为人追究民事责任。我国《民法典》《治安管理处罚法》《未成年人保护法》《教育法》等法律和行政法规都对儿童虐待的行为作出了明确规定。

目前，《刑法》中仅把“情节恶劣程度”作为虐待类犯罪入罪的标准，至今仍未出现任何的权威解释来细化虐待罪“情节恶劣”标准。我国绝大部分学者在对虐待行为下定义时都要求具有经常性、持续性这一特点。但对于经常性和持续性的界定，却没有统一的标准，这就使之成为实务中的一大难题。

另一方面，区分儿童虐待罪与其他犯罪的界限不够明确。由于虐待行为表现形式的多样性，司法实践中经常会存在虐待罪与其他人身伤害的罪名产生竞合的情形。这不仅会使我们陷入无法正确评价儿童虐待行为的困窘中，而且会导致司法实践中“同罪不同判”的混乱局面。

2. 特殊保护不足

我国儿童虐待犯罪的量刑畸轻，甚至普遍低于陌生人之间的故意伤害犯罪。对于以管教为目的的儿童虐待犯罪，即使犯罪手段残忍、造成严重后果，法律对其也较为宽容。这样一来，刑法规定不仅没有突出对儿童这一弱势群体的保护，反而降低了以亲密关系为面纱的虐童行为的责任风险，对个人与组织缺乏足够的震慑力。

此外，虐待罪作为亲告罪的一种，自诉的限制影响了缺乏亲自告诉能力的儿童维权的途径。虽然对于没有能力告诉或受到威胁的受害人，法律规定了人民检察院帮助告诉的制度，但在缺乏具体实施细则的情况下，其实际可操作性令人担忧。

3. 配套措施不完善

虐待儿童类犯罪的配套措施还有待进一步完善，仅仅依靠刑法中规定的刑罚措施是远远不够的，因为这只是事后的补救措施，还需增加事前、事中相应的配套措施和辅助手段。配套措施主要包括资格刑性质的处罚、缓刑期间的行为禁止令及人身安全保护令等。

《反家庭暴力法》针对未成年人等弱势群体，设置了人身安全保护令。相对于《反家庭暴力法》中的人身安全保护令而言，《涉及家庭暴力婚姻案件审理指南》规定的内容更完善，并规定了辅助内容。但我国虐待类犯罪的人身保护令制度并非完美无瑕，人身保护令颁发“有遭受家暴现实危险”的证据标准难以掌握，对保护令有效期的延长、执行方式规定不够具体，均有可能引发执法操作上的问题。[①]

三 我国刑事司法干预的完善思路

（一）细化刑事审判裁量标准

1. 增加“情节恶劣程度”的具体标准

（1）虐待行为持续时间

所谓的虐待行为持续时间，指的是单次虐待行为的持续时间。行为人在已经足以达成惩罚教育的目的后，故意延长虐待行为的持续时间，以增加儿童的痛苦。由此可见，侵权人的主观恶性较大。因此，持续时间因素应当成为考量“情节恶劣程度”的标准之一。

（2）虐待次数

虐待类犯罪的一大特点就是具有持续性，而虐待类犯罪最终造成严重后果也往往是由多次持续的虐待行为积累而成的。对于教育机构而言，如果某教师、保育员从业期间曾经虐待过多名学生，也可以认为是有“多次”虐待行为，成为判断“情节恶劣程度”的标准之一。而对于“偶犯”和“轻犯”，在一般情况下不予追究刑事责任。

（3）虐待手段

虐待手段的残忍程度，也是主观恶性与情节恶劣程度的判定标准。所谓犯罪手段特别残忍，是指行为手段本身有违人道，对社会善良风俗带来冲击，或者行为人在实施伤害行为过程中伴随长时间的暴力折磨，从而造成被害人严重痛苦，或者导致被害人严重残疾的手段。

① 参见阚凯《论〈反家暴法〉人身保护令的困境与出路》，载夏吟兰、龙翼飞主编《家事法研究》（2017年卷），社会科学文献出版社，2017，第231~233页。

(4) 虐待后果

根据我国《刑法》的相关规定，犯虐待罪的，处二年以下有期徒刑、拘役或者管制。犯虐待罪，致使被害人重伤、死亡的，处二年以上七年以下有期徒刑。

2. 出台司法解释促使犯罪行为准确定性、规范使用罪名

(1) 虐待罪与故意伤害罪

在司法实践中，虐待罪与故意伤害罪是十分容易混淆的。其主要原因在于，这两个罪名的主观方面均为故意，可能造成轻伤以上甚至死亡的后果。故意伤害罪保护的法益为公民的人身权利，这点与规制儿童虐待行为保护的法益是相一致的。然而两者之间存在较大的不同。首先，两者在主观故意的内容方面存在不同，主要区分方式是，判断侵害行为发生时行为人主观故意的内容，即是以造成被害人身心痛苦折磨的故意，还是以伤害被害人身体的故意。其次，两者在行为特点上也有所不同。虐待罪属连续犯罪，虐待罪中的伤害行为往往具有连续性和长期性，而故意伤害罪则表现为一次性或者可以视为一次性的伤害。再次，两者在侵害的对象上存在差异。虐待罪所侵害的对象仅限于共同生活的家庭成员，因此虐待罪的行为对象具有特定性，而故意伤害罪的侵害对象则是不特定的一人或多人。最后，在加重情节的规定上，虐待罪的"虐待致人重伤或死亡"，与故意伤害罪的"故意伤害致人重伤或死亡"都强调结果的严重性，但虐待罪与故意伤害罪中引起重伤或死亡严重结果的原因却有所不同："法律条文中的虐待致使被害人重伤、死亡，应当理解为长期的虐待行为造成被害人身体状况逐步恶化，从而导致了被害人的死亡。若被害人死亡的结果并非长期虐待行为逐步导致，而是由行为人的某次或某几次殴打行为遽然造成，那么该种殴打行为就已经脱离了虐待罪的范畴，而应纳入故意伤害罪来进行评价。"①

另外，也有理论认为，虐待罪与故意伤害罪存在数罪的情形，"根据吸收犯的原则，高度行为吸收低度行为，故意伤害行为自然吸收轻度的殴打

① 罗猛、蒋朝政：《虐待中故意伤害行为对虐待罪的超出与吸收》，《中国检察官》2011年第7期，第26页。

虐待行为”。[①] 虐待中的故意伤害行为构成犯罪的，应以故意伤害罪一罪定罪处罚，对虐待罪不再另行定罪。《刑法》第234条规定的故意伤害罪要求伤害结果达到轻伤以上，因此，虐童行为一旦造成儿童轻伤及以上危害结果，应按故意伤害罪认定。但故意伤害罪的涵摄范围只能为某次或某几次造成轻伤及以上的暴力伤害行为定性，作为裁判结果的不予数罪并罚并不代表可以忽略对被害人长期身体虐待中其他未造成轻伤以上的暴力伤害行为的评价，此类评价需要在裁判说理中有所体现。

（2）两个虐待罪[②]与非法拘禁罪

非法拘禁罪是以拘押、禁闭或其他强制方法，非法剥夺他人人身自由的犯罪。根据《最高人民法院关于适用〈中华人民共和国婚姻法〉若干问题的解释（一）》第1条的规定，婚姻法中所称的“家庭暴力”，“是指行为人以殴打、捆绑、残害、强行限制人身自由或者其他手段，给其家庭成员的身体、精神等方面造成一定伤害后果的行为。持续性、经常性的家庭暴力，构成虐待”。因此，持续性、经常性地强制剥夺未成年人人身自由的行为构成虐待罪。这些行为虽然也符合非法拘禁罪的犯罪要件，但由于是家庭内部特殊主体的犯罪，认定为虐待罪更为适宜。

而父母之外的其他主体实施的非法拘禁行为满足条件的，则可以认定为非法拘禁罪，如封闭式的学习班、“未成年网戒中心”等。在近年来著名的“吴军豹等非法拘禁案”[③] 中，共有12名学生被列为被害人。他们都曾在豫章书院的“小黑屋”内被限制自由，他们都控诉遭遇虐待、殴打等非人道的待遇。2020年7月7日一审宣判，南昌市青山湖区法院认定吴军豹等人非法剥夺他人的人身自由，其行为均已构成非法拘禁罪。“山长”吴军豹获有期徒刑二年十个月、校长任伟强获有期徒刑二年七个月。本书认为，如果殴打、虐待相关的证据确实充分，本案也符合虐待被监护、看护人罪

① 罗猛、蒋朝政：《虐待中故意伤害行为对虐待罪的超出与吸收》，《中国检察官》2011年第7期，第26页。

② 两个虐待罪是指刑法规定的“虐待罪”和“虐待被监护、看护人罪”。

③ 参见《“豫章书院”案一审宣判：吴军豹等4人被以非法拘禁罪判刑》，澎湃新闻，2020年7月7日，https：//www.thepaper.cn/newsDetail_ forward_ 8158900，最后访问日期：2021年5月20日。

的构成要件，且家长如果在明知学校存在暴力管教行为的情况，依然与学校共谋，欺骗、强迫未成年人接受“隔离治疗”，应当以共同犯罪论处。

（3）两个虐待罪与遗弃罪

因为虐待被监护、看护人罪与遗弃罪比较容易区分，所以在这里仅讨论虐待罪与遗弃罪两者的异同点。

两者之间存在诸多的相似之处。如在主体上均涉及家庭成员，在主观方面都要求故意，在情节上都属于情节恶劣。虐待罪的规定中既有以积极作为的方式实施的虐待行为，也暗含以消极不作为的方式实施的虐待行为。儿童虐待的定义中也包含着对儿童的遗弃与忽视，在现实生活中虐待罪时常是以作为、不作为相结合的形式出现的。于是，两者在司法实践中出现了诸多竞合的情形，因此，明确两者之间的界限，有助于处理好实践中发生的此类儿童虐待行为。

两者主要区别在于：首先，两罪的主观故意不同，虐待罪的主观目的是追求儿童受到身心上的痛苦折磨，而遗弃罪的主观目的在于逃避或转嫁依法应当履行的抚养义务；其次，遗弃罪是消极地不履行依法应当履行的抚养义务，属于纯正的不作为犯，只能采取不作为的行为方式，而虐待罪在行为方式上则表现得更加灵活，既可以是消极的不作为，也可以是积极的作为，如忽视被害儿童或对被害儿童进行肉体或精神上的摧残；最后，虐待罪仍属于自诉案件中亲告罪的一种，而遗弃罪一般情况下为公诉罪名。

（4）两个虐待罪与侮辱罪

严重的虐童行为在满足一定条件时才能成立侮辱罪。根据《刑法》第246条的规定，侮辱罪是指使用暴力或者其他方法，公然贬低他人的人格、破坏他人名誉，情节严重的行为。侮辱罪侵犯的是他人的名誉权，犯罪对象只能是具体、特定的自然人，可以是一人，也可以是数人。在客观方面表现为实施了以暴力或者其他方法公然侮辱他人、情节严重的行为。其中，构成侮辱罪同样以“情节严重”为必要条件。情节严重是指侮辱手段恶劣、侮辱行为造成严重后果、多次实施侮辱行为、侮辱行为社会影响恶劣等。因此，如果行为人使用暴力或者其他方法虐待儿童，公然贬损儿童人格，情节严重的，应构成侮辱罪。

（5）两个虐待罪与寻衅滋事罪

虐待类犯罪与寻衅滋事罪在法定刑上，均为轻罪和具有加重情形，均可能造成被害人轻伤及以上后果。然而，两者具有很大的区别。首先，从寻衅滋事罪的"随意殴打他人"可以看出，受害人具有随意性、不特定性，而两个虐待罪的受害人为家庭成员或者被监护、看护人，是具有身份关系的特定人。其次，从保护法益来看，寻衅滋事罪作为在我国《刑法》分则第六章规定的犯罪，其所要保护的是社会公共秩序这一法益，而惩治虐童行为更彰显了对儿童人身权的保护。最后，虐童行为常常发生在比较隐蔽的场所，对象也普遍具有特定性，不符合社会公共秩序对空间与对象"不特定"的要求。

在《刑法修正案（九）》生效之前，教师虐待儿童的案件因没有合适的罪名评价，往往被判定为虐待罪、寻衅滋事罪等。近年来，不断有批评寻衅滋事罪成为新"口袋罪"之声，寻衅滋事罪成为部分地方法院在轻微伤害案件中息事宁人的兜底罪名。仅从伤害结果这一因素出发，将虐待类犯罪案件定性为寻衅滋事罪是十分欠妥的，应当停止对寻衅滋事罪的滥用、误用，应当正确适用罪名。而《刑法修正案（九）》的颁布增加了"虐待被监护、看护人罪"，回应了社会关切，解决了以往对虐待幼儿但不构成故意伤害罪的嫌疑人只能以不合适的罪名或治安管理处罚的问题。

（二）增设虐待儿童的特殊规定

有学者主张，应当增设独立的"虐待儿童罪"，因为司法实践中，常见的故意伤害罪、遗弃罪、寻衅滋事罪、侮辱罪等罪名存在局限性，无法全面恰当地评价虐童行为的特殊性。第一，虐待罪的犯罪刑罚设置不合理，受到传统中国法"准五服以治罪"的影响，对虐待罪规定的法定刑存在整体偏轻，与刑法中其他侵犯公民人身权利、民主权利类的犯罪相比明显偏轻的问题，与我国刑法中罪责刑相适应原则相悖；第二，虐待罪的自诉限制过于严格；第三，未周全考虑儿童生理与心理特殊性等问题，缺乏对儿童的特殊保护。这些都使得刑法对儿童施虐者的威慑力度不足，也导致相当一部分的虐童行为无法得到应有的惩处。

上述观点在社会上有着相当的影响力，但学界也存在着大量反对和质疑的声音。例如，并非所有重视打击虐童违法犯罪的国家和地区都设立了"虐童罪"等专门罪名，增设"虐童罪"并非有效预防虐童行为的必要条件。再如，增设"虐童罪"可能会导致诸多弊端，使得相关刑法条文缺乏可操作性、刑法内容膨胀和权威降低、社会成本大幅度增加等等。[①]

本书也认同虐待儿童不宜独立成罪的观点。不过鉴于刑法体系中现有的两个虐待类犯罪刑罚设置偏轻、对儿童的特殊保护不足的弊病，应当考虑适用强制的自诉担当制度，将亲自告诉转为国家告诉，同时将精神虐待、忽视、性剥削等行为纳入评价。

1. 适用自诉担当制度，将亲自告诉转为国家告诉

虐待罪是一个典型的"亲告罪"，只有被害人亲自到法院告诉，才可能启动审判程序。而虐待致使被害人重伤、死亡的案件，不属于"告诉才处理"的范围，如果被害人或其近亲属不提出控告，检察机关应提起公诉。虐待罪之所以作为亲告罪，是为了给予被害人一定选择的空间及家庭关系修复的回转余地，但这样的制度设计假想的受害群体或许是受家暴妇女，考虑到她们的需求，而对于本身就欠缺亲自告诉能力的儿童来说，无异于剥夺了他们的程序选择权。

《刑法修正案（九）》修改了原先虐待罪"告诉才处理"的规定，增加了被害人"没有能力告诉，或者因受到强制、威吓无法告诉"的除外规定。这样的规定将特定情形下的虐待罪由自诉罪转化成了非自诉罪，但虐待罪整体上仍属于自诉罪名的性质没有改变。相较于其他非自诉罪名，司法机关介入儿童虐待案件的刑事诉讼仍存在一定限制。然而新设某"虐待儿童"非自诉罪名并非最佳路径，要在新设刑法罪名之外，体现对儿童被害人的特殊关怀，可在刑事诉讼法中增添自诉担当的特殊程序规定，为公安机关和检察机关强制介入并帮助儿童诉讼扫清障碍。其实，刑事诉讼法中不乏未成年人保护的特殊程序规定，其在体系上更具合理性。

2. 将精神虐待、忽视、性剥削等行为纳入评价体系

在国际规则层面，世界卫生组织 1999 年出版的《虐待儿童预防咨询报

---

① 参见刘宪权、吴舟《刑事法治视域下处理虐童行为的应然路径》，《青少年犯罪问题》2013 年第 1 期，第 10~12 页。

告》将“虐童”定义为：“在一定的责任、信任或权利关系下，对儿童有抚养、监管义务及操纵权的人，对儿童的健康、生存、生长发育及尊严造成实际的或潜在伤害的所有形式的身体或情感虐待、性虐待、忽视或疏忽虐待、商业的或其他形式的剥削利用的行为。”① 而在国内法层面，《反家庭暴力法》首次在法律上明确了家庭暴力的范畴：“家庭成员之间以殴打、捆绑、残害、限制人身自由以及经常性谩骂、恐吓等方式实施的身体、精神等侵害行为。”其中，经常性的精神侵害如谩骂、恐吓等都被纳入家暴的行列。另外，在国外的众多研究中，学者们常常把对儿童的虐待问题和忽视问题并列，视为一个问题，因为即使虐待行为没有造成严重的身体伤害，长期的忽视也会给儿童幼小的心灵留下阴影。

然而，精神虐待和忽视行为在我国刑法中未能得到合理评价。从近年来儿童虐待刑事司法案例来看，因单独的精神虐待而提起诉讼并最终被依法审判的案例十分罕见，往往伴随着身体虐待或性虐待，而忽视精神虐待，只有对儿童造成了十分严重的后果，儿童才能得到刑事司法的救济。或许这是出于避免刑法泛化以及刑事附带民事诉讼只能针对物质损失的体系连贯性的考虑，但本书认为，可以将这两者作为虐待罪的从重情节加以考量。

另一个值得注意的是所谓对儿童的性剥削行为，故意引诱或胁迫儿童作出特定动作，制作儿童色情制品并上传至社交网络。在性剥削典型案例——韩国“N 号房事件”中，最小的受害女性仅 25 个月。《儿童权利公约》第 34 条将“利用儿童进行淫秽表演和充当淫秽题材”视为一种对儿童的性剥削和性侵害。事实上，在实践中利用社交网络线上对儿童实施性引诱、性剥削，往往是线下对儿童实施性侵害的预备行为。比如，以广告招募、交友等名义，要求儿童发送私密照片或使用视频软件“裸聊”，在获得儿童私密照片后，又以此为胁迫与儿童发生性关系。然而与美国、加拿大等其他国家相比，我国刑法对这些线上发生的儿童性剥削行为关注度还不够高，立法存在很大空白。

① Report of the Consultation on Child Abuse Prevention, 29 - 31 March 1999, WHO, Geneva, 1999, p. 15.

（三）规范化适用强制措施和令状制度

为了有效保护受害儿童的权益，防止案件侦查起诉过程中施害者对儿童的二次伤害，实践中需要规范化适用两种手段，一种是采用羁押逮捕等强制手段，对有证据证明虐待儿童之犯罪嫌疑人的人身自由予以限制和控制；另一种是采取人身保护令等令状制度，对受害儿童的人身权益和居住、活动空间实行特殊保护。

1. 家庭暴力案件径行逮捕的适用

美国《模范家庭法》规定，执法人员在处理家庭暴力事件或违法保护令案件过程中，必要时可以无令状径行强制逮捕。[①] 径行逮捕，有学者解释为在犯罪嫌疑人或被告人具有较大社会危害性或较大主观恶性或较深的主观恶习时，不对犯罪嫌疑人逮捕的其他必要条件作实质性审查，必须无条件逮捕。[②] 我国现行《刑事诉讼法》中关于径行逮捕的规定有三种情形，即对有证据证明有犯罪事实，可能判处十年有期徒刑以上刑罚的；有证据证明有犯罪事实，可能判处徒刑以上刑罚的；曾经故意犯罪或者身份不明的，应当予以逮捕。[③]

虽然在没有数罪并罚的情况下，虐待罪的法定刑达不到十年以上有期徒刑的标准，但虐待罪作为特殊身份犯罪，采用取保候审或监视居住的强制措施，往往不足以保障与加害人在同一屋檐下的被害人之人身安全。目前，在家庭暴力犯罪中，对犯罪嫌疑人、被告人的逮捕，适用一般逮捕的规定，即只有在犯罪嫌疑人、被告人可能毁灭、伪造证据，干扰证人作证或者串供或者可能对被害人、举报人、控告人实施打击报复的情况下应当实施逮捕，具体由检察机关裁量。

与一般逮捕不同，径行逮捕没有裁量余地。一方面，涉嫌对儿童实施虐待犯罪的监护人，如果与受虐儿童继续共同生活，极有可能会忽视对儿童的照料，甚至会对儿童的人身安全造成较大威胁。为了有效防止司法过程中的二次侵害，应当对其无条件逮捕。另一方面，逮捕必要性是坚持逮

① 参见美国《模范家庭法》Sec205。

② 参见童建明主编《新刑事诉讼法理解与适用》，中国检察出版社，2012，第 104 页。

③ 参见《刑事诉讼法》第 79 条。

捕谦抑性原则的必要保证，是捕或少捕甚至不捕的一个恰当的分水岭，[1] 径行逮捕限制了司法机关逮捕必要性裁量权，其适用无疑也会导致错捕和浪费社会资源的可能性。

然而，笔者认为，我国在儿童虐待犯罪中可以适用径行逮捕制度，但应当审慎适用。目前我国台湾地区对家庭暴力犯罪和违反保护令的现行犯作出“径行逮捕”的规定，经检察官或法院讯问，如认为无羁押必要则可予以释放，[2] 这对我国大陆地区合理适用这一制度有一定启发意义。对有初步证据证明对儿童实施了暴力行为且暂时不能排除继续实施侵害的人身危险可能的犯罪嫌疑人，可以适用预防性羁押逮捕，但这并非一成不变。如果随着诉讼进程的发展，案件事实和犯罪嫌疑人、被告人在侦查阶段被逮捕的证据或者其他有关事实发生一定改变，比如，出现有利于犯罪嫌疑人或被告人的新证据，或者出现从轻减轻处罚的情节，[3] 那么，就应当在合理时间内开展羁押必要性审查，并根据实际情形及时变更强制措施，以贯彻宽严相济的刑事政策。

2. 人身保护令和禁止令的适用

（1）诉前与诉中：充分运用人身安全保护令和告诫书

人身保护令制度是在英美法系令状制度的土壤中发展起来的，并为其他国家或地区所学习和借鉴。1994 年，美国通过《妇女暴力防治法》模范法，规定各州建立民事保护令制度。美国常用的民事保护令分为通常保护令和紧急保护令。紧急保护令的作出，以发生家庭暴力的明显且即刻的危险为条件，仅依当事人申请即可核发，包含禁止骚扰、暴力、跟踪、威胁、联络或对儿童的临时保护等内容。英国 1989 年《儿童法》规定了紧急保护令、照顾令、监护令、暂时令、家庭暴力禁止令、儿童评量令等多种保护令，可对疑似受虐儿童实施强制带离、暂时保护、搜集证据等。而我国台湾地区将保护令区分为民事保护令和刑事保护令，“家庭暴力防治法”将民

---

① 参见孙谦《逮捕论》，法律出版社，2001，第 151 页。

② 参见闫晓玥《台湾地区儿童虐待案件司法干预探析》，《韶关学院学报》2014 年第 7 期，第 99 页。

③ 参见贾贝《径行逮捕适用条件研究》，硕士学位论文，西南政法大学，2018，第 32 页。

事保护令又分为通常保护令、暂时保护令和紧急保护令。①

我国大陆地区，近年来也在人身保护令的适用方面作出了尝试。最高人民法院等四部门印发的《关于依法办理家庭暴力犯罪案件的意见》规定了虐待儿童犯罪取保候审期间人身安全保护令和禁止令的使用。② 现行的《反家庭暴力法》规定，对于家庭暴力行为，根据轻重对加害人出具告诫书、给予治安管理处罚或追究刑事责任，并首次设立了人身保护令制度，保障家庭弱势群体的利益。最高人民检察院等九部门印发的《关于建立侵害未成年人案件强制报告制度的意见（试行）》规定，公安机关、检察机关发现未成年人遭受家庭暴力或面临家庭暴力的现实危险，可以依法代未成年人向法院申请人身安全保护令。

人身安全保护令和告诫书并非处罚措施，也不具有先决效力，却为被害儿童提供了临时保护，也为家庭矛盾提供了刑事诉讼介入前的缓冲机会。然而在实际运作中，还存在一些亟待解决的问题。首先，对于儿童被害人而言，人身保护令失效后，解除或延长的决定机关的申请是否应当有次数限制，多次申请延长是否意味着保护令无法发挥应有的作用而应进入刑事诉讼程序？其次，申请保护令规定的证据标准为“遭受家庭暴力之现实紧迫的危险”，此证明标准可能过高，导致实践中较难达到证明标准。最后，我国人身保护令禁止或保护的内容过于原则和模糊，未来可以对禁止骚扰、暴力、跟踪、靠近居所、不当联络及其他具体的保护措施作出进一步的规定。

（2）诉后：规范运用行为禁止令和从业禁止令

应当扩大儿童虐待案件禁止令的适用范围，完善适用程序。目前我国的禁止令，只适用于判处管制、宣告缓刑的对象，但实际上，假释、暂予监外执行的适用条件比管制和缓刑更为宽松，对象的人身危险性可能比管

---

① 参加林宜桦《受虐子女权利暨亲权之研究——以民事保护令、保护安置为中心》，硕士学位论文，台北大学，2007，第 87~88 页。

② 《关于依法办理家庭暴力犯罪案件的意见》第 13 条规定：“……人民法院、人民检察院、公安机关决定对实施家庭暴力的犯罪嫌疑人、被告人取保候审的，为了确保被害人及其子女和特定亲属的安全，可以依照刑事诉讼法第六十九条第二款的规定，责令犯罪嫌疑人、被告人不得再次实施家庭暴力；不得侵扰被害人的生活、工作、学习；不得进行酗酒、赌博等活动；经被害人申请且有必要的，责令不得接近被害人及其未成年子女。”

制、缓刑对象更大，更有适用禁止令的必要性。“美国早期提前开端计划及各州日托机构对于0~3岁早教人员的入职要求都特别强调背景审核，包括犯罪记录检查、儿童虐待记录登记检查以及性犯罪登记检查等，限制有犯罪记录的人员进入婴幼儿教师队伍。”① 因此，在我国幼师从业尚缺乏预防儿童虐待相关指标考核的当下，刑事司法中对于违反职业道德虐待儿童的犯罪对象，在后续刑罚中附加一定期限或永久期限的从业禁止是十分必要的。

第四节　我国儿童虐待的准司法干预

准司法干预具有不同于司法干预的特点与优势，因此，构建和完善准司法干预制度也是我国儿童虐待公权干预所面临的重要课题。恢复性司法与准司法干预具有天然的相容性，因其设计理念和程序的相合，儿童虐待干预引入刑事和解与调解、社区矫正等恢复性司法措施，存在必要性与可行性。然而，目前我国在儿童虐待准司法干预中引入恢复性司法理念和程序，却面临规范化不足、忽视被害人话语权、矫正措施单一化等诸多难题。为此，需要我国在实践中借鉴域外及国内试点地区的监管经验、推进多方力量参与、明确各方主体责任，对我国儿童虐待的准司法干预制度予以完善。

一　恢复性司法与儿童虐待的准司法干预

（一）恢复性司法基本理论

1. 恢复性司法的含义

恢复性司法，又称“修复性司法”，联合国经社理事会《关于在刑事事项中采用恢复性司法方案的基本原则》宣言草案中认为：“恢复性司法指运用恢复性过程或目的实现恢复性结果的任何方案。”

恢复性司法源于近二三十年来西方国家兴起的刑事司法改革运动，作为“报复性司法”的相对概念。恢复性司法制度是一种由被害人、犯罪人、

① 董素芳：《美国0—3岁早期教养人员从业资格的制定及对我国启示的研究》，博士学位论文，华东师范大学，2014，第249页。

利益相关方、社区等相关各方参与，修复犯罪行为所带来的对被害人、人际关系、社区和平秩序的破坏性后果的制度设计。恢复性司法理念具有参与、利益平衡、自愿、面向未来和直接责任等特征。①

2. 恢复性司法的具体措施

（1）替代性纠纷解决程序

司法诉讼程序之外的多元化纠纷解决机制，对于一些轻微的非疑难刑事案件的处理，既能节约司法资源，也能起到更好的社会治理效果。替代性纠纷解决程序反映在刑事司法中，主要是通过刑事和解与刑事调解两种方式来化解纠纷。

根据最高人民法院在《关于人民法院进一步深化多元化纠纷解决机制改革的意见》中的规定，对于符合刑事诉讼法规定可以和解或者调解的公诉案件、自诉案件、刑事附带民事案件，人民法院应当与公安机关、检察机关建立刑事和解、刑事诉讼中的调解对接工作机制，可以邀请基层组织、特邀调解组织、特邀调解员，以及当事人所在单位或者同事、亲友等参与调解，促成双方当事人达成和解或者调解协议。

2012 年修正的《刑事诉讼法》中加入了刑事和解的有关规定。刑事和解制度是恢复性司法理念和被害人意思自治的体现。目前，我国对刑罚执行阶段的执行和解制度适用的案件范围、和解的程序和法律后果没有具体的规定，但可参照民事诉讼法的执行和解制度，在刑罚执行机关的主持下，由加害人提出赔偿或补偿的方案，加害人与被害人双方自愿达成和解协议后，可以对加害人作出刑罚变更决定。

（2）社区矫正制度

2015 年，最高人民法院等四部门印发的《关于依法办理家庭暴力犯罪案件的意见》明确指出，在家庭暴力犯罪中应充分运用社区矫正手段，矫正犯罪分子的施暴心理和行为恶习。② 社区矫正，是指将符合社区矫正条件的罪犯置于社区内，由专门国家机关在相关社会团体和民间组织以及社会志愿者的协助下，在判决、裁定或决定确定的期限内，矫正其犯罪心理和

---

① 参见胡莲芳《被害人在刑事诉讼中的有效参与》，厦门大学出版社，2020，第 58~60 页。

② 参见最高人民法院、最高人民检察院、公安部、司法部印发的《关于依法办理家庭暴力犯罪案件的意见》第 24 条。

行为恶习，并促使其顺利回归社会的非监禁刑罚执行活动，是一项和监禁矫正相对的刑事执法工作、行刑方式。

恢复性司法与社区矫正二者在目标上高度契合，均以促进社会秩序和社会成员关系修复为要旨，为了促进社区矫正对象顺利实现再社会化以及破裂的社会关系再修复，需要专业化队伍制定不同矫正方案，具有针对性和专业性地开展教育帮扶、心理干预和精神治疗，并实施阶段性的监督考察制度。经过北京、上海、天津、浙江等地多年的试点工作，2019 年底《社区矫正法》获得通过，对我国社区矫正工作的推广具有里程碑意义。

3. 恢复性司法的适用条件

（1）一般判断标准

适用恢复性司法的案件，一般认为是主观恶性小、罪行轻微的刑事案件，根据我国《社区矫正法》的规定，对判处管制、宣告缓刑、假释和暂予监外执行这四类人员可以适用。

2018 年修正的《刑事诉讼法》第 288 条对刑事和解的规定中明确提出，“犯罪嫌疑人、被告人真诚悔罪，通过向被害人赔偿损失、赔礼道歉等方式获得被害人谅解，被害人自愿和解的，双方当事人可以和解”。故而有学者认为应该附加上这一条，因为“行为人悔罪，表明其人身危险性小，已深刻认识到自身犯罪行为的错误，愿意为自己的行为承担责任，再犯可能性小”,[①] 因而对其在刑罚执行上宜采用恢复性司法的轻缓处理，更符合我国刑事司法宽严相济的理念。

（2）不适宜适用的情形

具有人身危险性，有再犯风险的犯罪人，不适宜采用社区矫正等恢复性司法方式，这是出于维护社区正常秩序以及保护被害人人身安全的考虑，否则犯罪人将成为一颗危险的定时炸弹。国外风险评估经验将服刑人员风险评估指标具体分为静态因素和动态因素，前者主要包括犯罪记录（包括前科、年龄、刑期等），犯罪类型、犯罪情节和社会危害性，药物滥用史（包括吸毒、酗酒、其他药物依赖症），个人生涯（包括受教育程度、就业情况等）；后者主要包括人生观、认罪伏法的态度、受教育情况、就业情

① 王保战、刘倩：《悔罪与恢复性司法》，《湖北警官学院学报》2014 年第 10 期，第 96 页。

况、婚姻家庭现状、社会交往状况、药物滥用现状、在社区生活的能力。[①]

我国《社区矫正法》第24条为分类管理规定了裁判内容、性别、年龄、心理特点、健康状况、犯罪原因、犯罪类型、犯罪情节、悔罪表现等多个标准。除了刚进入矫正时由专业从业人员进行统计评估和临床评估外，矫正后每隔一段时间还要进行阶段性评估，依据测量结果重新分类分级管理或重新调整矫正方案。[②] 如果出现突发性因素，导致不宜继续进行社区矫正的，应当及时终止程序。

（二）准司法干预引入恢复性司法的必要性

1. 被害人权利复兴的需要

司法诉讼方式，主要是在传统的法官、公诉人、被告人三方刑事诉讼构造中，被害人作为其中的一方当事人，其诉讼权利很大一部分被国家公诉权吸收，被害人与被告人的矛盾转化为被告人同国家之间的矛盾，国家成了犯罪行为拟制的被害人。虽然国家公诉制度有力地维护了国家和社会的利益，但对于被害人来说，基本上自案件进入公诉阶段后，被害人即被排除于诉讼程序外，甚至不能对案件的进展和判决享有及时的知情权。与边缘化、隐形化被害人的传统刑事司法相比，恢复性司法重新关注到了这一重要利害关系方，特别强调被害方参与到恢复性协商程序中的重要价值，让被害方有机会参与和加害方的沟通对话，也促使加害方真诚悔过并履行赔偿责任。

这种干预手段也在儿童虐待案件中引入“治疗”理念，在报应与惩罚之外，更加强调在加害人和被害儿童之间建立一种关系，通过第三方介入下的双方协商与沟通，使加害人内心得到感化，使被害人心灵得到抚慰，取得被害儿童的谅解，修复家庭关系和其他社会关系。

2. 抵消刑事判决执行带来的副作用

在家庭内部发生的儿童虐待案件，即使成功地被发现、起诉并获得了胜诉判决，也可能对儿童存在潜在的伤害，儿童的权益依然无法得到

---

① 参见王平主编《社区矫正制度研究》，中国政法大学出版社，2014，第326页。

② 参见王平主编《社区矫正制度研究》，中国政法大学出版社，2014，第326~327页。

切实保障。目前，我国对监护人被采取强制措施或被执行刑罚的儿童尚未采取完善的安置保障措施，这些儿童一般是由其他亲属对其进行临时照管的，这往往更加需要考量临时监护人的品质。如果撤销了父母的监护权却又不能为儿童找到合适的监护人，那么民政部门必须承担起国家监护的兜底责任。如果原监护人能够改过自新，积极挽回对儿童的伤害后果，并辅之以禁止令规制其行为，那么可能更能节约社会成本、维护儿童的利益。

此外，我国监护资格的恢复有严格限制。除了因性侵、出卖、监护侵害行为被判处5年以上有期徒刑的事由限制，还需要证明“确有悔改”，同时应当征求有相应意思表示能力的未成年人的意见，[①] 社区矫正期间的表现可以为原监护人是否“确有悔改”提供参考。在恢复性司法中积极重建与受害儿童的信赖关系，更有助于得到儿童的谅解，帮助犯罪人在重新回归社会的同时回归家庭。

（三）准司法干预引入恢复性司法的可行性

1. 否定的观点

第一，恢复性司法需要大量专业性、精英化的社区工作人员。为了胜任社区工作，处理日益复杂多样的纠纷，社区工作人员需要对法律、心理学、社会学有所涉猎，并应通过相应的资格考试，而我国社区人少事多、人手短缺的现象十分严重，且从业人员也缺乏相应的职业素养。

第二，恢复性司法要求成熟健康的社区环境。我国社区建设的地方差异十分明显，成熟化的社区主要集中在北京、上海等一线城市，而广大的三四线城市和乡村地区的社区建设还处于起步阶段。如果投入大量社区服刑人员，将会导致社区管理系统不堪重负。更坏的结果可能是，社区矫正和监督措施形同虚设，导致服刑人员能够随意违反矫正规定，达不到预期的矫正效果，甚至有伺机报复被害人的可能，这无疑会损害被害儿童的利益。

---

① 参见最高人民法院、最高人民检察院、公安部、民政部印发的《关于依法处理监护人侵害未成年人权益行为若干问题的意见》第39条。

第三，恢复性司法可能会减损刑法对施虐者的惩治效果，造成“严而不厉”的局面，从而降低刑法打击犯罪的威慑力。如果恢复性司法程序适用不当，对不满足特定条件的虐童犯罪实施刑罚执行的轻缓化，可能会纵容犯罪行为，践踏社会正义，导致民众舆论的压力。

2. 肯定的观点

第一，两者在适用的刑罚类型上具有相容性。儿童虐待案件多为法定刑是 3 年以下有期徒刑、拘役、管制的轻罪案件，且缓刑的适用率非常高，而社区矫正在制度设计上也正适用于管制、缓刑、假释。另外，刑事和解与刑事调解这两种纠纷解决程序，原则上也主要适用于轻罪案件，对于那些重大疑难、造成严重社会后果的案件，则更适宜严守程序正义规则进行正式的审判。

第二，两者在价值取向上具有一致性。以针对儿童实施的家暴为例，特殊主体之间的伤害行为与陌生人之间的伤害行为不能一概而论，因为特殊主体之间的暴力不仅关系到个人利益的保护，也关系到家庭关系的存续和家庭秩序的恢复。因此，在处理这些家暴案件时，不能“屈个人以全家庭”，应基于个人、家庭双重考量，考虑急剧撕裂社会关系之后如何恢复。如果使罪犯获得刑罚并不能满足被害人的预期，那么这将是对被害人的第二次伤害。因此，在准司法干预中引入恢复性司法，给加害人受教育和改过自新的机会，是完全有必要的。

此外，有研究表明，家庭暴力犯罪具有很强的代际传播性。因此，儿童虐待的施虐者，很可能在儿童时期曾是家庭暴力的受害者或是目睹家庭暴力，他们对于家庭成员之间的暴力行为，往往经历了一个从恐惧、痛苦到习以为常的冷漠，再到认同这样一个恶性演变的过程。通过与被害儿童的真诚对话和专业人员的心理疏导，帮助服刑人员回忆起对于家庭暴力的切肤之痛，更能使他们认识到暴力行为的错误性，进而改过自新，回归社会。

二　准司法干预引入恢复性司法面临的难题

（一）相关制度建设不够完善，且规范化不足

从总体上看，2019 年 12 月 28 日颁布的《社区矫正法》是一部具有衔

接性的法律，对于社区矫正试点中争议较大的问题采取了搁置争议、留有余地的做法。这可能是考虑到地区差异，为各地后续出台社区矫正地方性立法预留空间，但这也导致一些关键节点缺乏统一的上位法依据，如监督矫正主体规定较为模糊，不仅其法律地位不够明确，其专业化和规范化也难以得到保障。

我国对“社区矫正机构”的具体构成一直以来没有明确的规定，2003年，“两院两部”联合下发了《关于开展社区矫正试点工作的通知》，提出“司法行政机关要牵头组织有关单位和社区基层组织开展社区矫正试点工作，会同公安机关搞好对社区服刑人员的监督考察，组织协调对社区服刑人员的教育改造和帮助工作。街道、乡镇司法所要具体承担社区矫正的日常管理工作”。由于公安机关平时肩负着大量维持治安、侦查犯罪的职责，在社区矫正试点改革中，具体矫正工作逐渐由乡镇、街道司法所等司法行政机关承担。然而，司法行政机关只是社区矫正的委托执行机关，法律地位十分尴尬，既没有正式的“社区矫正机关”的地位，也没有公安机关的执法权、处罚权。此外，以乡镇、街道为单位的司法所还面临着编制较少导致的资源分散、人手不足的情况。

（二）缺乏充分的协商，忽视被害人话语权

社区矫正是一个由社区服刑人员、矫正机关、被害人和社区共同参与、多方联动的过程。如果缺失了被害人的参与，则无法体现社区矫正“疗愈性”的特征。如果缺失了社区群众的参与，则无法体现社区矫正“社会性”的特征。因此，要达到良好的社区矫正效果，应充分尊重被害人的意思，保障被害人和社区居民充分的知情权和参与权。然而在我国，社区矫正的主体是刑事司法人员，矫正的重心仍在于控制和矫正犯罪人，被害人的过程参与权没有得到应有的重视。在由监禁矫正到社区矫正的变更执行阶段，尚未能建立起标准化的被害人联系制度，听取被害人关于矫正方式变更的意见和诉求。此外，出于对服刑人员隐私权的保护，被害人和社区居民等利害关系人，对犯罪人参与矫正的基本情况甚至都难以获得相应的信息，这样的社区矫正往往缺乏深度，效果不佳。

（三）矫正奖惩措施单一，效果不佳

我国对社区矫正期间的考察内容规定得过于简单化、原则化，许多规定可操作性较弱。在矫正期间，犯罪人除了要履行禁止令规定的消极义务，还要履行积极义务。履行积极义务或违反禁止令的，对其进行相应的奖惩考核。在北京、浙江的社区管理中，考核采用计分制，将社区矫正考核内容转化为对应的加分项目和扣分项目，表现良好的加分，违反规定的扣分。

目前我国的矫正奖励措施较少，主要包括表扬、评为积极分子、记功、物质奖励、缩短矫正期限几种类型，对于调动社区服刑人员的积极性作用有限。社区罪犯惩处规定不足，主要包括训诫、警告、记过、治安管理处罚、撤销缓刑、撤销假释等，种类有限。因为惩处力度缺乏威慑力，无法充分体现不同处遇的差别性，所以需要增设罚款、扣减保证金、居家禁闭等处罚措施。①

三　准司法干预引入恢复性司法的路径选择

（一）借鉴域外及国内试点地区先进监管经验，加强落实风险评估与防控

在对儿童虐待案件实施监督矫正时，要真正防止“缓刑”变为“减刑”、“假释”变为“真释”、“管制”变为“不管不制”，就要加强对犯罪人的矫正风险评估与防控，将监督管理真正落到实处。

在此方面，欧美发达国家提供了宝贵的实践经验。如加拿大发展出第四代犯罪风险评估手段，将犯罪人分为六个等级，不同等级的接触频率不同。美国发展出对高危险级犯罪人的“中间制裁”措施，包括强化监督、军事训练、日报告以及佩戴电子监控器械等。② 虽然发达国家运用恢复性司法起步早，积累了丰富的经验，但我国在学习借鉴时，也要兼顾本土国情。2003 年我国开启了社区矫正工作试点，并在 2009 年全面施行，也积累了一定的可供推广的经验。

---

① 参见司绍寒《试论〈社区矫正法〉的意义与不足》，《犯罪与改造研究》2020 年第 8 期，第 40～41 页。

② 参见王平主编《社区矫正制度研究》，中国政法大学出版社，2014，第 298～305 页。

纵横结合的分类管理，是我国较早开始施行的管理制度。依照人身危险性大小，北京将社区服刑人员分为A、B、C三级，上海分为一级、二级、三级，浙江则分为三级四等，分别为严管、宽管、二级严管和一级宽管。未来可以建立专门的危险性调查和评价机构，以裁判内容为一级标准，以人身危险性为核心标准，对服刑人员分别制定矫正方案，进行个别化管理。①

奖惩结合的考核管理，是社区管理的重要内容。我国北京、江苏、浙江等地的试点采用计分制对服刑人员进行考核评价，然后根据一段考核周期内的加分、扣分情况予以奖惩。未来可以增加奖励措施，扩大奖励面，同时完善惩罚措施，增加临时强制措施的适用和严重违反规定的处罚，作为新犯罪的处理制度。对于儿童虐待案件，可规定特殊的奖惩措施以激励双方关系的恢复。

电子信息化的智慧管理，是我国社区矫正监督管理的一大亮点。我国部分地区在社区服刑人员的管理上，积极探索“互联网+社区矫正”模式。利用我国大数据基础设施建设优势，与“雪亮工程”“天网工程”等公共安全视频监控系统有效对接，通过电子定位技术、远程视频督察，实现对社区服刑人员受矫状况的精准管控。同时，对本行政区划内公安部门、检察院、法院、监狱等多个部门实现信息化联网，各矫正责任机构平台共享，信息互联互通，便于对社区服刑人员开展综合性治理。② 未来可以进一步在全国范围内推广，做到全国数据互通，从而在一定程度上化解社区服刑人员异地托管的难题。

（二）推动多方力量参与恢复性司法，修复受损的社会关系

东西方社会制度、传统文化存在差异，这就对构建具有本土特色的恢复性司法提出了新要求。“明耻—补偿”是恢复性刑罚的过程性要旨，恢复性司法的运作过程实质上就是在为犯罪人明耻，使其认识到儿童虐待行为是有违社会基本道德、被人民群众谴责的行为。③ 因此，考虑到东西方不同

---

① 参加万昌文《对社区矫正分类管理的思考》，《中国司法》2020年第12期，第81~82页。

② 参见刘强等《2020年社区矫正研究述评》，《犯罪与改造研究》2021年第1期，第41页。

③ 参见郝方昉《刑罚现代化研究》，博士学位论文，中国政法大学，2009，第135~13页。

的“罪感文化”，我国恢复性司法更需要人民群众的外部约束和鞭策，使犯罪人产生对犯罪行为的罪恶感，而非在群体监禁中“交叉感染”而产生对犯罪行为的认同感。

因此，为了修复受损的社会关系，可采取措施推动多方力量参与恢复性司法。首先，要支持被害人参与矫正过程，社区矫正工作人员应当为被害人和犯罪人的直接接触和改善关系创造条件。其次，社区矫正机关要与民政部门、基层群众自治组织和慈善组织通力合作，使它们发挥各自的优势，参与到社会化协助中来。最后，增加社会志愿者的参与，缓解社区矫正工作中人手不足的困境。

（三）明确各方主体责任，建立专业化团队

儿童虐待案件的恢复性司法和社区矫正工作，具有较强的专业性。各机构主体责任不明、身兼数职或职能交叉的情况，可能会导致矫正工作名不副实。除了缺乏社区矫正等恢复性司法执行的专门机关，专业人员的匮乏也可能导致矫正事倍功半。

我国当前刑事和解实践中，存在司法机关工作人员、人民调解委员会、社会组织以及律师等不同类型的调解参与主体，检察机关等司法机关承担着对刑事和解流程进行审查监督的职责。笔者认为，刑事和解的调解主体应当由地位更为中立、更有群众工作经验的主体承担，与司法机关分工协作。在当下社会组织，尤其是具备参与刑事和解、调解实践资格的社会组织数量不足的背景下，可以采取另一种模式，即办案机关对相关组织和个人进行审查、引导和监督，以人民调解组织为主体，以专业社会组织和律师为补充的模式，培育具备发展潜力的专业调解社会组织。①

我国社区刑罚相关的国家机构体系庞杂，需要各机构之间有效配合。从近年来的法律文件精神和实践经验来看，司法行政机关是社区刑罚的主要执行机关，公安机关也是执行机关之一，但其工作中心逐步转变为配合司法行政机关的工作。人民法院是非监禁刑罚、减刑和假释的决定机关，

① 参见吕晓刚《刑事和解制度调解机制构建研究》，《湖南警察学院学报》2019年第1期，第88页。

而检察院是监督机关，负责监督刑罚的适用过程。因此，可以说作为司法行政机关的司法厅、司法局和司法所居于十分核心的地位，然而却“有实无名”，仅仅是以“委托方式”参与执行的机关。2020 年 7 月 1 日实施的《社区矫正法》中未对其执行机关地位予以明确规定，也未赋予社区矫正机构独立的强制措施执行权，权责不明使得执法的严肃性、专业性受到质疑，矫正结果的负反馈会导致法院在判处适用非监禁刑时瞻前顾后，从而降低儿童虐待案件采用恢复性司法的可能性。因此，今后随着制度的完善，应在法律中明确各方主体责任，成立专门的社区矫正机构。

专业工作人员的队伍培养和合理编制，也是影响矫正实效的重要因素。欧美发达国家对恢复性司法的技术性、专业性十分看重，美国、英国、加拿大等国设有缓刑官和假释官等公务人员，日本设有保护观察官这一职业。目前我国在矫正官员的专业素养、奖惩机制和合理的编制规模设置上，还存在很大的立法空间。因此，要提高专业素质，吸纳招收并加强培训具有心理学、教育学、社会工作学相关知识，掌握观察、分析、判断技巧，熟悉调解模式、家庭小组会议模式、圆桌会议模式的运作人员，使其参与到社区矫正中来。对奖惩机制细则作出进一步的规定，结合服刑人员再犯率和工作人员日常表现，制定奖优罚劣措施。此外，编制规模要尽量控制在合理范围内，使之与所监督矫正的犯罪人员规模相匹配，既不能过少而疏于监督和矫正，也不能过多而造成社会资源的闲置和浪费。①

① 参见王平主编《社区矫正制度研究》，中国政法大学出版社，2014，第 258~262 页。

第八章　儿童虐待的社会干预

众所周知，儿童虐待公权干预是一项环环相扣的系统性工程。完整系统的儿童虐待公权干预体系，应当包括立法干预、行政干预、司法干预和社会干预。因此，仅依靠立法、行政和司法层面的干预，无法全面有效实现防治儿童虐待之目的，社会干预在儿童虐待防治中具有举足轻重的地位。为了更好地推进儿童虐待公权干预进程，实现儿童保护目标，有必要充分重视社会干预在儿童虐待防治中所产生的积极影响。于此，以下将从儿童虐待社会干预基本理论、我国儿童虐待社会干预的现状及存在的问题、儿童虐待社会干预的域外经验以及我国儿童虐待社会干预的完善路径等四方面展开论述，期望能为深化我国儿童虐待社会干预提供新思路，为健全我国儿童虐待社会干预体系指明新方向。

第一节　儿童虐待社会干预的基本理论

社会干预在儿童虐待公权干预体系中占据着举足轻重的地位。当前，我国针对儿童虐待社会干预尚未展开系统的理论探讨，与儿童虐待社会干预相关的研究成果相对较少。要构建和完善儿童虐待社会干预体系，就需要深化对儿童虐待社会干预的理论研究。于此，本书对儿童虐待社会干预基本理论展开研讨，主要围绕儿童虐待社会干预的理论、社会干预的主体及社会干预的特点展开。儿童虐待社会干预基本理论在客观上为儿童虐待社会干预提供了科学依据，有助于推动社会干预实践的深入发展。儿童虐待社会干预主体的界定，是明确各方权利与义务和确保干预工作有序开展的首要任务。社会干预呈现出来的诸多特点，充分体现了社会干预在儿童虐待干预体系中的独特之处。

一　社会干预的理论

儿童虐待社会干预在儿童虐待公权干预体系中占据着至关重要的地位。目前，针对儿童虐待社会干预的理论研究较为薄弱，笔者于此尝试从多中心治理理论、社会责任理论以及福利多元主义理论进行探索，以期为儿童虐待社会干预提供一定的理论支撑，使得儿童虐待社会干预更具科学性和导向性，为儿童虐待社会干预实践提供有效的理论指引。

（一）多中心治理理论

随着国家社会化进程的不断加快和深入，国家公共事务愈发呈现出纷繁复杂的特点。自 20 世纪 80 年代起，学者们开始了对解决社会公共事务新路径的探索，一种新的治理机制——公共治理也由此诞生。公共治理，是区别于传统治理的新方向。[①] 然而，任何理论的形成都不是一帆风顺、一蹴而就的，都需要经历发展和演进的过程。公共治理理论在发展过程中产生了诸多思想流派，致力于解决政府的治理危机，满足社会发展的需求。在公共治理理论的诸多流派中，多中心治理理论尤为值得我们关注。

多中心治理理论，在治理主体方面作出了一定的突破，其不仅重视社会的作用，还十分注重社会组织和经济组织的作用，将这两种组织放在与政府相当的地位上，致力于加强组织与政府之间的密切协商和通力合作以达到治理之目的。[②] 多中心治理理论中的“多中心”，将治理主体多元化的特性展现得淋漓尽致。“多中心”指的是在管理社会事务的过程中，并非仅仅存在政府这一个主体，还存在着多个决策中心，如派生组织、私人机构以及公民等主体。[③] 多中心治理理论提高了社会的地位，社会组织、经济组织和政府保持着独立地位参与公共事务的决策。总体来看，多中心治理理论主要突出了治理主体多样化的特点，倾向于改变以往政府对待公共事务

---

① 参见李超雅《公共治理理论的研究综述》，《南京财经大学学报》2015 年第 2 期，第 89 页。

② 参见高秉雄、张江涛《公共治理：理论缘起与模式变迁》，《社会主义研究》2010 年第 6 期，第 109 页。

③ 参见唐娟《政府治理论》，中国社会科学出版社，2006，第 14~84 页。

的管理形式，重视、强调发挥社会各方的作用，精诚合作以实现解决社会公共事务的目标。

儿童虐待的社会干预问题，作为社会公共事务之一，仅仅依靠政府及其职能部门是无法得到妥善、彻底的解决的。因此，不能一味地将解决问题的希望寄托于政府及其职能部门，而应当遵从多中心治理理论所给予的引导，重视社会组织、经济组织以及公民个人在社会中的地位，努力调动其积极性，充分发挥其在儿童虐待社会干预中的作用。与此同时，还需要突出社会干预主体的多样性和互动性，形成多元社会干预主体，建立多元社会干预主体之间的良性互动，旨在积极沟通与协调，精于互助与合作，着眼于儿童虐待社会干预体系的建设，防止儿童遭受虐待，保护儿童身心健康。

（二）社会责任理论

本书所探讨的社会责任理论，主要涉及企业社会责任和传媒社会责任。有学者对企业社会责任相关理论的研究进行了一定的梳理，认为企业社会责任理论主要分为三个研究流派，即古典流派、利益相关者流派和战略流派。古典流派的学者认为，企业领导人为了普遍社会利益而花费别人的金钱，就属于履行企业社会责任之范畴。利益相关者流派的学者认为，企业是一个集合体，将利益相关者的多边契约集合起来，秉持社会公平原则，企业需要以社会责任为出发点，履行利益相关者的责任。战略流派的学者则认为，企业应有策略地采取社会责任以构建企业的竞争优势。①

由于企业社会责任具有一定的公共品属性，因此，社会存在着对企业社会责任的巨大需求。企业并不仅仅是私人领域内的营利机构，其同时也是社会公共领域的重要组成部分，是社会建设的重要主体。② 可见，企业既是公共领域的参与成员，又是社会建设的重要主体，同时社会又对企业承担社会责任存在较大需求。因此，企业应勇于承担起相应的社会责任，此

① 参见刘海龙《企业社会责任理论研究的三个流派》，《中国非营利评论》2010 年第 2 期，第 82~85 页。

② 参见刘海龙《企业社会责任理论研究的三个流派》，《中国非营利评论》2010 年第 2 期，第 99 页。

举对构建企业竞争优势具有重要意义。儿童虐待的社会干预，是一项关乎全社会的课题，自然也需要企业这一主体的关注、参与和投入。企业在儿童虐待社会干预的过程中，可以扮演的角色有很多，如提供资金支持、物质保障等，一些专业企业还能为相关人才提供专业化培训。总之，企业社会责任理论为企业参与儿童虐待社会干预这一社会公共事务的管理提供了坚实的理论基础。

提到社会责任理论，不免还涉及传媒社会责任。传媒社会责任理论，强调在自由的前提下重视责任的存在。新闻媒介在享有一定自由的前提下，要尽职尽责，重视报道的真实客观性，保障公民知情权，履行对国家、社会和公民的责任。新闻媒介是公民生活中必不可少的一部分，是信息交流和传递的重要渠道。在建设儿童虐待社会干预体系的过程中，有关儿童虐待的新闻、信息和相关干预知识的传播是至关重要也是不可避免的。因此，新闻媒体在此过程中要负起相应的社会责任，积极发挥自身优势和特长，恪尽职守，确保信息真实性，捍卫公民知情权。

（三）福利多元主义理论

福利多元主义理论的产生伴随着福利国家危机的出现，其概念最早产生、运用于英国的《沃尔芬德志愿组织的未来报告》。该报告主张扩大社会福利提供者的范围，将志愿组织纳入其中。在 20 世纪 70 年代以后的社会政策领域中，福利多元主义占据着越发重要的地位。福利多元主义理论的代表性学者罗斯提到福利的提供和承担不应被视作完全的政府行为，政府在社会福利的提供和承担方面扮演着极为重要的角色，但其绝非福利的垄断者。学者欧尔森认为，社会福利承担的主体主要有三个，即国家、市场和民间社会，主张将社会福利的主体扩展至民间社会。无论采用何种研究方式，福利多元主义理论的内核并未发生变化，其对福利承担主体的多样性作出强调，认为福利的承担不应仅依靠国家，除了国家之外，公民个人、家庭单位、社会组织或民间机构也同样可以成为福利的承担者和提供者。①

① 参见彭华民、黄叶青《福利多元主义：福利提供从国家到多元部门的转型》，《南开学报》（哲学社会科学版）2006 年第 6 期，第 42～45 页。

总之，福利多元主义理论认为，政府不是社会福利的唯一承担者，社会福利应由多元化主体共同承担。换言之，福利多元主义理论强调了社会福利承担主体的多元性，认为社会福利的承担主体不能仅局限于政府部门，还应包括经济组织、社会组织、家庭和社区等多元主体。

福利多元主义理论，主张扩大社会福利采购单一主体的范围，丰富社会福利承担主体的多样性，无疑为儿童虐待的社会干预提供了相对坚实的理论基础。儿童虐待现象屡禁不止，并逐渐发展为一个全球性的社会问题，这在一定程度上表明，儿童福利的提供和保障存在缺陷，是不够全面和完备的。在我国儿童虐待社会干预体系构建中，绝不应限定由单一主体或极个别主体来负担儿童虐待的社会干预工作。相反，我国应扩大社会干预主体的范围，推动多元化主体参与，调动多方力量，让各主体发挥各自优势，共同、齐心构建和完善儿童虐待的社会干预体系。建设我国儿童虐待干预体系，在社会干预层面，主体主要包括公民个人、家庭、社区、企业以及特定非营利性组织。

二　社会干预的主体

儿童虐待社会干预主体，即在社会层面对儿童虐待行为负有干预义务、承担干预责任的自然人、法人或非法人组织。针对儿童虐待行为的干预，最终仍需由具体实施者付诸行动，需要由切实的主体开展相关干预工作和活动、承担相应责任。因此，在构建儿童虐待社会干预体系的过程中，需要对社会干预主体进行明确，为进一步确定各方权利与义务奠定基础。

（一）公民、家庭

儿童是民族的希望，是国家未来的主人翁。社会调查表明，儿童早期经历会对其未来发展产生显著的影响。儿童成长轨迹，在一定程度上决定了其一生对社会的贡献或造成的损失。[①] 可见，儿童健康成长对社会未来发展起着至关重要的作用。因此，全社会公民都有责任为儿童营造良好的成

① 参见张伟《稚子何辜——令人痛心的美国儿童人权状况》，《光明日报》2022 年 6 月 10 日，第 12 版。

长环境，及时进行儿童虐待的干预，保护儿童身心免受伤害。国家和公民对待儿童的态度，在一定程度上反映了一个国家经济和文化的发展状况，而国家经济和文化的发展状况也将影响公民对儿童的态度与看法。一个国家经济、文化水平越高，其公民对儿童越加重视，对儿童身心健康越加关注，对儿童权利也越加尊重。随着国家经济不断发展、文明程度不断提升，对儿童虐待行为进行干预，保障儿童身心健康，无疑成为社会全体公民的职责。

实际上，在一个家庭中，要进行儿童虐待社会干预，真正实施社会干预行为的主要是其中的家庭成员，但基于家庭特殊的功能与意义，在讨论儿童虐待社会干预主体时，特意将家庭作为一个社会主体进行探讨。家庭作为现代社会的单位之一，具有特殊的功能与意义。现代家庭功能众多，主要包括生殖功能、教育功能、保护功能、照顾功能等，具有保护其成员免受疾病之苦、防止其成员身体和生命受到威胁、妥善照顾下一代子女的功能。[①] 由此可见，家庭在儿童虐待社会干预中所承担的责任是非常重大的。家庭成员作为与受虐儿童接触最为密切的社会主体，无论是发生在家庭内的儿童虐待行为还是家庭外的儿童虐待行为，家庭成员理应更具敏感性，及时发现儿童虐待行为的可能性相较于其他社会主体而言也更大。因此，家庭毋庸置疑地成为儿童虐待的社会干预主体。然而，在社会实践中，许多家庭并未尽到其本应尽的职责，在家庭内发生儿童虐待行为时，受到"家庭管教""家丑不可外扬"等传统观念之影响，并未对家庭成员的儿童虐待行为进行及时干预，以至于对儿童的身心健康造成不可逆转的伤害，给儿童的未来发展带来极大的阴影。因此，正确审视家庭在儿童虐待社会干预中的作用就显得十分必要。家庭，是一个特殊社会单位，其本身就有着与大多数社会组织不同的特点，具有一定身份属性和私人属性，其所具备的保护功能与照顾功能，决定了其在儿童虐待社会干预中的重要地位。因此，笔者主张重新审视家庭在儿童虐待社会干预中的定位，鼓励每个家庭树立正确观念，积极投入儿童虐待社会干预体系的建设中。

---

① 参见陈柏媜《我国受虐儿童家庭社会保障之研究》，硕士学位论文，中正大学，2008，第29~30页。

（二）社区

“社区”一词，最早是由费孝通先生根据英文“community”一词翻译而来的。[①] 虽然许多社会学家对“社区”一词作出的定义不尽相同，但就“社区”的基本构成要件达成了一定的共识，即在一定地域范围内、拥有一定规模的人口、具备一定数量的设施、存在一定组织和管理制度等。随着社会不断变化、经济不断发展，人口聚居趋势更加显著，社区逐渐演变成为一个兼备综合性和基础性的群众基础机构。社区与公民生活联系极为密切，成为儿童虐待社会干预主体具有一定的必然性。

我国现代社区所具备的功能良多，服务功能当数其中最主要的功能，社会保障功能也具有重要作用。提供社区服务，是社区的基础性工作。社区是政府与社区居民之间、社区居民内部的联系桥梁，起到重要的中介作用。社区的社会保障功能，要求其充分了解社区居民及其家庭情况，将社会福利和保险工作精准、公平地落实到需要救助的家庭和个人。[②] 因此，社区应尽力服务好社区居民，切实落实社会保障工作，维护社区的良好生活环境，保障社区居民的身心健康与生活质量。对儿童虐待问题进行社会干预，是实现社区服务功能与社会保障功能的必然要求。

社区负责介入和干预儿童虐待问题，其背后拥有坚实的理论后盾，即生态理论、社会解组理论和集体效能感理论。生态理论的研究表明，社会环境对防治儿童虐待具有重要的影响。社会环境与个人之间的作用是相互的，社会环境会对家庭和个人的行为产生一定影响，而一个家庭若长期缺乏正向的、积极的社区影响，将产生许多潜在风险，这些潜在风险将成为诱发儿童虐待行为的高危因素。社会解组理论指出，社区环境可以在一定程度上降低本社区成员的压力水平，对父母和儿童产生影响。集体效能感理论表明，集体效能感越高，低水平的暴力行为越少。[③] 对此，我们可以把

① 参见姜郸《中国城市社区互动式治理研究》，博士学位论文，吉林大学，2020，第 38 页。

② 参见陈柳钦《论现代城市社区的内涵、特性与功能》，《武汉科技大学学报》（社会科学版）2009 年第 2 期，第 28~29 页。

③ 参见张艳敏、杨素萍《美国儿童虐待的社区防范与干预研究》，《广西师范大学学报》（哲学社会科学版）2016 年第 2 期，第 94~95 页。

视角伸展到国外。由社区负责进行儿童虐待社会干预，美国在此方面拥有相对成熟的实践经验。在美国，社区对儿童虐待问题进行介入和干预是极为常见的，除明显严重的虐待由美国儿童保护系统进行干预，其他形式的儿童虐待防范与干预主要由社区进行具体落实。

可见，由社区介入和干预儿童虐待问题，不仅存在坚实的理论基础，而且在社会实践中已经具备丰富的经验。社区，作为与公民拥有密切联系的群众基础机构，在介入、干预儿童虐待问题上拥有独特优势。其可通过组织不同形式的项目，有效地进行儿童虐待的社会干预，如组织家访、儿童抚育培训、儿童养育咨询等活动，积极缓解社区中父母在养育儿童过程中产生的焦虑与无助的心理，对本社区家庭进行全面的了解与评估，为有困难的育儿家庭及时施以援手，以防儿童虐待行为的发生。

（三）企业

结合目前我国的社会实践，不难看出，企业在儿童虐待干预过程中的地位未能得到足够的正视，在儿童虐待干预过程中的作用也并未能得到有效的发挥。根据多中心治理理论的研究，社会公共事务不能仅仅依靠政府部门进行管理，经济组织同样也能成为管理公共事务的主体。企业就是当今社会典型的经济组织。儿童虐待问题已成为一个重要的社会问题，属于社会公共事务，企业应积极投身于儿童虐待社会干预体系建设。社会责任理论表明，企业是社会的重要组成部分，其同样也是社会建设的重要主体之一。企业理应在力所能及的范围内，积极承担其所应承担的社会责任，为社会贡献自己的力量。企业成为儿童虐待的社会干预主体，是一件再自然不过的事情。企业参与儿童虐待社会干预体系的构建，在许多国家已有先例，美国就是其中的代表。美国的企业十分推崇“企业公民”理念，强调将企业本身视作社会公民，突出企业的公民责任感。在公民责任感的强势推动下，美国企业积极参与儿童虐待社会干预工作，在提供资金援助、医疗技术支持和提供救助场所等方面作出较大的贡献。①

① 参见关晓辉《多元主义视角下的我国儿童虐待干预体系构建研究》，硕士学位论文，天津财经大学，2016，第 34 页。

不难看出，无论是基于理论还是出于实践，成为儿童虐待的社会干预主体都是企业义不容辞的责任。针对儿童虐待行为，企业的干预形式并不单一，现实中存在多样化的干预形式。企业可凭借其较为雄厚的经济实力，为受虐儿童提供慈善捐款等物质保障。从事专门化教育的企业，可以为受虐儿童提供特殊的教育，重视受虐儿童的心理健康。一些企业还可为儿童虐待社会干预事业培训专业化人才，提高相关人员在儿童虐待社会干预工作中的效率，提升相关人员的专业素养。总之，企业在儿童虐待社会干预过程中发挥着极为重要的作用，我国应正式明确企业在儿童虐待社会干预中的主体地位，以充分发挥企业的作用。

（四）特定非营利性组织

此处的特定非营利性组织，是指那些致力于儿童虐待社会干预，为儿童成长提供良好保护的非营利性组织。特定非营利性组织参与儿童虐待社会干预事业，成为儿童虐待的社会干预主体，无论在理论上还是实践上，都是有据可循的。首先，从理论角度出发，根据公共治理理论的研究，社会组织是社会治理主体之一，也是公共事务的管理主体之一。由特定非营利性组织参与建设儿童虐待社会干预体系，在一定程度上可替政府分担职责，在人力、物力等方面减轻国家和社会的负担，符合公共治理理论的内在精神。其次，我国非营利性组织的数量相对较多，能为儿童虐待社会干预事业提供强劲的助推力。再次，一些特定非营利性组织，在保护儿童身心健康、保障儿童权益等方面具有独特优势，对处理儿童虐待问题更具经验，拥有更专业的队伍，能够构建更有序的制度、配备更充足的物资。最后，由非营利性组织进行儿童虐待社会干预的实践，在我国香港地区已较为成熟。早在 1980 年，香港就成立了第一家从事儿童虐待专业预防工作的社会组织——香港防止虐待儿童会。在香港地区，许多社会组织皆投身于儿童虐待社会干预这一系统性工程。[①] 因此，无论是基于理论还是实践，特定非营利性组织都理应成为儿童虐待社会干预的主体之一，为儿童虐待社

① 参见周佳娴《香港儿童虐待防治的经验与启示——生态系统的视角》，《青年探索》2009 年第 4 期，第 93 页。

会干预事业贡献自身的力量。

目前，我国内地也存在诸多与儿童虐待社会干预相关的非营利性组织，如中华全国妇女联合会、中华全国青年联合会、儿童基金会、陕西省防止儿童虐待与忽视协会、“小希望之家”、北京青少年法律援助与研究中心等。[①] 在儿童虐待社会干预实践中，由社会民众自愿发起组织成立的草根组织在儿童虐待社会干预中发挥的作用往往被忽视。聚沙成塔，只有集聚、融合所有贡献与努力，才能最终形成儿童虐待社会干预的坚实堡垒，从根本上防止儿童虐待，为儿童身心健康营造优良环境，为儿童未来成长保驾护航。

在建设儿童虐待社会干预体系的过程中，蕴藏着巨大能量的非营利性组织，无疑发挥着不可替代的作用。明确特定非营利性组织的社会干预主体地位，有利于其更好地开展儿童虐待的介入与干预工作，有利于形成社会组织有序参与儿童虐待社会干预工作的格局。在特定非营利性组织发挥其独特优势的同时，还应重视加强与政府部门的配合与合作，强化与公共部门的沟通与交流，争取创造分工与合作并存、各有侧重的良好局面，为全面干预儿童虐待奠定坚实的基础。

三　社会干预的特点

儿童虐待公权干预体系是涵盖立法干预、行政干预、司法干预和社会干预在内的有机统一整体。立法干预、行政干预、司法干预和社会干预虽然有着共同的目标，但其自身内在的特点却不尽相同。不同于立法干预、行政干预和司法干预，儿童虐待社会干预拥有其独特之处。总体而言，儿童虐待社会干预大致呈现以下四大特点：一是干预主体的广泛性；二是干预方式的多样性；三是干预程序的灵活性；四是干预依据的弱法定性。

（一）干预主体的广泛性

如前所述，本书已围绕儿童虐待社会干预主体进行了深入探讨。儿童

① 参见关晓辉《多元主义视角下的我国儿童虐待干预体系构建研究》，硕士学位论文，天津财经大学，2016，第 21 页。

虐待社会干预主体，是包括公民、家庭、社区、企业和特定非营利性组织在内，致力于防止儿童虐待、负有儿童虐待干预义务和承担儿童虐待干预责任的自然人、法人和非法人组织。显而易见，在儿童虐待社会干预中，组织干预活动和开展干预工作的主体并非单一的，而是多个主体，因而干预主体范围呈现出广泛性这一特点。诚然，儿童虐待的社会干预体系是从社会层面出发所构建的、致力于防止儿童虐待的体系。单一主体的力量无疑是有限的，要想构建完善的儿童虐待社会干预体系，实现儿童虐待的干预目标，就要充分调动社会各方力量，发挥各主体的积极作用。就社会层面而言，社会中存在着形形色色的主体，如以个人为单位的社会公民、作为现代社会单位之一的家庭和企业等等，这些主体为儿童虐待社会干预工作奠定了良好的人力基础和组织基础，在一定程度上决定了社会干预主体具备广泛性的特点。

（二）干预方式的多样性

在儿童虐待社会干预中，干预方式呈现出多样化的趋势。客观来说，社会干预方式的多样性，得益于干预主体广泛性这一特点。干预主体的广泛性在一定程度上促进了干预方式朝向多样化发展。干预主体范围的扩大，推动社会各界投身于儿童虐待干预工作的局面的形成，而各方参与儿童虐待干预工作的形式不尽相同。各主体可以充分发挥自身的主观能动性，发挥自身的优势和特长，投入于儿童虐待干预工作。与此同时，各主体还可根据现实情况，拓展新的干预方式，以更好地应对儿童虐待问题。

就公民而言，其可通过及时制止儿童虐待行为、举报儿童虐待行为和成为儿童保护组织志愿者等形式参与儿童虐待的干预工作。就家庭而言，其可通过发挥家庭的积极功能，以实现对儿童的保护。就社区而言，其可凭借与社区居民存在着密切联系这一优势，快速发现儿童虐待行为，并采取相应措施进行介入和干预。此外，社区还可通过宣传儿童虐待干预知识和开展相关亲子活动等形式实现儿童虐待的干预。就企业而言，其可依靠较雄厚的经济基础，以慈善捐助等形式实现对儿童虐待行为的干预。就特定非营利性组织而言，其可利用良好的人力资源和组织基础，以相对专业化和专门化的优势，进行儿童虐待的干预工作。在信息网络技术不断发展的今天，公民、家庭、社区、企业和特定非营利性组织，还可借助信息网络技术，学习儿童虐待干预知识，掌握急需救助和帮扶的受虐儿童信息，推动资源的快速流动，实现儿童虐待社会干预的目标。

总之，在儿童虐待社会干预体系中，干预方式并不是固定的，而是呈现出多样化的特点。多样化的干预方式为儿童保护提供了更多有效可行的路径，为防止儿童虐待提供了更多的可能性。

（三）干预程序的灵活性

在儿童虐待社会干预体系中，干预程序并不是固化的、一成不变的，而是具有一定的灵活性，便于干预主体根据现实情况作出相应的调整，以适应不断变化的状况。在完善的儿童虐待社会干预体系中，以特定非营利性组织为例，相关组织在发现儿童虐待行为之后，迅速开展儿童虐待的干预工作，为受虐儿童提供专业的保护和救助。相关组织在组织开展儿童虐待的干预工作时，并非采取“一刀切”的方法——以一套僵化、灵活性差的程序应对所有儿童虐待问题。相关组织应根据受虐儿童个体及其家庭情况，制定适合该儿童的保护和救助方案，选择合适的干预程序进行介入，为受虐儿童提供个性化的服务和保障，有助于提升儿童虐待干预的实效。此外，干预程序的灵活性还体现在企业、相关组织及政府部门之间的合作上。在健全的儿童虐待社会干预体系中，企业、相关组织及政府部门之间应建立密切良好的合作关系，实现通力协作。三方可以根据现实情况灵活地调整干预程序，做好干预程序的衔接工作，以保证干预工作的效率，进而实现对儿童的保护。

总之，儿童虐待社会干预程序具有一定的灵活性，可以由相关主体适时予以调整和改进，以适应现实不断发展的需要。

（四）干预依据的弱法定性

在儿童虐待社会干预中，干预依据呈现出弱法定性这一特点。以传统公权力机关为例，公权力机关在介入和干预儿童虐待问题时，必须严格遵循职权法定原则，公权力机关履行职务的行为不得超越法律授权的界限。在行政干预和司法干预中，必须严格遵守法律规定。可以说，儿童虐待行政干预和司法干预的依据具有严格的法定性。然而，儿童虐待社会干预的依据则无须过多地倚仗国家强制力。儿童虐待社会干预的依据来源较多，并非一味地强调法定性，也即实现社会干预除了依照法律规定，还能以宗教、道德、社会习俗等作为干预依据。美国企业在儿童虐待社会干预中的作用就是一个典型。美国企业深受“企业公民”理念影响，主动将企业视作社会公民，强调企业的公民责任感。正是在公民责任感的强势推动下，美国企业积极参与儿童虐待的干预工作，为受虐儿童提供资金援助、医疗技术支持并提供救助场所。[①] 可见，美国企业进行儿童虐待社会干预是基于理念和责任感，在理念和责任感的推动和驱使下，积极投入儿童虐待干预工作之中。

第二节　我国儿童虐待社会干预的现状及存在的问题

了解和掌握我国儿童虐待社会干预的现状，有助于发现其中存在的问题。因此，本部分主要从社会干预主体、干预专业化程度、社会组织在干预过程中遭遇的困境和干预程序等方面，对我国儿童虐待社会干预现状予以全面梳理。通过对现状的梳理发现，我国儿童虐待社会干预仍有诸多不完善之处，主要体现在五个方面：一是相关主体对儿童虐待关注度较低；二是缺乏资金保障、制度支持和政策扶持；三是专业化人才与干预团队缺位；四是缺乏相关组织、企业、政府部门之间的合作协调联动；五是缺乏科学、有效的评估与追踪机制。为此，本书欲总结我国儿童虐待社会干预中存在的问题，并制定适合我国国情的对策，以完善儿童虐待的社会干预机制，助力构建我国儿童虐待的公权干预体系，争取早日解决儿童虐待这一社会性难题。

一　我国社会干预的现状

只有全面了解我国儿童虐待社会干预的现实情况，才能发现其中存在的问题。因此，本书通过对近年来儿童虐待社会干预实践的考察，分析梳

① 参见关晓辉《多元主义视角下的我国儿童虐待干预体系构建研究》，硕士学位论文，天津财经大学，2016，第 34 页。

理出了儿童虐待社会干预的现状。具体而言，我国儿童虐待社会干预的现状可归纳为以下五个方面。

（一）社区和相关组织干预意识较强，而企业干预意识较弱

我国儿童虐待社会干预蕴含着诸多主体的实践与努力，其中就包括社区、企业和特定非营利性组织等。我国并未设立对儿童虐待案件进行统计和分析的专门机构，因此，难以精确地看到儿童虐待案件中相关内容的具体数据。但从新闻媒体曝光的案件来看，发现儿童虐待行为并进行干预的主体，主要有儿童的监护人、亲邻、医生、学校教员、相关社会组织成员以及媒体记者等。不难看出，部分公民和社会组织工作人员在一定程度上具备了儿童保护意识，在发现儿童遭到虐待后，选择通过报警、向检察院举报等方式，实现对儿童虐待行为的干预。此外，北京青少年法律援助与研究中心发布的报告显示，针对未成年人遭受家庭暴力的案件，与未成年人密切接触的人员和向未成年人提供服务的专业工作者对暴力的举报意识逐渐形成，报案人员中邻居、市民、村民等与未成年人可能存在密切接触的人员占32.85%，医务人员、教师、记者、民警等为未成年人提供服务的专业工作者占10.61%。[①] 这些数据表明，已经有越来越多的公民形成了儿童保护意识，对加强儿童虐待行为的举报和干预具有极为重要的意义。

与此同时，在我国儿童虐待的社会干预中，企业的参与积极性普遍较低。据统计，“2012—2021年，中国民营企业数量从1085.7万户增长到4457.5万户，10年间翻了两番”。[②] 如果能发挥如此庞大的企业群体在儿童虐待社会干预中的主动性和积极性，我国儿童虐待社会干预力量就会倍增，从而为儿童虐待社会干预体系增加强劲助推力。

（二）资金来源比重不均衡、登记程序较烦琐

目前，我国非营利组织的相关经费筹措大致有四种方式：一是政府拨

① 《教师医生等知情不报可能丢饭碗》，新浪新闻，2015年4月14日，http：//news.sina.com.cn/o/2015-04-14/065031714610.shtml。

② 《国家市场监管总局：中国民营企业数量10年间翻两番》，中国新闻网，2022年2月2日，https：//www.chinanews.com.cn/cj/2022/02-02/9667262.shtml。

款和补贴；二是会费和服务性收费；三是企业赞助；四是社会捐赠。《中国NGO问卷调查的初步分析》表明，我国非营利组织在以上四种筹措经费的渠道中，由政府提供的经费约占非营利组织经费的54%，会费收入的比重约为24%，服务性收费的比重约为6%，企业赞助的比重约为5.6%，而社会捐助的比重约为4.2%，其他形式的收入占比不足5%。[①] 可见，我国非营利组织各经费来源比重不均衡，主要依靠政府经费，企业赞助和社会捐助的经费所占比重较小。

在我国，非营利组织是由县级以上各级人民政府的民政部门负责登记注册的，其他机构无权审批。[②] 但是，我国登记注册的手续和程序较为烦琐。非营利组织要顺利通过登记注册程序，取得合法地位，还需要满足一定条件。此外，作为社会自治的一股重要力量，我国非政府组织涉及的活动领域较广，逐渐成为推动社会发展的重要力量之一。然而，现实情况是，全国范围内的非政府组织绝大多数没有注册登记，散布在社会生活的各个领域。[③]

（三）香港地区社会干预专业化程度较高，内地专业化程度相对较低

我国香港地区在儿童虐待社会干预方面起步较早，积累了相对丰富的儿童虐待防治经验。在香港儿童虐待防治工作中，扮演主要角色的是政府和社会组织，其中，社会组织承担了近4/5的社会福利服务工作。[④] 社会组织提升专业水平，服务于社会实践，同时又在实践的过程中不断提升其专业水平和服务水平，以更好地服务于儿童虐待干预事业，从而形成良性循环。在香港地区，大多数参与服务的社会组织，都具备一定的社会工作专业背景，如保护家庭和儿童服务课的服务主要由社会工作者提供，其中具有代表性的社会组织有防止虐待儿童会、香港家庭福利会等。在专业方面，

① 参见王向南《中国非营利组织发展的制度设计研究》，博士学位论文，东北师范大学，2014，第151页。

② 参见王向南《中国非营利组织发展的制度设计研究》，博士学位论文，东北师范大学，2014，第147页。

③ 参见邓国胜《中国草根NGO发展的现状与障碍》，《社会观察》2010年第5期，第12页。

④ 参见林典、韩思齐《社会工作者在防治儿童虐待服务中的角色研究——香港地区的经验分析》，《社会福利》（理论版）2019年第9期，第19页。

香港地区的社会工作者对介入受虐儿童服务已具备相对丰富的经验，其通过外展工作、危机干预、调查与评估、个案管理和团体辅导等方式，为受虐儿童及其家人提供服务。同时，社会工作者会结合个案的实际情况提供相应的支援服务，涵盖心理服务、医疗服务、儿童托管、紧急安置等内容。不难看出，香港地区的儿童虐待社会干预的专业化程度较高，可以为受虐儿童及其家庭提供良好的服务与保障。

相较于香港地区而言，我国内地在儿童虐待社会干预方面的专业化程度相对较低，社会工作者在儿童虐待社会干预中的分工也不够具体明确，尚未形成完善的社会干预体系。

（四）相关组织、企业与政府部门之间合作较少

从儿童虐待社会干预实践来看，相关组织、企业和政府部门之间的合作相对较少，经常呈现出“各自为战”的状态。相关组织与政府部门的合作主要体现在发现儿童虐待行为之后，向相关部门进行举报和报告，以申请相关部门的介入。此外，企业与相关组织、政府部门之间的互动联系并不多见，涉及相关组织、企业和政府部门之间的互动与合作更是少见。

（五）干预程序以报告和处理为主

从社会干预实践来看，我国现有解决儿童虐待问题的方式主要有两种：第一种方式是由当地村委会、居委会或公安机关在发现儿童虐待行为或接到相关举报后，进行阻止和干预；第二种方式是由受虐儿童的近亲属或其他青少年保护组织、学校、妇联等儿童权益保护机构向人民法院提出控告。由此不难看出，我国防止儿童虐待的程序主要依赖于报告和处理程序，[①] 鲜少见到评估程序和反馈程序在儿童虐待社会干预中的运用。

二　我国社会干预存在的问题

完善我国儿童虐待社会干预机制的关键，是要找准其中存在的具体问

① 参见陈云凡《儿童防虐体系比较：社会政策视角》，《中国青年研究》2011 年第 9 期，第 45 页。

题。通过对儿童虐待社会干预现状的分析，笔者发现我国儿童虐待社会干预主要存在以下五个方面的问题：一是相关主体对儿童虐待关注度较低；二是缺乏资金保障、制度支持和政策扶持；三是专业化人才与干预团队缺位；四是缺乏相关组织、企业、政府部门之间的合作协调联动；五是缺乏科学、有效的评估与追踪机制。

（一）相关主体对儿童虐待关注度较低

相关主体对儿童虐待关注度较低，主要是指企业和社区这两个主体缺乏对儿童虐待问题的普遍关注。近年来，企业对社会公共事务的关注、对弱势群体的帮扶主要通过慈善捐款、企业赞助等形式表现出来。国外企业十分重视“企业公民”理念的培养，倡导将企业视作社会公民，为社会贡献其力量。不同于国外企业“企业公民”的捐赠理念，我国企业进行慈善捐款的理念，更多的是出于民族情感，其中蕴含的权利与义务意识相对薄弱，这使得慈善捐赠活动具有随意性和零散性的特点。此外，我国企业在慈善捐赠、企业赞助活动中，更多地将目光放在留守儿童、艾滋病儿童等困境儿童群体上，对受虐儿童这一群体关注较少，缺乏对受虐儿童这一弱势群体的正确认识和相应照顾。[①] 由此可见，相较于国外企业，我国企业对受虐儿童无论是在关注度还是在资金支持等方面，所作出的努力和贡献都相对较少。为了弥补此方面的不足，健全企业对儿童虐待行为的干预措施，我国企业须在今后实践中不断探索完善的路径，旨在正确认识儿童虐待这一社会性问题，充分了解儿童虐待这一问题的严重性，给予受虐儿童这一弱势群体更多的关注和关怀，充分发挥干预主体的介入和干预作用。

除企业以外，我国社区对儿童虐待问题的关注度也相对较低。目前，我国社区主要工作内容聚焦于维权、维护治安、保护环境、文明宣传教育、提供基础服务等方面。虽然近年来我国社区在不断寻求改革的新方向，但更多的是围绕构建智慧社区、简化社区服务流程等内容展开，对受虐儿童这一弱势群体关注甚少。目前社区对弱势群体的关注，更多地集中于贫困

---

① 参见关晓辉《多元主义视角下的我国儿童虐待干预体系构建研究》，硕士学位论文，天津财经大学，2016，第 30 页。

儿童、留守儿童等群体，对儿童虐待问题关注度较低，以至于社区对于儿童虐待行为无法进行及时的干预，无法为受虐儿童提供所需的帮助。

（二）缺乏资金保障、制度支持和政策扶持

从儿童虐待社会干预的实践经验来看，资金保障、制度支持、政策扶持等物质、政策方面的支持，可以极大地影响儿童虐待社会干预的效果。

资金保障是人们开展社会活动的基础和前提。在儿童虐待社会干预的过程中，每一项工作的具体运作和落实，都需要由具体人员负责执行，都需要一定的资金投入。因此，从实际角度出发，想要构建相对完善的儿童虐待社会干预体系，达到全面干预之效果，人力和物力的投入是不可或缺的。坚实的物质基础，将在一定程度上推动解决儿童虐待社会干预过程中所需的人力资源与资金投入问题。目前，非营利性组织在我国儿童虐待社会干预实践中扮演主力军角色。有研究表明，我国非营利性组织主要通过四种途径以筹措组织经费，即政府财政拨款与补贴、会费及服务型收费、企业赞助和社会捐赠。① 然而，在当前国际形势下，国家财政支出项目有很多，能用于儿童虐待干预事业的财政投入是相当有限的。② 来自民间的非营利性组织运作无法过多依靠国家财政，其主要资金来源是企业资助和社会慈善捐助。而社会公众、企业对儿童虐待问题的关注度较低，又使得企业赞助、慈善捐款形式的资金渠道受到很大程度的限制。可见，我国儿童虐待社会干预缺乏相关的资金保障，经济基础较为薄弱，这直接或间接地阻碍了相关主体开展儿童虐待的介入和干预工作，影响了干预的实效。

资金保障仅仅是健全儿童虐待社会干预体系必备的要素之一。完善儿童虐待的社会干预，不仅需要坚实的物质基础，还需要强大的制度和政策支持。目前，我国在构建儿童虐待社会干预体系过程中，除了缺乏资金保障，还缺乏相应的制度支持和政策扶持。制度支持的不足，主要是指我国非营利组织的注册登记制度存在的不足；政策扶持的不足，主要体现在税

① 参见王向南《中国非营利组织发展的制度设计研究》，博士学位论文，东北师范大学，2014，第151页。

② 参见田坤、罗珊《美国政府干预"儿童虐待"的经验及其借鉴》，载程波主编《湘江法律评论》（第13卷），湘潭大学出版社，2015，第100页。

收优惠政策优惠力度不足这一方面。

随着社会实践的不断发展，目前我国对于那些风险相对较低、人民群众需求较高的公益慈善类、城乡社区服务类等社会组织缺乏专门的制度安排。[①] 目前，非营利组织要想在我国获得法人身份，取得合法地位，必须在我国政府相关部门进行登记注册。未经相关部门登记注册的非营利组织，极易在实践中被认定为非法组织。[②] 然而，我国非营利组织登记注册程序较为烦琐，同时我国对社会团体成立的条件作出了细致的要求和规定，这在客观上增加了从事儿童虐待干预工作的非营利组织取得合法地位的难度。许多热心于儿童虐待干预事业的民众自发成立的民间草根组织，由于规模较小等客观原因的限制，难以满足社会团体成立的条件，因此无法获得合法的组织地位，在一定程度上阻碍了干预工作的开展，也极大地削弱了民间草根组织的干预积极性。

此外，我国在税收减免和优惠等方面的政策扶持力度不够强劲。在国外，政府常常通过税收减免和税收优惠等政策间接地达到支持非营利组织的目的。其中，日本就是一个极具代表性的国家。在日本，有关非营利法人的税收优惠政策，主要针对公益法人和非营利组织法人。原则上，公益法人和非营利组织法人是无须进行纳税的。[③] 这在一定程度上推动了许多公益组织和非营利组织的发展。反观我国，针对非营利组织的税收减免和优惠政策不够完善，无法有效地扶持非营利组织的运作和发展，不利于从事儿童虐待干预工作的非营利组织开展工作，对其工作的开展增加了现实的难度。

（三）专业化人才与干预团队缺位

专业化人才和专业化干预团队，是实现儿童虐待有效干预的重要保障。专业化人才和干预团队在儿童虐待干预活动中具有独特的优势。专业化人才

① 参见王博《我国社会团体登记管理工作现状及展望——基于对〈社会团体登记管理条例〉实施效果评估的分析》，《中国行政管理》2021年第2期，第44页。

② 参见王向南《中国非营利组织发展的制度设计研究》，博士学位论文，东北师范大学，2014，第147页。

③ 参见王向南《中国非营利组织发展的制度设计研究》，博士学位论文，东北师范大学，2014，第87~115页。

拥有充足的理论知识与丰富的实践经验，凭借其专业素养和洞察力，可以更加自如地应对干预活动中存在的障碍以及突发状况。由专业化人才集合组建的专业化干预团队，配备科学专业的干预设施、拥有健全有效的内部治理结构、高度严明的组织纪律和井然有序的组织制度，有利于推动干预活动的规范化。专业化人才和干预团队的存在，一方面可以积极引导干预程序的有序开展，提高社会干预的效率；另一方面有利于加强干预活动的科学性与合理性，规范干预活动的流程、环节及具体工作。可见，配备专业化的人才与干预团队非常有必要，其对儿童虐待的社会干预起着强劲的推动作用。

然而，在我国儿童虐待社会干预的实践中，却鲜有专业化人才与干预团队的身影。换句话说，在我国儿童虐待社会干预体系构建过程中，专业化人才与干预团队长期处于缺位状态。专业化人才的培训与指导、专业干预团队的组建与发展，并未在我国得到足够的重视。

我国高校也缺乏对儿童保护方向的社会工作人才的培养和学科方面的建设。[①] 究其本质，我国并未真正认识到专业化人才与团队在儿童虐待干预工作中的重要性，并未真正重视专业化人才的培育和专业化团队的组建，更遑论提供充足的资金支持和全面的培训课程等物质保障和技术支持。专业化人才与干预团队的长期缺位，必然会对儿童虐待干预活动产生消极、负面的影响，甚至可能造成严重阻碍。要想构建健全的儿童虐待社会干预体系，我国势必要重新认识专业化人才及团队在干预活动中的地位和重要性，弥补在专业化人才培育和干预团队组建方面存在的不足，为儿童虐待干预事业培育后备人才力量，夯实人才梯队，发挥专业团队的组织、凝聚作用，以实现儿童虐待干预的终极目标。

（四）缺乏相关组织、企业、政府部门之间的合作协调联动

众所周知，构建儿童虐待社会干预体系是一项系统性与整体性兼备的庞大工程。健全的儿童虐待社会干预体系，具有完备的内部构成，各要素之间相互联系、相互作用，以推动儿童虐待社会干预体系的良好、有序运

① 参见蒋国河、周考《美国的儿童保护服务及其启示》，《社会福利》（理论版）2015年第5期，第59页。

行。可见，儿童虐待社会干预体系的正常运行所需要调动的要素众多，仅仅凭借一个组织或一个部门的力量，根本不足以实现儿童虐待干预的目标。因此，要想健全儿童虐待社会干预体系，充分发挥儿童虐待社会干预体系的积极作用，就需要体系中各主体通力协作与联动，真正落实儿童虐待的干预工作。然而，我国儿童虐待社会干预的实践缺乏相关组织、企业和政府部门之间的协调与配合，在客观上降低了儿童虐待干预的效率，影响了儿童虐待干预的实效。

社会组织与企业不同于国家公权力机关。国家公权力机关背后有强大的国家强制力和国家权威作为支撑和后盾，而社会组织与企业的行为与活动无法倚仗国家强制力，这就决定了社会组织与企业介入儿童虐待问题、进行儿童虐待干预的道路不是一帆风顺的，过程中必然存在诸多困难与障碍。社会组织如果缺乏与企业和政府部门之间的联系，许多干预工作难以推进，将极大地影响儿童虐待干预的效果，降低儿童虐待干预的质量。企业如果缺乏与相关组织和政府部门的联系与合作，将导致企业资源在儿童虐待干预中难以得到充分利用，会在一定程度上影响干预活动的开展。因此，相关组织、企业需要与政府部门建立密切联系，形成良好的合作关系，以便于更好地开展儿童虐待的干预工作。简单来说，强化相关社会组织、企业与政府相关部门之间的联系与沟通，深化相关组织、企业与政府部门之间的合作，是构建儿童虐待社会干预体系过程中不可或缺的一环。

目前，在我国儿童虐待社会干预过程中，相关组织、企业和政府部门之间存在沟通甚少、合作联动不足的问题，难以形成干预工作的高效衔接。以社会组织为例，社会组织中的工作者在介入儿童虐待问题时，总会陷入一定困境，比如“棍棒底下出孝子”等传统观念所造成的文化困境、法律体系不健全所导致的法律困境，以及价值观冲突、保密问题所引发的伦理困境等。[①] 因缺乏沟通与合作，相关社会组织在发现儿童虐待行为时，与相关部门进行沟通、请求协助的效率低下，儿童虐待干预工作衔接不当，在一定程度上影响了干预的实效。此外，相关社会组织、企业与政府部门之

① 参见牛芳、张燕《社会工作介入儿童虐待问题时遇到的困境分析》，《社会工作》2013 年第 3 期，第 125~128 页。

间缺乏信息的互联互通，未能建立有效的共享信息平台，导致信息不匹配局面的出现，扩大了三者之间存在的信息差。诸多需援助的社会组织难以找到资金援助来源，而许多自愿进行赞助、伸出援手的企业又不知该如何寻找和辨别真正需要帮助的社会组织，以确保援助资金能发挥最大效用。总之，相关组织、企业和政府部门之间沟通、合作的缺乏，不利于发挥各主体的优势和长处，不利于形成有机统一的整体，在客观上为儿童虐待社会干预工作造成了诸多障碍。

（五）缺乏科学、有效的评估与追踪机制

建立科学、有效的评估与追踪机制，是构建儿童虐待社会干预体系中的重要一环。儿童虐待干预的评估与追踪机制，主要包括风险评估、事后追踪、干预效果评估等内容。在儿童虐待行为发生后，应由相关组织根据儿童所遭受的虐待行为，进行相应的风险评估，以评估结果为依据，采取合适的干预措施。儿童虐待的风险等级越高，干预措施的力度就越大，干预实施的效果就越好。对儿童虐待干预进行事后追踪，是因为儿童虐待干预是一项长期工作，具有一定的持续性。在干预行为结束后，由相关组织进行事后追踪，对受虐儿童的身心健康、生活状况以及再遭遇虐待的风险进行追踪和评估，将干预真正落到实处。此外，还要重视对干预效果的评估，找出干预行为存在的不足，有针对性地予以调整、改进和完善，以推动干预工作的不断进步，提升干预工作的效率。可见，建立科学、有效的评估与追踪机制，对儿童虐待的社会干预具有指导性作用。

目前，我国解决儿童虐待问题的方式主要有两种：第一种途径，是由当地村委会、居委会或公安机关在发现儿童虐待行为或接到相关举报后，进行阻止和干预；第二种途径，是由受虐儿童的近亲属或其他青少年保护组织、学校、妇联等儿童权益保护机构向人民法院提出控告。不难看出，我国防止儿童虐待的程序明显存在不健全的特点，主要由报告和处理两个程序构成，缺乏细致的评估和反馈程序。[①] 此外，儿童虐待干预的评估对专

① 参见陈云凡《儿童防虐体系比较：社会政策视角》，《中国青年研究》2011 年第 9 期，第 45 页。

业性提出较高要求，需要由专门儿童保护组织以及具备专业知识的工作人员参与，但目前我国缺乏对儿童虐待干预服务“专业评估”这一概念的理解。与此同时，儿童保护的主责部门尚未确立，处理儿童虐待案件的工作者也较为缺乏，导致追踪工作等相关安排无法落到实处。[①] 缺乏科学、有效的评估与追踪机制，影响干预措施的科学选择，难以掌握干预措施的实际效果，也不利于充分发挥干预措施的作用，不利于推进干预工作的调整与完善。

第三节　儿童虐待社会干预的域外经验

目前，世界上许多国家已构建起相对完善的儿童虐待公权干预体系。这些国家在构建儿童虐待立法干预、行政干预和司法干预体系的同时，并未忽视社会干预体系的构建，重视调动社会各方力量，共同建设完善的儿童虐待公权干预体系。正因如此，许多国家儿童虐待社会干预体系的发展已达到较成熟的地步。古语有云：“前车之鉴，后事之师。”我国在构建儿童虐待社会干预体系的过程中，可以将视野拓展至域外国家，考察他国实践，参考借鉴其中的成熟经验，并结合具体情况，选择适合我国国情的道路，致力于构建健全高效的儿童虐待社会干预体系。于此，下文分别选取两大法系中具有代表性的两个国家，即以英国、美国为代表的普通法系国家和以日本、德国为代表的大陆法系国家，对其儿童虐待社会干预的实践经验予以全面梳理，以期为我国相关制度的完善提供有益的参考。

一　英国

英国儿童保护的历史较为悠久，其在儿童虐待干预及儿童保护方面拥有相对丰富和成熟的实践经验。要想参考借鉴英国儿童虐待社会干预的经验，就要对英国相关社会实践进行探索和总结。因此，探讨英国儿童虐待社会干预体系得以发展的原因，总结相关经验，对构建我国儿童虐待社会

① 参见林典《我国儿童虐待处遇机制研究——从深圳虐童案谈起》，《预防青少年犯罪研究》2019 年第 1 期，第 69~70 页。

干预体系具有重要意义。

（一）志愿组织的努力

在对英国志愿组织的相关内容展开论述前，首先对“志愿组织”一词的相关用法进行一定的阐释。“志愿组织”属于英国本土化的概念，就如同“民间组织”是中国本土化表达一般，其在国际范围内的使用相对较少。在国际范围内，通常将英国的“志愿组织”表述为“非营利组织”。在英国，志愿组织很早就承担起社会服务的责任与义务，成为社会福利的重要提供者。① 在儿童保护方面，志愿组织更是义不容辞地承担起为儿童身心健康保驾护航的职责。在世界范围内，英国儿童保护的历史可以说是较为悠久的。英国早在 19 世纪中叶就开始关注儿童保护问题，诸多儿童保护组织和一系列儿童保护机制应运而生。之后，英国逐渐形成了较为成熟的儿童保护机制，即由中央和地方政府部门负责统一管理、各类志愿组织积极参与、专业人员负责具体实施的儿童保护机制，致力于防止儿童受到伤害的体系制度。在儿童保护机制初步形成之时，儿童保护和儿童救助工作主要由英国的各类志愿组织负责，以弥补国家相关部门工作的不足。②

1. 志愿组织注重儿童虐待的宣传与成因探索

英国志愿组织在儿童保护的社会实践中不断发展、壮大，能够更专业有序地服务于儿童虐待干预工作，并且作出了极为突出的贡献。要讨论英国志愿组织在应对儿童虐待问题时的救助实践与贡献，就不得不提到众多志愿组织中具有代表性的组织——成立于 1884 年的伦敦防止虐待儿童协会（London Society for Prevention of Cruelty to Children，简称 LSPCC）。LSPCC 成立的宗旨，是提高社会公众对儿童虐待问题的关注度，试图以推动立法的方式预防儿童虐待行为。LSPCC 通过强化宣传的方式，如创办报刊等，深化社会公众对儿童虐待问题的认知，强化社会公众干预儿童虐待行为的责任意识。相关报刊的发行与流通，在客观上提升了公众对儿童虐待问题的

① 参见马红利《英国福利国家进程中志愿组织的转型研究——以个人社会服务领域为例（1945—1979）》，硕士学位论文，南京大学，2015，第 11 页。

② 参见丰华琴《英国防止虐待儿童协会（NSPCC）的产生及其救助实践》，《学海》2018 年第 3 期，第 196 页。

关注，也让公众对儿童虐待这一残酷行为有了更清晰的认知。LSPCC 也因此扩大了在国内的影响力，获得较高知名度。

此外，LSPCC 的成员还十分注重对儿童虐待成因的探索，将研究焦点置于对施虐者个性的研究上，认为性格缺陷是儿童虐待的重要成因。基于此，LSPCC 主张通过协会工作和调整立法的方式弥补施虐者的性格缺陷。[①] 针对儿童虐待成因的探索，利物浦防止虐待儿童协会也作出了相应的分析。利物浦防止虐待儿童协会在一次工作回顾中提出，儿童虐待的发现是一个复杂的问题。该协会认为，成年人的性格或儿童的性格对引发儿童虐待行为的影响较小。相关数据表明，儿童虐待是一个环境问题，因此需要在解决环境问题上付出较多努力。[②] 可见，英国志愿组织在进行防止儿童虐待宣传工作的同时，还十分注重对儿童虐待成因问题的探索。

2. 志愿组织以社会实践推动立法工作

在儿童虐待干预实践的不断推动下，成立志愿组织的浪潮席卷英国，英国各地纷纷成立了以防止虐待儿童为目标的协会。在此基础上，伦敦防止虐待儿童协会联合地方志愿组织，于 1889 年共同建立英国防止虐待儿童协会（National Society for the Prevention of Cruelty to Children，简称 NSPCC）。[③] 该协会向政府部门和议会施加压力，组织防止儿童虐待立法的运动。[④] NSPCC 通过儿童保护的社会实践，推动议会通过了英国第一部防止儿童虐待的专门性法律——《防止虐待和保护儿童法》。该法首次正式确立了“虐待儿童罪”这一罪名，将虐待儿童的行为认定为一种犯罪行为，这与 NSPCC 作出的努力是密不可分的。此外，NSPCC 还对立法的调整提出了

① 参见丰华琴《英国防止虐待儿童协会（NSPCC）的产生及其救助实践》，《学海》2018 年第 3 期，第 198 页。

② Monica Flegel, *Creating Cruelty to Children: Representations of the Endangered and Abused Child in Nineteenth-Century Literature and Child-Protection Narratives*, University of Alberta (Canada), 2006, p. 148 (2006).

③ 参见周真真《英国福利国家进程中的志愿组织与政府——以 NSPCC 与警察的合作为例》，《学海》2012 年第 2 期，第 159 页。

④ 参见周真真《19 世纪末英国城市化进程中的虐待儿童问题》，载刘晓律主编《英国研究》（第 2 辑），南京大学出版社，2011，第 224~225 页。

建议和补充。[1]

3. 志愿组织致力于为儿童提供全方面的保护

NSPCC在社会实践中不断完善自身服务，为儿童提供多角度、综合性的保护。NSPCC开设了儿童保护研究和咨询服务，旨在为受虐儿童提供更好的保护，同时为受虐儿童提供相关咨询服务。为了更好地保护儿童与家庭，给予儿童与家庭更全面的保护，该协会还建立了全国受虐儿童咨询中心和家庭日间中心，并配备相应的治疗设施和专业的人才团队，全天候地提供专业服务。该协会还为儿童开设电话专线，并在实践中不断改革完善，升级为全天候免费、保密电话专线，同时支持短信等文本服务。儿童保护电话专线自设立后20年普及到全国各地，覆盖全英国，为民众参与儿童虐待干预工作提供了更多的机会与可能。[2]

NSPCC自成立以来，从未停止儿童虐待干预的步伐，并在实践中不断作出新的尝试。1994年，NSPCC成立了独立的问询委员会，以寻求辨别所有儿童虐待成因的可能，并对儿童虐待进行制止。该委员会报告指出，只要有意愿制止，儿童虐待和儿童忽视行为几乎总是可以避免的（在94%的情况下）。根据这份报告，NSPCC决定采取行动，并制定了一个长期战略计划，目标是在一代人的时间内解决儿童虐待问题。执行这项战略需要公众的支持，同时也需要大幅度增加收入。[3]

可见，志愿组织在英国儿童虐待干预和儿童保护工作中发挥了至关重要作用，占据了举足轻重的地位。英国志愿组织不仅数量众多，其中一些志愿组织还具备较大规模，最具代表性的志愿组织当数NSPCC。NSPCC在儿童虐待干预社会实践中不断发展，已成为一个全国性儿童保护组织。英国志愿组织重视宣传作用，力图通过宣传教育深化社会公众对儿童虐待问题的认识，强化社会公众的责任感。英国志愿组织还通过社会救助实践，

---

① 参见丰华琴《英国防止虐待儿童协会（NSPCC）的产生及其救助实践》，《学海》2018年第3期，第198页。

② 参见丰华琴《英国防止虐待儿童协会（NSPCC）的产生及其救助实践》，《学海》2018年第3期，第200页。

③ Robin Fairlie, Best Practice: The NSPCC: The Full Stop Campaign, *Interactive Marketing*, Vol. 2: 3, 2001, p. 256.

以推动立法的进步与完善，为英国儿童寻求法律层面的保护。英国志愿组织为受虐儿童编织了一个全方位、综合性的保护网，为受虐儿童及其家庭提供所需的专业服务。此外，英国志愿组织从未停止儿童虐待干预的社会实践，并根据现实情况，制定相应战略计划，作出相应安排。可以说，英国志愿组织的实践经验非常丰富，在儿童虐待干预方面取得了显著成就，值得我国在构建儿童虐待社会干预体系的过程中予以参考和借鉴。

4. 志愿组织与相关部门合作密切

英国志愿组织除了重视提高自身服务水平外，还与政府相关部门建立了密切联系与合作。以 NSPCC 为例，NSPCC 在成立之初，就与警察建立了良好的合作关系。紧密合作关系的建立，使得警方在发现儿童虐待案件后，能以较快的速度将案件告知 NSPCC，并在很长一段时间内为 NSPCC 提供资金等方面的帮助。此外，在疑似儿童虐待案件中，警方会尽可能地为协会提供其职权所允许提供的许多信息和帮助。在第一次世界大战的影响下，英国大量男性奔赴战场，在一定程度上导致了警力不足。于是，NSPCC 又开始了新的尝试——与女警合作。[①] 从 1923 年起，妇女宣誓就职，成为有权力的警察，开始接受与男性警察相同的基本训练。[②] 女警在儿童虐待的干预和侦查工作中发挥了极为重要的作用，且在 NSPCC 发展遇到困境时，弥补了协会在人员方面存在的不足。战后，女警更加积极地投身于儿童虐待干预工作之中，继续深化与 NSPCC 的合作。随着合作的不断推进，警方与 NSPCC 的分工更加明确。警察负责承担与儿童虐待相关的法律诉讼、检举、调查与收集相关资料的任务；NSPCC 负责儿童虐待的预防及儿童、家庭的福利。[③] 双方各司其职，相互配合，积极应对国内儿童虐待问题，对儿童虐待行为进行及时的干预，以期实现针对英国儿童全方位、综合性的保护。

---

① 参见周真真《英国福利国家进程中的志愿组织与政府——以 NSPCC 与警察的合作为例》，《学海》2012 年第 2 期，第 159~160 页。

② Louise A. Jackson, Care or Control? The Metropolitan Women Police and Child Welfare, 1919-1969, *The Historical Journal*, Vol. 46: 3, 2003, p. 624.

③ 参见周真真《英国福利国家进程中的志愿组织与政府——以 NSPCC 与警察的合作为例》，《学海》2012 年第 2 期，第 161 页。

（二）慈善组织的注册与监管

英国慈善组织数量众多，为了规范相关组织的活动，英国建立了相对完善的登记监管体制。在英国，慈善组织的成立必须经过慈善委员会的注册审核程序，并符合以下条件之一：年度经费超过5000英镑的民间公益组织；拥有永久性的不动产；拥有固定的办公场所。慈善委员会的注册审核程序简便且免费，只需组织按照要求履行相关手续即可。慈善委员会的审核评估期限为15天，审核评估完毕，对满足要求的组织予以批准注册。许多来自民间的慈善组织在注册前都会充分咨询慈善委员会，慈善委员会给出专业建议，民间慈善组织根据建议对需要提交的申请材料作出一定调整，再完成注册。此外，慈善组织还要接受社会公众监督。慈善委员会设立专门网站，便于接受社会监督。

总的来看，英国慈善组织的登记注册制度存在一定优势。首先，组织成立的门槛较低，易于进行注册。其次，相关管理部门工作效率较高，对程序时限有着明确要求。最后，要求管理部门的服务专业到位。[①] 英国慈善组织的登记注册制度在一定程度上放宽了成立慈善组织的要求，减少了慈善组织成立的限制条件，降低了门槛，以便致力于儿童虐待干预的慈善组织取得合法地位，依法开展相应的活动。与此同时，社会公众对慈善组织的监督，使得慈善组织的活动朝着规范化方向发展，那些为儿童虐待干预作出贡献的慈善组织，将更加忠于自身职责的履行，积极投入儿童虐待的干预事业中。

二　美国

任何一个国家儿童虐待干预体系的建立，都带有其自身独特的色彩。美国在长期社会实践中建立起相对完备的儿童保护及儿童福利体系，致力于多方位、深层次地保护儿童身心健康。毫无疑问，美国儿童虐待社会干预体系具有自身的特点和优势。因此，探索美国儿童虐待社会干预体系的

① 参见王向南《中国非营利组织发展的制度设计研究》，博士学位论文，东北师范大学，2014，第95~96页。

特点，提炼值得参考借鉴的经验，有助于推动中国儿童虐待社会干预体系的建构与完善。

（一）相对健全的资金保障制度和政策扶持

美国在干预儿童虐待、完善儿童保护方面有着悠久的历史，也拥有相对丰富的经验。美国为了解决儿童虐待问题，作出了诸多努力与尝试。众所周知，资金保障在一定程度上影响着儿童虐待干预工作的实效。因此，建立相对完善的资金保障制度，是健全儿童虐待社会干预体系不可或缺的一部分。相比于其他国家而言，美国资金保障制度已相对完善。美国为儿童保护工作投入了大量资金，针对儿童虐待问题还设立了专项资金，旨在为受虐儿童的医疗卫生、教育、法律援助等提供专门服务。美国资金保障主要表现为三种形式。第一种是传统的法律拨款，这是美国儿童保护工作最主要的资金来源，即由联邦向各州提供专项资金，以用于预防儿童虐待和忽视项目。第二种是地方财政的配套资金，如增加儿童信托基金的收入，特别是附加税的收入。① 各州从财政中划拨一定资金或者通过其他方式筹措资金，如旧金山市每年将从地产税中按照一定比例抽取资金，以支持儿童基金会活动。② 第三种是公民个人、企业的慈善捐助。③

此外，美国还配备了相应的税收优惠政策。税收优惠政策可以降低公民个人和企业的慈善捐赠成本，推动公民和企业积极投身于慈善事业。④ 资金等物质保障在儿童虐待干预工作中的重要作用是不言而喻的。因此，要想构建完善的儿童虐待干预体系，就要充分重视资金等物质保障制度的完善。美国为儿童虐待社会干预体系的构建予以充足的资金支持，使得诸多干预措施与干预活动得以落到实处，为世界上其他国家的儿童虐待社会干

① 参见田坤、罗珊《美国政府干预“儿童虐待”的经验及其借鉴》，载程波主编《湘江法律评论》（第 13 卷），湘潭大学出版社，2015，第 95 页。

② 参见王练《美国儿童保护工作体系及其运行特点和启示》，《中华女子学院学报》2010 年第 2 期，第 78 页。

③ 参见田坤、罗珊《美国政府干预“儿童虐待”的经验及其借鉴》，载程波主编《湘江法律评论》（第 13 卷），湘潭大学出版社，2015，第 95 页。

④ 参见关晓辉《多元主义视角下的我国儿童虐待干预体系构建研究》，硕士学位论文，天津财经大学，2016，第 32 页。

预体系建设指明了清晰的方向，为世界各国完善儿童虐待干预体系提供了值得参考和借鉴的宝贵经验。

（二）民间儿童保护组织的兴起与贡献

19 世纪后期，是美国历史上社会公众对儿童虐待与儿童忽视关注度较高的时期。基于社会公众高度关注，许多防止儿童虐待组织纷纷成立，旨在进行专门的儿童保护。发生于 1874 年的“玛丽案”，是美国社会公认的第一起儿童虐待案件。当事人玛丽长期遭受养母的虐待，生活在养母造成的阴影下。在养母的残暴行径遭到揭露后，玛丽的救助和安置问题接踵而至。由于当时没有保护儿童的法律，针对玛丽的救助与安置过程并不顺利，警察局与一些儿童慈善机构纷纷以无权干涉公民的家庭事务为由拒绝接受玛丽的解救请求。讽刺的是，玛丽的救助与安置工作，最终由动物虐待预防协会接手。玛丽在该协会的帮助下，通过相应司法程序，顺利得到安置，最后被收养。“玛丽案”使得美国民众内心受到极大震动，并在客观上推动了美国民间儿童保护组织的成立与发展。美国有识之士认识到，美国缺乏专业性组织以承担干预儿童虐待、进行儿童保护的具体工作。虽然已经存在许多为需要抚养的儿童与孤儿提供服务和安置的机构，但并没有专门机构负责寻找和救助被忽视或被虐待的儿童。

此外，法院与警察并没有足够的时间与精力妥善处理家庭虐待案件。在有识之士的推动下，致力于为儿童提供专业保护的民间组织——纽约儿童虐待预防协会（The New York Society for the Prevention of Cruelty to Children，简称 NYSPCC）于 1875 年正式成立。美国官方授权儿童虐待预防协会对任何影响儿童身心健康发展的违法行为提出投诉，并要求执法人员与法院法官协助协会的代理人。NYSPCC 以极大热情投入儿童虐待干预与儿童保护工作，其在所有地方法院设置代理人，以便开展儿童虐待与儿童忽视案件的调查工作。NYSPCC 还通过社会实践来推动立法的进步。1881 年，立法进一步为协会的执法方式提供了动力，赋予了协会代理人以逮捕权，任何干涉或阻碍协会儿童工作的行为，都被视为犯罪行为。时至 1890 年，NYSPCC 经手了纽约市 15000 名被忽视、被虐待儿童的接待、照顾和安置工作，每年平均支出150万美元以支持这些儿童。[①]

全美各地成立了许多儿童虐待预防协会，旨在开展儿童虐待的干预工作，实现全面的儿童保护。不同儿童虐待预防协会的工作模式、所采取的措施也不尽相同。时至1910年，美国已成立了250多个儿童虐待预防协会，这些儿童虐待预防协会在儿童保护中起到重要作用。[②] 随着时代的不断发展，儿童虐待干预与儿童保护工作逐渐成为得到社会公众认可的社会公共事务。民间组织的发展与运作推动政府承担儿童保护的工作与责任。[③]

美国除了儿童虐待预防协会之外，还存在许多致力于儿童虐待干预的民间组织，儿童帮助组织（Childhelp）就是其中具有代表性的组织之一。儿童帮助组织在儿童保护方面作出了诸多贡献。儿童帮助组织为了能够及时介入儿童虐待问题，专门开设了热线电话，以提供沟通和咨询服务。此外，儿童帮助组织还通过与营利性组织的合作，不断寻找赞助，努力筹集资金，积极开展创新、互惠互利活动，鼓励将全面的宣传工作与有意义的实践活动结合起来，更好地服务于儿童保护与儿童虐待干预工作。儿童帮助组织从成立至今，服务年限已达60余年，帮助了超过1000万儿童，接听了超过220万个热线电话。[④]

美国致力于儿童保护的社会组织通常是非营利性组织，其资金来源主要是财政拨款和慈善捐赠，工作是向儿童及其家庭无偿提供服务。[⑤] 美国从事儿童虐待干预与儿童保护工作的社会组织数量众多，能够为受虐儿童提供良好的专业服务，及时发现儿童虐待行为，适时作出干预举措，为防止儿童虐待作出了不可磨灭的贡献，成为社会干预的重要主体。一些防止儿童虐待协会，不仅为儿童群体提供全面服务，还以社会实践经验推动立法前行，以期更好地服务于儿童保护工作，为受虐儿童织就法律保护网，为

---

① Mason P. Thomas Jr, Child Abuse and Neglect Part I-Historical Overview, Legal Matrix, and Social Perspectives, *North Carolina Law Review*, Vol. 50: 2, 1972, pp. 307-311.

② 参见杨志超《美国儿童保护制度的历史演进》，《当代青年研究》2014年第3期，第100~101页。

③ Gertrude J. Rubin Williams, Child Protection: A Journey Into History, *Journal of Clinical Child Psychology*, Vol. 12: 3, 1983, p. 239.

④ 参见儿童帮助组织网，https://childhelppartners.org/#fwNQJHEWY4-card-slide-4，最后访问日期：2021年4月23日。

⑤ 参见何芳《美国的儿童保护体系及其启示》，《当代青年研究》2015年第6期，第105页。

儿童群体寻求以国家强制力为后盾的法律保护。

（三）社区在儿童虐待干预中扮演重要角色

社区在儿童虐待干预与儿童保护工作中扮演着极为重要的角色，其与成员之间紧密的联系，决定了其在儿童虐待社会干预中的地位是难以被取代的。目前，世界上许多国家逐渐意识到社区在儿童虐待干预工作中的重要性，开始重视社区的作用，并致力于构建以社区为基础的儿童保护体系。美国就是其中极具代表性的国家之一，通过社区对儿童虐待与儿童忽视问题的关注、干预和处理，为儿童再次融入社会提供强劲支持。美国对社区在儿童虐待干预中的作用寄予厚望，主要把焦点置于城市社区、城郊社区与农村社区，从社区角度出发，在经济上为受虐儿童及其家庭提供支持，不断拓展公共服务和以志愿帮助为原则的非公共服务，如志愿者服务或由专业人员自愿组织的自助项目等。①

由于儿童虐待干预需求的上升，社区与服务于儿童虐待干预工作的人员和资源产生不匹配的状况，美国儿童保护并未能全面发挥效用。因此，美国决定进行系统性改革，为儿童保护工作倡导者所在的州和社区，塑造一种全新的儿童保护模式。改革包括在社区内安排处理儿童虐待案件的工作者，这样便于社区工作人员及时获得相关家庭信息，为受虐儿童及其家庭提供支持。社区组织在相关工作中加强了与成员、家庭、医院、学校、教堂的密切联系，以便更好地服务于儿童虐待干预工作。美国许多州都十分重视社区在儿童虐待干预中的作用，并针对社区发出了诸多倡议。位于佛罗里达州的杰克逊维尔主张社区与国家机构建立密切的联系，及时与国家机构沟通相关情况。此外，社区还应注重公共教育，在论坛、集市和其他活动中为社区成员提供儿童安全教育，为儿童保育工作者和教师提供培训，以快速识别儿童虐待与儿童忽视，并及时转介家庭或社区进行处理。②

社区除了具体负责儿童保护系统所要求的相关工作外，还开展了丰富

① 参见刘黎红、周镇忠《浅析以社区为基础的美国儿童保护》，《中国社会科学报》2020年4月7日，第7版。

② Heitzi Epstein, *A Child Advocate's Guide to State Child Protective Services Reform*, National Association of Child Advocates, 1999, pp. 2-5.

的社区服务项目。这些服务项目主要面向家庭，致力于干预儿童虐待行为，强化亲子关系，帮助父母解决抚养过程中的困惑与难题。此外，美国一些社区还为那些与孩子相处存在重大困难的父母提供专业临床服务；一些社区发起了一个名为“Stop It Now”的活动，即开设电话专线，为那些疑似遭遇性虐待的儿童提供服务与帮助；一些社区致力于预防儿童脑损伤，通过与儿童家长签订承诺书、提供教育录像等方式预防儿童虐待行为。[①]

儿童虐待问题是一个不容忽视的社会性问题，仅仅依靠传统儿童保护机构，无法实现全面的儿童保护。因此，要充分发挥社区的力量，整合整个社区资源以有效地解决问题。社区应与各行各业的专家建立良好协作关系，如儿科医生、律师、心理学家和心理医生等，以减轻社区在儿童虐待干预工作中的压力，极大地降低社区员工的周转率，提高工作效率，同时为受虐儿童提供更专业的服务。媒体在社区工作中也应发挥一定作用，努力做到准确、连续地报道和监督社区内儿童虐待的干预规划。社会工作者应积极借助媒体力量，推动立法调整或取得更多财政支持，呼吁公民关注儿童虐待问题，关注社区内的儿童。[②]

随着社区实践的不断推进，社区在儿童虐待干预中的经验也不断丰富，以社区为基础的儿童保护体系不断完善。在这一过程中，儿童保护体系还被赋予了许多新属性，发生了诸多变化。首先，因社区为儿童及其家庭提供诸多支持与保障，儿童保护工作从早期以儿童救助为主，逐渐转变为家庭赋权模式，使得介入、干预和保护工作更具包容性和灵活性。其次，社区的积极参与极大地影响着儿童保护工作以及相关服务的提供。社区的优势——优秀的文化、有序的规范融入实践之中，推动了儿童保护服务水平的提高，强化了儿童保护的成效。最后，儿童保护体系还十分重视以家庭为单位的保护性力量建设，这一变化同样离不开社区参与。[③] 社区投身于儿童保护工作的基础是团体成员之间的密切联系，这使得社区在开展相关工

① 参见张艳敏、杨素萍《美国儿童虐待的社区防范与干预研究》，《广西师范学院学报》（哲学社会科学版）2016 年第 2 期，第 96~97 页。

② 参见 Ruth S. kempe、C. Henry Kempe《虐待儿童》，凌红等译，辽海出版社，2000，第 109~113 页。

③ 参见刘黎红、周镇忠《浅析以社区为基础的美国儿童保护》，《中国社会科学报》2020 年 4 月 7 日，第 7 版。

作时具备一定优势。社区可以便于接触受虐儿童及其家庭的优势，为其提供相应的物质保障和专业支持，为本社区内儿童成员及其家庭提供更全面、更具针对性的服务和保障。

三　日本

众所周知，日本儿童福利的历史十分悠久。针对儿童虐待这一社会性问题，日本作出了颇多尝试，以期早日解决儿童虐待问题，为儿童的健康成长营造良好环境。研究日本有关防止儿童虐待的社会实践，追寻日本儿童虐待社会干预体系构建的轨迹，探索日本儿童虐待社会干预体系得以建立和完善的成因，从而获得有关经验，对我国构建儿童虐待社会干预体系而言，这无疑是一笔不可多得的宝贵财富。

（一）公民的积极参与

在日本，公民是儿童虐待干预工作中重要主体之一。日本公民对儿童虐待问题的关注度较高，对儿童虐待行为较敏感，具有较强的社会责任感，这在一定程度上提高了公民积极投身于儿童虐待干预事业的积极性。在日本，发现、举报儿童虐待行为内的公民主体，不限于与受虐儿童保持相对密切联系的父母、近亲和邻居，还包括教育系统中的教师、医疗卫生系统中的医生和从事儿童福利工作的社会工作者等。客观来看，这些群体接触儿童的机会较多，发现儿童虐待行为的可能性相对较大，但进行儿童虐待干预的公民绝不仅是上述范围内的公民，而是全体公民。基于对儿童虐待问题的高度关注，基于肩负的社会责任感，日本公民积极参与到儿童虐待问题的发现和举报之中，为干预儿童虐待贡献自身力量。有了公民的主动参与，发现和干预儿童虐待行为的可能性得以增加，这有助于以较快速度请求有关组织和部门协助，推动日本儿童虐待干预事业迈向更光明的发展阶段。

（二）非政府组织的实践

日本非政府组织发展十分迅速，并逐渐成为儿童虐待干预工作中的一股重要力量。早在 1991 年，日本儿童虐待的识别与治疗，就由各地成立的非政府组织进行领导，基地设立在东京和大阪。这些非政府组织采取了多纪律措施，引入了在政府的垂直行政结构下难以实施的干预模式。非政府组织还与大众媒体进行积极合作，通过新闻媒介向社会公众广泛传播与儿童虐待相关的知识。此外，非政府组织通过开设电话热线等方式，为寻找受虐儿童、识别儿童虐待提供支持。① 成立于 1998 年的日本儿童虐待思考协会，通过剪贴画、漫画等形式向社会公众普及儿童虐待问题的严重性、儿童虐待行为的危害以及社会现状。同时，协会积极呼吁志愿者投身于儿童虐待的宣传和干预工作。这使得协会成员增多，覆盖范围扩大，几乎涉及日本所有社会阶层。② 以非政府组织为主导，日本还开展了各种形式的防止儿童虐待运动，并逐渐扩展至全国范围。非政府组织的实践促使日本政府在干预儿童虐待工作中积极作为。在非政府组织的影响下，日本政府将每年的 11 月规定为“防止虐待儿童月”，并在全国范围内开展针对防止家庭暴力的宣传活动，希望深化社会公众对儿童虐待问题的认知。

此外，日本非政府组织与政府部门建立了密切联系，加强沟通，深化合作，共同推进儿童虐待干预工作。非政府团体配合政府机构、地方公共团体，开展与防止儿童虐待相关的宣传与启发活动，旨在提高公众对儿童虐待问题的关注度。得益于非政府组织与文部科学省等相关机构的协作，“抚育儿童网络推进会议”在 2010 年正式成立，致力于完善以受虐儿童为主要对象的咨询机制，为受虐儿童开拓活动空间。③

日本非政府组织在儿童虐待干预这一事业中付出了诸多努力，不断开拓进取，积极实践，充分发挥了组织的核心作用，展现了组织的凝聚力，提高了日本社会公众对儿童虐待这一问题的关注度，为受虐儿童提供了专业的咨询与服务，有效地干预了儿童虐待行为，为儿童虐待干预事业作出了极为重要的贡献。

---

① Makiko Okuyama, Child Abuse in Japan: Current Problems and Future Perspectives, *Japan Medical Association Journal*, Vol. 49: 11/12, 2006, pp. 370-371.

② 参见关晓辉《多元主义视角下的我国儿童虐待干预体系构建研究》，硕士学位论文，天津财经大学，2016，第 38 页。

③ 参见师艳荣《日本儿童虐待问题及其防治体系的构建》，《南方论丛》2013 年第 3 期，第 17 页。

（三）企业在儿童虐待干预中的重要地位

在日本，企业是社会中非常重要的组成部分，是儿童虐待社会干预的重要主体之一。日本企业在专注于自身发展的同时，还需兼顾儿童福利的承担。日本，作为一个以性别进行社会劳动分工的国家，其在20世纪60年代中期就逐渐形成了以“男主外、女主内”为主要特点的家庭结构模式，即男性主要负责承担家庭生活的开销，女性则负责料理家务和教育子女。这种家庭模式的形成，推动日本诸多传统企业采取终身雇佣或家族制的管理形式。在这种管理形式的影响下，企业成员具备更高的忠诚感和归属感，而企业也更加倾向于将企业成员及其家人视作企业整体中的一部分。由此，日本企业需承担提供社会福利的责任，儿童福利也自然包含在企业成员待遇之中。[①] 此外，日本企业还为致力于解决儿童虐待问题的非政府组织提供相应的捐款和资助，用于培养专业工作人员，配备所需设备，为儿童虐待干预事业提供坚实的物质保障，推动实现防止儿童虐待的目标。

四　德国

德国十分重视儿童在国家发展过程中的作用。为了保障儿童健康成长，德国建立起相对完善的儿童保护及福利制度。在德国儿童保护制度中，不乏社会干预主体的身影。可以说，社会干预主体在德国儿童保护中扮演着重要角色。本书通过探索德国儿童虐待社会干预实践，为我国完善儿童虐待社会干预体系提供借镜。

（一）重视家庭的作用

德国十分重视家庭在儿童保护和儿童虐待干预中的作用。家庭无论在任何国家或时代，都是儿童成长的天然保护伞和起点。从儿童出生开始，家庭就应承担起关心、照料和保护儿童的责任。[②] 德国较重视儿童福利问

① 参见易谨《我国台湾地区与日本儿童福利法律制度的特色与启发》，《青年探索》2012年第2期，第24页。

② 参见王晨《德国儿童与青少年权利保障体系构建及启示》，《理论学刊》2017年第2期，第152页。

题，虽然国家和社会已在儿童生存与发展方面承担了一定责任，但德国还是将儿童养育和保护的首要责任置于家庭这一主体上。[①] 基于对家庭这一主体及其作用的正确认识，德国以家庭为起点，围绕家庭这一主体，建立起一系列儿童保护制度和政策。为了推动家庭发挥最大作用，德国还建立起与未成年人密切相关的父母福利制度。只有完善父母福利制度，才能为未成年人健康成长营造良好环境。[②] 德国非常重视家庭在儿童虐待干预中的作用，强调发挥家庭的积极作用和主观能动性，完善儿童保护体系，全面落实儿童福利政策，守护儿童身心健康，为儿童成长保驾护航。

（二）发达的非政府组织

德国儿童虐待的社会干预，离不开非政府组织的参与。得益于德国成熟的市场经济体制，德国非政府组织也相对发达，其发展水平位居欧洲前列，并呈现上升趋势。德国非政府组织类型众多，且覆盖范围较广，涵盖了政治、经济、文化、卫生、医疗等诸多领域。其中，许多非政府组织还具有相当悠久的历史。据估计，德国志愿者协会和团体的数量大致在 400 万到 500 万之间。德国政府为推动非政府组织的发展也作出了许多努力。一方面，政府通过法制手段，加强对非政府组织的监管；另一方面，以政策和财政的形式，强化对非政府组织的引导和资助，以期非政府组织能够延伸政府的管理与服务的职能，践行西方价值观念和发展模式，成为维系西方政治稳定的力量。德国非政府组织的广泛存在，为儿童保护工作的开展打下良好组织基础，为德国儿童保护工作提供充足的人力资源。[③] 发达的非政府组织是德国儿童保护工作的重要基石，其在发展过程中逐渐成为儿童虐待社会干预体系中不可或缺的力量。

（三）高效的运行机制

德国在儿童虐待干预及儿童保护方面建立起高效的运行机制。该运行

① 参见杜亮、王伟剑《家庭、国家与儿童发展：美国、德国和日本儿童政策的比较研究》，《河北师范大学学报》（教育科学版）2015 年第 1 期，第 58 页。

② 参见王晨《德国儿童与青少年权利保障体系构建及启示》，《理论学刊》2017 年第 2 期，第 152 页。

③ 参见张钦文《德国未成年人保护工作研究与启示》，《唯实》2010 年第 7 期，第 89~90 页。

机制的主要特点是：由政府主导、让社会承办。德国青年部主要履行政策协调和引导职责，确保相关工作能顺利进行，经费能正常运转。德国在16个州都设立了青年部。德国青年部和各州青年部定期召开会议，落实各州青年工作的政策及工作项目。各州青年部根据本州实际状况，制定相应预算，确定相应议题，明确工作领域。德国青年部工作经费主要来源于地方政府，州政府和联邦政府也提供一定经费。在未成年人保护工作中，地方政府拥有较大自主性和独立性，州政府和地方政府享有具体实施与决策权。在未成年人保护工作中，政府支出结构通常是：55%支付给幼儿园等机构；20%支付给儿童福利院等机构以开展儿童救助工作；10%用于从事具体的未成年人工作；15%用于咨询、培训和服务等。在儿童保护工作实践中，“民间办事，政府买单”的特点逐渐展露出来。在德国，有关青年部工作的政治职责由政府承担，但政府并不直接实施具体的青年部工作项目，而是通过为非政府组织提供和分配资金的方式参与青年部工作。此外，德国法律明确规定，任何一个行政层级的青年部工作都需要政府与民间组织进行合作，以确保民间组织充分参与青年部工作的决策。政府与民间组织合作的形式多样，民间组织可根据其开展的活动向政府申请专项经费，还可以就儿童保护工作的具体领域与政府签订合同。德国各民间组织独立性较强，职责明确，能细致开展相关服务活动，将未成年人工作直接落实到相关主体，并根据服务对象的具体情况提供相应服务。①

此外，家庭、学校、警局和社会志愿组织这些与儿童密切接触的主体也参与到儿童保护工作之中，积极发挥合作力量，及时发现并通报危及儿童生命安全的危险因素，将危险降低至最小，为儿童创造良好的成长环境。②

第四节　我国儿童虐待社会干预的完善路径

通过分析我国儿童虐待社会干预存在的问题，结合儿童虐待社会干预

① 参见张钦文《德国未成年人保护工作研究与启示》，《唯实》2010年第7期，第90~91页。

② 参见王晨《德国儿童与青少年权利保障体系构建及启示》，《理论学刊》2017年第2期，第153~154页。

的域外经验考察，探索我国儿童虐待社会干预的完善路径。完善路径主要围绕以下五个方面展开：一是加强宣传教育，提高社会责任感；二是为社会干预提供财政、制度支持和政策保障；三是培育专业化人才，推进专业化团队建设；四是推动相关组织、企业和政府部门之间的合作联动；五是建立科学、有效的评估与追踪机制。

一　加强宣传教育，提高社会责任感

结合我国儿童虐待的具体实践，不难看出，我国缺乏对儿童虐待问题的普遍关注，对儿童虐待问题的认识不够深入，尚未意识到儿童虐待行为后果的严重性。相关主体的社会责任感不足，将极大地影响儿童虐待的干预实效。社会公众对儿童虐待问题的普遍关注，是实现儿童虐待社会干预的重要前提。如果社会公众对儿童虐待问题的认知不清，即使推行再完善的政策，制定再健全的法律，投入再多的社会资源，也无法真正实现防治儿童虐待之最终目的。[①] 反观日本在儿童虐待干预中的经验，社会公民、企业和相关组织正因负有强烈的社会责任感，在遇到儿童虐待问题时才能及时伸出援手，进行介入和干预，适时采取措施，使儿童虐待问题不至于朝向更加恶劣的方向演变。因此，加强儿童虐待问题的宣传教育，提高相关主体的社会责任感，是儿童虐待社会干预工作中必不可少的环节之一。加强宣传教育的主体，不仅包括专门从事儿童虐待干预工作的非营利性组织，还包括媒体、社区和企业等。

非营利性组织应积极筹划、开展相关的宣传工作，对此，可以借鉴美国和日本在宣传方面的经验，通过画报、海报、手册、讲座、宣传片等形式广泛传播与儿童虐待相关的知识，强调儿童虐待行为的严重性，呼吁社会公众关注儿童虐待问题，积极举报儿童虐待行为。同时，非营利性组织还应与媒体建立密切的合作关系，借助媒体强大的影响力，通过新闻、报纸、广播、网络等媒介向社会公众推送与儿童虐待相关的消息，分享儿童虐待干预的相关知识。

在互联网技术不断发展的今天，新媒体应运而生。新媒体打破了传统

① 参见孟庆跃、刘兴柱《儿童虐待研究概述》，《中国社会医学》1994 年第 1 期，第 8 页。

媒体以报纸、书刊、杂志、广播、电视等媒介为主的传播模式，依托快速发展的科学技术，复合了文字、声音和视频等传播形式，通过手机、数字电视、电脑等终端向受众提供信息和服务，将信息的实时交互变成现实。[①]新媒体以各种不同形式出现在社会公众的生活之中，加快了社会公众获取信息和服务的步伐。然而，无论是传统媒体还是新媒体，都应承担作为媒体的社会责任，充分保障社会公众的知情权，维护公民个人、社会和国家的利益。在儿童虐待社会干预中，我国媒体应提高自身的社会责任感，积极主动地承担起相应的社会责任，充分发挥媒体的传播作用、引导作用与监督作用，及时传递准确、权威的信息，传播积极、正确的思想，引导公众充分认识儿童虐待行为的严重后果，推送儿童虐待的相关干预知识，推动形成全民干预的局面。

社区，作为群众基础机构，与公民日常生活息息相关，与公民的活动存在密切联系。在儿童虐待干预事业中，社区占有极为重要的地位，因其与本社区内公民保持着密切联系，在宣传教育方面拥有天然优势。美国社区在宣传教育方面的实践较为成熟，我国社区在建设过程中可参考借鉴美国经验。美国社区重视儿童的公共教育，在论坛、集市等场所积极宣传以进行儿童安全教育，提高社区公民对儿童虐待问题的关注度。[②]我国社区也应积极作为，采取具体措施主动开展与儿童虐待问题相关的宣传。比如，在社区范围内的公告栏张贴有关儿童虐待危害的海报，印发儿童安全保护教育知识的手册，开设儿童安全保护教育讲座，设置社区儿童安全教育角，等等。

我国企业作为社会建设主体之一，应积极承担相应的社会责任。从我国儿童虐待社会干预实践来看，企业并未充分尽到干预主体的职责，对儿童虐待问题的关注度也不高。反观美国企业，深受“企业公民”理念的影响，为儿童虐待干预事业作出了诸多贡献。我国企业应借鉴社会责任理论和“企业公民”理念，提高自身社会责任感，积极作为，自觉主动地承担起在儿童虐待干预中的责任。此外，我国企业在发展过程中，可以适当参

① 参见景东、苏宝华《新媒体定义新论》，《新闻界》2008年第3期，第59页。

② Heitzi Epstein, A Child Advocate's Guide to State Child Protective Services Reform, National Association of Child Advocates, 1999, pp. 2-5.

考和借鉴日本企业的发展模式，日本企业注重成员社会福利的承担，同时十分重视企业成员的家庭成员，在儿童福利方面也扮演着重要角色，[①] 这在一定程度上推动了日本儿童虐待社会干预的实现。我国企业在建设过程中，应结合具体情况，尝试对干预方式进行创新，力求实现切实有效的社会干预。企业干预的途径应呈现多样化的特点，企业既可以联系相关组织、相关机构获取受虐儿童的信息，以便于实现对受虐儿童的支持，也可以通过举办慈善捐款活动、进行精准资助、捐赠福利设施、建设受虐儿童安置场所等方式实现儿童虐待的社会干预。

此外，公民作为社会的成员，也应积极提高自身的社会责任感，对儿童虐待问题予以更多关注，积极主动地举报儿童虐待行为，实现儿童虐待的社会干预。儿童是祖国的花朵，关系着家庭、社会和国家的未来，任何公民都有义务为儿童健康成长保驾护航，与虐待儿童这一违法犯罪行为作斗争。

二　为社会干预提供财政、制度支持和政策保障

财政、制度和政策方面的支持与保障，无疑是儿童虐待社会干预体系构建过程中的强大助推力。针对我国现状，要想完善和健全儿童虐待社会干预体系，充分发挥干预主体的作用，实现社会干预的目标，提供相应的财政、制度支持和政策保障是至关重要的举措。

在我国儿童虐待社会干预中，物质资源的匮乏在很大程度上影响着干预活动的开展，我国儿童虐待社会干预实践正面临着财政支持不足的问题。为了更好地解决这一问题，完善我国儿童虐待社会干预体系，我国应为致力于儿童虐待干预工作的组织创造良好环境，为相关组织提供财政上的支持与保障，以便相关组织更迅速、高效地开展儿童虐待干预工作，实现儿童虐待干预目标。在财政支持这方面，美国为我国提供了值得参考和借鉴的经验。我国可参考和借鉴相关经验，结合我国财政现状，针对我国儿童虐待问题，由中央政府设立儿童虐待干预的专项资金，以财政拨款的形式，

① 参见易谨《我国台湾地区与日本儿童福利法律制度的特色与启发》，《青年探索》2012 年第 2 期，第 24 页。

将资金划拨给各相关社会组织，用于受虐儿童的救助、安置、疗养和法律援助等，以实现保护儿童的目标。地方政府也应对儿童虐待问题予以高度重视，根据当地财政状况，从地方财政中抽调相应资金，制定科学的分配方法，将资金合理分配给从事儿童虐待干预的社会组织，以保证相关组织有充足资金开展干预活动。中央财政和地方财政的支持可为从事儿童虐待干预工作的社会组织奠定坚实的物质基础，推动落实干预工作，实现全面的儿童保护。

构建儿童虐待的社会干预体系，除财政支持外，制度的支持也是不可或缺的一环。在此，制度支持主要表现在优化非营利组织登记注册制度这一点上。在儿童虐待社会干预实践中，存在登记流程较为烦琐、门槛较高等问题，这些问题在客观上加大了非营利组织登记注册、取得合法地位的难度，阻碍了相关干预工作的开展。针对这一问题，我国应及时采取相应举措，完善、优化非营利组织登记注册制度。对于专门从事儿童虐待干预的社会组织，国家可适当降低登记门槛，放宽注册条件限制，简化注册登记流程，使得相关组织能顺利取得合法地位，迅速投入干预工作、开展干预活动。降低门槛、放宽限制还有利于提高民间草根组织投入儿童虐待干预工作的积极性，充分发挥社会组织的力量，实现儿童保护的目标。

政策保障主要表现在税收优惠政策上。美国为推动儿童虐待干预的进程，制定了相应的税收优惠政策。税收优惠政策的主要内容是降低社会公民和企业的慈善捐助成本。[①] 这样的税收优惠政策极大地提高了公民和企业进行慈善捐助的积极性，鼓励公民和企业投身于儿童虐待干预事业中，激发干预主体的活力。我国可以参考借鉴美国的经验，制定相关税收优惠政策，以政策激励公民和企业为儿童虐待干预事业进行慈善捐助。税收优惠政策的实行，在降低捐助成本的同时，还为儿童虐待干预事业创设了一定的物质保障，有助于推动儿童虐待干预工作的开展，完善儿童虐待社会干预体系。

① 参见关晓辉《多元主义视角下的我国儿童虐待干预体系构建研究》，硕士学位论文，天津财经大学，2016，第 32 页。

三　培育专业化人才，推进专业化团队建设

从事儿童虐待干预的专业化人才，需要具备较系统全面的理论知识和相对丰富的实践经验，根据实践中出现的具体情况，进行细致具体的分析，及时作出专业的判断以及采取恰当的措施。相关干预工作需要具体工作人员负责落实，因此，专业化人才在儿童虐待干预中占据极为重要的地位。工作人员的专业素养极大地影响着儿童虐待干预工作的实效，因此，培育专业化人才是完善儿童虐待社会干预的重要途径之一。儿童虐待干预的专业化团队在性质上属于成员的集合体，其内部成员奉行相同的宗旨，遵守团队的规章制度，使得团队更具效率和凝聚力。专业化团队在儿童虐待干预中应承担起相应职责，重视团队成员专业素养培训，注重团队成员的行为规范，还应设计符合团队发展的制度，充分调动现有成员的积极性，吸引更多人才投身于儿童虐待干预事业，推动儿童虐待干预事业的发展。为了应对我国儿童虐待社会干预事业在专业化人员和专业团队方面存在的缺位问题，我国应积极主动地寻求完善路径，重视培育专业化人才，努力推进专业化团队建设。

在培育专业化人才方面，我国可参考美国经验，提高对儿童虐待干预专业人才培育的关注度，为儿童虐待干预的培训工作提供充足资金保障，开设和传授相关课程，传播儿童虐待干预知识。对专业化人才的培训应围绕相关法律、儿童虐待行为的识别与报告、受虐儿童的心理安抚和紧急安置展开，尽力达到以最快的速度和最高的效率完成儿童虐待干预。接受儿童虐待干预培训的主体主要是从事儿童虐待工作的社会工作者，但并不限于社会工作者这一群体。接受培训的儿童虐待干预专业人才可以来自不同领域，从事不同职业，如教师、社区工作人员、社会工作者、医生、心理学家等，都可以成为干预培训的主体。以教师为例，学校是儿童虐待行为频发的场所之一，因此对教师进行专业化教育就显得尤为必要。教师需接受相应培训，参与相关课程学习，以便于在工作中准确识别儿童虐待行为，并及时进行相应处理。在社区范围内，与儿童虐待相关的咨询、评估以及受虐儿童的安置及其家庭的恢复的环节，都需要坚实的专业基础作指导，这就对社区工作人员的专业水平提出一定的要求。社区工作人员需要接受

专业的知识培训，以提高专业化水平，果断、准确和高效地应对儿童虐待问题。①

我国高校还可根据师资情况和学科建设情况，开设与儿童保护相关的社会工作专业，为学生开展全面而系统的理论知识教育，同时鼓励学生积极参与相关社会实践活动，推动理论与实践相结合，鼓励学生在儿童虐待干预实践中不断探索，为我国培育从事儿童虐待干预工作的专业化人才作出努力。

除培育专业化人才以外，我国还应不断推进儿童虐待干预专业化团队的建设。专业化团队作为团队成员的集合体，要想发挥其积极正向的作用，实现一加一大于二的效果，就要在团队建设中付出一定的心血。团队应配备专业设施，如受虐儿童养护设施、保健设施、情绪障碍治疗设施等，重视受虐儿童的心理状况，帮助心理受到摧残的儿童恢复健康。团队还应明确其成立宗旨，设计科学合理的内部治理结构，规范儿童虐待干预的环节与流程，规定组织纪律，规范团队成员的行为，以实现高效的领导与管理，便于干预活动的开展。同时，团队还应在实践中提升成员专业化水平，根据现实情况制定相应制度，调动团队成员的积极性，推动专业化团队的发展壮大。团队可以建立激励机制，根据干预工作的效果以及开展干预工作的积极性，给予团队成员适当奖励，为团队注入活力，以达到激励的目的。团队成员将以良好的精神面貌投身于儿童虐待干预工作之中，推动儿童虐待干预事业的健康发展。

四　推动相关组织、企业和政府部门之间的合作联动

儿童虐待社会干预体系的构建，是一项综合性、系统性的巨大工程。作为儿童虐待干预主体，相关组织、企业和政府部门若是“各自为战”，忽视沟通与合作，将会导致资源得不到有效利用，造成资源浪费，无法充分发挥各主体的积极作用，影响儿童虐待干预实效。针对我国社会干预主体之间缺乏沟通与合作的问题，我国应积极推动相关组织、企业和政府部门之间的协调与联动，建立紧密联系，推动儿童虐待工作的有效衔接，充分

① 参见陈云凡《儿童防虐体系比较：社会政策视角》，《中国青年研究》2011 年第 9 期，第 45 页。

利用各主体所掌握的资源，实现儿童虐待干预的目标。

关于相关组织与政府部门之间的合作，英国为我国提供了极为宝贵的经验。英国志愿组织 NSPCC 与以警察为代表的政府部门精诚合作，建立了极为密切的联系。NSPCC 在成立之初就与警方合作，并得到了来自警方的诸多帮助。随着社会实践的推动发展，NSPCC 与警方的合作拓展到儿童立法领域。NSPCC 与警方各司其职，明确分工，以实现儿童保护的目标。[①] 我国相关社会组织也应积极作为，主动与行政部门进行及时沟通与协作，建立良好合作关系，明确分工，各司其职，形成儿童虐待干预工作的有序衔接，提高儿童虐待的干预效率，强化儿童虐待的干预实效。从事儿童保护工作的社会工作者与执法部门实现密切配合，由社会工作者提供具体服务，执法部门为其保驾护航，才能对虐童者起到绝对的震慑作用。[②] 基于良好的合作关系，相关组织在干预儿童虐待过程中遭遇文化困境和伦理困境时，可以及时请求公权力机关的帮助，由公权力机关迅速介入完成衔接，相关组织对公权力机关的干预工作予以协助，共同实现儿童虐待的干预。

相关组织、企业和政府部门之间的合作形式应呈现多元化趋势，而非拘泥于某种固定形式。在互联网技术迅速发展的时代，可以顺应时代潮流，通过构建信息共享网络平台的形式，实现三方之间的协力合作。目前我国尚未建立由相关组织、企业和政府部门共同参与的、与儿童虐待相关的、实现信息互联互通的信息共享网络平台。相关组织、企业和政府部门可联手打造可供全体公民浏览的信息共享网络平台，由相关组织负责提供需要帮助的受虐儿童及其家庭的大致信息，由政府部门联系相关组织对信息进行调查与核实，以确保信息的真实性。公民和企业可直接通过信息共享网络平台获悉真实的求助信息，并联系相关组织，由相关组织协助进行慈善捐助，或提供受虐儿童及其家庭所需的物质资源。经过政府部门的审核后，缺乏活动经费的相关组织也可在信息共享网络平台发布寻求资金援助的信息。政府部门可通过信

① 参见周真真《英国福利国家进程中的志愿组织与政府——以 NSPCC 与警察的合作为例》，《学海》2012 年第 2 期，第 160~161 页。

② 参见蒋国河、周考《美国的儿童保护服务及其启示》，《社会福利》（理论版）2015 年第 5 期，第 59 页。

息共享网络平台公布儿童虐待案件的处理结果，通报受虐儿童及其家庭的后续追踪情况。信息共享网络平台借助互联网技术的东风，实现了信息的快速流通与交互。公民、相关组织、企业和政府部门能加快获取信息、匹配信息和处理信息的步伐，推动儿童虐待干预的进程。

概括而言，我国应积极推动相关组织、企业和政府部门之间的沟通与协作，推动建立良好、密切与默契的合作关系，充分发挥各主体的优势与长处，形成统一、和谐的有机整体，构建分工明确、各有侧重的儿童虐待社会干预网络。

五 建立科学、有效的评估与追踪机制

评估与追踪机制贯穿于儿童虐待社会干预全过程。在儿童虐待社会干预实践中，评估与追踪机制的重要性往往被忽视。实际上，评估与追踪机制的建立，能极大地提升干预工作的效果，防治儿童虐待行为。遗憾的是，我国至今尚未建立完善、全面的评估与追踪机制。针对这一问题，我国应结合实际情况，设计一套兼具科学性、可操作性和有效性的评估与追踪机制，以实现儿童虐待干预的目标。

儿童虐待的评估与追踪机制，主要包括风险评估、事后追踪和干预效果评估。一套科学、有效的评估与追踪机制的设计，要注意以下四个方面。首先，要明确落实评估与追踪工作的主体。进行儿童虐待评估与追踪工作的主体，除了公安、民政部门等主体外，还应包括专门从事儿童虐待干预的团队与组织。儿童虐待的评估与追踪工作具备较强的专业性，对工作人员的专业知识和实践经验提出了较高要求，因此，由专门从事儿童虐待干预的团队与组织进行相关评估和追踪工作，将推动儿童虐待干预工作朝着更为科学的方向发展。其次，要建立风险评估指引，确定评估工作内容及其架构。儿童虐待风险评估的目的在于及时识别儿童虐待行为的危险程度，并采取相应的措施以消除危险。统一风险评估工作，不仅对相关工作人员的评估能力提出一定要求，还要求专业团队应围绕评估原则、决策指引、评估方法等内容建立风险评估指引，以树立评估工作的标准，让评估工作的开展更加有章可循。我国应明确评估工作的具体内容，形成相对标准的

模式，建立符合国情的评估架构，以在实践中提供指导。[①] 再次，针对追踪机制的设计，我国应明确追踪工作的内容与工作方式。追踪工作的主要内容，围绕受虐儿童的身心健康、生活状况以及再遭遇虐待的风险展开，经过评估后，根据相关评估结果，由专业工作人员作出符合儿童最大利益原则的决策。在工作方式选择上，遵循具体情况具体分析的原则，可采取定期追踪和弹性追踪方式，在达到干预目的之同时，又能使人力资源和物质资源得到最大程度的利用。最后，机制的设计还要涉及对儿童虐待干预效果的评估。在实施干预措施后，对干预效果进行相关评估，制定一定的衡量与考察标准，判断干预措施是否适时、有效、科学。通过对干预效果进行评估，找出干预措施和干预环节中存在的缺陷与不足，并进行相应的调整与完善，以实现儿童保护之目的。

① 参见林典《我国儿童虐待处遇机制研究——从深圳虐童案谈起》，《预防青少年犯罪研究》2019 年第 1 期，第 73 页。

参考文献

一　著作

（一）中文著作

［1］陈爱武：《家事法院制度研究》，北京大学出版社，2010。

［2］程波主编《湘江法律评论》（第13卷），湘潭大学出版社，2015。

［3］邓瑞隆：《儿童虐待与少年偏差：问题与防治》（第2版），心理出版社股份有限公司，2008。

［4］冯源：《儿童监护模式的现代转型与国家监护的司法承担》，法律出版社，2020。

［5］郝振江、赵秀举译：《德日家事事件与非讼事件程序法典》，法律出版社，2017。

［6］胡建淼主编《论公法原则》，浙江大学出版社，2005。

［7］胡莲芳：《被害人在刑事诉讼中的有效参与》，厦门大学出版社，2020。

［8］胡志强编《中国国际人权公约集》，中国对外翻译出版公司，2004。

［9］焦富勇、李鸿光主编《儿童虐待预防与处理》，人民卫生出版社，2011。

［10］康树华：《青少年法学》，北京大学出版社，1986。

［11］李成玲主编《日本法研究》（第3卷），中国政法大学出版社，2017。

［12］李双元、李娟：《儿童权利的国际法律保护》（第2版），武汉大

学出版社，2016。

[13] 刘晓律主编《英国研究》(第2辑)，南京大学出版社，2011。

[14] 彭南元:《儿童及家事法专题研究》，新学林出版股份有限公司，2006。

[15] 乔东平:《虐待儿童：全球性问题的中国式诠释》，社会科学文献出版社，2012。

[16] 尚晓媛等:《建立有效的中国儿童保护制度》，社会科学文献出版社，2011。

[17] 沈德咏主编《中国少年司法》，人民法院出版社，2017。

[18] 孙谦:《逮捕论》，法律出版社，2001。

[19] 唐娟:《政府治理论》，中国社会科学出版社，2006。

[20] 唐士其:《国家与社会的关系——社会主义国家的理论与实践比较研究》，北京大学出版社，1998。

[21] 佟丽华主编《未成年人法学》(家庭保护卷)，法律出版社，2007。

[22] 童建明主编《新刑事诉讼法理解与适用》，中国检察出版社，2012。

[23] 汪莉:《行业自治与国家干预》，经济科学出版社，2015。

[24] 王平主编《社区矫正制度研究》，中国政法大学出版社，2014。

[25] 吴鹏飞:《儿童权利一般理论研究》，中国政法大学出版社，2013。

[26] 吴鹏飞:《中国儿童人权法治保障探究》，中国民主法制出版社，2015。

[27] 吴鹏飞:《中国儿童福利权研究》，中国政法大学出版社，2015。

[28] 吴鹏飞:《中国儿童福利立法研究》，知识产权出版社，2020。

[29] 夏吟兰、龙翼飞主编《家事法研究》(2017年卷)，社会科学文献出版社，2017。

[30] 余汉仪:《儿童虐待：现象检视与问题反思》(增订版)，巨流图书股份有限公司，2005。

[31] 张文显主编《法理学》(第4版)，高等教育出版社、北京大学出版社，2011。

[32] 种明钊主编《国家干预法治化研究》，法律出版社，2009。

[33] 周光礼：《学术自由与社会干预——大学学术自由的制度分析》，华中科技大学出版社，2003。

[34] 〔德〕罗尔夫·克尼佩尔：《法律与历史——论〈德国民法典〉的形成与变迁》，朱岩译，法律出版社，2003。

[35] 〔法〕安德烈·比尔基埃等主编《家庭史第一卷：遥远的世界，古老的世界》（上），袁树仁等译，生活·读书·新知三联书店，1998。

[36] 〔法〕安德烈·比尔基埃等主编《家庭史第一卷：遥远的世界，古老的世界》（下），袁树仁等译，生活·读书·新知三联书店，1998。

[37] 〔法〕安德烈·比尔基埃等主编《家庭史第二卷：现代化的冲击》，袁树仁等译，生活·读书·新知三联书店，1998。

[38] 〔法〕弗朗索瓦兹·多尔多：《儿童的利益——学会如何尊重孩子》，王文新译，上海社会科学院出版社，2009。

[39] 〔美〕Ruth S. kempe、C. Henry Kempe：《虐待儿童》，凌红等译，辽海出版社，2000。

[40] 〔美〕尼尔·波兹曼：《娱乐至死·童年的消逝》，章艳、吴燕莛译，广西师范大学出版社，2009。

[41] 〔美〕威廉·A. 科萨罗：《童年社会学》，张蓝予译，黑龙江出版集团、黑龙江教育出版社，2016。

[42] 〔美〕Ray E. Helfer、Ruth S. Kempe：《受虐儿童：美国如何防治儿童受虐》，CCF 儿童福利丛书编译小组译，中华儿童福利基金，1994。

[43] 〔美〕Cynthia Crosson-Tower：《儿童福利》，苏秀枝等译，学富文化事业有限公司，2014。

[44] 〔英〕柯林·黑伍德：《孩子的历史》，黄煜文译，麦田出版社，2004。

（二）英文著作

[1] D. Barnett, J. T. Manly, & D. Cicchetti, "Defining Child Maltreatment: The Interface between Policy and Research," in D. Cicchetti & S. L. Toth (Eds.), *Child Abuse, Child Development, and Social Policy* (Norwood, NJ: Ablex

Publishing Corporation, 1993).

[2] Brandt F. Steele and Carl B. Pollock, "A Psychiatric Study of Parents Who Abuse Infants and Small Children," in *The Battered Child*, ed. Ray E. Helfer and C. Henry Kempe, 2nd ed. Chicago Univ. of Chicago Press, 1974).

[3] I. Bretherton, Young Children in Stressful Situations: The Supporting Role of Attachment Figures and Unfamiliar Caregivers, in G. V. Coelo and P. Ahmed (Eds.), *Uprooting and Development* (New York: Plenum, 1980).

[4] P. Crittenden, M. Ainsworth, *Child Maltreatment: Theory and Research on the Causes and Consequences of Child Abuse and Neglect* (Cambridge: Cambridge University Press, 1989).

[5] David G. Gil, *Violence Against Children* (Cambridge, Mass.: Harvard Univ. Press, 1970).

[6] D. Finkelhor, *Sexually Victimized Children* (New York: Free Press, 1979).

[7] S. N. Hart, R. Germain & M. R. Brassard, The Challenge: To Better Understand and Combat Psychological Maltreatment of Children and Youth, in M. R. Brassard, R. Germain & S. N. Hart (Eds.), *Sychological Maltreatment of Children and Youth* (New York: Pergamon, 1987).

[8] John T. Pardeck, *Children's Rights: Policy and Practice* (The Haworth Social Work Practice Press, 2002).

[9] Juntunen, R. Valarie, *Child Abuse Sourcebook: Basic Consumer Health Information about Child Neglect and the Physical, Sexual, and Emotional Abuse of Children* (3rd Edition) (USA: Omnigraphics, 2013).

[10] B. Nelson, *Making a Case of Child Abuse: Political Agenda Setting for Social Problems* (Chicago: The University of Chicago Press, 1984).

二 论文

（一）中文论文

[1] 奥玛：《性别文化与社会权利——尼日利亚和中国的比较》，博士

学位论文，南京师范大学，2013。

[2] 白彬：《四川明代万历年间禁止早婚碑初探》，《四川大学学报》（哲学社会科学版）1990年第4期。

[3] 柏桦：《论明清私阉律例》，《西部史学》2019年第1期。

[4] 北京师范大学中国公益研究院：《家庭寄养在美国儿童服务中的发展》，《社会福利》2018年第8期。

[5] 蔡迎旗、朱美玲：《美国受虐儿童心理干预经验及对我国的启示》，《学前教育研究》2015年第5期。

[6] 陈爱武：《论家事审判机构之专门化——以家事法院（庭）为中心的比较分析》，《法律科学（西北政法大学学报）》2012年第1期。

[7] 陈爱武：《家事诉讼与儿童利益保护》，《北方法学》2016年第6期。

[8] 陈华文：《"断发文身"——一种古老的成人礼俗及其标志的遗存》，《民族研究》1994年第1期。

[9] 陈静：《当代埃及妇女发展问题研究》，《西北民族研究》2004年第4期。

[10] 陈凯鹏：《近代西欧杀婴史研究述评》，《宝鸡文理学院学报》（社会科学版）2020年第5期。

[11] 陈柳钦：《论现代城市社区的内涵、特性与功能》，《武汉科技大学学报》（社会科学版）2009年第2期。

[12] 陈卫华：《海外也不乏宦官奇闻》，《书屋》2019年第1期。

[13] 陈云凡：《儿童防虐体系比较：社会政策视角》，《中国青年研究》2011年第9期。

[14] 程春丽：《域外家事诉讼程序之比较与借鉴探析》，《重庆科技学院学报》（社会科学版）2020年第3期。

[15] 丛文君：《儿童虐待的心理危害、致成因素及法律对策研究——以增设虐待儿童罪为视角》，《法学杂志》2014年第4期。

[16] 崔海英：《美国虐童防控对策研究》，《政法学刊》2013年第3期。

[17] 崔琳：《明清时期江南地区的儿童生活》，硕士学位论文，华东师范大学，2020。

[18] 戴庞海：《先秦冠礼研究》，博士学位论文，郑州大学，2005。

[19] 邓国胜：《中国草根 NGO 发展的现状与障碍》，《社会观察》2010 年第 5 期。

[20] 董素芳：《美国 0—3 岁早期教养人员从业资格的制定及对我国启示的研究》，博士学位论文，华东师范大学，2014。

[21] 杜飞进：《论法治政府的标准》，《学习与探索》2013 年第 1 期。

[22] 杜亮、王伟剑：《家庭、国家与儿童发展：美国、德国和日本儿童政策的比较研究》，《河北师范大学学报》（教育科学版）2015 年第 1 期。

[23] 段立章、贾维、徐晓静：《古代法中的儿童：规范描述与价值分析》，《唐山学院学报》2019 年第 4 期。

[24] 丰华琴：《英国防止虐待儿童协会（NSPCC）的产生及其救助实践》，《学海》2018 年第 3 期。

[25] 冯元：《农村留守儿童性侵害的预防教育策略与干预路径》，《江汉学术》2021 年第 4 期。

[26] 高秉雄、张江涛：《公共治理：理论缘起与模式变迁》，《社会主义研究》2010 年第 6 期。

[27] 高世瑜：《缠足再议》，《史学月刊》1999 年第 2 期。

[28] 高四维：《未成年人遭受家暴案件数量近年明显增多——最安全的港湾为何最危险》，《中国青年报》2014 年 9 月 24 日，第 8 版。

[29] 葛向玉：《中国古代略人略卖人罪研究》，硕士学位论文，西南政法大学，2019。

[30] 关晓辉：《多元主义视角下的我国儿童虐待干预体系构建研究》，硕士学位论文，天津财经大学，2016。

[31] 郭文佳：《宋代幼儿生养与救助述论》，《烟台大学学报》（哲学社会科学版）2003 年第 3 期。

[32] 郝方昉：《刑罚现代化研究》，博士学位论文，中国政法大学，2009。

[33] 何芳：《美国的儿童保护体系及其启示》，《当代青年研究》2015 年第 6 期。

[34] 胡巧绒：《美国儿童虐待法律保护体系介绍及对我国的启示》，

《青少年犯罪问题》2011 年第 5 期。

[35] 黄辛隐:《日本儿童虐待常见的十种类型及咨询援助要点》,《南通大学学报》(教育科学版) 2006 年第 4 期。

[36] 黄英:《论两宋时期的生子不举习俗》,《内江师范学院学报》2011 年第 9 期。

[37] 贾贝:《径行逮捕适用条件研究》,硕士学位论文,西南政法大学,2018。

[38] 江亮演:《儿童虐待与处遇》,《中华文化双周报》(试刊 1 号) 2004 年 11 月 12 日。

[39] 姜波、焦富勇:《〈虐待儿童防止法〉及统计儿童虐待事件的意义》,《中国妇幼健康研究》2007 年第 2 期。

[40] 姜郸:《中国城市社区互动式治理研究》,博士学位论文,吉林大学,2020。

[41] 蒋功成:《优生学的传播与中国近代的婚育观念》,博士学位论文,上海交通大学,2009。

[42] 蒋国河、周考:《美国的儿童保护服务及其启示》,《社会福利》(理论版) 2015 年第 5 期。

[43] 金眉:《唐宋养子制度变动研究——以异姓男的收养为考察对象》,《法制与社会发展》2011 年第 4 期。

[44] 景东、苏宝华:《新媒体定义新论》,《新闻界》2008 年第 3 期。

[45] 赖淳良:《台湾家事审理制度的变革》,《海峡法学》2017 年第 3 期。

[46] 李爱民:《我国未成年人国家监护制度探析》,《贵州广播电视大学学报》2019 年第 3 期。

[47] 李超雅:《公共治理理论的研究综述》,《南京财经大学学报》2015 年第 2 期。

[48] 李凤飞、暴鸿昌:《中国妇女缠足与反缠足的历史考察》,《学习与探索》1997 年第 3 期。

[49] 李环:《建立儿童虐待的预防和干预机制——从法律和社会福利的角度》,《青年研究》2007 年第 4 期。

[50] 李继荣:《拜占庭〈法律选编〉研究》,博士学位论文,东北师范大学,2016。

[51] 李金莲、朱和双:《女性割礼:妇女人权与文化民族主义的悖论》,《思想战线》2007年第1期。

[52] 李静、宋佳:《家庭儿童虐待中权利冲突及其法律控制》,《广西社会科学》2015年第12期。

[53] 李军:《儿童忽视的保护原则与机制探究》,《中华女子学院学报》2016年第1期。

[54] 李倩:《教师语言暴力:一种隐性的精神虐待》,《黑龙江教育学院学报》2016年第10期。

[55] 李霄卫:《中世纪晚期到近代早期西欧儿童形象的变化》,硕士学位论文,湘潭大学,2020。

[56] 李欣蓉:《儿童虐待防治之法制研究》,硕士学位论文,中正大学,2019。

[57] 李雨彤:《论我国未成年人监护监督制度的构建》,《现代商贸工业》2019年第11期。

[58] 李忠东:《韩国:加强保护受虐儿童》,《检察风云》2016年第11期。

[59] 梁景时:《中国近代不缠足运动始末》,《山西师大学报》(社会科学版)1995年第1期。

[60] 林滨渤:《遗弃罪立法研究》,博士学位论文,吉林大学,2013。

[61] 林典:《我国儿童虐待处遇机制研究——从深圳虐童案谈起》,《预防青少年犯罪研究》2019年第1期。

[62] 林典、韩思齐:《社会工作者在防治儿童虐待服务中的角色研究——香港地区的经验分析》,《社会福利》(理论版)2019年第9期。

[63] 林明杰:《家内儿童虐待者分类与处遇建构之研究——一个有效防治方案的重要基本工作》,《山东警察学院学报》2013年第2期。

[64] 林宜桦:《受虐子女权利暨亲权之研究——以民事保护令、保护安置为中心》,硕士学位论文,台北大学,2007。

[65] 刘芳:《中国性犯罪立法之现实困境及其出路研究》,博士学位论

文，吉林大学，2007。

[66] 刘海龙：《企业社会责任理论研究的三个流派》，《中国非营利评论》2010年第2期。

[67] 刘建波：《女性主义视角下先秦两汉文学中的女性形象研究》，博士学位论文，山东大学，2008。

[68] 刘娟娟：《儿童虐待问题研究概述》，《青年研究》2008年第2期。

[69] 刘黎红、周镇忠：《浅析以社区为基础的美国儿童保护》，《中国社会科学报》2020年4月7日，第7版。

[70] 刘丽君：《教育惩罚研究》，博士学位论文，东北师范大学，2015。

[71] 刘强等：《2020年社区矫正研究述评》，《犯罪与改造研究》2021年第1期。

[72] 刘宪权、吴舟：《刑事法治视域下处理虐童行为的应然路径》，《青少年犯罪问题》2013年第1期。

[73] 刘向宁：《当务之急和制度构建：从南京虐童案看儿童虐待强制报告》，《中国青年研究》2015年第9期。

[74] 刘晓林：《唐律“七杀”研究》，博士学位论文，吉林大学，2011。

[75] 刘馨珺：《鬼怪文化与性别：从宋代堕胎杀婴谈起》，《学术研究》2013年第3期。

[76] 刘章、田昆等：《关于建立性侵幼女者信息公开制度的研究》，《商界论坛》2014年第8期。

[77] 刘祚昌：《美国奴隶制度的起源（上）》，《史学月刊》1981年第4期。

[78] 柳静虹：《西欧儿童福利的多元发展趋势及对中国的启示》，《社会工作与管理》2019年第4期。

[79] 柳悦：《美国对“虐童”的预防体系及启示》，硕士学位论文，苏州大学，2019。

[80] 鲁鹏宇：《德国公权理论评介》，《法制与社会发展》2010年第

5 期。

[81] 陆建平:《古罗马儿童研究——从共和晚期到帝国早期》,博士学位论文,上海师范大学,2020。

[82] 吕晓刚:《刑事和解制度调解机制构建研究》,《湖南警察学院学报》2019 第 1 期。

[83] 罗猛、蒋朝政:《虐待中故意伤害行为对虐待罪的超出与吸收》,《中国检察官》2011 年第 7 期。

[84] 罗清:《美国终止父母权利制度述评》,《中华女子学院学报》2016 年第 4 期。

[85] 马红利:《英国福利国家进程中志愿组织的转型研究——以个人社会服务领域为例(1945—1979)》,硕士学位论文,南京大学,2015。

[86] 马慧:《防止虐待儿童的法律对策——以日本为例》,《南京广播电视大学学报》2014 年第 1 期。

[87] 马晶照:《“虐童”事件的防控及“反虐童”救助体系的构建》,硕士学位论文,西北大学,2015。

[88] 马岩等:《澳门地区儿童虐待之司法干预浅析——兼论对我国内地的借鉴》,《广西大学学报》(哲学社会科学版)2013 年第 4 期。

[89] 马韵:《儿童虐待:一个不容忽视的全球问题》,《青年研究》2003 年第 4 期。

[90] 梅文娟:《英国儿童虐待干预机制考察及其启示》,《山东警察学院学报》2014 年第 1 期。

[91] 门凤娇:《未成年人民事程序主体资格问题研究》,硕士学位论文,扬州大学,2015。

[92] 孟庆跃、刘兴柱:《儿童虐待研究概述》,《中国社会医学》1994 年第 1 期。

[93] 牛芳、张燕:《社会工作介入儿童虐待问题时遇到的困境分析》,《社会工作》2013 年第 3 期。

[94] 裴斐:《完善儿童虐待防治法律问题研究》,《当代青年研究》2013 年第 6 期。

[95] 彭华民、黄叶青:《福利多元主义:福利提供从国家到多元部门

的转型》,《南开学报》(哲学社会科学版)2006 年第 6 期。

[96] 彭绮娴:《德国儿童公共服务研究》,硕士学位论文,华中科技大学,2015。

[97] 钱晓峰:《儿童虐待国家干预机制的构建》,《预防青少年犯罪研究》2014 年第 6 期。

[98] 乔东平、谢倩雯:《中西方“儿童虐待”认识差异的逻辑根源》,《江苏社会科学》2015 年第 1 期。

[99] 秦朋:《我国古代婚姻年龄问题研究及当代意义》,硕士学位论文,郑州大学,2017。

[100] 邱静、黄源:《论中国金融深化改革中的政府行为》,《改革与战略》2014 年第 8 期。

[101] 沈娟、蔡迎旗:《美国儿童虐待的法律保障——以佐治亚州“儿童虐待示范立法协议”为例》,《学前教育研究》2013 年第 5 期。

[102] 沈义:《恶语侮辱女学生致其自杀 重庆一女教师犯侮辱罪一审被判刑》,《检察日报》2006 年 4 月 23 日,第 4 版。

[103] 师艳荣:《日本儿童虐待问题及其防治体系的构建》,《南方论丛》2013 年第 3 期。

[104] 石德才:《当代国内外学者对欧洲中世纪婚姻问题的研究》,《史学理论研究》2003 年第 1 期。

[105] 石婷:《论国家对未成年人监护的公权干预——以保障留守儿童的合法权益为视角》,《当代青年研究》2014 年第 3 期。

[106] 司丹:《亲子制度研究》,博士学位论文,黑龙江大学,2013。

[107] 司绍寒:《试论〈社区矫正法〉的意义与不足》,《犯罪与改造研究》2020 年第 8 期。

[108] 孙航:《为社会建设奠基 为幸福生活护航——人民法院家事审判方式和工作机制改革综述》,《人民法院报》2018 年 7 月 20 日,第 1 版。

[109] 孙奇芳:《建构保护受虐儿童权益之法制研究——以儿童保护请求权为中心》,硕士学位论文,高雄大学,2009。

[110] 塔内拉·博尼、马胜利:《受伤的身体、复原的身体?——关于女性割礼的话语》,《第欧根尼》2010 年第 2 期。

［111］谭晓玲：《元代买卖女口现象初探》，《中央民族大学学报》（哲学社会科学版）2003 年第 4 期。

［112］万昌文：《对社区矫正分类管理的思考》，《中国司法》2020 年第 12 期。

［113］王保战、刘倩：《悔罪与恢复性司法》，《湖北警官学院学报》2014 年第 10 期。

［114］王博：《我国社会团体登记管理工作现状及展望——基于对〈社会团体登记管理条例〉实施效果评估的分析》，《中国行政管理》2021 年第 2 期。

［115］王晨：《德国儿童与青少年权利保障体系构建及启示》，《理论学刊》2017 年第 2 期。

［116］王大华等：《虐待儿童的界定和风险因素》，《中国特殊教育》2009 年第 10 期。

［117］王登辉、罗倩：《试论虐待儿童的法律规制》，《青年探索》2014 年第 5 期。

［118］王慧：《儿童虐待国家干预制度比较研究》，博士学位论文，武汉大学，2015。

［119］王慧：《〈民法总则〉撤销父母监护权条款的罅漏与完善》，《江西社会科学》2017 年第 6 期。

［120］王蕾：《从"小"成人到"大"儿童——西方儿童观发展历程谫议》，《济宁学院学报》2008 年第 2 期。

［121］王练：《美国儿童保护工作体系及其运行特点和启示》，《中华女子学院学报》2010 年第 2 期。

［122］王茜：《我国未成年人监护权撤销制度的实证考察与反思——以相关民事审判实践为依据》，硕士学位论文，厦门大学，2018。

［123］王瑞聚：《论斯巴达人的优生思想及其实践》，《山东师大学报》（人文社会科学版）2001 年第 3 期。

［124］王卫平、黄鸿山：《中国古代传统社会保障事业述论》，《学习与探索》2007 年第 1 期。

［125］王向南：《中国非营利组织发展的制度设计研究》，博士学位论

文，东北师范大学，2014。

［126］王晓东：《论我国历史上对性交易的法律管制》，《政法论丛》2013年第6期。

［127］王晓玫：《特殊儿童受虐待发生的原因及对策》，《社会福利》2002年第12期。

［128］王颜：《论唐宋时期慈善事业的类型与特点》，《唐史论丛》2006年第1期。

［129］王勇民：《儿童权利保护的国际法研究》，博士学位论文，华东政法大学，2009。

［130］魏怡然：《打击跨国人口贩运的国际法律制度研究》，博士学位论文，武汉大学，2012。

［131］文蓝：《解密各国宦官史》，《政府法制》2010年第18期。

［132］吴鹏飞：《我国儿童虐待防治法律制度的完善》，《法学杂志》2012年第10期。

［133］吴鹏飞：《儿童福利权国家义务论》，《法学论坛》2015年第5期。

［134］吴鹏飞：《中国儿童福利立法：时机、模式与难点》，《政治与法律》2018年第12期。

［135］吴鹏飞、王芳洁：《我国儿童性虐待防治立法存在的缺陷及完善建议》，《江苏理工学院学报》2019年第3期。

［136］吴鹏飞、汪梦茹：《论降低刑事责任年龄对预防未成年人犯罪的影响》，《犯罪研究》2021年第6期。

［137］吴鹏飞、郑俊俊：《儿童虐待中的公权干预——以家庭自治、亲权转变为视角》，《安徽警官职业学院学报》2018年第3期。

［138］吴小玮：《蒙以养正：论明清私塾学规对儿童的规训》，《河北师范大学学报》（教育科学版）2011年第5期。

［139］谢芳：《完善我国未成年人监护监督制度的原则及路径》，《中国青年社会科学》2021年第1期。

［140］徐光兴：《虐童的危害及其干预的心理学研究》，《青少年犯罪问题》2013年第1期。

[141] 徐嘉:《莎士比亚戏剧中的儿童角色解读》,《外国文学评论》2016 年第 1 期。

[142] 许后生:《海峡两岸家暴受虐儿童法律救济比较》,硕士学位论文,海南大学,2015。

[143] 闫晓玥:《台湾地区儿童虐待案件司法干预探析》,《韶关学院学报》2014 年第 7 期。

[144] 颜心韵:《防治家庭暴力犯罪之研究——兼论儿童虐待》,硕士学位论文,中国文化大学,2013。

[145] 杨茜茜:《儿童性侵害防治:理论基础、基本原则及具体路径》,《科学·经济·社会》2019 年第 4 期。

[146] 杨淑红:《元代民间契约关系研究》,博士学位论文,河北师范大学,2012。

[147] 杨晓琴、李兴梧:《手术刀下的辉煌——阉人歌手》,《音乐探索》2005 年第 4 期。

[148] 杨志超:《美国儿童保护制度的历史演进》,《当代青年研究》2014 年第 3 期。

[149] 杨志超:《美国儿童保护强制报告制度及其对我国的启示》,《重庆社会科学》2014 年第 7 期。

[150] 杨志超:《比较法视角下儿童保护强制报告制度特征探析》,《法律科学》(西北政法大学学报)2017 年第 1 期。

[151] 杨志超:《加拿大儿童保护制度演进的基本导向及启示》,《宁夏社会科学》2017 年第 6 期。

[152] 姚建龙:《美国少年法院运动的起源与展开》,《法学评论》2008 年第 1 期。

[153] 姚建龙:《防治儿童虐待的立法不足与完善》,《中国青年政治学院学报》2014 年第 1 期。

[154] 伊力奇:《“成人礼”的来源、类型和意义》,《中央民族学院学报》(哲学社会科学版)1986 年第 3 期。

[155] 易谨:《我国台湾地区与日本儿童福利法律制度的特色与启发》,《青年探索》2012 年第 2 期。

［156］于澄姣：《中加儿童权利保护的比较研究》，《社会福利》（理论版）2012 年第 12 期。

［157］俞宁、陈沃聪：《关于儿童虐待的文化思考》，《中国青年政治学院学报》2011 年第 2 期。

［158］宇培峰：《“家长权”研究——中、西法文化视野中的“家长权”》，博士学位论文，中国政法大学，2011。

［159］袁彬、阴艾华：《儿童虐待与青少年违法犯罪关系研究》，载赵秉志主编《刑法论丛》（2010 年第 4 卷），法律出版社，2010。

［160］张超：《民国娼妓问题研究》，博士学位论文，武汉大学，2005。

［161］张大鹏：《中国古代婚姻年龄的产生及其演变》，《人口学刊》1991 年第 2 期。

［162］张德安：《身体教育的历史（1368～1919）——关于近世中国教育的身体社会史研究》，博士学位论文，南开大学，2014。

［163］张国刚、蒋爱花：《唐代男女婚嫁年龄考略》，《中国史研究》2004 年第 2 期。

［164］张鸿巍：《美国儿童照管不良之司法干预机制探析》，《中国青年政治学院学报》2014 年第 6 期。

［165］张杰：《清代有关同性性犯罪的法律规定及对当前相关立法的启示》，《中国性科学》2004 年第 3 期。

［166］张露：《论我国未成年人监护监督制度的完善——以国家监督为导向》，《广西社会科学》2019 年第 6 期。

［167］张钦文：《德国未成年人保护工作研究与启示》，《唯实》2010 年第 7 期。

［168］张伟：《稚子何辜——令人痛心的美国儿童人权状况》，《光明日报》2022 年 6 月 10 日，第 12 版。

［169］张先明：《最高人民法院公布十起涉家庭暴力典型案例》，《人民法院报》2014 年 2 月 28 日，第 3 版。

［170］张晓蓓：《清代婚姻制度研究》，博士学位论文，中国政法大学，2003。

［171］张艳敏、杨素萍：《美国儿童虐待的社区防范与干预研究》，《广

西师范大学学报》(哲学社会科学版)2016年第2期。

[172] 张艳敏、赵艳:《3—6岁儿童虐待及家庭干预研究》,《广西师范学院学报》(哲学社会科学版)2019年第1期。

[173] 张叶航:《唐代未成年人保护制度探析》,硕士学位论文,复旦大学,2012。

[174] 张志明:《蒙元社会婚姻制度流变浅析》,硕士学位论文,西南政法大学,2007。

[175] 张智辉、蒋国河:《儿童家暴社会工作介入的伦理困境——基于深圳鹏星家庭暴力防护中心的实践》,《当代青年研究》2016年第1期。

[176] 张准:《中国古代性产业源流考》,《广东技术师范学院学报》(社会科学版)2015年第3期。

[177] 赵川芳:《家庭寄养:现实困境和完善对策》,《当代青年研究》2017年第4期。

[178] 赵宇:《宋代广南西路人口买卖现象研究》,硕士学位论文,浙江师范大学,2016。

[179] 赵月:《拜占庭宦官的角色类型和地位分析》,硕士学位论文,东北师范大学,2013。

[180] 郑红:《德国虐童案上升引关注》,《人民日报》2015年5月30日,第11版。

[181] 郑丽萍:《宋代妇女婚姻生活研究——以〈全宋文〉所涉4802篇墓志为例》,博士学位论文,华东师范大学,2010。

[182] 郑正、王兴平:《古代中国人寿命与人均粮食占有量》,《江苏社会科学》2000年第1期。

[183] 周海燕:《魏晋南北朝儿童研究》,博士学位论文,郑州大学,2018。

[184] 周佳娴:《香港儿童虐待防治的经验与启示——生态系统的视角》,《青年探索》2009年第4期。

[185] 周羚敏:《矫枉如何周正:儿童虐待入刑热议后的冷思考——兼论儿童虐待预防和应对体系的构建》,《青少年研究》2014年第1期。

[186] 周羚敏:《"未成年人权益代表人"的理论基础、探索及实践》,

《青少年犯罪问题》2019 年第 6 期。

[187] 周真真:《英国福利国家进程中的志愿组织与政府——以 NSPCC 与警察的合作为例》,《学海》2012 年第 2 期。

[188] 邹明明:《美国和加拿大儿童保护制度浅析》,《社会福利》2019 年第 4 期。

(二) 英文论文

[1] Amy Marianne Johansson, Distinguishing Between Child Abuse and Corporal Punishment: The Perspective of Mandated Reporters, California Lutheran University, 2019.

[2] Angelia Helen Keisha Ridgway, Teachers' Knowledge of Child Abuse Reporting Laws, California State University, 2005.

[3] Beatrice Schneller Fennimore, A Study of the Passage of PL 93-247: The Child Abuse Preventuon and Treatment Act of 1974, Columbia University Teachers College, 1986.

[4] D. Besharov, Child Protection: Past Progress, Present Problems, and Future Directions, *Family Law Quarterly*, Vol. 17: 2, 1983.

[5] Burnett, Bruce Broughton, D. S. W., The Psychological Abuse of Children: Toward A Definition, Boston College (U. S. A), 1990.

[6] M. R. Burt, & R. E. Estep, Who is a Victim? Definitional Problems in Sexual Victimization, *Victimology*. Vol. 6, 1983.

[7] C. R. Matthias & F. N. Zaal, Domestic Violence Perpetrator Removals: Unpacking the New Children´s Legislation, *Stellenbosch Law Review*, Vol. 21: 3, 2010.

[8] Carol D. Broker, Resolution of Child Abuse: A Process Analysis, University of Wisconsin-Madison, 1977.

[9] P. M. Crittenden, Maltreated infants: Vulnerability and resilience, *Journal of Child Psychology and Psychiatry*, Vol. 26, 1985.

[10] Debbie J. Bonardi, Teachers' Decisions to Report Child Abuse: The Effect of Ethnicity, Attitude, and Experiences, Pacific Graduate School of

Psychology, 1999.

[11] L. Eisenberg, Cross-cultural and Historical Perspectives on Child Abuse and Neglect, *Child Abuse and Neglect*, Vol. 5, 1981.

[12] Ernest Mastria, A Method of Intervention in Child Abuse, The State University of New Jersey, 1977.

[13] Franziska Meinck, Risk and Protective Factors for Physical and Sexual Abuse of Children and Adolescents in Africa: A Review and Implications for Practice, *Trauma Violence & Abuse*, Vol. 16, 2014.

[14] Gail Andrew, A Grounded Theory of Child Abuse, University of Saskatchewan, 2004.

[15] Gertrude J. Rubin Williams, Child Protection: A Journey Into History, J*ournal of Clinical Child Psychology*, Vol. 12: 3, 1983.

[16] R. L. Hegar & J. J. Yungman, Toward a Causal Typology of Child Neglect, *Children and Youth Services Review*, Vol. 11, 1989.

[17] Heitzi Epstein, A Child Advocate' s Guide to State Child Protective Services Reform, National Association of Child Advocates, 1999.

[18] N. Jordan, S. Yampolskaya & M. Gustafson, Comparing Child Protective Investigation Performance Between Law Enforcement Agencies and Child Welfare Agencies, *Child Welfare*, Vol. 90: 2, 2011.

[19] Kathryn M. Jack, The Protective Effect of Neighborhood Social Cohesion in Child Abuse and Neglect, *Child Abuse & Neglect*, Vol. 52, 2016.

[20] C. Konker, Rethinking Child Sexual Abuse: An Anthropological Perspective, *American Journal of Orthopsychiatry*, Vol. 62, 1992.

[21] J. E. Korbin, Cross-cultural Perspectives and Research Directions for the 21st century, *Child Abuse & Neglect*, Vol. 15 (Suppl. 1), 1991.

[22] J. Korbin, Anthropological Contributions to the Study of Child Abuse, *Child Abuse & Neglect*, Vol. 1, 1977.

[23] K. Kufeldt, M . Simard & P. Thomas, A Grass Roots Approach to Influencing Child Welfare Policy, *Child & Family Social Work*, Vol. 10: 4, 2005.

[24] Lawrence M. Berger, Economic Analyses of Child Abuse and Neglect, Columbia University, 2002.

[25] Linda Burnside, In Intrafamilial Child Sexual Abuse: The Effect of Maternal Support, The University of Manitoba, 2007.

[26] Louise A. Jackson, Care or Control? The Metropolitan Women Police and Child Welfare, 1919–1969, *The Historical Journal*, Vol. 46: 3, 2003.

[27] R. G. Madden, State Actions to Control Fetal Abuse: Ramifications for Child Welfare Practice, *Child Welfare*, Vol. 72: 2, 1993.

[28] M. Main, D. R. Weston, The Quality of the Toddler´s Relationship to Mother and Father: Related to Conflict Behavior and the Readiness to Establish New Relationships, *Child Development*, Vol. 52, 1981.

[29] Makiko Okuyama, Child Abuse in Japan: Current Problems and Future Perspectives, *Japan Medical Association Journal*, Vol. 49, No. 11/12, 2006.

[30] G. P. Mallon, Managing the Changing Landscape of Child Welfare in the 21st century, *Child Welfare*, Vol. 91: 1, 2012.

[31] Marc F. Maden, Toward a Theory of Child Abuse: A Review of the Literature, Portland State University, 1975.

[32] Martha Williford Jenkins, Legal Aspect of Child Abuse and Neglect as Related to the Public Schools, The University of North Carolina at Greensboro, 1986.

[33] P. Mason, Thomas Jr, Child Abuse and Neglect Part I—Historical Overview, Legal Matrix, and Social Perspectives, *North Carolina Law Review*, Vol. 50: 2, 1972.

[34] C. Mcalpine, C. C. Marshall & N. H. Doran, Combining Child Welfare and Substance Abuse Services: A Blended Model of Intervention, *Child Welfare*, Vol. 80: 2, 2011.

[35] R. A. McGee, & D. A. Wolfe, Psychological Maltreatment: Toward an operational definition, *Development and Psychopathology*, Vol. 3, 1991.

[36] G. B. Melton, & H. A. Davidson, Child Protection and Society: When

Should the State Intervene? *American Psychologist*, Vol. 42, 1987.

[37] Monica Flegel, Creating Cruelty to Children: Representations of the Endangered and Abused Child in Nineteenth-Century Literature and Child-Protection Narratives, University of Alberta Canada, 2006.

[38] S. G. Portwood, Child Maltreatment: Coming to Terms with Issues of Definition, Department of Psychology, University of Virginia, 1996.

[39] Rachael Hetherington, Book Review: Combatting Child Abuse: International Perspectives and Trends, Children and Social Welfare in Europe, *International Social Work*, Vol . 42, 1999.

[40] Report of the Consultation on Child Abuse Prevention, 29-31 March 1999, WHO, Geneva, 1999.

[41] Robin Fairlie, Best Practice: The NSPCC: The Full Stop Campaign, *Interactive Marketing*, Vol. 2: 3, 2001.

[42] Sandra Goode Bricker, A Community Approach to the Prevention of Child Abuse and Neglect, The Ohio State University, 1986.

[43] K. M. Schneider, & Phares, Coping With Parental Loss Because of Termination of Parental Rights, *Child Welfare*, Vol. 84, 2005.

[44] J. L. Spearly, & M. Lauderdale, Community Characteristics and Ethnicity in the Prediction of Child Maltreatment Rates, *Child Abuse & Neglect*, Vol. 7, 1983.

[45] M. Steinberg, In the Best Interests of the Child? Therapists ' experiences of Mandated Reporting of Child Abuse, Massachusetts School of Professional Psychology, 1991.

[46] Tara Urs, Can the Child Welfare System Protect Children Without Believing What They Say, *New York University Review of Law & Social Change*, Vol. 38 : 2, 2014.

[47] World Health Organization, Report of the Consultation on Child Abuse Prevention, Geneva, 1999.

[48] G. E. Wyatt, & S. D. Peters, Issues in the Definition of Child Sexual Abuse in Prevalence Research, *Child Abuse & Neglect*, Vol. 10, 1986.

三 电子文献

[1]《乐燕故意杀人案》，中国法院网，2014 年 5 月 28 日，https：//www. chinacourt. org/article/detail/2014/05/id/1305019. shtml。

[2]《虐待儿童，让中国损失了多少?》，网易新闻网，2015 年 4 月 20 日，https：//www. 163. com/data/article/ANKBSLJT00014MTN. html。

[3]《“豫章书院” 案一审宣判：吴军豹等 4 人被以非法拘禁罪判刑》，澎湃新闻，2020 年 7 月 7 日，https：//www. thepaper. cn/newsDetail_ forward_ 8158900。

[4]《中国发布丨鲍某某涉嫌性侵养女案调查结果：吊销律师执照 驱逐出境》，中国网，2020 年 9 月 17 日，http：//news. china. com. cn/txt/2020-09/17/content_ 76713442. htm。

图书在版编目(CIP)数据

儿童虐待的公权干预 / 吴鹏飞著. -- 北京 :社会科学文献出版社，2022.7

ISBN 978-7-5228-0303-6

Ⅰ.①儿… Ⅱ.①吴… Ⅲ.①儿童-虐待-干预-研究-中国 Ⅳ.①D669.5

中国版本图书馆 CIP 数据核字（2022）第 109754 号

儿童虐待的公权干预

著　　者 / 吴鹏飞

出 版 人 / 王利民
责任编辑 / 芮素平
文稿编辑 / 王楠楠
责任印制 / 王京美

出　　版 / 社会科学文献出版社 · 联合出版中心（010）59367281
地址：北京市北三环中路甲 29 号院华龙大厦　邮编：100029
网址：www.ssap.com.cn
发　　行 / 社会科学文献出版社（010）59367028
印　　装 / 三河市龙林印务有限公司

规　　格 / 开 本：787mm × 1092mm　1/16
印 张：22　字 数：350 千字
版　　次 / 2022 年 7 月第 1 版　2022 年 7 月第 1 次印刷
书　　号 / ISBN 978-7-5228-0303-6
定　　价 / 128.00 元

读者服务电话 4008918866